specials Dänische Inseln: Møn, Falster, Lolland

– eine Auswahl

... Es ist ein ausgesprochen informatives Buch geworden. Alle Kleinigkeiten und Besonderheiten der Dänen und der Inseln sind 100%ig richtig dargestellt und beschrieben worden. Ganz hervorragende und genaue Arbeit haben Sie da geleistet und in schöner Form dargestellt. **Ich habe 30 Jahre auf Lolland gelebt** und kann Ihre Ausführungen und Schilderungen nur unterstreichen. Auch die Besonderheiten der dänischen Sprache sind ganz richtig beschrieben.
Das Buch ist ausgesprochen gut und nur empfehlenswert. Ich kann nur sagen = SUPER! Vielen Dank und weiterhin viel Freude bei der Arbeit.
G.Th. zur 5. Auflage

ALEXANDER GEH lebt als freier Autor und Lektor in Offenbach am Main. Seine schöpferischen Pausen erlebt er am liebsten in Skandinavien, je nach Stimmung in den einsamen Hochlandregionen von Norwegen und Schweden, aber auch in Kopenhagen und auf den Dänischen Inseln, wo er sich außerdem regelmäßig zur Recherche aufhält. An den Däninnen und Dänen schätzt er die oft lockere Art mit der Neigung zu Witz und Ironie. So ist es nicht verwunderlich, dass ihm selbst ab und zu ein Troll die Feder führt.

Seine weiteren Titel in der Edition Elch:

Dänische Inseln 1: Fünen, Langeland, Ærø
Schweden: Småland, Öland, Blekinge (als Koautor)
Fjordruta – Wandern in Norwegen

EIN HERZLICHES DANKESCHÖN AN: Ole Hansen, Claire Johansen, Nils Natorp, Stener C. Støvring, Kicki Tvede und an einen Engel namens Kristina.
Dank gebührt auch meiner Familie, ohne deren Verständnis und Mithelfen ein solches Projekt kaum zu verwirklichen ist.

Alexander Geh

DÄNISCHE INSELN 2:

Møn, Falster, Lolland

Edition Elch

Der Autor dieses Reiseführers hat die zusammengetragenen Angaben nach bestem Wissen erstellt, die Redaktion hat sie mit größtmöglicher Sorgfalt überprüft. Trotzdem sind inhaltliche Fehler nicht vollständig auszuschließen. Daher besteht auf die Angaben keine Garantie seitens des Verlages oder des Autors. Im Fall von inhaltlichen Abweichungen übernehmen weder Verlag noch Autor dafür die Verantwortung und Haftung; dies gilt auch im Hinblick auf mögliche Unfälle, zum Beispiel im Rahmen von sportlichen Aktivitäten wie Fahrrad- und Paddeltouren.

LESERTIPPS

Schreiben Sie uns bitte, sofern Sie vor Ort Änderungen erlebt oder falls Sie Ergänzungsvorschläge haben. Wird Ihr Tipp in der nächsten überarbeiteten Ausgabe verwendet, bedanken wir uns mit einem Freiexemplar. Verlag und Autoren freuen sich über jede Wortmeldung. Im Fall digitaler Post senden Sie Ihre Anmerkungen bitte offen in einer E-mail, nicht als Anhang.

Edition Elch
Stichwort: Dänische Inseln 2
Hamburger Straße 70
D – 63073 Offenbach am Main
E-mail: ee38@edition-elch.de
Internet: edition-elch.de

Sechste, vollständig aktualisierte und erweiterte Auflage 2023

Elch-Logo: © *Petra Gran*
Fotos: *siehe Bildnachweis auf Seite 288*
Redaktion und Satz: *Pekka Sjöblom*
Karten und Umschlag: *Brigitte Otto, Konstanz*
Produktion: *druckhaus köthen, Köthen/Anhalt*

Inhalt

ABC Dänische Inseln

ADLER

In der Erstauflage dieses Buches noch undenkbar: Fast in jedem Kapitel können wir heute Orte angeben, wo See- oder Fischadler heimisch geworden und zu beobachten sind: seien es die Maribo-Seen, Næsby Strand oder Nysted auf Lolland, der Bårup Sø auf Falster, Ulvshale auf Møn oder der Even Sø bei Præstø. Im 19. Jahrhundert waren Adler als konkurrierende Fasanenjäger gnadenlos abgeknallt worden.

Dänemarks Landwirtschaft ist zwar weiterhin intensiv und trägt ihren Teil dazu bei, sollte die Ostsee eines Tages biologisch umkippen – dennoch haben weniger auf den Feldern ausgebrachte Giftstoffe, mehr Brachflächen, weniger Belastung durch Industrien und Renaturierung dazu geführt, dass (so gut wie) ausgerottete Tiere nach Dänemark zurückfanden, zum Beispiel auch die Bachforelle, der Biber und der Otter (seit 2019 auf Lolland).

BARN, BØRN

Apropos Kinder *(barn* heißt Kind und *børn* heißt Kinder): Dänemark ist ein kinderfreundliches Land: Ob Wickelgelegenheiten auch in Herrentoiletten; ob ordentliche (statt der billigsten) Kinderstühle in Restaurants und Cafeterias; ob frei verfügbares Spielzeug in öffentlichen Bädern oder dort Wannen in den Duschräumen, worin Kleinkinder gewaschen und, während Papa oder Mama selbst duschen, »geparkt« werden können; ob Spielecken oder gar eigene Abteilungen in vielen Museen oder die vielen Attraktionen, die sich direkt an Kinder wenden – in Dänemark wird einiges getan für die Kleinen, gemäß dem fortschrittlichen Standard in ganz Skandinavien.

CYKEL (= FAHRRAD)

Kompliment, Dänemark hat sich keineswegs auf seinem Nimbus als fahrradfreundliches Land ausgeruht. Besonders in den letzten 25 Jahren sind viele neue Radwege angelegt und miteinander verknüpft worden. Das Radwegenetz unterteilt sich in nationale, regionale und lokale Routen, zu denen besonders die sog. Panorama- und Erlebnisrouten gehören: Als Tagestouren (in der Regel mit gleichem Start und Ziel) eignen sie sich bestens für Touristen eignen und sind mit ca. 15–50 km Länge gut zu meistern.

Ausländer, das ergaben Umfragen, faszinieren vor allem zwei Dinge an Dänemark: die Kleine Meerjungfrau in Kopenhagen und das Radfahren. Dabei kann es »harte Arbeit« sein, einen Tag gegen den Wind anzukämpfen.

DESIGN

Wer des Designs wegen in dänische Gefilde reist, ist in Kopenhagen besser aufgehoben. Aber auch auf den Dänischen Inseln werden Sie fündig, sei es bei Kunsthandwerkern, selbst in gewöhnlichen Haushaltswarengeschäften – oder in Neubauvierteln.

Von der Architektur wieder zurück zu bezahlbaren Artikeln für den Alltag: Dänemark kann nicht billig produzieren; will es auf dem Weltmarkt bestehen, muss dies auf dem Sektor des Designs und anderer Produktqualitäten erfolgen. Das frühe Einbeziehen von Künstlern verschaffte den skandinavischen Ländern Vorsprung sowie Renommee in der Designerzunft.

ELMELUNDE

Der Elmelundemeister war ein unbekannter Kirchenmaler, der im 15. Jahrhundert die Gewölbe dreier Kirchen auf Møn mit eindrucksvollen Fresken schmückte und seine Insignien hinterließ. In der Folgezeit aus der Mode gekommen und überpinselt, sorgten erst nationalromantische Strömungen im 19. Jahrhundert dafür, dass solche Malereien allmählich frei gelegt und restauriert wurden; wobei sie oft erst bei Renovierungen entdeckt wurden, da keine Dokumentation existierte. Wer sich Kalkmalereien (mal Dekor, mal feierliche, mal kreativ-humorvolle Figuren) ansehen will, kann dies u.a. auch in Birket, Fanefjord, Femø, Keldby, Præstø, Stege, Tingsted.

Zudem haben viele Gotteshäuser ein kirchenhistorisch wertvolles Interieur, ob ein uraltes Taufbecken aus Stein, eine Renaissance-Kanzel mit Baldachin oder einen barocken, kunstvoll geschnitzten, mehrflügeligen Altar. Typisch dänisch sind die allgegenwärtigen Votivschiffe, die die Seeleute draußen auf dem Meer vor Unheil bewahren sollten. Wenn Sie Glück haben, wird gerade an der Orgel geprobt und ihr Besuch musikalisch begleitet.

FROKOST

Frokost ist mehr zweites Frühstück als Mittagessen und wird zwischen 12 und 15 Uhr verzehrt. Die Frokost-Kultur kommt vielen Berufstätigen entgegen, die sich zur Mittagszeit mit einer kleinen Mahlzeit begnügen, da sie die Hauptmahlzeit lieber am frühen Abend im Familienkreis einnehmen.

Während gewöhnliche Lokale und Restaurants zur Frokostzeit Tellergerichte oder sogar ein Buffet anbieten, servieren klassische Frokost-Restaurants die – spätestens seit dem dänischen Koch der Muppetshow auch im Ausland bekannten – legendären *Smørrebrød,* auf Deutsch Butterbrot, mit vielen Belagvarianten. Mehr zum Thema auf Seite 51.

GASTFREUNDLICH

Ein angenehme Eigenschaft der allermeisten Däninnen und Dänen; sofern die Besucher nicht um Asyl bitten, davon an anderer Stelle mehr. Touristen treffen unterwegs normalerweise auf aufgeschlossene, hilfsbereite Einheimische, was besonders in alltäglichen Situationen wie Einkaufen oder Wegsuche auffällt. Ignorieren oder pampige Antworten sind die Ausnahmen und kommen eher in der Hauptreisezeit vor, wenn unter der großen Zahl an Touristen auch diejenigen mehr werden, die sich nicht zu benehmen wissen; das gilt übrigens für in- wie für ausländische Gäste.

HAFEN IM UMBRUCH

Das stete Wegbrechen produzierender Wirtschaftszweige hat in den letzten Jahrzehnten für viel Stille in den Hafengebieten gesorgt – es gibt landesweit nur noch zwei Handvoll klassischer Industriehäfen, für die meisten anderen liegen Bebauungspläne vor und sind bereits realisiert worden: Die Umwandlung in Wohn- und Büroflächen ist oft nur ein erster Schritt:

Die Bürger wollen mehr, als nur am Wasser wohnen und darauf schauen; sie wollen dort auch Freizeit verbringen, sich in ein Lokal setzen und in der Nähe einkaufen können.

Einen neuen Hafen können Sie in Nykøbing Falster mit Slotsbryggen begutachten. Traditionelles Hafenmilieu ist am ehesten in Nakskov zu erleben. Zu den Häfen, wo noch ein paar Fischer gemeldet sind, gehören Langø auf Lolland, Hesnæs auf Falster sowie Klintholm auf Møn.

IDENTITÄT

Die Inseln Møn, Falster und Lolland sind in Fläche und Einwohnerzahl sehr verschieden. Lolland ist 5,7 x so groß wie Møn und hat 6,3 x so viele Einwohner. Da der sog. Wohlfahrtsstaat in Dänemark finanziert werden muss, gibt es kaum einen Bereich, der nicht regelmäßig auf Einsparpotenzial geprüft wird. 2007 war eine Kommunalreform dran: Als Resultat wurde Møn der Gemeinde Vordingborg (auf Südseeland) zugeschlagen sowie Lolland »geteilt«: Der Inselwesten heißt als Gemeinde weiter Lolland, der Osten zusammen mit ganz Falster nun Guldborgsund. – Kein Wunder, dass lokale Traditionen, Nostalgie, dänische Gemütlichkeit u.Ä. bei den vielen Heimatverbundenen hoch im Kurs stehen.

JAHR FÜR JAHR

Kein offizieller Feiertag, aber typisch skandinavisch ist der Mittsommertag, in Dänemark *St. Hans* genannt und am 24. Juni. Am Vorabend wird die kürzeste Nacht des Jahres gefeiert, mancherorts mit großem Feuer, vielerorts mit Musik und Tanz – und sofern es nur irgendwie geht, dann am Wasser. Fragen Sie am besten in Ihrem Feriendomizil nach, wo und wie dort in der Gegend St. Hans begangen wird.

KULTUR

Steht hoch im Kurs bei unseren nördlichen Nachbarn, ihre sehr eigene Esskultur sowieso, jedoch auch die des Wahren, Schönen, Guten. Während in Deutschland Kultur einen im Vergleich geringeren Stellenwert in der Gesellschaft genießt, leistet sich Dänemark sogar ein Kulturministerium und so etwas wie eine Kulturpolitik – obwohl auch diese den Rotstift ansetzt. Insgesamt fließt aber doch einiges Geld an die Kulturschaffenden und die -träger. Viele Kulturträger basieren auf privaten Initiativen und großen Stiftungen

K wie Kreidefelsen, auch das wäre ein passendes Thema für das ABC; wenn schon nicht als Text, dann wenigstens im Bild – und wir verweisen wir auf das Kapitel über Møn mit Møns Klint (ab Seite 102). ▶

(zum Beispiel von Konzernen), deren finanzielles Engagement steuerliche Vergünstigungen belohnen. Das gilt für den A.P. Møller Fond, die reichste private Stiftung im Land, die Kopenhagen mal eben ein Opernhaus spendierte. Womit sich der greise, mittlerweile verstorbene Fondchef selbst ein Denkmal setzte, indem er von der Architektur bis zum Übungsbarren der BalletttänzerInnen überall mitredete – aber das ist eine andere Geschichte.

Gleich mehrere Stiftungen gehen auf die Brauerei Carlsberg zurück: Mit jeder Flasche Carlsberg und Tuborg fließen einige Øre in Kulturetats (und Wissenschaft). Der Vollrausch als Hingabe an die Kulturförderung!

LYKKELIG (= GLÜCKLICH)

Ja, sie sind ein eigenes Völkchen. Und laut eigener Aussage das glücklichste, zumindest in der Europäischen Union. Nachdem regelmäßige Umfragen gut 30 Jahre lang dieses immer gleiche Resultat ergaben, schickten sich Wissenschaftler der Universität in Odense (auf Fünen) an, das Warum zu ergründen. Und siehe da – im Gegensatz zu vielen anderen Europäern haben die Däninnen und Dänen nur geringe Erwartungen an die Zukunft. Sie halten sich für glücklich – jedoch »nur jetzt gerade, und wahrscheinlich nicht für lange«. Beflügelt wurde diese außerordentliche Zufriedenheit vom Gewinn der Fußball-Europameisterschaft 1992, der als erster internationaler historischer Triumph seit vielen Jahrhunderten empfunden wurde.

MADPAKKE

Eine von mehreren Besonderheiten in der dänischen Esskultur, ein Synonym für das Lunchpaket oder den Picknickkorb. Es muss ja kein Korb sein, in dem sich die Leckereien befinden. An öffentlichen Orten, die im »Verdacht« stehen, gemütlich zu sein, sind häufig Tische und Bänke platziert, wo der Inhalt des Madpakke verzehrt werden kann. Selbst in Museen, in Parks von Schlössern etc. sind outdoor mitunter solche Plätze ausgewiesen; dort kann es heißen: *Medbragt mad kan nydes, drikkevarer skal købes.* Mitgebrachtes Essen kann genossen (!) werden, Getränke sind zu kaufen.

NOCH 'NE NUMMER

Ob im Postamt, in der Apotheke oder bei Behörden – Sie ziehen am Automaten einen Nummernzettel, der die Reihenfolge der Wartenden festhält.

Sind Sie an der Reihe, erscheint Ihre Nummer auf einer Anzeigetafel, begleitet von einem akustischen Signal. Drängler sind chancenlos.

OBST

Einige bewohnte Inseln vor Lollands Nordküste genießen ein mildes, sonnenreiches Klima und sind für ihren Obstanbau bekannt. Auf Fejø haben ein paar Insulaner sogar die Tradition wieder aufgenommen, im September mit Schuten nach Kopenhagen zu segeln und dort frisch gepflücktes Obst zu verkaufen. Obst allein bietet leider keine Gewähr für eine lebendige Inselgemeinschaft: Die Inseln ringen um Zuzügler und Perspektiven, denn schon das Aufrechterhalten des Fährbetriebs ist in Zeiten der Kostenrechnung ein Politikum. – Benutzen Sie eine solche Fähre, nehmen Sie Ihr Fahrrad mit und haben Sie einen schönen Tag auf Fejø, Femø und/oder Askø.

PREISE

Zugegeben, ganz billig ist Dänemark nicht; die jahrelange Hochkonjunktur hat das Preisniveau eher noch angehoben. Es gibt aber einige Wege und Auswege, um Geld zu sparen, ob beim Übernachten, ob das Quantum mitgebrachter Lebensmittel – eher für jene gedacht, die wirklich jeden (!) Euro umdrehen müssen – oder die Urlaubsgestaltung mit Fahrrad, Kajak, Kanu oder per pedes anstatt vieler motorisiert zurückgelegter Kilometer. Wer kann, bucht das Quartier ohnehin in der Nebensaison und geht mittags anstatt abends ins Restaurant.

QUASSELN

Das beherrschen viele Däninnen und Dänen. Das schnelle Sprechen ist für alle ein Problem, die sich in der Sprache der Gastgeber versuchen wollen, denn sie werden ohne längere Übung schlicht und ergreifend nichts verstehen. Im Gegenzug führen putzige Dänisch-Versuche von Ausländern rasch zur Entgegnung: »What do you want?« Insofern sind all die Büchlein, mit denen Reisebuch-Verlage so etwas wie »Dänisch für Anfänger« zu barer Münze machen wollen – Quatsch.

ROYALS

Margrethe II. ist eine geistreiche Königin. Sie illustrierte Bücher, etwa die dänische Ausgabe von »Herr der Ringe« (1977), gestaltete Briefmarken, entwarf Bühnenbilder und Kostüme und übersetzte mit ihrem französischstämmigen, 2018 verstorbenen Ehemann, Prinz *Henrik,* einen Roman Simone de Beauvoirs ins Dänische. 2020 wurde Margrethe II. 80 Jahre alt, 2022 feierte sie ihr 50. Thronjubiläum – von Rücktritt ist bisher keine Rede.

Was kulturelle Ambitionen betrifft, ist Kronprinz *Frederik* (Jahrgang 1968) eher im Zusammenhang mit Clubbesuchen, einer Grönlandexpedition sowie als Mitglied des Internationalen Olympischen Komitees aufgefallen – ohne dass er dem sich Autokraten und Diktatoren andienenden Präsidenten Bach erkennbar in die Parade gefahren wäre; in Dänemark waren viele erleichtert, als dieses Kapitel 2021 nach 12 Jahren beendet war. Bei den Olympischen Spielen in Sydney 2000 hatte Frederik Mary Donaldson kennen gelernt, seine spätere Ehefrau, die in ihrer neuen Heimat angesehen und durchaus charismatisch ist. Das Paar hat vier Kinder; das älteste heißt Christian, gemäß dem männlichen Namensturnus in der Erbfolge.

Der Königin jüngerer Sohn, Prinz *Joachim* (Jahrgang 1969) wohnte und arbeitete fast zwanzig Jahre auf dem königlichen Hofgut in Südjütland, ehe er 2014 mit seiner Familie nach Kopenhagen übersiedelte. Er ist in zweiter Ehe mit Prinzessin *Marie* verheiratet und hat mit ihr, ebenso wie mit seiner ersten Frau, zwei Kinder. Als die Königin 2022 den vier Kindern die Prinzen- und Prinzessinnentitel entzog, damit sie besser auf eigenen Beinen stehen können, führte dies zu Schlagzeilen, denn der Schritt zu einem zeitgemäßeren Königshaus verlief nicht ohne »atmosphärische Störungen«. In der Bevölkerung stieß die Maßnahme mehrheitlich auf Zustimmung. Prinz Joachim ist seit 2020 übrigens Militärattaché in Frankreich, im Heimatland seines Vaters.

SCHWARZBROT

Nicht nur beim Drängeln (siehe: Noch 'ne Nummer) müssen sich deutsche Touristen in Dänemark umstellen: Ihr geliebtes bissfestes Schwarzbrot (mit harter Kruste) hat im Norden Europas keine Tradition. Dänisches Brot ist im Vergleich meist weich, das Weißbrot ohnehin, aber auch das dunkle. In Supermärkten ist immerhin verpacktes (importiertes) Mischbrot in Scheiben zu erstehen, mancherorts sogar Vollkornbrot. Und allmählich findet auch Sauerteig Eingang in den Backstuben.

TOURISMUS

Dänemarks Fremdenverkehr tritt doppelt an: Für die Masse werden Imagekampagnen und Anzeigen in Medien geschaltet, doch mit den Sonne- und Fusel-Resorts im Süden zu konkurrieren, dies wäre kaum ergiebig. Vielversprechender scheint die Strategie, die Lebensqualität im Norden zu vermitteln: gesundes Klima, Gastfreundlichkeit, Radwege und Kajakrouten, auch die Strände, weitere Aktivitäten in der Natur, vielerorts sauberes Wasser, an lauschigen Plätzen einen Café schlürfen, nordisches Design. Besonders der Aktivtourismus ist im Aufwind, und so sehr, dass übliche Sehenswürdigkeiten wie Museen merklich an Publikum eingebüßt haben und ihre Öffnungszeiten anpassen mussten.

UNTERKUNFT

Ob Ferienhaus oder Rundreise – beides hat Vor- und Nachteile: Mobilität gegen eine feste Bleibe ohne ständige Suche. Dieses Buch eignet sich für beide Zielgruppen. Eindrucksvoll ist die Vielfalt, wie Sie übernachten können, ob Hotel, B&B, Danhostel (Jugendherberge), Ferienhaus, Ferienpark (für Familien), unterm Himmelszelt usw.

VIN (= WEIN)

Der Klimaveränderung macht's möglich: Seit 2000 dürfen dänische Weinbauern ran, 2007 genehmigte die EU den ersten Jahrgang. Die bekanntesten dänischen Weingüter liegen auf Seeland, Fünen, in Jütland; aber nun wachsen Reben auf Møn und Falster. Nicht alle Winzer sind im Hauptberuf tätig. Trotz alledem: Beim renommierten Weinwettbewerb »Mundus Vini« errangen dänische Weine – seit 2008 – mehrfach Auszeichnungen und 2022 zwei Sekte Medaillen in Gold.

WIND- UND WASSERMÜHLEN

Sind schon lange nicht mehr ökonomisch und wären fast samt und son-

In jedem Kapitel des Reiseteils finden Sie Empfehlungen unseres Autors, die die Vielfalt an möglichen Ausflugszielen und Unternehmungen auf Lolland, Falster und Møn repräsentieren und damit auch die Geschichte, Kultur und ...

ders abgerissen worden, bis man sich der kulturhistorischen Bedeutung bewusst wurde. Inzwischen sind zahlreiche Mühlen restauriert und funktionsfähig – ein beliebtes Ausflugsziel. Das Knowhow kam einst von außen: Aus Holland die Windmühlentechnik, aus England führten Zisterziensermönche den Wassermühlen-Betrieb ein.

Wer sich Mitte Juni im Land aufhält: Jedes Jahr findet am dritten Junisonntag der Dansk Mølledag statt, wenn viele der historischen Mühlen Schauplatz von Feiern und Veranstaltungen sind und (nach Möglichkeit) in Betrieb gesetzt werden.

Aber auch neue Windmühlen machen von sich reden. Das Land exportiert in großem Stil Windkraftanlagen, die Firma »Vestas« hielt zuletzt einen Weltmarktanteil von über 15 %. Und in Dänemark selbst: Die Windgeneratoren auf und vor der Insel Lolland produzieren fünfmal mehr Energie, als auf der Insel verbraucht wird; die Energie kann verkauft werden, sowohl innerhalb des Landes als auch via Export.

ZAHLEN

Müssen Sie immer noch mit dänischen Kronen und Øre. Dänemark ist bisher kein Euroland; viele Däninnen und Dänen hatten ihren ablehnenden Volksentscheid schon bereut, einige davon sind jetzt wieder froh. An bestimmten Orten können Sie jedenfalls in Euro als »Parallel-Währung« bezahlen, nur ein verlässliches Netz gibt es nicht.

ÆBLE

Das Wort für Apfel. Obst wie Gemüse müssen Dänemark-Urlauber nicht im Supermarkt kaufen, das gibt's vielerorts ebenso am Straßenrand aus privater Hand: Die Präsentation ist recht individuell, mancher Stand mit Hingabe gezimmert und gepflegt. Bezahlen ist Ehrensache, die Kasse anbei. Auch Honig, Marmelade, Säfte, Trödelware, Spielzeug und einiges mehr wird auf solch sympathische Art dargeboten.

Nebenbei ist Æ / æ ein skandinavischer Sonderbuchstabe, ebenso wie:

Ø / ø

Im Dänischen und Norwegischen geläufiger Sonderbuchstabe und gleichzeitig das Wort für Insel.

Å / å

Noch ein Buchstabe, der auch Wort ist: Å bedeutet Fluss/Bach.

... die Eigenheiten vor Ort. Auch Rad- und Wandertouren sind darunter, diese selbstverständlich aus erster Hand. Der Hinweis »Empfehlung« ist in der für den Verlag typischen Farbe markiert, unserem »Elch-Türkis«.

Vor der Reise

Information zu Hause

Dänemarks offizielle Tourismuszentrale heißt »VisitDenmark«, die deutsche Filiale hat ihren Sitz in Hamburg. Kundenkontakt wird auf das Medium E-mail kanalisiert, erwarten dürfen Sie nur allgemeine Auskünfte. Gehaltvolle Broschüren sind out, das Internet ist in, nur wie befüllen? Die Website visit denmark.de ist eine Mischung aus Artikeln und (bezahlten) Einträgen zum Tourismus in Dänemark.

◎ **VISITDENMARK**, Glockengießerwall 2, D– 20095 Hamburg, daninfo@visitdenmark.com, visitdenmark.de.

In Teilen gut ist die deutschsprachige Website von »VisitDenmark«, etwa dort, wo die Reisevorbereitung unterstützt wird. Der gesamte Online-Auftritt von »VisitDenmark« wirkt manchmal aber wie ein Moloch, der viel Zeit verschlingen kann, bis das gewünschte Ziel erreicht ist. Es handelt sich um eine Art Datenbank, in der die touristischen Online-Präsentationen von Regionen, Orten zusammengefasst sind. Sie können dort fast alles finden, sich jedoch auch rasch verirren, wenn Links auf anderssprachigen Seiten landen, bei veralteten Einträgen, in der Administrationsebene, bei Facebook, beim »Server Error« usw. – Wir raten keineswegs von der Nutzung ab, nur erwarten Sie nicht zu viel und planen Sie für die Navigation ordentlich Zeit ein.

◎ Wer von visitdenmark.de (online) die Inseln Møn, Falster, Lolland aufsuchen will, muss unter »Regionen« auf »Seeland« klicken, was mit der Verwaltungsstruktur des Landes zu tun hat, für Touristen nur zu erraten ist. Stattdessen können Sie die eigentlichen Touri-Websites der Inseln auch direkt ansteuern: danischeostseeinseln.de über **MØN** und SÜDSEELAND sowie visitlolland-falster.de über **FALSTER** und **LOLLAND**. Die Mischung aus (lesenswerten) Artikeln und (bezahlten) Einträgen ist auch hier gegeben; wer unter der »Suche« Ortsnamen eingibt, erhält mehrheitlich – »Produkte«.

◎ Zu den **TOURISTENBÜROS** vor Ort enthält Seite 31 allgemeine Informationen. In der Nebensaison, wenn die Büros teilweise nur tage- und / oder stundenweise besetzt sind, kann sich die Beantwortung von E-mail-Anfragen hinziehen. Sie dürfen nicht davon ausgehen, dass alle Kontaktpersonen Deutsch beherrschen, Englisch schon.

Botschaften

Für EU-Bürger wird in der Regel kein direkter Kontakt notwendig sein. Die Webseiten sind aber eine Fundgrube bei der erfreulich objektiven Vorab-Information über Land und Leute.

Der kritische Unterton oben lässt sich kurz zusammenfassen: Im legitimen Marketing zu Gunsten des Tourismus in Dänemark verschiebt sich der Schwerpunkt zu weniger Information und Service, aber mehr Zeitaufwand für die »Kunden«.

MØN, FALSTER, LOLLAND (UND GANZ DÄNEMARK) IM INTERNET

Wir erheben nicht den Anspruch, die »besten« Websites vorzustellen, sondern treffen eine praxisorientierte Auswahl. Auch die Online-Auftritte der Botschaften (Seite 18) sind eine Fundgrube mit angenehm objektiver VORAB-Information über Land und Leute. Deutschsprachige Versionen sind eher selten oder verkürzt und werden in Rotstiftzeiten weniger statt mehr.

ZUM KENNENLERNEN

- **denmark.dk** – vielseitige Selbstdarstellung Dänemarks, gepflegt durch das Außenministerium, allgemeine und praktische Inhalte. Auf Englisch.
- **www.kongehuset.dk** – das Königshaus: die Geschichte, Paläste, Krone, Kostbarkeiten und die Royals in offiziellen Posen. Auch auf Englisch.
- **dodekalit.dk** – Dodekalitten ist Kunst als Langzeitprojekt: An Lollands Nordküste entsteht eine Figurengruppe im Freien. Auch auf Deutsch.
- **klintekongensrige.dk** – »Königreich des Klippenkönigs« ist eine prämierte Wanderung zu Møns Kreidefelsen. Flankiert von Wissenswertem zur Natur und Hilfsmitteln wie App, Podcast und Geodaten. Auch auf Deutsch.

PRAKTISCHE SEITEN

- **krak.dk** – Über das Menü »Kort« erhalten Sie mittels Eingabe von Adresse oder Ortsname einen Stadt- bzw. Lageplan Ihres anvisierten Reiseziels. Die Karten sind keineswegs fehlerlos, die Luftaufnahmen zum Teil veraltet. Dennoch eine Hilfe, die zudem einen Routenplaner *(ruteplan)* umfasst.
- **dmi.dk** – Wetterberichte bis zu 9 Tage im Voraus, die nächsten 48 Stunden in Stunden-Darstellung. Einfach Ortsname in das Suchfeld eingeben.
- **rejseplanen.dk** – Routenplaner für öffentliche Verkehrsmittel, in den wichtigen Funktionen auch in deutscher Sprache. Einzelheiten auf Seite 33.
- **dot.dk** – informiert über den ÖPNV auf Møn, Falster, Lolland und hilft via App auch beim Fahrkartenkauf. Teilweise auf Deutsch. Siehe Seite 34.
- **kultunaut.dk** – Der Veranstaltungskalender hilft mit diversen Suchfunktionen beim Finden von Kulturveranstaltungen. Obere Ebenen auf Deutsch.
- **udinaturen.dk** – Auf der Karte Danmarkskortet auf der Startseite können Sie über Piktogramme ortsbezogene Aktivitäten in der Natur finden. Die Symbole ersetzen die Sprachkenntnis, für die unteren Ebenen sind Dänisch-Kenntnisse dann doch von Vorteil. Auch Download von Geodaten.
- **edition-elch.de** – Wir stellen Aktualisierungen zu diesem Buch online. Helfen Sie mit: Jeder einzelne konstruktive Beitrag ist ein Gewinn für alle.

APPS

Überzeugt hat uns keine, gerade im Freien sind die Resultate durchwachsen. Nutzer bleiben ebenso ortsunkundig wie anscheinend die Programmierer. Unser (subjektiver) Kurzkommentar zu Apps steht auf Seite 70.

- **Oplev Møn** (Erlebe Møn)
- **Naturlandet Lolland-Falster**

◎ **DEUTSCHLAND**: Königlich Dänische Botschaft, Rauchstraße 1, 10787 Berlin, Tel. 030 – 5050 2000, beramb@um.dk, tyskland.um.dk/de.

◎ **ÖSTERREICH**: Königlich Dänische Botschaft, Führichgasse 6, A–1010 Wien, Tel. 01 – 512 7904, vieamb@um.dk, oestrig.um.dk.

◎ **SCHWEIZ**: Zuständig ist die Dänische Botschaft in Berlin (siehe oben), ebenso für Liechtenstein. Konsulate gibt es in Zürich und Basel sowie eine Repräsentanz in Genf. schweiz.um.dk.

◎ **NIEDERLANDE**: Royal Danish Embassy, Koninginnegracht 30, NL–2514 AB Den Haag, Tel. 070 – 302 5959, haaamb@um.dk, nederlandene.um.dk.

◎ **BELGIEN/LUXEMBURG**: Royal Danish Embassy, Rue D'Arlon / Aarlenstraat 73, B–1040 Bruxelles / Brüssel, Tel. 02 – 233 0900, bruamb@um.dk, belgien.um.dk.

Einreisebestimmungen

◎ **REISEDOKUMENTE**: EU-Bürger müssen sich zwar in »normalen« Zeiten an der Grenze nicht ausweisen, jedoch trotzdem den Personalausweis dabei haben, der bei der Einreise mindestens noch DREI MONATE GÜLTIG sein muss. Kinder (ab 13 Jahren) brauchen einen Personalausweis oder (bis 12 Jahre) einen Kinderreisepass. Für Schweizer Bürger gelten die gleichen Regeln, weil die Schweiz ein »Schengen-Land« ist.

Wer mit dem eigenen Fahrzeug anreist, benötigt nur Führerschein und Fahrzeugschein. Die grüne Versicherungskarte ist nicht vorgeschrieben, im Schadensfall aber von Vorteil. Die TÜV-Plakette sollte noch mindestens drei Monate gültig sein.

HAUSTIERE

Folgendes ist Pflicht für die Mitnahme von Hunden, Katzen (und Frettchen):

◎ Das Tier muss durch einen MIKROCHIP zu **IDENTIFIZIEREN** sein.

◎ Im **EU-HEIMTIERAUSWEIS** dokumentiert ein Tierarzt, dass das Tier GEGEN TOLLWUT GEIMPFT ist, mindestens 21 Tagevor dem Einreisedatum; die Dauer des Impfschutzes ist abhängig vom Impfstoff. Für Welpen sowie Kätzchen gelten eigene Bestimmungen. 13 Hunderassen (u.a. Pit Bull Terrier) gelten als besonders gefährlich und dürfen weder in Dänemark gehalten noch mitgebracht werden.

◎ Unter tyskland.um.dk/de sind die **BESTIMMUNGEN** nachzulesen, auch für Vögel, Pferde und andere Tiere.

ZOLL

◎ WAREN FÜR DEN **PERSÖNLICHEN BEDARF** SIND GENEHMIGUNGSFREI, ebenso falls sie als Geschenk gedacht sind. MEDIKAMENTE sollten in Inhalt und Zusammenstellung einer gewöhnlichen Reiseapotheke entsprechen. – Generell nicht erlaubt ist die Einfuhr von Drogen, Waffen und Feuerwerkskörpern. Ebenso würde der Zoll einschreiten, falls ein Fahrzeug mit einem Großvorrat an Zigarettten oder

Wer in eine Fahrzeugkontrolle oder unliebsame Ereignisse gerät, steht ohne Ausweispapiere schlecht da. In der sog. »Flüchtlingskrise« hat Dänemark zeitweise Kontrollen an der Grenze zu Deutschland durchgeführt.

Spirituosen gesichtet wird, egal ob an der Grenze oder im Inland. Es gelten nämlich Maximal-Richtwerte, die auf der Website der Botschaft einzusehen sind, aber halbwegs normalen Bedarf bei Weitem überschreiten.

◎ **LEBENSMITTEL**: Achten Sie in der Presse auf aktuelle Ereignisse (Epidemien o.Ä.), wodurch vorübergehend Einschränkungen möglich sind.

Klima und Reisezeit

STATISTISCH IM PLUS

Gemessen am Breitengrad, herrscht in Dänemark ein sehr MILDES KLIMA. In dem Land, wo kein Ort weiter als 50 km vom Meer entfernt liegt, betrug die Durchschnittstemperatur – wohl gemerkt, nicht der Spitzenwert – im kältesten Monat Februar in den letzten Jahren meist über 0°C und die im wärmsten Monat Juli über 20°C – vor den 1990er Jahren lagen diese Werte deutlich darunter. So waren 30°C + x in der jüngeren Vergangenheit häufig, als Juli- und August-Hitzewellen die Badeurlauber entlang der Küsten frohlocken ließen – andererseits sind verkorkste, nasse Monate selten.

Møn, Falster, Lolland geraten eher unter Kontinentaleinfluss als der stärker maritim geprägte Westen mit Jütland. Das bedeutet höhere Sommertemperaturen, niedrigere im Winter und ein stabileres Klima: Das Wetter zeigt sich weniger unstet als im Landeswesten, kann dennoch mehrmals am Tag zwischen bedecktem Himmel, Sonnenschein sowie Nieselschauern wechseln, jedenfalls weit häufiger als in küstenfernen flachen Landstrichen Mitteleuropas. Trotzdem sind lang anhaltende Perioden ohne Regen keine Ausnahme, sehr wohl aber Dauerregen. Grob verallgemeinert, kann man sagen, dass es auf Møn, Falster, Lolland 10–20 % weniger regnet als im Landesdurchschnitt (um 750 mm); sehr günstig sieht es auf den Inseln Femø, Fejø, Askø vor Lollands Nordküste aus.

◎ **JAHRESZEITEN**: Der Frühling meldet sich irgendwann bis Mai, während der sonnenwarme Sommer meist von (Mitte) Juni bis in die letzten Augusttage reicht. Wegen des fast immer wehenden Lüftchens werden selbst Hitzeperioden selten unangenehm. Der Herbst setzt zwischen September und der ersten Oktoberhälfte ein, wobei es wegen der kürzeren Tage merklich früher abkühlt: Wenn Anfang Oktober zwei Wochen lang die Sonne scheint, wird es in der Nacht des klaren Himmels wegen mitunter knackig kalt. In der Vor- und Nachsaison spielen die dänischen Inseln einen Vorteil aus, da der Wind hier nicht so rau weht wie an an Jütlands Nordseeküste drüben. Bis November beginnt eine feuchtkalte, windige Periode, die sich erst im neuen Jahr beruhigt. Üblich sind nasskalte Winter, wenn der Schnee nur selten mehrere Tage übersteht. Weiße Wintertage schätzen die Kenner dank des besonderen Lichts. Die Unerschrockenen begeben sich (dicht verpackt) an die einsamen Strände, um Meer und frische Luft zu atmen.

KLEIDUNG UND GEPÄCK

◎ Zur **SOMMER-GARDEROBE** gehören in Dänemark neben den üblichen »Verdächtigen« wie Badebekleidung ein leichter, vor Ort im Tagesgepäck verstaubarer REGENSCHUTZ und ein WINDDICHTER Pullover bzw. dünnes, winddichtes Fleece für frische Abendstunden und exponierte Ausflugsziele, die dem Wind ausgesetzt sind. Regenschirme sind eher zweite Wahl, da bei Wind zu störrisch.

◎ Für die **KALTE** Jahreszeit empfiehlt sich anstatt einer dicken Jacke / Hose eine aus mehreren Schichten bestehende Garderobe, die variabler und, zum Beispiel mit schwedischer Woolpower-Unterwäsche aus WOLLE und Kunstfaser, kuscheliger ist. Stirnband oder Mütze dienen als Ohrenschutz.

◎ **GESELLSCHAFTSKLEIDUNG** ist weder im gehobenen Restaurant noch im Theater vorgeschrieben, doch wer darauf Wert legt, fällt keinesfalls unangenehm auf. ZWANGLOS ist die eigentliche »dänische Etikette«.

◎ Wer ein **FERIENHAUS** mietet oder Hütten auf Campingplätzen beziehen will, tut sich mit dem einen oder anderen Utensil im Reisegepäck einen Gefallen. Mehr im special für Ferienhaus-Urlauber auf Seite 43.

◎ Wer die Möglichkeit hat, das eigene **FAHRRAD** mitzubringen, und sei es nur für einige kürzere Touren, sollte es der günstigen Infrastruktur wegen tun; alternativ sind in Städten und auf Campingplätzen oft Räder zu mieten. Zum Erkunden von Städten sind diese ebenso gut geeignet: Für die Recherchen dort nutzt unser Autor jedenfalls stets sein Fahrrad.

OUTDOOR-AUSRÜSTUNG

◎ **ZELTE** sollten regenfest, vor allem windstabil und mit tauglichen Heringen verankert sein – von Billig-Zelten sei abgeraten. Besonders entlang der Küsten kann der Wind selbst im Sommer kraftvoll am Zelt zerren; und es ist mehr als unangenehm, wenn Sie am Abend den Tagesausflug verlängern dürfen, um Ihr Zelt oder gar Einzelteile einzusammeln. Fragen Sie an der Rezeption des Campingplatzes ggf. nach windgeschützten Stellflächen.

◎ **PACKTASCHEN** für Radwanderer sollten regendicht sein, womit auch die Nähte gemeint sind. Die deutsche Firma »Ortlieb« ist eine sichere Bank in diesem Segment. – RUCKSÄCKE für Wanderer gibt es selten wasserdicht.

◎ **EMPFEHLUNGEN**: Die Firmen, die viel Werbung (zur besten Sendezeit) machen, haben nicht zwangsläufig tolle Produkte. – NUR GUTE Erfahrungen hat der Autor bisher gemacht mit »VauDe« und »Tatonka« (jeweils komplettes Outdoor-Sortiment), mit skandinavischen Firmen wie »Fjäll Räven«, »Norrøna« und »Woolpower« (Unterwäsche aus Wolle/Kunstfaser) und mit »Lowe Alpine« (Rucksäcke und Fototaschen). Diese Liste ist als Tipp für die Leser gedacht und erfolgt ohne (!) Gegenleistung der genannten Firmen.

Outdoor-Produkte: Unabhängig, seriös wirken die Tests der Zeitschrift »Outdoor«. Andere Medien nennen Produkte bzw. verwerten die Musterartikel zum Eigennutz. Und Tests im TV erinnern mitunter eher an »Product-Placement«.

Geld

◎ Dänemark ist **KEIN EURO-LAND**. Dennoch können Sie an vielen touristisch stark frequentierten Orten mit Euro und Cent bezahlen, so in Hotels, einigen Restaurants, größeren Läden und Attraktionen. Sie können sich jedoch nicht darauf verlassen. Beim privaten Bed & Breakfast oder Aktivtrips draußen zum Beispiel wird eher Bargeld in der Landeswährung erwartet.

◎ **WÄHRUNG**: Währungseinheit ist die DÄNISCHE KRONE, im Folgenden DKK abgekürzt. Eine Krone entspricht 100 Øre. Die kleinste Münze ist 50 Øre wert. Weitere Münzen gibt es im Wert von 1, 2, 5, 10 und 20 DKK, Banknoten für 50, 100, 200, 500 und 1.000 DKK.

◎ **WECHSELGELD** WIRD (wegen der 50 Øre als Münze mit dem geringsten Wert) AUF- ODER ABGERUNDET und in Kronen ausgezahlt, auch wenn mit Euro bezahlt wurde. Eine Ausnahme bilden u.a. die Fähren zwischen Dänemark und Deutschland.

◎ Der **WECHSELKURS** lag zu Redaktionsschluss bei 7,44 DKK für einen Euro, gleich rund 13,44 € für 100 DKK.

◎ Praktisch sind die überall präsenten **BARGELDAUTOMATEN** der Banken *(kontant* = bar) zum Geld-Abheben mit Kreditkarte, Maestro-Karte (die aber nicht mehr neu ausgegeben werden) oder vergleichbaren Geldkarten, womit Sie bis zu 8.000 DKK ausgezahlt erhalten, je nach Geldinstitut: Großzügig beim Maximalbetrag sind Großbanken wie »Danske Bank« oder »Nordea«, knauserig sind eher die Regionalbanken. Dieser Maximalbetrag spelt eine Rolle, denn für jede Abhebung wird Ihr Konto mit Gebühren (meist 5–7,50 €) belastet, sofern keine (Kredit-)Karte im Einsatz ist, deren Vertrag solche Gebühren ausschließt.

Als gebildete Dienstleister beherrschen die Automaten mehrere Sprachen, darunter auch das Deutsche.

Bargeldautomaten von Nicht-Banken berechnen tendenziell hohe Gebühren und einen mäßigen Kurs.

◎ Die GÄNGIGEN **KREDITKARTEN** werden akzeptiert, das Zahlen mit der Karte ist in Dänemark selbstverständlicher als in Deutschland. Zum Teil geben die Hotels, Restaurants, Geschäfte, Tankstellen etc. aber die Gebühren für die Kartennutzung an die Kunden weiter. Vergessen Sie die PIN nicht.

Es ist abhängig von Ihrem Vertrag, ob Sie mit Ihrer Kreditkarte kostenlos oder gegen eine (hohe) Gebühr Geld an Bankautomaten abheben können. Falls der Automat Ihnen anbietet, den Kronen-Betrag in Euro umzurechnen, lehnen Sie dies besser ab, denn hinter dieser vermeintlichen Dienstleistung steckt nur eine (höhere) Gebühr.

Für das Bezahlen an einer Kasse in Nicht-Euro-Ländern wird in der Regel ein Auslandseinsatzentgelt fällig: Bis vor wenigen Jahren nur 1 % der Rechnungssumme, heute eher um 2,5 %.

◎ **KOMBINIEREN** Sie mehrere Zahlungsmittel auf Reisen. Eine einzelne – defekte oder verlorene – Kreditkarte kann rasch zum Engpass sowie Drama statt Urlaubsgenuss führen.

Gesundheit

Informieren Sie sich unbedingt im Voraus bei Ihrer Krankenkasse über die Einzelheiten.

◎ Zwischen Dänemark und allen EU-Ländern besteht ein Sozialversicherungsabkommen, das Ihnen im Fall einer Erkrankung oder Verletzung ärztliche BEHANDLUNG nach dänischem Recht gewährleistet. Voraussetzung ist die Vorlage der **EUROPÄISCHEN KRANKENVERSICHERUNGSKARTE** bzw. einer provisorischen Ersatzbescheinigung; wie Sie vor Ort an einen Arzt gelangen, erläutert unser »Praktisches A–Z« auf Seite 55.

Sogenannte Vertragsärzte behandeln Sie KOSTENFREI, auch Fachärzte, eine Überweisung vorausgesetzt. EIGENBETEILIGUNG gilt bei Zahnärzten (bis 100 %) sowie Medikamenten (abhängig vom Rechnungsbetrag von 15 bis 100 %).

◎ Ein krankheitsbedingter RÜCKTRANSPORT wird nicht durch die Europäische Krankenversicherungskarte abgedeckt. Für solche und andere Leistungen empfehlen die Krankenkassen eine **AUSLANDSREISEKRANKENVERSICHERUNG**, die vergleichsweise preiswert ist.

◎ In Deutschland rezeptfreie **MEDIKAMENTE** sind in Dänemark häufig nur gegen Rezept erhältlich. Insofern sollten Medikamente, die regelmäßig einzunehmen sind, in ausreichender Zahl mitgebracht werden, sofern man es nicht besser weiß.

Barrierefreies Reisen

Die Integration von Körperbehinderten ist eines von mehreren Beispielen dafür, dass die Gesellschaft in Dänemark (wie in den anderen skandinavischen Ländern auch) ein wenig fortschrittlicher ist als wir in Mitteleuropa. Ob öffentliche Gebäude, Restaurants, Unterkünfte, der Standard in Sachen BARRIEREFREI ist anerkennenswert, wenn auch gewiss nicht ideal.

Die lokalen Touristenbüros sind Ihnen ebenfalls behilflich: Die Kompetenz ist zwar nicht überall gleich, aber es sollten zumindest jene Stellen bekannt sein, die konkret weiterhelfen.

◎ Die **WEBSITE** www.goadgang. dk (sinngemäß: leichter Zugang) enthält ausführliche allgemeine Informationen auf Deutsch und eine Suchfunktion nach barrierefreien Angeboten. Im Eingabefeld »Kreis« (gemeint: Region) gehören Møn, Falster, Lolland zu »Sjælland« (Seeland).

◎ Das **ZUGÄNGLICHKEITSLOGO** markiert besonders geeignete Einrichtungen für Menschen mit Handicap.

◎ **PARKBERECHTIGUNGSSCHEINE** aus dem Heimatland werden vor Ort anerkannt. Solche Parkplätze sind mit dem Schildertext »Invalidevogn« auf blauem Grund gekennzeichnet.

◎ **DANSKE HANDICAPORGANISATIONER** ist der Dachverband der dänischen Behindertenorganisationen, Blekinge Boulevard 2, 2630 Taastrup, Tel. 0045 – 3675 1777, dh@handicap.dk, handicap.dk nur auf Dänisch.

Karten

AUS DER PRAXIS

Nicht zu empfehlen sind Dänemark-Karten mit kleinem Maßstab, d.h. großer Maßstabszahl (wie 1 : 300.000), die Nebenstraßen unzureichend darstellen, da entweder zu klein im Gesamtbild oder gar nicht enthalten. Sobald Sie sich auf die Suche nach einem unbeschilderten Strand begeben, einem Hünengrab oder der Stichstraße in den Wald, wo der Wanderweg beginnen soll, stehen Sie verlassen da. Und eines sollten Sie lieber nicht ausprobieren, mit welcher Karte auch immer: Die »pfiffige Abkürzung« auf Seitenwegen führt fast immer in die Irre, da abgelegene Kreuzungen teilweise nicht mit Hinweisschildern versehen sind und plötzlich mehr dieser Kreuzungen auftauchen, als es die (grobe) Straßenkarte vermuten ließ.

◎ Für die **STADTZENTREN** enthält dieses Buch selbstverständlich Pläne. Zudem verfügen die Touristenbüros vor Ort im Normalfall über die Jahreshefte sowie – großformatige – Karten/Stadtpläne zumindest der benachbarten Reiseziele, so dass Sie gut vorbereitet anreisen können.

STRASSENKARTEN

◎ **DÄNEMARK**: entweder als Einzelkarten oder nur im Set oder als spiralgebunder Atlas. Da die Inseln Lolland, Falster, Møn nur einen relativ kleinen Teil von Dänemark ausmachen, ist allein vom Preis her eine Einzelkarte anzuraten: Die bei Redaktionsschluss aktuellste ist die »Dänemark Süd« von »Marco Polo« im Maßstab 1 : 200.000. Beidseitig bedruckt. Um 10 €. – Etwas gefälliger in der Darstellung, aber nur im Set erhältich sind die beiden Karten »Dänemark« von »Freytag-Berndt« im Maßstab 1 : 150.000, wobei ausgerechnet Møn, Falster, Lolland nur im Maßstab 1 : 200.000 abgebildet sind. Beidseitig bedruckt. Um 20 €. – Wer regelmäßig nach Dänemark und zudem in andere Landesteile reist, kann einen robusten Straßenatlas erwägen. Kurz vor Redaktionsschluss neu aufgelegt ist die »Færdselskort« vom dänischen Verlag »Legind«, wo Lolland und Falster auf einer Doppelseite liegen – bei anderen Atlanten muss ggf. hin- und her geblättert werden. Um 25 €.

Unter Umständen ist gar keine Straßenkarte notwendig, denn:

◎ **OUTDOORER-KARTEN**: siehe Seite 69. Die eine der beiden vorgestellten Karten – betreffend Møn – erübrigt eine zusätzliche Straßenkarte ; bei der anderen – alle drei Inseln betreffend – ist dies knifflig, da die verzeichneten Radwege die Straßen überdecken.

BEZUGSQUELLEN

◎ **GEOBUCHHANDLUNG.DE**, Schülperbaum 9, 24103 Kiel, Telefon 0431 – 91002, geobuchhandlung.de. Dieser Versender gibt das Erscheinungsjahr von Karten an, ein hilfreiches Kriterium.

◎ **MAPFOX.DE**: Lauenburger Str. 2, 24113 Kiel, Tel. 0431 – 666 75 99, mapfox.de.

Wir erheben bei den Karten keinen Anspruch auf Vollständigkeit, sondern treffen eine praxisorientierte, begründete Auswahl. Die Nennung dieser Produkte erfolgt selbstverständlich ohne Gegenleistung der Kartenverlage.

Anreise

Permanent WECHSELNDE Tarife, zum Teil dynamisch je nach Buchungslage, aber auch Verbindungen (besonders bei Flugzeug und Fernbus) lassen zuverlässige Angaben kaum noch zu. Darum konzentrieren wir uns in diesem Kapitel teilweise auf Hilfestellungen, wie Sie an aktuelle Informationen kommen, anstatt Tarife mit rascher Verfallszeit zu notieren.

Mit dem eigenen Fahrzeug

Es gibt ZWEI ROUTEN, für die jeweils ein Fährtransfer notwendig ist – vorerst noch, bis die Tunnelverbindung durch den Fehmarnbelt fertig ist (siehe Seite 25 nebenan).

NR. 1: FÄHRE NACH LOLLAND

Der Klassiker ist die Fährverbindung auf der sogenannten »Vogelfluglinie« zwischen PUTTGARDEN auf der deutschen Insel Fehmarn und RØDBY auf der dänischen Insel Lolland. – Streng genommen: Rødby liegt ein paar Kilometer landeinwärts, so dass der Anleger korrekt RØDBYHAVN (übersetzt: Rødby Hafen) heißt – dessen sollten sich Lolland-Touristen bewusst sein.

Das Buchen online ist praktisch und auch preiswerter, und Sie können für Ihr Ticket am selben Tag ebenso eine andere Fähre nehmen, sofern Plätze darauf frei sind. Stoßzeiten mit Engpässen treten erfahrungsgemäß am ehesten Samstag Mittag (= am Wechseltag in den Ferienhäusern), Freitag Nachmittag nach Puttgarden sowie Sonntag Nachmittag nach Rødby auf.

Tickets für Fußgänger und Radfahrer gibt es nur vor Ort und nur gegen Kartenzahlung am Einlasspunkt.

◎ **PUTTGARDEN – RØDBY**: Abfahrt zu jeder halben Stunde, Dauer 45 Min. Pkw und Womo bis 6 m ab 50,50 bis 111,50 €, je nachdem ob eine fixe Abfahrt/ein fixer Tag ohne oder mit möglicher Umbuchung auf ein anderes Datum sowie weitere Flexibilität gebucht wird. Kategorien Early Booker, Standard und Flex. Fußpassagiere bezahlen 10 €, mit Rad plus 1,50 €.

◎ **SCANDLINES** DEUTSCHLAND, Tel. Kundenservice 0381 – 7788 7766 (Mo –Fr 8–18, Sa 9–17 Uhr), servicecenter.germany@scandlines.com, scandlines.de. In Dänemark unter Tel. 3315 1515 (Mo–Fr 8–16, Sa 9–17 Uhr).

NR. 2: FÄHRE NACH FALSTER

◎ **ROSTOCK – GEDSER**: je nach Saison 8–9 x täglich, Dauer 2 Stunden. Pkw und Womo bis 6 m ab 70,50 bis 151,50 €, je nach gewünschter Flexibilität, siehe Puttgarden– Rødby. Fußpassagiere 13 €, mit Rad plus 1,50 €.

◎ **SCANDLINES**: siehe oben.

Hybrid-Fähren pendeln auf dem Fehmarnbelt. Der Fährverkehr soll nach der Tunneleröffnung 2029 alternativ zur Verfügung stehen, doch wie das ökonomisch gelingen soll, bleibt eine spannende Frage. ▶

»DÄNEN BUDDELN, DEUTSCHE SCHLAFEN« (Zitat von www.n-tv.de)

2022 sollten eigentlich die Fähren zwischen Fehmarn und Lolland den Dienst einstellen, sollte der knapp 17,6 km lange **FEHMARNBELT-TUNNEL** eröffnet werden. Nun wird es vermutlich bis 2029 dauern, was vor allem an dem Land liegt, dessen Hauptstadtflughafen bereits eine Blamage symbolisiert. Auf dänischer Seite besteht das Baurecht für den Tunnel seit 2015, auf deutscher Seite waren die Gerichte bis Anfang 2022 mit Klagen beschäftigt. An Lollands Küste war der Arbeitshafen (über den das Material zur Baustelle auf See gelangt) 2021 fertig, in Puttgarden wird 2023 noch daran gewerkelt.

◎ Ist der Tunnel **FERTIG**, soll sich der Zeitaufwand für den Fahrzeugtransfer von 45 auf 7 Minuten verringern, Wartezeiten am Terminal werden entfallen. Hochgeschwindigkeitszüge von Hamburg nach Kopenhagen sollen 2:30 Stunden statt 4:30 benötigen, zumal das Gleisnetz modernisiert wird. Entfällt der Umweg über Jütland und Fünen, sparen die Züge 160 Kilometer ein.

◎ **TECHNOLOGIE**: Die Tunnelröhre setzt sich aus 89 Betonelementen zusammen, die in einer neuen Fabrik östlich von Rødbyhavn gefertigt werden. Die Elemente sind, abhängig von ihrer Funktion, bis zu 217 m lang, 9–13 m hoch und über 40 m breit; ein Standardelement wiegt ca. 73.000 Tonnen. Der Tunnel besteht aus vier Einzelröhren für Kraftfahrzeuge und Eisenbahn sowie weiteren Räumen für Fluchtwege, Wartungspersonal und Installationen. Die Fundamente nimmt ein ausgebaggerter Tunnelgraben im Meeresboden auf.

◎ **INVESTITION**: Da Dänemark Hauptprofiteur der schnelleren Anbindung ist, war das Land bereit, die geplanten 5,5 Mrd. Euro für den Tunnelbau allein zu schultern – wobei inzwischen 9 Mrd veranschlagt werden. Deutschland muss »nur« sein Gleisnetz und die Festlandanbindung modernisieren: Auch den Sund nach Fehmarn soll der Verkehr in einem neuen Tunnel passieren, die sanierte Fehmarnsundbrücke (1963) nur langsamen Verkehr aufnehmen.

AUTO-REISEN (UND VERKEHRSREGELN) **IN DÄNEMARK**

◎ **ABBLENDLICHT**: auch TAGSÜBER vorgeschrieben.

◎ **ALKOHOL**: Die PROMILLEGRENZE liegt bei 0,5 %. Alkohol am Steuer hat spürbare Konsequenzen: Als Geldstrafe wird bis zu einem Monatsgehalt fällig. In schweren Fällen sind 20 Tage Haft auf Bewährung drin und wird der Führerschein entzogen. Ab 2 Promille wird das Auto konfisziert – und zu Gunsten der Staatskasse versteigert.

◎ **AMPELN**: stehen auch hinter der Kreuzung, eine EXZELLENTE IDEE, so dass sich niemand Hals und Nacken verrenken muss; jedoch ergaben die jüngsten Recherchen, dass es inzwischen »mehr Kreuzungen mit weniger Ampeln« als früher zu geben scheint – Dänemark ist am Dauer-Sparen.

◎ **ANSCHNALLPFLICHT**: gilt sowohl auf Vorder- als auch auf Rücksitzen.

◎ **AUTOVERMIETUNG**: Adressen sind teilweise den Jahresheften der Touristenbüros und ohnehin den Websites der üblichen, international tätigen Unternehmen zu entnehmen. Je nach Fahrzeugtyp beträgt das Mindestalter für Kunden 21–25 Jahre; zum Teil wird von jungen FahrerInnen eine Zusatzgebühr verlangt. Fast obligatorisch ist das Bezahlen mit Kreditkarte.

◎ **BAUSTELLEN**: Die Servicewebsite trafikinfo.dk informiert auf der Startseite über aktuelle Behinderungen auf den Autobahnen und Fernstraßen. – Wer des Dänischen nicht mächtig ist, kann mit dem Navigieren auf der Karte zumindest Baustellen *(Vejarbejde)* und Gefahrenpunkte erkennen.

◎ Beim Fahrspurwechsel auf der Autobahn ist das **BLINKEN** Pflicht. Verstöße werden mit 1.000 DKK Geldbuße geahndet. Im Fall von gefährlichen Situationen (wie Stau) ist das Warnblinklicht einzuschalten.

◎ **FAHRRADFAHRER** besitzen in Dänemark einen höheren Stellenwert als etwa in Deutschland. Achten Sie beim RECHTSABBIEGEN auf Pedaltreter, die nämlich *nicht* damit rechnen, dass Ihnen die Vorfahrt genommen wird, da sich in Dänemark so gut wie *alle* Autofahrer daran halten. Zudem benutzen manche Mofa- und Mopedfahrer diese Radwege: Ob erlaubt oder nicht, spielt erst mal keine Rolle; fahren Sie niemals mit hinten beschlagenen Fensterscheiben, damit beim Rechtsabbiegen kein Unglück passiert.

◎ **BENZIN**: Die TANKSTELLEN führen bleifreies Benzin (zumeist 95 Oktan mit E10/E5) sowie Dieselkraftstoff. Geld zu sparen ist an unbesetzten Tankstationen mit Selbstbedienung, sofern dort Kreditkarten akzeptiert werden, während die Vorkasse mit Geldscheinen dort nur bedingt zu empfehlen ist. Denn für Ausländer ist es umständlich, an solches Geld zu kommen, das der Automat ungerechtfertigt behalten hat, falls dieser zum Beispiel das Geld gezogen, die Benzinabgabe aber verweigert hat. Gehört die Tankstation erkennbar zu einem Supermarkt, wenden Sie sich im Schadensfall dorthin.

◎ Die AKTUELLEN **BENZINPREISE** der Konzerne kennt fuelfinder.dk.

◎ Sofern nicht eingeschränkt, beträgt die erlaubte **HÖCHSTGESCHWINDIGKEIT** außerhalb geschlossener Ortschaften 80 km/h, auf Autobahnen 130 km/h, für Pkw mit Anhänger 70 km/h sowie innerhalb geschlossener ...

FORTSETZUNG NÄCHSTE SEITE

FORTSETZUNG: **AUTO-REISEN IN DÄNEMARK**

... Ortschaften (erkennbar an weißem Schild mit Stadtsilhouette) 50 km/h. Die Polizei setzt Motorräder mit Videotechnik ein, um Temposünder zu überführen. Die Geldbußen sind hoch und sofort zu entrichten.

◎ **HANDY** AM STEUER: nur erlaubt mit Freisprecheinrichtung. Die Dänen sagen nicht Handy, sondern verwenden den Begriff MOBILTELEFON.

◎ **KINDER** unter 1,40 m Körpergröße gehören in einen KINDERSITZ.

◎ **KREISEL** sind in Dänemark schon seit den 1990er Jahren weit verbreitet. Der Verkehr fließt besser, und es sind weniger Ampeln zu warten.

◎ **NOTRUF**: Tel. 112, von Handy/Telefonzellen aus kostenfrei.

◎ **PANNENHILFE**: Normalerweise haben die deutschen Automobilclubs eine Notrufnummer für das Ausland. Ansonsten ist die Zentrale von FALCK zu kontaktieren: Tel. 7010 2030. Leistungen sind direkt zu bezahlen.

◎ **PARKEN**: Parkplätze sind deutlich ausgeschildert. Ist das Parken gebührenpflichtig, geben Schilder die Parkhöchstdauer und den Zeitraum an: 8–18 Uhr bezieht sich auf Mo–Fr, (8–12) auf Sa, eventuelle Zahlen in Rot auf Sonn- und Feiertage. Sie bezahlen via App oder am Parkautomaten mit Kreditkarte oder bar (und legen den Parkschein unter die Winschutzscheibe). Außerhalb der vermerkten Zeiträume parken Sie kostenlos. Manche Städte markieren Kurz-/Langzeitparkplätze farbig, z.B. kurz = rot, lang = blau/grün. Bei kostenfreiem Parken kann die PARKDAUER begrenzt sein; zur Kontrolle dient eine Parkscheibe. Sie brauchen nicht die dänische Version, die innen an der Windschutzscheibe befestigt ist. Wer keine dabei hat, bekommt sie vor Ort ggf. im Touristenbüro, an Tankstellen (und in Banken), auch gratis. Nicht geparkt werden darf u.a. an gelb markierten Bordsteinen, mit weniger als 10 m Abstand von Kreuzungen (auch kreuzenden Radwegen), weniger als 5 m von Fußgängerüberwegen und weniger als 12 m Abstand von einem Bushalt und auf Radwegen sowieso nicht. Falschparken kostet ab 510 DKK.

◎ **STROM**: 2022 waren über 4.170 Ladesäulen für E-Autos gemeldet. Eine Karte mit den Ladestationen bieten: goingelectric.de (Text auf Deutsch) sowie elektricitet.dk. Kosten: in der Regel über 50 Eurocent/Kilowattstunde.

◎ **VERSICHERUNG**: Sind Sie in einen Unfall mit einem unbekannten oder womöglich nicht versicherten Fahrzeug verwickelt, nehmen Sie am besten Kontakt auf mit: DFIM, Postboks 111, 2900 Hellerup, Tel. 4191 9191, skade@dfim, dfim.dk auch auf Englisch.

◎ **VORFAHRT**: Die aus der Heimat vertrauten Schilder sind nicht obligatorisch! Eine weiße Linie mit auf der Spitze stehenden Dreiecken (= HAIFISCHZÄHNE) signalisiert Ihnen, dass Sie dort halten müssen, um Vorfahrt zu gewähren. Führt zusätzlich ein RADWEG an der Vorfahrtstraße entlang, verläuft die gezackte Linie nicht direkt an der Kreuzung, sondern davor.

◎ **WARNDREIECK**: vorgeschrieben.

◎ **WINTERREIFEN**: nicht gesetzlich vorgeschrieben, die Bereifung soll allerdings der Witterung entsprechen; dann sind übrigens auch (vom 1.11. bis 15.4.) Spikes erlaubt, aber nur an allen vier Rädern.

Mit dem Flugzeug

Es ist keine Standard-Anreise zu den Dänischen Inseln, nach Kopenhagen zu fliegen und dort entweder in einen Mietwagen oder in einen Zug gen Süden zu steigen. Aber es ist möglich.

An der EIGENRECHERCHE etwa auf Webseiten von Airlines oder mit Hilfe (auf Skandinavien) spezialisierter Reisebüros führt für Fluggäste kein Weg vorbei.

VIA KOPENHAGEN

◎ **COPENHAGEN AIRPORT**: cph.dk auch auf Englisch – unter »Flyinformation, Destinationer« können Sie die aktuellen Direktverbindungen einer Karte entnehmen.

◎ **DIREKT AB**: Berlin, Hamburg, Hannover, Düsseldorf, Köln/Bonn, Frankfurt am Main, Stuttgart, München; aus Österreich ab Salzburg und Wien; aus der Schweiz ab Zürich, Basel, Genf; aus Benelux ab Brüssel, Amsterdam, Eindhoven und Luxembourg.

◎ **PER ZUG AB KOPENHAGEN**: Der Airport-Bahnhof – nicht zu verwechseln mit der Metro-Station – ist unterirdisch angelegt. Von hier aus bestehen Verbindungen mit Umsteigen im Kopenhagener Hauptbahnhof, wo der Regionalzug nach Vordingborg sowie Nykøbing auf Falster verkehrt: Verbindungen verrät rejseplanen.dk (siehe Seite 33), wo das Zugticket auch gekauft werden kann (zuletzt 140 DKK nach Nykøbing F.); alternativ müssen Sie es am Flughafen (am Automaten) kaufen. In Nykøbing F. steigen Sie bei Bedarf in die Lollandsbahn um (siehe Seite 34) oder zuvor in Vordingborg in einen Linienbus nach Møn. – Für die Verbindungssuche unter rejseplanen.dk: An Stelle »Copenhagen Airport« ist »CPH lufthavn« einzugeben.

◎ **MIETWAGEN**: siehe Seite 26.

◎ Ein **FAHRRADTRANSPORT** sollte angemeldet werden; die frühzeitige Reservierung empfiehlt sich, da normalerweise die Anzahl der Räder pro Flug begrenzt ist. Das Gefährt muss in der Regel zwar nicht verpackt werden; besser aber wird es sein, Sie montieren die Pedale ab (wofür Spezialwerkzeug notwendig sein könnte) und stellen den Lenker quer, um Transportschäden vorzubeugen.

AIRLINES

Da die Tickets ohnehin so gut wie immer online gebucht werden und der Telefonservice klein gehalten wird, ist die Liste ohne Telefonnummern, ansonsten alphabetisch sortiert und ohne Anspruch auf Vollständigkeit:

◎ **AUSTRIAN**: austrian.com

◎ **BRITISH AIRWAYS**: britishairways.com/de

◎ **EASY JET**: easyjet.com

◎ **EUROWINGS**: eurowings.com

◎ **LUFTHANSA**: lufthansa.com

◎ **LUXAIR**: luxair.lu

◎ **NORWEGIAN**: norwegian.com/de

◎ **RYANAIR**: ryanair.com

◎ **SAS**: flysas.com/de

◎ **SWISS**: swiss.com

◎ **WIZZ AIR**: wizzair.com/de

Weiterreise ab Copenhagen Airport per Bahn: In Fernzügen wie IC und ICE sind Platzkarten obligatorisch, was für Reisende nach Møn, Falster, Lolland jedoch im Normalfall nicht relevant ist.

Mit der Bahn

Bis der Fehmarnbelttunnel (nicht vor) 2029 eröffnet wird, bleibt die Anreise per Bahn relativ mühsam.

◎ Verbindungen der Deutschen Bahn u.a. laufen als IC ODER ICE **VIA HAMBURG**, das gilt auch für Züge aus Berlin. Solange der Fehmarnbelt-Tunnel (siehe Seite 25) nicht realisiert ist, benötigt der Zug mindestens 4:40 Stunden von Hamburg bis Kopenhagen, via Kolding in Südjütland, Odense auf Fünen und Transfer über den Großen Belt immerhin ohne Umsteigen; andere Verbindungen erfordern das Umsteigen in Fredericia, dem Eisenbahnknotenpunkt in Jütland. PER ZUG AB KOPENHAGEN: siehe Seite 28.

◎ Wer Kopenhagen nicht ins Reiseprogramm aufnehmen will, kann von Hamburg aus bereits **IN RINGSTED** aus- und in einen Regionalzug nach Vordingborg (Südseeland) und Nykøbing (Falster) **UMSTEIGEN**. Die Fahrzeit von Hamburg nach Vordingborg ist auf diese Weise kaum länger als nach Kopenhagen.

◎ Denkbar ist ebenso der Transfer zu einem der beiden deutschen Fährhäfen, Puttgarden oder Rostock, und die anschließende Weiterfahrt ALS FUSSPASSAGIER **MIT DER FÄHRE** nach Gedser (ab Rostock) oder Rødbyhavn (ab Puttgarden). Während die Variante Rostock nur für Ostdeutsche in Frage kommt, gilt es im Fall Puttgarden zu beachten, dass der Bahnhof dort wegen der Tunnelarbeiten geschlossen ist. Reisende aus Hamburg müssen in Lübeck in den Bus X85 (mit begrenzter Fahrradmitnahme) umsteigen und sind damit knapp drei Stunden unterwegs.

◎ Denkbar sind **NACHTZUG**-Verbindungen für Reisende aus Wien/Linz und aus Zürich/Basel und somit auch aus Süddeutschland BIS HAMBURG plus Umstieg dort am Vormittag in einen IC oder ICE nach Kopenhagen. Information: nightjet.com. – Von Mitte Juni bis etwa 10.9. verkehrt auch ein Nachtzug von Hamburg nach Kopenhagen, mit Fahrradtransport.

◎ Der **FAHRRADTRANSPORT** ist im Einzelfall zu prüfen und zu reservieren, gegebenenfalls auch für Teilstrecken, da eine grenzüberschreitende Reservierung in der Regel nicht möglich ist. Alternativ kommen Verbindungen zu den beiden deutschen Fährhäfen und die Weiterreise per Fähre in Frage (siehe oben).

◎ **AUTOREISEZÜGE** nach Hamburg verkürzen die Anreise aus dem Süden. Zuletzt ab Lörrach sowie aus Italien mit Autoverladung in Innsbruck und München. autoreisezug-planer.de.

KONTAKT

◎ **DEUTSCHE BAHN**: Tel. 030 – 2970 oder bahn.de oder App DB Navigator. Aktuelle Informationen zu Verkehrsbehinderungen via bahn.de/aktuell.

◎ Die Deutsche Bahn hat zurzeit die folgenden günstigen **TARIFE** für Reisen nach Dänemark: Super Sparpreis Europa Dänemark ab 28,90 €, Sparpreis Europa Dänemark ab 33,90 €.

Mit dem Bus

Seit seiner Freigabe 2013 ist der Fernbusmarkt erst enorm expandiert und zuletzt durch Pleiten, Rückzüge sowie Fusionen durcheinander geschüttelt worden. Nun hat mit »Flixbus« der Gewinner des »Kapitalismus-pur-Wettbewerbs« sogar den jahrzehntelang operierenden Platzhirsch »Eurolines« in die Defensive gedrängt. Wichtig für die Wahl einer Route sollte auch sein, wie aufwandsarm man von zu Hause zum Abfahrtsort gelangt.

BEACHTEN Sie immer die Beförderungsbedingungen, etwa für den Fall, dass Sie den Termin umbuchen oder die Reise sogar stornieren müssen.

ROUTEN

◎ **NACH NYKØBING F.** (auf Falster) mit »Flixbus«: ab Berlin über Lübeck, inklusive Fähre nach Rødbyhavn, oder über Rostock, inkl. Fähre nach Gedser. Alle weiteren Verbindungen stets mit Umsteigen in Berlin: zum Beispiel ab Köln via Leverkusen, Düsseldorf, Duisburg, Essen, Bochum, Dortmund und Hannover mit Umsteigen in Berlin. – Ab Heidelberg via Mannheim, Darmstadt, Frankfurt am Main, Gießen, Marburg, Göttingen, Braunschweig, Magdeburg mit Umsteigen in Berlin. – Ab München über Regensburg, Weiden, Hof, Leipzig mit Umsteigen in Berlin.

Die Flixbus-Verbindung (von Hamburg) nach Kopenhagen inkl. Fähre ab Puttgarden hält angeblich zwar nicht in Nykøbing F. Aber es besteht die Möglichkeit, mit Flixbus nur bis Puttgarden zu reisen, die Fähre als Passagier zu Fuß zu nehmen sowie in Rødbyhavn den ÖPNV nach Nykøbing F. (oder gleich auf Lolland zu bleiben). Ebenso besteht die Möglichkeit, über verschiedene Routen plus Umsteigen in Berlin nach Warnemünde / Rostock zu reisen, dort die Fähre als Passagier zu Fuß zu nehmen und in Gedser den ÖPNV nach Nykøbing F.

In jedem Fall kommen einige Stunden zusammen: allein ab Berlin ZOB (Zentraler Omnibus-Bahnhof) bis Nykøbing F. mindestens 6:30 Stunden oder, beispielsweise, ab Frankfurt am Main über 17 Stunden.

◎ **HAMBURG – KOPENHAGEN** mit »Eurolines«: zurzeit nur 1 x sonntags. Über Flensburg, Jütland, Fünen, Großer Belt, Seeland. Dauer 8 Stunden, ohne Umsteigen. – Weiter ab Kopenhagen (per Zug) siehe Seite 28.

KONTAKT

Wir verzichten auf Preisangaben, da sich die Ticketpreise meist dynamisch nach Buchungslage verändern. Ferner wirbt zum Beispiel »Eurolines« mit eigenen Rabatten für Kinder (zwei Tarife bis 3 Jahre sowie 4–11 Jahre) und Jugendliche (bis 25 Jahre). Ein Ticket retour ist selten preiswerter als zwei einzelne in der Addition. Dann gutes Gelingen im Tarifdschungel!

◎ **EUROLINES**, DEUTSCHE TOURING, Telefon 069 – 971 944 833, info@touring.de, eurolines.de.

◎ **FLIXBUS**: flixbus.de und App, kein telefonischer Service vorgesehen.

Nykøbing auf Falster ist als größte Stadt der Region ein Verkehrsknotenpunkt, mit guten Verbindungen auf die Nachbarinseln. Wer in Rødbyhavn mit der Fähre ankommt und auf Lolland bleiben will, muss natürlich nicht nach Nykøbing F.

Unterwegs in Dänemark

Information vor Ort

Der Fremdenverkehr ist eine wichtiger wirtschaftlicher Faktor in Dänemark und zumeist professionell organisiert; der Service hat jedoch nachgelassen.

◎ In einem dänischen Touristenbüro – **TURISTBUREAU**, TURISTINFORMATION oder TURISTKONTOR – können Sie sich auf Deutsch (und Englisch sowieso) verständigen. Ein autorisiertes Turistbureau verfügt über mehrsprachige Broschüren zur jeweiligen Stadt oder Kommune oder Region; ebenso liegen die wesentlichen Webseiten in deutscher Sprache vor.

Die JAHRESHEFTE (als Beispiel: Møn 2023/24) enthalten IM OPTIMALFALL Stadt- und Lagepläne (die es eventuell auch separat gibt), das Programm an Sightseeing-Touren, Adressen (sowie Anzeigen) von Unterkünften und Lokalen, Sportstätten, Aktivveranstaltern, Aktivtipps und Angaben zur Infrastruktur (Post, Busbahnhof etc.).

◎ Fragen Sie immer nach dem aktuellen **VERANSTALTUNGSKALENDER**, der eventuell (auch) separat für kurze Zeiträume vorliegt.

◎ **SERVICE**: Im besten Fall erhalten in den Büros Informationen, die dieses Buch aus Platzmangel nicht nennen kann, wie etwa FAHRPLANAUSKÜNFTE. Vielerorts können Sie Souvenirs, Ansichtskarten, Briefmarken, Angelscheine, Fahrrad- und andere Spezialkarten und Literatur u.v.a. erwerben, in Einzelfällen zudem Fahrräder mieten und Sightseeing-Touren oder (im Voraus) sogar Pauschalreisen buchen.

◎ **IN DIESEM BUCH** finden Sie in jedem Kapitel zu Städten und Regionen direkt im Anschluss an den einleitenden Text unter »Information« Adresse und Kontaktdaten des lokalen Touristenbüros samt eventueller Filialen sowie die Öffnungszeiten, die sich von Jahr zu Jahr leicht ändern können, vor allem wenn wegen des steten Kostendrucks rationalisiert und (mal wieder) ein Stündlein weggeknipst wird.

◎ **RATIONALISIERUNG**: Seit Jahren werden relativ häufig Strukturen und Zuständigkeiten geändert, so dass sich einiges Gute gar nicht auszahlen konnte, bevor es schon wieder ersetzt wurde.

Für Touristen vor Ort ist von Nachteil, dass Jahreshefte ausgedünnt und Touristenbüros aufgelöst bzw. an anderer Stelle »untergebracht« werden: zum Beispiel an der Rezeption eines Museums. Egal an welchem Ort: Das Personal ist teils hochmotiviert sowie kompetent, teils jedoch auch (erkennbar als Aushilfe) nur begrenzt kompetent – diese Entwicklung ist neu.

Transport

Die kurzen Entfernungen und die flotten Verbindungen per Bahn und Bus erübrigen den Inlandflug – Flugfelder gibt es ohnehin nur südlich von Nakskov und Maribo, das über Bahn-, Bus- und Autobahnanbindung verfügt, sowie (aber mehr für private und besondere Anlässe) die Insel Femø vor Lollands Nordküste.

FÄHREN UND AUSFLUGSBOOTE

Selbst wenn die Anreise mit der Fähre absolviert wurde, sollte wenigstens ein FÄHRTRANSFER zwischen den größeren und kleineren Inseln (oder alternativ ein Trip mit einem Ausflugsboot) drin sein – sonst fehlte ein authentisches Stück Dänische Inseln in Ihrem Urlaub.

◎ Die Inseln **FEJØ, FEMØ** UND **ASKØ** bieten sich im Rahmen eines Ausflugs ab der Nordküste Lollands, entweder von Kragenæs (nach Fejo oder Femø) oder von Bandholm (nach Askø) aus. Wer ein FAHRRAD mitnimmt, verfügt nicht nur über das BESTE Transportmittel, sondern spart auch erheblich beim Ticket, das stets retour gilt (!); auf Femø und Askø kann man alternativ ein Rad am Fähranleger mieten. Eine PLATZRESERVIERUNG ist – zumindest für Femø und Askø – obligatorisch. Mehr zu den Inseln ab Seite 204, zu den Fahrplänen Seite 203 (Askø) sowie Seite 209 (Fejø und Femø) oder via lollandfaergefart.lolland.dk auch auf Deutsch.

◎ **FÄHRE STUBBEKØBING – BOGØ**: IDA ist ein Kuriosum im Zeitalter von Sparen und Effizienz – eine Fähre, zu der alternativ eine Straßenverbindung besteht. Zwei Gründen verdankt der Fährbetrieb von Mai bis Mitte September seine Existenz: Der Sprung über den GRØNSUND verkürzt die Strecke zwischen Nordfalster und Bogø und bewahrt Radfahrer davor, in die Bahn umsteigen zu müssen, da sie die Autobahnbrücke nicht befahren dürfen. Zweitens gibt es den Verein »Idas venner« (Idas Freunde), der sich Erhalt sowie Betrieb der betagten IDA (1959) verschrieben hat und noch immer die Mittel auftreiben konnte; eine wichtige Rolle spielen dabei Ausflugsfahrten (ggf. mit Verkostung und Musik), die nicht im Fahrplan stehen und via Homepage oder Touristenbüro nachgefragt werden müssen.

Fahrplan: Mai bis September plus Herbstferienwoche 11 x täglich von 9 Uhr ab Stubbekøbing bis 18.15 Uhr ab Bogø. Tickets 35/25 DKK, Radfahrer 55, Auto mit Fahrer 95 DKK, retour 45/35 sowie 75 und 130 DKK. Dauer der Überfahrt 12 Minuten. Fahrplan *(sejlplan):* bogoe-stubbekoebing.dk.

◎ **AUSFLUGSBOOTE IM SOMMER**: ANEMONEN kreuzt auf dem größten von Lollands MARIBO-SEEN (siehe Seite 185). – Ein spezielle Route befährt das POSTBOOT im NAKSKOV FJORD vor Lollands Südwestküste (siehe Seite 242 f.). – Die alte FÄHRE MØN startet zu Rundfahrten (siehe Seite 115) und der KUTTER DISCOVERY zu den KREIDEFELSEN (siehe Seite 121).

50 Minuten Überfahrt: Fähre von Kragenæs nach Femø. Ist der Ticketverkauf an Land geschlossen, kontaktieren die Passagiere an Bord die Fahrkarten verkaufende Person und warten nicht auf sie. ▶

FAHRPLANAUSKUNFT UND REJSEKORT

Der Service rejseplanen.dk ermöglicht (auch in deutscher Sprache) den Online-Zugriff auf die Verkehrsverbindungen im öffentlichen Transport (Bahn und Bus) sowie bei den meisten Verbindungen sogar den Ticketkauf. Zwar liegen nicht alle Bereiche auf Deutsch vor, aber es funktioniert als praktische Hilfe. Halb Dänemark hat die Rejseplanen-App auf dem Handy installiert.

◎ Unter **FAHRPLAN** können Sie Start und Ziel und Uhrzeit eingeben und erhalten die Verbindungen. Unter **ABFAHRTTAFEL** können Sie eine Haltestelle eingeben und erhalten die nächsten Abfahrten dort. Nach Eingabe der ersten Buchstaben werden im Suchfeld via automatischer Vervollständigung die möglichen Ziele zur Auswahl angezeigt. Gut zu wissen, da die Fern- und Regionalbusse im Normalfall an den Bahnhöfen halten: Der Anhang st bedeutet *station* und meint Bahnhof.

◎ Falls Sie ein **FAHRRAD** dabei haben und der Transport möglich ist, wird Ihnen bei der Ticketauswahl für Erwachsene/Kinder etc. auch angezeigt, ob Sie ein separates Fahrradticket benötigen oder ob der Transport durch den Personentarif abgedeckt ist (wofür eine Testphase eingerichtet wurde).

◎ Wer viel mit dem ÖPNV unterwegs ist, sollte die Anschaffung einer **REJSEKORT** erwägen, die u.a. 20 % Rabatt auf Tickets außerhalb der Rushour gewährt. Die Rejsekort ist wie ein Prepaid-Handy mit Guthaben auszustatten; bei Fahrtantritt checken Sie am Terminal ein und bei Fahrtende aus. Für Ausländer eignet sich die Rejsekort Anonymus (80 DKK). Information u.a. zu Erwerb und Aufladung: rejsekort.dk auch auf Englisch, siehe »Show all cards«.

EISENBAHN

Die PIONIERARBEIT für das dänische Gleisnetz leisteten in der Mitte des 19. Jhs. private Gesellschaften, bevor der Staat das Gros der Strecken 1885 übernahm, als die Dänischen Staatsbahnen (DSB) gegründet wurden. Auch heute ergänzen Privatbahnen das DSB-Streckennetz, indem sie den Pendler- und Güterverkehr in einigen Gebieten abwickeln. Die »Lokaltog A/S« betreibt alle zehn Privatbahnen in der Region Seeland, darunter:

◎ Die **LOLLANDSBANEN** verbindet Nakskov im Westen der Insel Lolland mit Nykøbing auf Falster, über Avnede, Søllested, Ryde, Maribo, Sakskøbing, Grænge, Ø. Toreby. Fahrkarten lösen Sie am Automaten. Das Ticket Maribo– Nakskov (22 Min.) oder Maribo–Nykøbing F. (27 Min.) kostete zuletzt 46 DKK und das von Nykøbing F. nach Nakskov 74 DKK. Fahrplan *(køreplan):* lokaltog.dk.

Achtung: Das Aus- oder Einsteigen in Avnede, Ryde, Grænge sowie Øster Toreby müssen die Fahrgäste von innen (via Halteknopf) wie von draußen (via Signal am Bahnsteig) ANMELDEN. Übrigens verläuft die Lollandsbanen eingleisig und nur an den Bahnhöfen zweigleisig.

PROFIL: Die Strecke ist 52 km lang und hatte zuletzt rund 875.000 Fahrgäste im Jahr. Die Bahn verkehrt seit 1873, erst nach Sundby und ab 1875 nach Nykøbing, als endlich die Eisenbahnbrücke über den Guldborgsund fertig war. 1963 wurde die Nebenstrecke nach Rødbyhavn still gelegt.

DOT – INFO UND TICKETS

DOT alias Din offentlige transport – Dein öffentlicher Transport – informiert über den ÖPNV auf den Inseln Seeland, Møn, Falster, Lolland, und zwar über alles, was Bus heißt oder was auf Gleisen unterwegs ist, Stichworte Barrierefreiheit, Fundsachen, Fahrradtransport sowie Fahrkarten, dies alles auch auf Deutsch (s.u.). Dazu sind unter der dänischsprachigen Version der Website via »Trafikinfo« und »Køreplaner for bus« Fahrpläne von Bussen aufzurufen: Sie geben eine Liniennummer ein, die Sie diesem Buch entnehmen – Download über den blauen Balken. Mit der APP »DOT Billetter« können Sie Fahrkarten ONLINE kaufen (ansonsten am Automaten oder in 7-Eleven-Kiosken am Bahnhof oder bar bei Busfahrerin oder Busfahrer).

◎ **DOT**, aus dem Inland Tel. 7015 700, dinoffentligetransport.dk in Teilen auch auf Deutsch.

◎ In der Lollandsbahn dürfen **FAHRRÄDER** generell mitgenommen werden, und im Rahmen einer Testphase ist dies gratis, vermutlich auch darüber hinaus. Das Ein- und Ausladen besorgen Sie selbst. Die entsprechenden Zugtüren / Abteile sollten mit einem Fahrrad-Logo gekennzeichnet sein.

In den Regionalzügen ab Nykøbing F. nordwärts ist ein Fahrradticket erforderlich; der Preis hängt von der Distanz ab.

◎ Unter der Rubrik **WEITERREISE** in den einzelnen Kapiteln sind Bahnhöfe und Routen vermerkt.

Sollte die Fahrradmitnahme in der Lollandsbahn und/oder in den Lokalbussen wieder kostenpflichtig werden, informieren wir darüber im Rahmen der Aktualisierungen zum Buch: edition-elch.de.

▲ Lollandsbanen in Maribo

Der sog. EL-Bussen auf Møn verkehrt (als Stromer) abgasfrei – und kostenlos. ▲

BUS

Die Busse erreichen längst nicht mehr alle Winkel des Landes, die Fahrpläne sind ausgedünnt. Als Ausgleich wurde Busse auf Abruf eingeführt, auf bestimmten Linien heißt das Telekørsel, ansonsten FLEXTUR. Die Tickets sind viel preisgünstiger als ein Taxi. Als Service für nicht mobile Bürger ist Flextur für Touristen nicht vorgesehen, wenn auch möglich; insofern sind sämtliche für Information und Bestellung nötigen Einzelinformationen online nur in dänischer Sprache verfügbar.

◎ Das Unternehmen MOVIA betreibt den kompletten Busverkehr auf Seeland (mit Kopenhagen), Møn, Falster und Lolland.

INFORMATIONEN über **FAHRPLÄNE** erhalten Sie in den Touristenbüros oder online via DOT (siehe Seite 34). – Konkrete Reiseverbindungen oder die nächsten Abfahrten an einer bestimmten Haltestelle sind am besten via rejseplanen.dk herauszufinden (siehe Seite 33). Fahrplanhefte und Faltblätter zu einzelnen Routen sind aus der Mode. Busbahnhofe heißt übersetzt *rutebilstation* und Haltestelle *stoppested.*

◎ **EINSTIEG**: vorne, um das Ticket zu lösen oder vorzuzeigen.

◎ Bus fahren ist relativ **PREISWERT**: Ein Ticket Nakskov – Ydø (31 Minuten, ca. 16 km) kostet nur 24 DKK, gut 3 €, nebenbei genauso viel wie 2014.

◎ **FAHRRÄDER** können in gewöhnlichen Bussen mitgenommen werden, aber der Platz ist begrenzt, zumal ein Kinderwagen oder Rollstuhl meistens bevorzugt befördert wird. Im Rahmen einer Testphase ist die Fahrradmitnahme kostenlos, vermutlich auch darüber hinaus.

◎ In den einzelnen Kapiteln sind unter **TRANSPORT** Stadtbusse und Nahverkehrsrouten (in Ballungsräumen) sowie unter **WEITERREISE** Fernverbindungen und weitere in Frage kommende Nahverkehrsrouten genannt; die Auswahl richtet sich nach dem Inhalt des Kapitels.

Unterkunft

Wer kurzfristig ein Zimmer sucht, kann im Touristenbüro nach Tipps fragen; die Vermittlung gegen Provision ist aber vielerorts gestrichen worden.

Die Mehrzahl der Privatanbieter ist heute freilich online sowie einige mit Anzeigen in den Jahresheften der Touristenbüros oder auch Hinweisen am Straßenrand präsent, meistens unter »Bed & Breakfast«.

HOTELS

Møn, Falster, Lolland sind so abgelegen in Dänemark, dass hier relativ wenig Konferenzen (als sichere Einnahmen für Hotels) stattfinden. Und auch die Feriensaison ist für ganzjährig hohen Standard zu kurz, zumal etwa die Deutschen überwiegend ins Ferienhaus ziehen und durch Bed & Breakfast eine charmante Konkurrenz entstand. Deshalb gibt es auf den drei Inseln nur wenige Hotels mit gehobenem Ambiente. Stattdessen sind verkürzte Rezeptionszeiten und Renovierungsbedarf oft genug ein Thema, soeben durch die Corona-Jahre verschärft.

◎ **SPARPOTENZIAL**: Hotelzimmer sind auf den ersten Blick teuer, da das Gros der Betreiber außerhalb der Reisesaison mit einem festen Kontingent an Tagungen und Konferenzen rechnen kann; an den Wochenenden und in der Hochsaison gehen die Preise allerdings deutlich nach unten, sofern es sich nicht um ein typisches Ferienhotel handelt.

Viele Hotels richten Angebote auf Zielgruppen aus: Wochenendarrangements, Kurz- oder Golfferien, auch Service für Radfahrer.

◎ Im kinderfreundlichen Dänemark hat es sich eingebürgert, eine gewisse Anzahl **FAMILIENZIMMER** bereitzuhalten, die erfreulich unter dem gewöhnlichen Preisgefüge liegen. Fragen Sie gezielt danach.

Ansonsten übernachten Kinder im Zimmer der Eltern kostenfrei, wobei das Alter der Kinder von Hotel zu Hotel unterschiedlich begrenzt wird; oft liegt die Altersgrenze bei 12 Jahren.

◎ **INFORMATION UND BUCHUNG**: Die Eigen-Recherche via Internet ist hilfreich, aber gehen Sie bitte davon aus, dass die Zimmer, die auf der Website eines Hotels präsentiert werden, nicht die gewöhnlichen, sondern die besten (und teuersten) sind.

Wer vorab buchen will, kann merklich sparen, verzichtet man auf Rechte wie Stornieren oder Umbuchen. Die meisten Hotels sind einem Buchungssystem angeschlossen, einige wenige nur über die gängigen bekannten Portale zu buchen.

◎ Unter der RUBRIK **UNTERKUNFT** enthalten unsere Kapitel ab Seite 100 Adressen und Preise, meist Lage des Hotels und mitunter ein paar Worte zu Standard-Zimmern sowie Extras. Alle Preise mit Frühstück, Zimmer mit Bad, sofern nicht anders angegeben.

Achtung: In vielen Hotels mit Blick aufs Wasser kosten die Zimmer ohne Aussicht genauso viel wie diejenigen mit. Im Zweifel vorher erfragen.

Einen guten Ruf hat das »Bandholm Badehotel« an Lollands Nordküste. ▶

IN DIESEM BUCH VERWENDETE **ABKÜRZUNGEN**

- EZ = Einzelzimmer
- DZ = Doppelzimmer

TARIFE FÜR HOTEL- UND ANDERE **ZIMMER**

- **HOTELS**: Preisangaben sind leider nur bedingt aussagekräftig, da viele Hotels dynamische Preise je nach Saison und Buchungsstand verwenden. Für ein Doppelzimmer in einem guten Mittelklasse-Hotel sind bei einem vergünstigten Tarif (weekend / Ferienzeit) um 800 – 1.000 DKK zu veranschlagen, im Hotel mit 4 Sternen selten unter 1.100 DKK sowie in einem Budget-Hotel mit eingeschränktem Service um 700–800 DKK. Jeweils mit Frühstück.
- **JUGENDHERBERGEN**: Betten in Schlafsälen gibt's kaum noch. EZ um 400 – 500 DKK, DZ um 475–650 DKK. Frühstück geht extra. Siehe Seite 38 f.
- **BED & BREAKFAST**: sehr verschieden. Im Durchschnitt kostet ein EZ 250–500 DKK, ein DZ 400–800 DKK, mal mit, mal ohne Frühstück. Siehe Seite 39 ff.
- **VORSICHT BEI** ALLGEMEINEN **BUCHUNGSPORTALEN**: Erstens sind dort die Grenzen zwischen den Unterkünften fließend – B & B kann selbst eine Ferienwohnung ohne Frühstück bedeuten. Zweitens wird nur aufgeführt, wer dafür bezahlt: kein Qualitätsmerkmal. Drittens ist auf den Ort zu achten, denn wer ein B & B unter Møn bucht, kann sich z.B. in Südseeland wiederfinden.

TYPISCH DÄNISCH, ABER SELTEN GEWORDEN: DER KRO

Die Tradition des Kro, der sinngemäß als Krug, Schenke oder Gasthaus übersetzt werden kann, hat ihren Ursprung im Jahr 1198, als König *Knud IV.* einen Gasthof in Bromolle auf Seeland mit KÖNIGLICHEN PRIVILEGIEN ausstattete. Der Hintergrund war, ein Netz von Gasthäusern an den Handelswegen und Fährorten zu schaffen, wo die Könige auf Reisen durch ihr Land einkehren sowie angemessen übernachten konnten. Der Wirt war verpflichtet, immer Bett und Mahlzeit für Reisende bereit zu halten. Im Gegenzug durfte er Brot backen, Bier brauen und sogar abgabenfrei Branntwein brennen, sowohl zum Verzehr im Kro als auch zum Verkauf außer Haus. Und er war davon befreit, Soldaten in seinem Kro einquartieren zu müssen.

Die gewöhnlichen Dorfbewohner durften die Kroer jahrhundertelang nicht betreten. Obwohl sich das längst geändert hat, ist der Zuspruch heute oft zu gering. Die verkehrsgünstige Lage an Hauptstraßen und Kreuzungen ist für »klassische« Kroer ein Problem, Langzeit-Urlauber zu ergattern. Viele haben darum dicht gemacht oder ihr Angebot angepasst: Der Damme Kro auf Møn, der Oreby Kro bei Sakskøbing und der Fejø Ny Kro auf der gleichnamigen Insel beschränken sich auf die Gastronomie (siehe Seiten 128 / 190 / 212). Von den in diesem Buch vertretenen Unterkünften mit einem »Kro« im Namen betreiben nur der FEMØ KRO auf der gleichnamigen Insel (siehe Seite 216 ff.) und der HØJMØLLE KRO in Nordfalster (siehe Seite 168) sowohl Unterkunft als auch Gastronomie, der Højmølle Kro aber nur für Gäste mit Übernachtung.

JUGENDHERBERGEN

Jugendherbergen stehen allen offen: jungen Leuten wie älteren Semestern und Familien mit Kindern, Gruppen wie Individualreisenden, Konferenzteilnehmern wie Feriengästen.

Es gibt nur noch ZWEI Danhostels auf Lolland (Maribo, Sakskøbing), keines mehr auf Falster und Møn sowie eins in Südseeland (Vordingborg).

◎ Aus der ehemaligen dänischen Bezeichnung *vandrerhjem* (Wanderer-Zuhause) wurde das plakative **DANHOSTEL**. Der Dachverband »Danhostel Danmarks Vandrerhjem« hat eine Top-Website mit einem Buchungssystem auch in deutscher Sprache.

◎ Ein **JUGENDHERBERGSAUSWEIS** ist Voraussetzung, der nationale wird akzeptiert. – Alternativ kaufen Sie vor Ort den internationalen Herbergsausweis für 160 DKK, gültig 12 Monate ab Ausstellungsdatum.

◎ **PREISE**: Das klassische Bett im Gemeinschaftszimmer alias Schlafsaal ist auf dem Rückzug – die Ansprüche sind gestiegen. Während vom 1.7. bis zum 15.9. Betten im Gemeinschaftszimmer ebenso wie Familienzimmer (wo zusammengehörende Personen unter sich sind) gebucht werden können, steht es den Herbergen frei, außerhalb der Hauptsaison nur Zimmer anzubieten.

Von Touristen allein können Danhostels das Jahr nicht überstehen, weshalb die Jugendherbergen auffallend oft bei Sportstätten platziert sind, wo gastierende Teams eine weitere Einnahmequelle darstellen. Zwar haben die Danhostels ...

Sakskøbing bietet zwar ganzjährig ein Bett im Gemeinschaftszimmer an, was jedoch mit 350 DKK kaum billiger als ein EZ ist. Die Jugendherbergen sind in der Preisgestaltung völlig frei. So kommt in den drei für dieses Buch relevanten Danhostels ein EZ auf 385 –645 DKK, ein DZ auf 470–645 und ein 4-Bett-Zimmer auf 565–845 DKK. Die drei Danhostels haben fast nur Zimmer (bzw. in Maribo Hütten) mit Bad, die in Sakskøbing und Vordingborg »klassisch« je nach Personenzahl berechnet werden, in Maribo außerhalb der Hochsaison nur als Einheit.

◎ Wer Platz im Gepäck hat, bringt einen Satz **BETTWÄSCHE** und Handtücher mit. Ansonsten müssen Sie diese Utensilien vor Ort mieten, was um 75 DKK für beides im Set kostet. Leinenschlafsäcke sind erlaubt, Outdoor-Schlafsäcke dagegen nicht.

◎ An **MAHLZEITEN** bieten Danhostels Individualtouristen nur ein Frühstück an, zumeist in Form eines Buffets für etwa 65–75 DKK, Kinderportionen zum halben Preis auf Wunsch. In Maribo gibt es nur Frühstück nach Absprache. In Sakskøbing serviert die Cafeteria des zugehörigen Sportzentrums ein Tagesgericht (Dagens Ret).

Obligatorisch ist die **GÄSTEKÜCHE** für INDIVIDUALREISENDE. Für einzelne Komponenten (wie Besteck) kann ein Depositum verlangt werden.

◎ **RESERVIERUNG**: Für Danhostels ist eine frühzeitige Buchung bereits von zu Hause aus zu empfehlen, vor allem in der Hauptsaison. Wer erst unterwegs reservieren will: Im Sommer (1.7.–15.9.) ist im eigenen Interesse zu beachten, schon vormittags anzurufen und ein Bett zu bestellen. Die Rezeption sollte besetzt sein: 8–12 und 16–20 Uhr, was kleinere Danhostels nicht jederzeit leisten können. Auf jeden Fall sollte bis 17 Uhr erscheinen, wer reserviert hat. – Vom 15.9. bis zum 1.7. ist die Anmeldung sogar drei Tage IM VORAUS zu empfehlen, da ein Danhostel ohne Buchungen vorübergehend geschlossen sein kann.

◎ **INFORMATION UND BUCHUNG**: »Danhostel Hovedkontor«, Vodroffsvej 32, DK–1900 Frederiksberg, danhostel.dk informativ auch auf Deutsch, mit Links/Karte zu den Hostels sowie Online-Buchung.

◎ Unter der RUBRIK **UNTERKUNFT** enthalten unsere Kapitel ab Seite 100 jeweils Adressen und Öffnungszeiten, ausgewählte Tarife, Angaben zur Lage, ggf. Verkehrsanbindung sowie Extras, wie etwa Fahrradvermietung. Da Sakskøbing nur (kurz) als Ausflugsziel vorgestellt wird, wird das Danhostel ebenso nur knapp beschrieben.

BED & BREAKFAST

B & B ist nicht gleich B & B: Manchmal ist die Bettwäsche im Preis enthalten, manchmal nicht; gleiches gilt für das Frühstück. Einige Wenige bieten sogar B ohne B, also ohne Frühstück, andere wollen nicht für eine Nacht Bettwäsche beziehen und vermieten erst ab zwei/drei Nächten; es ist von Vorteil, wenn Sie einen Satz Bettwäsche dabei haben. Mancherorts steht eine Gästeküche zur Verfügung. Dusche/

... auf Møn und in Nakskov zuletzt ihren Betrieb eingestellt. Dass in Maribo ein neues Danhostel am Sportzentrum eröffnet wurde, unterstreicht aber, dass die Unterkunft Jugendherberge keineswegs als perspektivlos eingeschätzt wird.

B & B ist erst seit den 1990er Jahren groß herausgekommen und vor allem für Rundreisende reizvoll. Nun ist die Grenze zwischen billigem Hotel, Pension und B & B fließend; Sie bekommen ein Zimmer, in der Regel mit Frühstück, aber ohne gewöhnlichen Hotelservice. Während billige Hotels und Pensionen dabei häufig unpersönlich und ohne Ambiente sind, ermöglicht B & B immerhin Kontakt mit Däninnen und Dänen in – deren – privater Umgebung. Oft genug ergeben sich nette Begegnungen und Gespräche, die in gewerblichen Unterkünften eher die Ausnahme sind.

AIRBNB und ähnliche Dienste sind natürlich auch in Dänemark verbreitet. Da die Kommunen immer Geld gebrauchen können sowie einheimische Wohnungssuchende und gewerbliche Nutzer (die Steuern zahlen und Auflagen erfüllen müssen) durch die hohe Zahl dieser Angebote benachteiligt sind, sind in den nächsten Jahren vor allem in den Städten REGELN zu erwarten, etwa eine maximale Vermietungsdauer und auch eine Besteuerung. In abgelegenen Landesteilen dagegen kann Airbnb dazu beitragen, dass ältere, leerstehende Gebäude nicht verwahrlosen.

WC zur gemeinschaftlichen Nutzung sind (aus eigener Erfahrung) eher selten zu beanstanden. Einige B & B-Organisationen haben zudem FERIENWOHNUNGEN im Programm.

◎ Die **PREISE** beginnen bei 225 DKK pro Person, im Durchschnitt kostet ein EZ 300–450 DKK, ein DZ 450–700 DKK; es kann aber auch deutlich mehr sein. Das Frühstück kostet im Durchschnitt 75 bis 95 DKK. Manche Vermieter haben Familienzimmer, Kinder unter 12 Jahren übernachten oft zu reduzierten Tarifen und müssen auch für das Frühstück weniger bezahlen. Die Endreinigung ist in der Regel im Preis inbegriffen. Falls Bettwäsche sowie Handtücher extra kosten (was eher selten ist), dann im Set um 70–75 DKK.

◎ **INFORMATION UND BUCHUNG**: Die Buchungsmodalitäten sind ebenso verschieden wie die Unterkünfte selbst: entweder bereits zu Hause als Reservierung, in einigen Fällen gegen Vorkasse; vor Ort in der Regel auch telefonisch möglich. In den Jahresheften und auf den Websites der Touristenbüros helfen Anzeigen und Kontaktdaten weiter. Wer online sucht, muss einigen Aufwand betreiben, kann andererseits einen Eindruck gewinnen, vor allem sofern Fotos vorliegen. Viele Objekte sind bei mehreren Websites gleichzeitig registriert.

Bei Redaktionsschluss waren unter danischeostseeinseln.de (Møn sowie Südseeland) 92 Adressen gelistet, wobei im Rahmen einer detaillierten Suche auf die dänischsprachige Version umgeschaltet wird; immerhin können die B & Bs auch über eine Karte angepeilt werden. – Unter visitlolland-falster.de waren 26 Adressen gelistet, der Suchvorgang war vollständig auf der

Mit dem Wohnmobil in Dänemark unterwegs: Sofern Schilder dies nicht untersagen, darf an Rastplätzen geruht, aber draußen nichts aufgestellt werden. Zu übernachten ist, wie beschrieben, nur auf eigens dafür vorgesehenen Plätzen.

deutschsprachigen Version möglich; die B & Bs können auch über eine Karte angezeigt werden. – Als überregionaler Servicering relativ viele Adressen listet der bedandbreakfastguide.dk/de auf – wobei darauf zu achten ist, dass hier trotz Suche via Inselnamen auch Unterkünfte auf den Nachbarinseln angezeigt werden.

◎ Unter der RUBRIK **UNTERKUNFT** enthalten unsere Kapitel ab Seite 100 auch einige B & Bs: wegen der großen Unterschiede in der Qualität fast nur solche aus eigener positiver Erfahrung oder zuverlässiger Quelle; mit den Angaben oben können Sie eigenhändig (im Voraus) recherchieren.

FERIEN AUF DEM BAUERNHOF

In »Landsforeningen for Landboturisme« sind Bauernhöfe organisiert, die Zimmer oder Ferienwohnungen vermieten oder auch Camping anbieten.

Zum Teil arbeiten diese Höfe nach ambitionierten Kriterien wie Nachhaltigkeit, wobei die zentrale Website darauf hinweist, dass die Angaben nicht überprüft werden. Und nach welchen Kriterien die Zertifizierung der Höfe erfolgt, wird nicht erläutert.

In der letzten Auflage waren noch drei Höfe auf Møn und Nordfalster gelistet – bei Redaktionsschluss für dieses Buch war kein einziger aufgeführt; da sich dies jederzeit ändern kann:

◎ **INFORMATION**: bondegaardsferie.dk auch auf Deutsch. Praktisch ist die Suche auf der Karte, gleich auf der Startseite.

FERIENPARKS, FERIENZENTREN

Eine traditionelle Unterkunft in Dänemark, die sich an Familien und Langzeiturlauber richtet. Abhängig von der Infrastruktur kann eine solche Anlage für Familien sehr interessant sein, besonders wenn eine großzügige Badelandschaft dazugehört; wobei Kinderbetreuung eher selten ist und wegen der Sprachbarriere zwischen den Kleinen eventuell doch Ganztagsbetreuung in eigener Regie anfällt. Andererseits benötigen Kinder nicht generell ein Lexikon zum gemeinsamen Spiel. Insofern gilt es sich gut zu überlegen und im Voraus zu informieren, ob der Gegenwert für die oft üppigen Tarife (vor allem während der Sommer-Feriensaison) gegeben sein dürfte.

◎ **INFORMATION UND BUCHUNG**: Auf Møn sind »DanCenter« mit »DanLand« mit dem KLINTHOLM MARINA PARK in Klintholm Havn vertreten (siehe Seiten 102 und 121 f.). Ein Teil der Ferienwohnungen kann (sogar preiswerter) über andere Ferienhausportale gebucht werden. – Das Gleiche gilt für das MARIELYST FERIECENTER an Falsters bekanntestem Ostseestrand (siehe Seite 156).

◎ **FERIECENTRET ØSTERSØ FÆRGEGÅRD**, Kalvehave Havnevej 45, DK–4771 Kalvehave, Tel. 5538 8493, faergegaard.dk auch auf Deutsch.

Liegt in Südseeland nahe der Brücke nach Møn und daher »im Einzugsgebiet«, zumal zum Beispiel Nykøbing F. oder Nordfalster in weniger als 45 Autominuten zu erreichen sind.

FERIENHÄUSER

Die beliebteste Übernachtungsform deutscher Urlauber in Dänemark sind die Ferienhäuser, die in der Regel bereits zu Hause gebucht werden. Viele Objekte sind küstennah platziert.

◎ **VOR- UND NACHTEILE**: Den gestiegenen Ansprüchen der Feriengäste entsprechend, sind viele Objekte schick und gleichzeitig zweckmäßig eingerichtet: ein fixes Heim mit wohnlicher Atmosphäre, das besonders Familien mit Kindern entgegen kommt. Vorteilhaft ist natürlich, dass Mahlzeiten selbst zubereitet werden können. Das fixe Heim kann zum Nachteil werden, wenn ein Objekt zu sehr abseits ausgesucht wurde und der relativ beschränkte Radius der Bewohner Ausflugsziele in weite Entfernung rückt.

Der Samstag als fester Wechseltag (teils ganzjährig, teils in der Hochsaison) ist nicht sehr kundenfreundlich. Immerhin werden außer der üblichen Ferienwoche auch Zeiträume von 3/4/5 oder 10 Tagen angeboten, freilich nicht für jedes Haus und zu jeder Saison. Selbstverständlich sind mehrere Wochen am Stück ebenso zu buchen. Sich im Sommer vor Ort auf die Suche zu begeben birgt das Risiko dürftiger Auswahl, wenn nicht nur die Filetstücke längst vergeben sind. In der Hochsaison ist dies gar nicht zu empfehlen.

◎ **EIGENHEITEN**: Die Schlafzimmer fallen in der Regel klein aus und sind mitunter als Schlafboden ohne Tür in den Wohnraum integriert. Vor allem in älteren Bädern ist der Wasserhahn eventuell aus dem Waschbecken herauszuziehen, um ihn als Dusche verwenden zu können – danach werden Sie ahnen, wie der Begriff »Nasszelle« zustande gekommen sein dürfte. Eine Herausforderung kann es sein, Strom und Wasser bei Ankunft einzuschalten – rechts herum statt links herum, rot statt grün, alles schon erlebt. Auch das Wlan-Kennwort aufzuspüren (sofern vorhanden) kann spannend werden. Es sollte eine Info-Mappe bereitliegen, die solche Stolperfallen erklärt.

◎ **SPARPOTENZIAL**: Überlegen Sie sich, ob es wirklich ein Haus mit Whirlpool, Sauna und, vor allem, mit Swimmingpool sein muss. Die Stromkosten gehen in der Regel extra, was in einem solchen Luxushaus einen zusätzlichen dreistelligen Eurobetrag bedeutet. Da die Energiepreise bekanntlich enorm gestiegen sind, ist es zudem von Vorteil, die Spül- oder Waschmaschine zu den Randzeiten laufen zu lassen und nicht z.B. vormittags – wenn der Vermieter auf diese Weise weniger für verbrauchten Strom zahlen muss, kann der Preis je Kilowattstunde niedriger angesetzt werden, für alle!

Wer selbst die ENDREINIGUNG vornimmt, spart die (nicht grundlos) üppige Pauschale dafür, büßt jedoch ein ordentliches Stück Lebensqualität ein. (Wem es anfangs im Haus nicht sauber genug ist, muss sofort nachhaken.)

Sparen lässt sich mitunter auch bei mehrwöchigen Aufenthalten, indem Anschlusswochen billiger bis frei sind (etwa 3 Wochen buchen, 2 zahlen). In der Hochsaison ist mit solchen Offerten kaum zu rechnen.

In der Zeit der höchsten Strompreise kletterte der Tarif für die Kilowattstunde im Ferienhaus 2022 auf über einen Euro. Bei Redaktionsschluss lag der Tarif zwischen 50 und 70 Eurocent. Jedenfalls lohnt es sich, sparsam zu wirtschaften.

FERIENHAUS-FINDER UND -TIPPS

Das Gros der Ferienhäuser steht entlang der Küsten. Wer lieber für sich bleiben will bzw. nur Strand und Küste sucht, braucht keine Ortsvorauswahl vorzunehmen. Wer aber Ausflüge unternehmen und nicht mehrfach lange Zeit für die Anfahrt aufwenden will, sollte nicht nur ein schönes Haus suchen, sondern auch darauf achten, wo es steht. Unseren Überblick-Seiten zu Møn (98), Falster (146), Lolland (180) ist zu entnehmen, wo sich die Ferienhausgebiete befinden und welche für Ihre Urlaubsgestaltung am ehesten geeignet sind.

◎ Wer sein Ferienhaus im **INTERNET** aussucht, hat einen immensen Vorteil: Im Optimalfall sind zahlreiche Bilder von Lage und Einrichtung des Objekts verfügbar, die die Auswahl erleichtern sowie missliebigen Überraschungen weitgehend vorbeugen. (Dennoch: Material ausdrucken und mitnehmen.)

◎ **BAUWEISE**: Die modernen Ferienhäuser sind vorwiegend eingeschossig, in Holzbauweise ohne Dachboden. Bei SOMMERHITZE kann das Schlafen in aufgeheizten Häusern mühsam werden; wem die Nachtruhe sehr viel wert ist, achte auf zweigeschossige (und eventuell ältere) Objekte.

◎ **AUSSTATTUNG**: Beschichtete PFANNEN sind üblich, praktisch und empfindlich. Meistens hat irgendein Trottel vorher darin herumgekratzt, weshalb Sie besser ein solches Utensil mitbringen, sofern Sie kein Ragout mit Beschichtungspartikeln mögen. Auch ein guter Dosenöffner im Gepäck schadet nicht.

◎ Die optionale **ENDREINGUNG** ist relativ teuer, da viel Geld bezahlt werden muss, um überhaupt Personal zu finden. Da es seit jeher Probleme mit der Sauberkeit selbst putzender Mieter gab, sind erste Vermieter dazu übergegangen, die Endreinigung obligatorisch an Personal zu übergeben.

◎ **INFORMATION UND BUCHUNG**: Die Ferienhäuser befinden sich in der Regel im Besitz privater Hauseigentümer, die einen Spezialisten damit beauftragen, ihr Objekt zu vermieten. Auf den Websites der Portale und Ferienhausagenturen können Sie die Suche auf Landesteile und Regionen begrenzen. Eine sehr große Reichweite erreicht dansk.de, das mit vielen Ferienhausanbietern kooperiert, so dass landesweit mittlerweile rund 35.000 Objekte und für Møn, Falster, Lolland rund 1.675 aufzurufen sind. – »Feriepartner Danmark« ist ein Zusammenschluss regionaler und lokaler Ferienhausagenturen (feriepartner.de); für Møn zuständig ist »Feriepartner Møn« mit rund 140 Objekten, für Falster und Lolland »Feriepartner Marielyst« mit rund 180 Objekten. – Daneben gibt es die (alteingesessenen) Ferienhausanbieter wie »Dancenter«, »Novasol« sowie »Sonne und Strand«, ohne Anspruch auf Vollständigkeit. – Die Websites der Touristenbüros fungieren eher als Brücke, teils zu den privaten Vermietern, teils zu gewerblichen Verwertern; der Servicekomfort ist recht verschieden.

Hausboote als ungewöhnliche Ferienhäuser finden sich auf Seite 45 im Bild, dort im deindustrialisierten Hafen von Sakskøbing.

CAMPINGPLÄTZE

Die dänischen Campingplätze ähneln sich in ihrem Aussehen, begründet in der Natur: weitläufige Areale, teils offen daliegend, häufiger durch Hecken und Bäume in kleine bis kleinste Flächen parzelliert. Die einen sind durch die Wohnwagen von Stammcampern vollgepropft, andere reservieren eine Wiese für die Laufkundschaft oder zumindest für Zeltschläfer. In der Hauptsaison von Ende Juni bis Mitte August wird es eng, doch das mag nur diejenigen stören, die das Zelten in Norwegen oder Schweden schätzen.

◎ Den einheitlichen **CAMPINGPASS** gibt es nicht mehr. Insofern ist es jedem Platz überlassen, ob und, wenn ja, welche Karte er von seinen Gästen verlangt. Haben die Gäste keine passende Karte dabei, können sie sich eine ausstellen lassen und bezahlen die Jahresgebühr; haben sie eine passende Karte (ggf. den Camping Key Europe) dabei, wird diese (gegen Gebühr) mit neuer Jahresmarke verlängert.

◎ **TARIFE**: Erwachsene zahlen um 85–95 DKK pro Nacht als Personentarif, Kinder gut die Hälfte. Einige Plätze erhöhen in der Hauptsaison die Tarife, die meisten halten sie ganzjährig stabil. Für Elektrizität sind um 55 DKK je Tag zu veranschlagen.

◎ Verglichen mit anderen Ländern in West- und Mitteleuropa, ist Camping in Dänemark **PREISWERT**. Doch haben die Betreiber ein paar Extras eingeführt, um den Ertrag zu steigern: Einige Plätze berechnen (zumindest in der Hauptsaison) eine Gebühr je Stellplatz (um 55 DKK), andere Zuschläge für Luxusplätze, oder sog. Umweltgebühren; auch Münzautomaten in den Duschen sind keine Seltenheit.

◎ Dänemarks Campingplätze sind **KLASSIFIZIERT**, zu erkennen an 1–5 Sternen. Ab 4 Sternen können Sie von umfangreichem **SERVICE** ausgehen. Kinderspielplätze sind obligatorisch, Schwimmbassin, Minigolf und andere Vergnügungen auf großen Plätzen üblich. Inzwischen können diese auch mit LOGOS um Aktivurlauber werben, falls sie bestimmte Kriterien erfüllen.

◎ **CAMPERKÜCHEN** sind obligatorisch. Der hygienische Zustand hängt wie in den Sanitäranlagen auch von der Sorgfalt der anderen Gäste ab. Andauernd verschmutzte Anlagen sind dennoch zu beanstanden.

◎ Um den Raum effizient zu nutzen, weisen viele Platzbesitzer selbst nicht motorisierten Gästen **PARZELLEN** zu. In der Nebensaison sollten Sie freundlich darauf bestehen, Ihren Zeltplatz auf der Wiese selbst auszusuchen.

◎ Wer »richtige« vier Wände bevorzugt, findet auf fast allen Plätzen hölzerne **HÜTTEN** vor: Standard-CAMPINGHÜTTEN bestehen aus nur einem Raum, Etagenbetten mit 2–4 Schlafplätzen, Tisch und Stühlen, Kochplatte und Kühlschrank. Solche Basisausstattung ist mit 1–3 Sternen gekennzeichnet. Ab 4 Sternen darf fließend Wasser bis hin zu Bad / WC erwartet werden. Diese autarken Hütten nennen wir im Buch FERIENHÜTTEN, für die ab 600 DKK je Nacht zu bezahlen sind, während die Standardhütten ab

Oben »Møn Camping« am Hårbølle Strand, unten Hausboote als Ferienhäuser im deindustrialisierten Hafen von Sakskøbing. ▶

350 DKK kosten, meist als Komplettpreis, mancherorts nur als Grundtarif, plus die Personentarife nach Anzahl der Gäste. Dass inzwischen auf vielen Plätzen die Endreinigung der Hütten verbindlich bezahlt werden muss, ist zwar ein zusätzlicher Kostenfaktor, jedoch aus der Erfahrung heraus zu begrüßen. Denn zu oft hinterließen Gäste die Hütten in miesem Zustand.

Als »Dauerlösung« empfehlen sich Hütten auf Campingplätzen nur bedingt, da sie, zum Beispiel verglichen mit B & B, relativ TEUER sind. Gut eignen sie sich als kurzfristige Schlechtwetterlösung. An Wochenenden und in der Hochsaison sind Hütten oft vorbestellt und in der Hauptsaison zum Teil nur wochenweise zu mieten.

◎ Einige wenige Plätze **VERMIETEN WOHNWAGEN** oder FAMILIENZELTE.

◎ **INFORMATION**: Praktische Fragen beantwortet als Einstieg die Website daenischecampinplaetze.de.

◎ Unter der Rubrik **UNTERKUNFT** in den einzelnen Kapiteln finden sich zuerst Adresse etc. Die Öffnungszeiten sind nur Richtwerte (siehe Seite 60), die Tarife Camping beziehen sich auf die aktuellen Personenpreise für Erwachsene/Kinder. Dazu folgen Angaben zu Hütten und zur Platzausstattung.

WOHNMOBIL-STELLPLÄTZE

Außer auf Campingplätzen (ab 2 Sternen) sind vermehrt Stellplätze an Marinas, auf ausgewiesenen Parkplätzen und selbst auf Bauernhöfen sowie bei Privatpersonen eingerichtet.

◎ **KARTE**: stellplatz-danmark.dk.

LAGERPLÄTZE IN DER NATUR

Das im »restlichen« Skandinavien geltende sogenannte Jedermannsrecht, die Übernachtung in freier Natur, wird in Dänemark strenger ausgelegt.

◎ Der Begriff **JEDERMANNSRECHT** ist im Prinzip missverständlich, denn nach den Erfahrungen in Norwegen und Schweden interpretieren ihn leider (zu) viele Outdoorer als »Jedermanns *Recht*, in der Natur zu tun und zu lassen, wozu man gerade Lust hat«. Abgesehen von den Wohnmobilisten und anderen motorisiert Reisenden, die die Kronen für den Campingplatz sparen wollen.

Das ungeschriebene Recht stammt aus einer Zeit, in der Reisende im Allgemeinen nicht zu ihrem Vergnügen unterwegs waren. Es erlaubte, über das Land anderer zu gehen, wenn keine alternativen Wege vorhanden waren. Wurden die Reisenden von der DUNKELHEIT eingeholt und/oder von schlechtem WETTER überrascht, durften sie auf dem Grund und Boden anderer übernachten. Sie durften sich von der Natur ernähren, wilde Beeren und Pilze sammeln und für den Eigenbedarf nicht geschützte Blumen pflücken. Obwohl sich die Zeiten geändert haben, wird das Jedermannsrecht in Norwegen und Schweden recht großzügig gehandhabt. Probleme bestehen besonders bei der Abfallentsorgung sogenannter Naturfreunde und beim (unbedachten) Campen auf Privatgrund. Denn hierfür gibt es Regeln, die den Verursachern unbekannt sind oder von ihnen ignoriert werden.

Die oben erwähnte Website weist bei Redaktionsschluss 28 Wohnmobil-Stellplätze außerhalb der gewöhnlichen Campingplätze aus, die auf Lolland, Falster und Møn sowie in Møns Nachbarschaft auf Bogø, Farø und in Kalvehave liegen.

LAGERPLÄTZE NUR FÜR RADFAHRER UND WANDERER

In freier Natur zu übernachten ist in Dänemark zwar durchaus erlaubt, gilt allerdings weder für Zelte noch für etwas Biwak-Ähnliches. Konkret bedeutet das: In öffentlichen Naturgebieten darf man nur auf dem Boden (auch in einem Schlafsack), in einer Hängematte oder droben in einem Baum nächtigen; freilich ohne Pflanzen zu beschädigen, und dazu zählt bereits das Befestigen der Hängematte an einem Baum. Das Zelten ist nur an einem ausgewiesenen Lagerplatz erlaubt – es sei denn ein Wald wird eigens dafür freigegeben. Die Regeln für freies Zelten und Lagerplätze unterliegen den Bestimmungen zum Naturschutz und werden im Folgenden in Auszügen erwähnt.

◎ Landesweit sind in Dänemarks Natur weit über 1.000 **PRIMITIVE LAGERPLÄTZE** eingerichtet, die nicht für motorisiert Reisende gedacht sind. Es ist zu unterscheiden in kleine *(lille)* und große Lagerplätze *(stor lejrplads):* Die großen sind für GRUPPEN (wie Pfadfinder, Schulklassen, Kindergartengruppen) konzipiert, die dort auch Vorrang genießen, sofern sie reserviert haben. Kleine Lagerplätze sind nicht zu reservieren; es dürfen dort maximal 5–8 Zelte aufgeschlagen sein, wobei immer mehr dieser Plätze inzwischen über flache, zu einer Seite offene Unterstände aus Holz (SHELTER) verfügen. »Komfortable« Lagerplätze verfügen auch über Toilette und/oder Feuerstelle sowie ggf. einen Hinweis, woher Trinkwasser zu beziehen ist. Gibt es keine Toilette vor Ort, sind Exkremente zu vergraben. OFFENES FEUER ist nur an den eingerichteten Feuerstellen erlaubt; es dürfen keine (neuen) Feuerstellen angelegt werden. Als Outdoor-Kocher sind nur sog. Sturmkocher (wie »Trangia«) mit abgeschirmter Flamme erlaubt, zu verwenden in der vorgesehenen Feuerstelle. Bei anhaltender Trockenheit kann das Entfachen von offenem Feuer zeitweise verboten sein. Müll ist stets mitzunehmen. Prinzipiell sollten Sie bemüht sein, den Lagerplatz sauberer zu hinterlassen, als sie ihn vorgefunden haben. Die Plätze sind überwiegend an (Rad-)Wanderwegen platziert, z.T. auch in Ufernähe.

◎ Landesweit sind gut 200 **WÄLDER ZUM FREIEN ZELTEN** ausgewiesen. Dort kann es einen Lagerplatz geben, der jedoch nicht benutzt werden muss. Zwei Zelte für maximal 3 Personen dürfen FÜR EINE NACHT am selben Ort aufgeschlagen werden. Offenes Feuer und Kocher jedweder Art sind nicht erlaubt. Reicht ein Wald an die Küste, ist das Zelten dort am Strand oder in den Dünen untersagt.

◎ **INFORMATION**: Die Website de.naturstyrelsen.dk gibt auf Deutsch Auskunft über den Aufenthalt in der Natur sowie unter »Natur Guide« speziell zum »Übernachten in der Natur«. Ein LInk leitet weiter zu einer Karte, auf der sich unter »Overnatning« die Lagerplätze *(Primitiv overnatningsplads)* und Wälder zum freien Zelten *(= Fri Teltningsområde)* ansteuern lassen. Mit dem Anklicken der Plätze wird es anspruchsvoll, da der Text nur auf Dänisch vorliegt. Da sich die Begriffe wiederholen, mag – unterstützt von der Wörterkladde dieses Buches – eine gewisse Routine einsetzen. Da die Online-Karte vergrößert werden kann, ist die Anfahrt zwar zu meistern, aber mit kleinem Smartphone-Display dennoch eine sportliche Herausforderung. Das Aufklappmenü mit den Symbolen/Piktogrammen ist via »Find faciliteter på kort« zu aktivieren.

Essen und Trinken

Typisch dänische Küche ist heute gar nicht so einfach zu kosten, wenn man nicht ortskundig ist. Die trendy Cafés und Restaurants in den Fußgängerzonen und an anderen stärker frequentierten Orten bevorzugen eine Crossover-Küche, die mediterran inspiriert und gleichzeitig offen für multikulturelle Einflüsse ist. Das entspricht den Neigungen vieler Gäste, schmeckt oft auch ganz gut, wirkt in der Masse an Lokalen aber ein wenig profillos. Daran hat sich auch wenig geändert, seit viele Gastronomen wieder 1–2 typisch dänische Gerichte in ihre Speisekarte aufgenommen haben – denn es sind allzu oft die gleichen.

Wir probieren uns an einem repräsentativen Querschnitt durch die Gastronomie: vom ambitionierten Restaurant über Szenelokale bis zu kleinen Perlen. Hauptsache, sie servieren gutes Essen. Typisch dänische Küche ist vertreten, wie Frokost zur Mittagszeit (siehe Seite 51). Nicht zu vergessen sind die Fischläden für Selbstversorger, manche auch mit Lokal.

◎ **TAGESZEIT UND PREISE**: Wessen Budget kein opulentes Diner zulässt, geht MITTAGS ins Restaurant. Selbst Speise-Tempel offerieren zumindest in der Hauptsaison eine (stets relativ) preiswerte Mittagskarte. Ein gepflegter abendlicher Restaurantbesuch erreicht flugs 250 DKK plus x pro Person, nur für ein Tellergericht, ohne Vorspeise, Dessert und Getränke.

Zur Mittagszeit bekommen Sie vielerorts für 80 bis 150 DKK Snacks wie Tellergerichte.

◎ Eine solide Angelegenheit ist das Tagesgericht namens **DAGENS RET**. Es gibt keine Regeln, wer ein Dagens Ret offeriert oder was es kostet, aber es ist ein »Instrument« der Kundenbindung (auch von Berufstätigen), wobei sich natürlich keine Küche eine Blöße geben möchte bzw. geben sollte.

GASTRONOMIE

Sie gestatten: Würstchenbuden (obwohl sehr dänisch), Döner- und Pizza-take-aways lassen wir außen vor.

◎ **ANSPRUCHSVOLLE KÜCHE**: Auf Falster und Lolland gibt es Adressen für Feinschmecker, die Insidern sogar eine längere Anreise wert sind: so in Nykøbing F. das »Restaurant Vinkælderen« (siehe Seite 150), in Maribo das »Restaurant B« (siehe Seite 184), bei Sakskøbing der »Oreby Kro« (siehe Seite 190), bei Onsevig »Den Fuldkomne Fisker« (siehe Seite 228) oder in Nysted das »Restaurant Ö« (siehe Seite 256). In solchen Restaurants gilt es für den Abend unbedingt zu reservieren.

◎ Der DÄNISCHE LUNCH – oder das zweite Frühstück – heißt **FROKOST** und wird zur verlängerten Mittagszeit bis 15/16 Uhr serviert (siehe Seite 51). Es sind gar nicht wenige Lokale, die bis 17 Uhr schließen sowie abends überhaupt nicht öffnen.

◎ Eine reelle ALTERNATIVE, auch im Preis, sind **CAFÉ-RESTAURANTS**, die vom Frühstück bis zum Mitternachtssnack (fast) durchgehend kleine Ge-

Leben, um zu essen, und in einer solchen Umgebung schmeckt es gleich doppelt so gut: die Terrasse des »Femø Kro« mit Meerblick. ▶

LEBEN, UM ZU ESSEN

Den kulinarischen Streifzug läutet eine Geschichte ein, die viel über dänische ESSKULTUR aussagt, obwohl sie sich ein paar hundert Kilometer nördlich des Landes abgespielt hat: Sie beginnt damit, dass der Autor und seine Zaubermaus soeben Südnorwegens höchsten Berg erklommen hatten – kein wagemutiges Kunststück mit Seil und Haken, sondern ein zünftiger, steiler Fußmarsch über Geröll. Nun saßen die Beiden oben in einer Steinhütte und speisten Fladenbrot mit Schafswurst – die nach geräuchertem Lachs roch, da es in der engen Schutzhütte nur eine Speisekammer gab. Die anderen Bergwanderer, alle Norweger, kauten bescheiden und brav ihre mitgebrachten Brote. Da tat sich plötzlich die Tür auf, und vorbei war es mit der andächtigen Stille. Herein strömte ein halbes Dutzend junger Leute, der Sprache nach Dänen. Aus prall gefüllten Rucksäcken holten sie weder Ferngläser, Karten noch Kleidung, sondern: Essen, Getränke, Besteck, Geschirr. Rasch war ein stattliches Mittagsbuffet aufgetischt, das bei munterem Geklöne verzehrt wurde.

Für Durchschnittsdänen sind Essen und Trinken kein notwendiges Übel oder gar Zeitverschwendung, sondern ein bewahrenswerter Bestandteil ihres LEBENSGEFÜHLS. Statt essen, um zu leben gilt leben, um zu essen. Kehrseite der Genussfreude: Die Lebenserwartung der Dänen ist viel niedriger ist als die der anderen Skandinavier. Experten sehen Zusammenhänge mit dem hohen Konsum von Schweinefleisch, ungesundem Fett und Zucker, Alkohol, Tabak.

richte ab etwa 80 bis 150 DKK plus x servieren, darunter Salate, Pasta, Suppen, Burger, Tapas, Sandwiches, auch typische Smørrebrød, als Mainstream zurzeit Stjerneskud (siehe Seite 51), ebenso wie Kuchen und Desserts. In einigen Cafés BESTELLEN Sie am Tresen und bekommen das Essen an den Tisch gebracht.

◎ Noch billiger sind die **SANDWICHBARS** in den Städten, wo (an besseren Adressen) für 50–90 DKK KREATIV bis prall gefüllte Sandwiches (und Smørrebrød) zum Mitnehmen zu erstehen sind; wobei die Auswahl der Zutaten eher international als dänisch inspiriert ist. Mitunter gibt es ein, zwei Tische/Tresen, wo der Happen (eventuell im Stehen) verzehren werden kann.

◎ In **MUSEEN** gibt es manchmal ein Café oder eine Cafeteria mit ambitionierter, oft mediterran geprägter Küche, die qualitativ allemal mithalten kann. Das Problem ist, dass diese Küchen ohne Abendgäste wirtschaftlich selten über die Runden kommen. Worauf wieder die gewöhnliche Cafeteria-Kost »Würstchen, Pommes & was die Mikrowelle so hergibt« dominiert.

◎ KEINE SCHEU vor **SPEISEKARTEN** in dänischer Sprache: Einiges ist leicht zu deuten; den Rest sollte die Wörterkladde ab Seite 90 erklären.

◎ Dänemarks LOKALE SIND **RAUCHFREI**, sofern sie keinen Raucherraum eingerichtet haben (oder als Kneipen ohne Speisen kleiner als 40 m^2 sind).

◎ **TRINKGELD**: ist nicht üblich, aber wer mit dem Service sehr zufrieden ist, kann dies auch darin ausdrücken.

MAHLZEIT(EN)

◎ **MORGENMAD**, das FRÜHSTÜCK, wird in Hotel, Kro sowie Danhostel als reichhaltiges BUFFET serviert. Neben Kaffee, Tee, Milch, Müsli, Obst, Orangensaft gehören Brot, Marmelade, Käse und Wurst dazu. Je billiger die Unterkunft, desto größer das Risiko, dass die Zutaten jeden Morgen gleich sind. Im Café können Sie im besten Fall dabei zuschauen, wie Ihnen ein Tablett voll leckerer Dinge gedeckt wird.

◎ **FROKOST** – das zweite Frühstück bzw. der Lunch wird zwischen 12 und 15/16 Uhr verzehrt. Smørrebrød gibt es einzeln, manchmal auch zu mehreren als Frokostteller: *Frokosttallerken.*

Die meisten Lokale bieten zur Mittagszeit Tellergerichte und Snacks,einige Smørrebrød und wenige Buffets. Buffets in Städten sind oft eine Strategie im Kampf um Gäste. Ambiente ist dort nicht unbedingt gegeben, mitunter aber ein Qualitätsproblem.

◎ **MIDDAG** gibt es NICHT MITTAGS, sondern zwischen 17 und 22 Uhr. Das Buffet wird selten, Menüs oder Tellergerichte nehmen zu. Wer nun gerne FISCH speisen mag, ob mittags oder abends, kann wählen zwischen Lachs, *laks*, Steinbutt, *pighvar*, Scholle, *rødspætte*, Rotzunge, *rødtunge*, Aal, *ål*, Kabeljau und Dorsch, *torsk*, Seewolf, *havkat*, ob gebraten, gegrillt, geräuchert oder gedünstet. Den Aal mögen die Dänen gebraten oder geräuchert, die Scholle wird auch gefüllt serviert.

Auch FLEISCH *(kød)* gibt's in reicher Auswahl: Rind, *okse*, Schwein, *svin*, Kalb, *kalv*, Lamm, *lam*, Ente, *and*, Trut-

Smørrebrød mit zeitgenössischen Akzenten. Das Butterbrot verbirgt sich unter der mehlierten Scholle, die Mayonnaise ist selbst gemacht. ▶

UNTER FROKOST-PROFIS

Auf Deutsch bedeutet *Smørrebrød* schlicht Butterbrot. Dieses Butterbrot ist allerdings nur die Grundlage, auf der sich die verschiedensten Happen samt Salat und Kräutern, Saucen und Garnierung darbieten: Hering, Lachs, Aal, Garnelen, Fischfilet, Hacksteak, Roastbeef, Tatar, Schinken, Steak, Leberpastete, Truthahnsalat und Käse sind die gängigen, jedoch nicht alle Belagvarianten. Zum Teil wird das Brot separat gereicht.

Ab 60/70 DKK kostet eine solche Wohltat im Restaurant– selbst Vielesser verspüren schon bei der zweiten Portion einen steigenden Sättigungsgrad. Zum Auftakt empfiehlt sich ein Smørrebrød mit HERING, den Sie eingelegt, mariniert, gebraten, mit Gewürzen oder mit Saucen kombiniert probieren. Welche Varianten Ihnen darüber hinaus offen stehen: Lassen Sie sich überraschen, wobei der Auswahl und der Fantasie der Köchinnen und Köche keine Grenzen gesetzt sind. In der Wörterkladde finden Sie eine größere Rubrik für Restaurantbesucher (und Selbstversorger).

Es gibt einige Klassiker, die auf der Speisekarte die traditionelle Ausrichtung verraten: *Dyrlægens natmad* (wörtlich: des Tierarzts Nachtsnack): Brot, Leberpastete auf dänische Art, Pökelfleisch, Kresse/Dill und Zwiebel. – Oder die *Stjerneskud* (= Sternschnuppe): warmes Fischfilet mit Krabben, Salat, Ei, Dill, Mayonnaise, Zitronenscheiben etc. garniert.

hahn, *kalkun*. Rentier und Elch stehen selten auf der Speisekarte.

VEGETARISCHE RESTAURANTS sind rar. Einige Lokale (bevorzugt in Städten) pflegen eine SALATBAR, die, mit Tellergerichten kombiniert, durchaus preisgünstig sein kann.

◎ **ALKOHOL**: Dänisches Bier genießt einen guten Ruf. Die Kopenhagener Brauereien »Carlsberg« und »Tuborg« sind längst fusioniert, ohne die individuellen Noten der Biere aufgegeben zu haben. Der Wein benötigte Zeit, um sich in Skandinavien zu etablieren, doch heute sind die Weinkarten ambitionierter Lokale (wie auch die Auswahl in besseren Supermärkten) nicht zu beanstanden. – Wer zum Frokost-Hering oder nach dem Essen einen Schnaps und dabei ein einheimisches Produkt kosten mag, wähle AQUAVIT oder (zur Verdauung) den Magenbitter *Gammel Dansk*.

FÜR SELBSTVERSORGER – LEBENSMITTEL EINKAUFEN

Die Supermärkte decken den alltäglichen Bedarf. Vor allem in städtischen Gebieten gelten mitunter Kampfpreise auf Grundnahrungsmittel u.a. Das Preisniveau ist sonst eher hoch, weshalb manche Urlauber zu Hause einen Vorrat im eigenen Fahrzeug anlegen.

◎ **FRISCHFISCH**: Wo dem Autor ein Geschäft bekannt ist, steht dies in den Kapiteln ab Seite 102 jeweils am Ende der Rubrik »Essen und Trinken« vermerkt. Zum Teil kann man dort sitzen und verzehren, mitunter auf Papptellern und mit Plastikbesteck, grausig.

◎ **FLEISCH** findet sich in Zellophan verpackt; wem die Menge nicht passt, meldet sich freundlich an der Theke – falls es eine gibt – und bekommt eine individuell bemessene Portion.

◎ Das Agrarland Dänemark verfügt über VIELFÄLTIGE **MILCHPRODUKTE**: *mælk, tykmælk* (= Dickmilch) und einige schmackhafte Varianten für das Müsli. Joghurt gibt es auch in relativ preiswerten 1-l-Packungen.

An der Käsetheke helfen die Kategorien *mild, mellemlagret* (mild, aber aromatisch) und *lagret* (streng).

◎ **GEMÜSE** können Sie in ländlich geprägten Regionen häufig am Straßenrand und überall auf Märkten kaufen: Am besten fragen Sie in Ihrer Unterkunft nach den lokalen Märkten.

◎ **ÖKOLOGISCH** *(økologisk)* hergestellte Lebensmittel haben sich einen festen Marktanteil erkämpft – zuerst, weil die Nachfrage bestand, weniger weil die traditionelle Landwirtschaft, die fast das ganze Land durchpflügt, von sich aus darauf kam, abgesehen von einzelnen Vorreitern.

Heute gibt es aber eine ganze Reihe landwirtschaftlicher Betriebe, die nach ökologischen Kriterien produzieren und damit in die Offensive gehen, besonders auf Møn.

◎ Den Kalender schmücken einige **KULINARISCHE FESTIVALS** mit dem Schwerpunkt auf Zutaten und Spezialitäten aus der Region: Stege auf Møn hat gleich mehrere solcher Veranstaltungen im Kalender (siehe Seite 115) und Sakskøbing Mitte September sein Obstfestival: frugtfestival.dk.

Oben auf Falster: ein Verkaufswagen mit Obst und Gemüse für Selbstversorger. – Unten Delikatessen: links im »Restaurant Ö« in Nysted, rechts eine Person, die sich eine Zeitlang nur von dänischem Softeis ernähren könnte – Fortsetzung nächste Seite. ▶

KARTOFLER
20 kr
15 kr
16 kr

SCHLARAFFENLAND, ABTEILUNG 1: DESSERTS IN LOKALEN

Da sich die genussfreudigen Dänen im Restaurant und vor allem am Buffet selten mit einer Hauptmahlzeit begnügen, wird dem Dessert die entsprechende Aufmerksamkeit gewidmet. Neben Waffeln, Kuchen und Eis, bunten Cremespeisen und Pudding seien zwei authentische Süßspeisen aus OMA HANSENS REZEPTBÜCHERN verraten: rote Grütze mit Sahne, als Zungenbrecher *røde grøde med fløde* ein Begriff, und *æble kage,* wörtlich übersetzt »Apfelkuchen«, jedoch eine Portion Apfelbrei oder -kompott, darüber geröstete Kekskrümel, darüber (ein Berg) Sahne, eventuell noch mit Feigen oder anderem Obst oder einem Marmeladetupfer verziert. Æble kage ist ein Magen füllendes Dessert, das nach einer üppigen Mahlzeit kaum noch Platz findet. – Wer übrigens Apfelkuchen möchte, ordert *æbletærte*. Leider sind diese dänischen Nachspeisen »out«, so dass wesentlich öfter Tiramisu und Konsorten auf den Speisekarten anzutreffen sind.

SCHLARAFFENLAND, ABTEILUNG 2: SELBSTVERSORGER

Schaufenster und Theken von Bäckereien und Konditoreien zieren UNFASSBARE MENGEN von Kuchen, Törtchen, Plundergebäck, Plätzchen. Der unbedarfte Tourist mag sich fragen, wer das alles konsumieren soll, doch am Abend haben sich die Auslagen erkennbar geleert. Die Törtchen und Plundergebäck bedecken Schokoladen- und Zuckerguss, gefüllt mit Pudding oder Quark, Obst oder Sahne, häufig bunt und überraschend oft wohl schmeckend.

Damit nicht genug: Als Süßmäuler des Nordens leisten sich die Dänen zig Bonbonläden, wo alles, aber wirklich alles an Zahnkillern zu erstehen ist. In Deutschland eher unbekannt, weil aus dubiosen Gründen verboten – angeblich wegen der Bluthochdruck-Gefahr – sind SALZLAKRITZE. Das Angebot besteht aus locker über 20 Sorten, von der harmlosen *saltpastille* bis zu Rachenputzern (zum Beispiel in Form eines Seestserns). ERLEBEN SIE, wenn Ihnen das Salz den Gaumen zusammenzieht; nach dem ersten »schrecklichen« Augenblick schmecken die Salzlakritze nicht anders als gewöhnliche Lakritze. Wer Gefallen an dieser dänischen Eigenart findet – die holländischen Salzlakritze sind süßer – und sich mit einem Vorrat einzudecken gedenkt, verzichte auf die freie Wahl am »Süßwaren-Buffet«. Abgepackte Tüten oder die Plastikboxen für den Handel, die auf gezielte Nachfrage sowie auch in den Süßwaren-Shops (zum Beispiel von großen Kinos) zu erstehen sind, helfen ein paar Kronen zu sparen.

Süßwaren, etwa eine Tortenschachtel voll sahniger Törtchen, sind übrigens eine ORIGINELLE IDEE FÜR EIN MITBRINGSEL – sofern ein ausreichend kühler Transport gesichert ist.

Der letzte Absatz oben ist ein Vorgriff auf unser »Praktisches A–Z«, Stichwort Souvenirs (siehe Seite 61).

Praktisches A–Z

ARZT

Eine gute Krankenkasse verfügt über ein Merkblatt (PDF) zum Krankheitsfall in Dänemark. Informieren Sie sich im Voraus und schließen Sie gegebenenfalls eine Auslandsreisekrankenversicherung ab (siehe Seite 22).

◎ Mit Ihrer Europäische Krankenversicherungskarte (als Nachweis für Ihre Versicherung im Heimatland) ist die **BEHANDLUNG** bei praktischen Ärzten sowie Fachärzten (hier nur gegen Überweisung) **KOSTENFREI**, **FALLS** diese zu den Vertragsärzten gehören, d.h. einen Vertrag mit dem dänischen Krankenversicherungssystem haben. Bei der Arztsuche lassen Sie sich eventuell im Touristenbüro oder von den Gastgebern in der Unterkunft helfen. Legen Sie die Krankenversicherungskarte immer vor Behandlungsbeginn vor. Sie dürfen nicht davon ausgehen, dass alle dänischen Ärzte die deutsche Sprache beherrschen, Englisch schon.

◎ Ist die stationäre Aufnahme in ein **KRANKENHAUS** laut behandelndem Arzt nötig, werden Sie dort bei Vorlage des Anspruchsnachweises und einer Überweisung ebenfalls kostenfrei behandelt. Dagegen sind Zahnarztbehandlungen meistens voll selbst zu bezahlen; bei bestimmten Leistungen kann eine Kostenerstattung (v. 40 %) bei der Gemeinde beantragt werden.

◎ Benötigen Sie außerhalb der üblichen Sprechzeiten (Mo–Fr 16–8 Uhr, Sa+So rund um die Uhr) medizinische Hilfe, wenden Sie sich an die ärztliche Bereitschaft: **LÆGEVAGTEN**. In der REGION SJÆLLAND (mit Møn, Falster, Lolland) gilt die einheitliche Rufnummer 1818, nur für akute Krankheitsfälle! Bei Unfällen gilt Tel. 112.

Hält Ihr Gesprächspartner eine persönliche Konsultation für nötig, werden Sie an eine bestimmte Konsultationsadresse verwiesen. Diese sind auf Falster das Nykøbing Falster Sygehus/Krankenhaus, Fjordvej 15; im Westen Lollands das Nakskov Sygehus, Hoskiærsvej 17; in Südseeland (und zuständig ebenso für Møn) das Vordingborg Sundhedscenter, Sankelmarksvej 10. Die Konsultationsadressen sind **NUR BEI BEDARF** besetzt, so dass der vorherige Telefonkontakt strikte Voraussetzung ist. Nehmen Sie die Medikamente mit, die Sie zurzeit einnehmen.

◎ **ZAHNARZT-BEREITSCHAFT**: Terminvergabe am Wochenende via Tel. 2960 0111 (9.30 – 11.30 Uhr). Zuständig ist Klinikken i Guldborgsund in Nykøbing F. (Falster), Nørregade 21 B. Sa + So 11–12 Uhr mit Termin.

◎ **APOTHEKEN**: In akuten Fällen außerhalb der gewöhnlichen Ladenöffnungszeiten ist die ärztliche Bereitschaft (Tel. 1818) zu kontaktieren, da die Konsultationsadressen (s.o.) auch Medikamente ausgeben dürfen.

BOTSCHAFTEN IN DÄNEMARK

◎ **DEUTSCHE BOTSCHAFT**: Göteborg Plads 1, 2100 København Nordhavn, Tel. 3545 9900, kopenhagen.diplo.de. Online-Kontaktformular statt E-mail-Adresse.

Bei den Notrufnummern ist mit einem im Ausland registrierten Handyvertrag Dänemarks Landeskennzahl voranzusetzen: 0045.

◎ **ÖSTERREICHISCHE BOTSCHAFT**: Sølundsvej 1, 2100 København, Tel. 39 294141, bmeia.gv.at/oeb-kopenhagen.

◎ **BOTSCHAFT DER SCHWEIZ**, Richelieus Allé 14, 2900 Hellerup, Tel. 33 14 1796, eda.admin.ch/copenhagen.

◎ **NIEDERLANDE**: Nederlandse Ambassade, Toldbodgade 33, 1253 København K, Tel. 3370 7200, kop@minbuza.nl, via Facebook.

◎ **LUXEMBURG**: Luxembourgs Ambassade, Fridtjof Nansens Plads 5/1, 2100 København Ø, Tel. 3526 8200, copenhague.mae.lu.

EINTRITTSPREISE

Die Eintrittspreise zu Sehenswürdigkeiten etc. werden in diesem Buch so dargestellt: Eintritt für ERWACHSENE/KINDER. Für Senioren gibt es öfter im Preis ermäßigte Tickets, für Studenten seltener. In einzelnen (Kunst-)Museen kann das Eintrittsgeld aus Anlass besonderer Ausstellungen erhöht sein.

Die Altersgrenzen für Jugendliche und Kinder sind völlig uneinheitlich: Meistens ist der Eintritt unter 18 Jahren frei. Doch je eher der Nachwuchs zur Zielgruppe gehört, wie in einem Freizeitpark / Erlebniszentrum, desto niedriger ist die Altersgrenze und höher das Eintrittsgeld. Fragen Sie an der Kasse stets nach FAMILIENTICKETS.

FEIERTAGE

◎ **NEUJAHRSTAG**: NYTÅRSDAG.

◎ **OSTERN**: PÅSKE von Gründonnerstag bis Ostermontag.

◎ **CHRISTI HIMMELFAHRT**: KRISTI HIMMELFARTSDAG.

◎ **PFINGSTEN**: PINSE, Pfingstsonntag und Pfingstmontag.

◎ **5. JUNI**: GRUNDLOVSDAG ist der Verfassungstag.

◎ **WEIHNACHTEN**: JUL, am 25. und 26. Dezember.

FESTE UND FESTIVALS

◎ **ST. HANS** Die MITTSOMMERFEIER vom 23. auf den 24. Juni ist kein offizieller Feiertag! Siehe auch Seite 10.

◎ In den einzelnen Kapiteln ab Seite 102 sind gegen Ende unter der Rubrik **WAS FEHLT NOCH?** besondere Veranstaltungen notiert.

◎ Eine vollständige Übersicht sollten die **JAHRESHEFTE** und Websites der Touristenbüros enthalten: am besten, da aktuellsten sind zeitlich begrenzte Info-Seiten in der Auslage; die mögen optisch schlicht sein, dafür aber zeitnah und praktisch.

HILFE

◎ **NOTRUF**: Tel. 112, von jeder Telefonzelle ohne Münzeinwurf oder Telefonkarte anzuwählen, ebenso vom Handy ohne Tarifguthaben.

◎ **POLIZEI**: Servicenummer Tel. 114 für alle nicht akuten Fälle, etwa Probleme beim Parken oder zu Umleitungen. Polizeireviere sind ohne Terminvereinbarung nur selten geöffnet.

INTERNET

Siehe Seite 17.

KINO

◎ Ausländische Filme laufen in der **ORIGINALFASSUNG** mit dänischen

2023 beschloss das Parlament auf Antrag der Regierung, ab 2024 den Feiertag Store Bededag abzuschaffen, der auf den 4. Freitag nach Ostern fiel. Hintergrund sind errechnete Mehreinnahmen zu Gunsten der Landesverteidigung.

MIT KINDERN (BØRN) AUF MØN, FALSTER, LOLLAND

Dänemark ist ein kinderfreundliches Land – das fällt vor allem jenen auf, die aus einem Land mit »gemischten« Erfahrungen kommen.

◎ Beeindruckend, wie viele **SPIELPLÄTZE** es gibt und wie sie ausgestattet sind. Steht keine Broschüre mit den kommunalen Spielplätzen zur Verfügung, lassen Sie sich welche im Touristenbüro auf einem Ortsplan vermerken. Auch die Spielflächen auf Campingplätzen sind oft auf hohem Niveau, getoppt von denen im Knuthenborg Safaripark (siehe Seite 202).

◎ Landesweit sind zahlreiche **NATURSPIELPLÄTZE** eingerichtet, wie der (zugegeben bescheidene) auf Nyord bei Møn im HYLDEVANG NATURCENTER (siehe Seite 118), nördlich von Nykøbing/Falster im HANNENOV SKOV (siehe Seite 152), in Ostfalster am ULSLEV STRAND (Strandvejen), in Marielyst im LUPINPARK (siehe Seite 160), auf Lolland im VILDMARKSKOVEN bei Nakskov (Tinghusvej 51) und der neuere im Knuthenborg Safaripark (siehe Seite 202). naturlegepladser.dk kennt die meisten, aber nicht alle.

◎ In ÖFFENTLICHEN **SCHWIMMBÄDERN** sind normalerweise vorhanden: Spielzeug für kleine und größere Kinder, Wickelplätze und Wannen, in denen Kleinkinder »geparkt« werden können, während die Eltern duschen, dies nicht nur im Frauen-, sondern auch im Männerbereich.

◎ Ist uns ein **STRAND** bekannt, der sich besonders für Familien mit Kindern eignet, ist dies in den Kapiteln ab Seite 102 unter der Rubrik »Ferien aktiv, Baden, Schwimmen« vermerkt. Als Strandparadies gilt MARIELYST (Falster).

◎ Ist der Nachwuchs in fortgeschrittenem Alter und neigt gewöhnlich dazu, **AKTIVURLAUB** mit Unwillen zu begegnen, kann sich dies ändern, falls er gezielt IN DIE VORBEREITUNG EINBEZOGEN wird. Beim Radwandern sollte die Distanz eher vorsichtig veranschlagt werden, bevor Gegenwind und wellige Landschaft über (zu) viele Stunden für Mäkeln sorgen. – Am besten unterzieht man Kondition und Goodwill einer Testtour.

◎ In Skandinavien ist der Sommer kürzer als weiter südlich, darum wird er herzlich begrüßt und zelebriert: Zum Programm der **SOMMERFESTE** gehören stets Aktivitäten für Kinder, und im besten Fall nicht nur für die Kleinen. Teilweise sind solche Angebote wegen der SPRACHBARRIERE für nicht Dänisch sprechende Kinder ungeeignet, andererseits ist die Sprachbarriere im Kindesalter weniger Grenze als bei Älteren.

◎ Viele **MUSEEN** UND ATTRAKTIONEN UNTERHALTEN EIGENE ANGEBOTE ODER GAR ABTEILUNGEN FÜR KINDER. Der **EINTRITT** zu Museen ist für Kinder und Jugendliche bis 18 Jahre meistens **FREI**. Je eher das Kind zum Zielpublikum gehört, desto jünger muss es voll bezahlen. Wohin vor Ort kein Kinderwagen mitzunehmen ist, stehen im Normalfall Ersatzgefährte bereit.

◎ Auf Seite 58 setzen wir dieses special mit **ATTRAKTIONEN** fort, die sich besonders an Kinder richten.

FORTSETZUNG SIEHE NÄCHSTE SEITE

FORTSETZUNG: **MIT KINDERN AUF MØN, FALSTER, LOLLAND**

◎ **GEOCENTER MØNS KLINT**: Erlebniszentrum direkt an den Kreidefelsen, mit unterhaltsamem Angebot drinnen und draußen (siehe Seite 104).

◎ **MUSEUM OBSCURUM**: Wer das Genre Fantasy mag, dürfte hier Freude haben; dank Escape Room auch für ältere Kinder geeignet (s. Seite 151).

◎ **MIDDELALDERCENTRET**: Ritterturniere, Katapulte, Kampfwagen, eine Bucht mit Siedlung, ein Technologiepark zum Handanlegen (s. Seite 152).

◎ **KNUTHENBORG SAFARIPARK**: Kamele vor skandinavischen Dolmen, Tiger, Giraffen u.a. vom Auto aus erleben oder zum Anfassen (s. Seite 202).

◎ Am Fuß der **KREIDEFELSEN**: Flintsteine und Versteinerungen suchen.

◎ Die ALTERSGRENZE für kostenloses **ÜBERNACHTEN** oder ermäßigte Tarife im HOTEL liegt meist bei 12 Jahren, teils nur im Bett der Eltern, teils auch im Zustellbett. Lohnenswert sind geräumige FAMILIENZIMMER (siehe Seite 36). Preiswert für Familien, aber nicht verbreitet sind die Jugendherbergen, auch wegen der Freizeitangebote vor Ort. Bed & Breakfast ist relativ selten auf Nachwuchs ausgerichtet. Rasch Kontakt mit Gleichaltrigen findet sich auf den Spielflächen der Campingplätze.

◎ Mit KINDERTELLERN tun sich viele **LOKALE** schwer oder, andersherum, sie machen es sich leicht. Eine kreative Abwechslung von den üblichen Spagetti, Pommes, Würstchen oder paniertem Fisch ist leider die Ausnahme.

Untertiteln, weshalb ein Kino-Erlebnis in Dänemark auch für nicht-dänische Touristen in Frage kommt. Ausnahmen sind Kinderfilme.

KRIMINALITÄT

Die Schwerkriminalität liegt in Dänemark unter dem deutschen Standard. TOURISTEN betreffen am ehesten Einbrüche in Ferienhäuser und Autoaufbrüche. Das plakative Schild mit der Aufschrift *Tøm bilen før tyven gør det* (»Räum' dein Auto leer, bevor es der Dieb tut«) kennzeichnet zwar die einschlägigen Parkplätze, doch ein Parkplatz/Parkhaus ohne das Schild bietet keine Gewähr: Lassen Sie nichts sichtbar im Auto liegen.

MARGERITEN-ROUTE

Auto-Urlaubern wird öfter das Schild mit der Margerite auf braunem Grund auffallen.

Die gesamtdänische Margeriten-Route ist mehr als 3.500 km lang und führt offiziell über landschaftlich reizvolle Straßen, meist Nebenstrecken. Unterwegs können die Benutzer gut und gern 1.000 sogenannte Sehenswürdigkeiten abklappern. Deutschen Text gibt's dazu nicht mehr, nachdem das Büchlein aufgegeben wurde und eine App sich nicht rentierte.

Als Ergänzung sei die Margeriten-Route zwar empfohlen – was heißen soll: Ist Ihnen der Weg zu Ihrem Ziel gleich, können Sie die markierte Route über die Nebenstraßen durchaus in Anspruch nehmen. Als »Touristenbibel« ist sie allerdings überfordert.

NACHRICHTEN

◎ Deutschsprachige **RADIOSENDER** empfangen Sie über die üblichen Kanäle, im Grenzgebiet sogar auf UKW.

◎ **GEDRUCKTES**: ZEITUNGEN UND ZEITSCHRIFTEN auf Deutsch gibt's in typischen Feriengebieten, sind der Internetkonkurrenz wegen aber rar geworden; der Transportaufwand lohnt sich für die Verlage zumeist nicht.

◎ **FERNSEHEN**: im Hotelzimmer ab Mittelklasse obligatorisch, in anderen Unterkünften wie Danhostels eher im Gemeinschaftsraum.

Wenn Sie ein FERIENHAUS buchen, sollte aus den Informationen hervorgehen, ob der Fernsehapparat darin ausländische Sender empängt; wobei der dänische Wetterbericht mit genügend Symbolen arbeitet, so dass auch Zuschauer ohne Dänisch-Kenntnisse damit etwas anfangen können.

◎ **WLAN** alias WIFI: kein »Neuland«, in Dänemark schon lange in öffentlichen Transportmitteln üblich, in Unterkünften sowieso, dort aber mitunter zäh an Geschwindigkeit, wenn die Entfernung zum Signalgeber groß ist.

ÖFFNUNGSZEITEN

◎ **BANKEN**: Mo–Fr 10–16 Uhr, Do bis 17.30 Uhr. Die Bargeldautomaten sind zum Großteil 24 Stunden zugänglich.

◎ **POST**: Da die Leistungen heute zumeist in Supermärkten versehen werden, profitieren die Kunden von deren langen (aber uneinheitlichen) Öffnungszeiten.

◎ **GESCHÄFTE** müssen nur an offiziellen Feiertagen geschlossen bleiben;

◀ Wie ein Greifvogel durch die Lüfte schweben: im Geocenter Møns Klint (siehe Seite 104).

ÖFFNUNGSZEITEN – EXTRA

Die Öffnungszeiten in diesem Buch können zum Teil nur RICHTZEITEN sein; nicht weil Autor und Redaktion zu bequem wären, um korrekte Daten zu sammeln oder zu überprüfen. Viele Touristenbüros, Campingplätze, Museen etc. öffnen und schließen nicht an runden Daten, sondern an einem dem runden Datum nahe liegenden Wochenende. Ein Campingplatz, der von April bis September geöffnet ist, wird am 1.4. eher nicht öffnen, wenn das Datum auf Mo/Di/Mi/Do liegt, sondern am Wochenende davor oder danach; oder möglicherweise schon um den 25.3. oder erst um den 10.4. herum, nämlich falls dann (schon/erst) Ostern sein sollte.
Darum finden Sie in diesem Buch auch Angaben wie »etwa 1.4.–30.9.« oder »von Anfang April bis Mitte September« anstatt zum Beispiel ein 8.4.–16.9., was ein Jahr später überholt bzw. nur noch Humbug wäre.

die Regeln der Ladenöffnungszeiten sind minimal. Richtwerte für SUPERMÄRKTE (mit Lebensmitteln): Mo–Fr 8/9–18/19/20/21/22 Uhr, Sa+So 8/9/10–16/18/20 Uhr. Kioske und Bäckereien haben sonntags oft geöffnet.

POST

◎ Postämter gibt es nicht mehr; die meisten Leistungen versieht die sog. **POSTBUTIK**, die in der Regel in einem Supermarkt stationiert ist. Wir nennen die lokale Postbutik in den einzelnen Kapiteln ab Seite 102 unter »Was fehlt noch?«, Stichwörter »Kontakt, Hilfe«; siehe auch in unseren Stadtplänen.
◎ **PORTO**: Briefe (bis 50 g) und Postkarten nach Mitteleuropa kosten im Erscheinungsjahr dieses Buches satte 36 DKK, das entspricht etwa 4,90 Euro. Hintergrund sind die Verluste der dänischen Post, nachdem die Regierung sämtliche Korrespondenz von und mit Behörden auf E-mail-Verkehr umstellen ließ.

RAUCHFREI

Es gilt ein Rauchverbot in öffentlichen Gebäuden und Transportmitteln. Im Hotel entscheidet die Leitung, wie viele Zimmer für Raucher / Nichtraucher ausgewiesen werden. (Gastronomie siehe Seite 50.) Die Preise sind üppig, die Produkte hoch besteuert.

SEHENSWÜRDIGKEITEN

In den einzelnen Kapiteln ab Seite 102 stehen Adresse, Telefonnummer, Öffnungszeiten, Eintrittspreise (siehe dazu auch Seite 56). Zusatzinformationen wie etwa »Textbuch« oder »Textheft« beziehen sich auf eventuell vorhandene deutschsprachige Publikationen, sofern nichts Anderes angegeben ist. Die Vermerke »Texte auch auf Deutsch/Englisch« beziehen sich auf die Texttafeln vor Ort.
◎ Auf Møn, Falster, Lolland, gibt es einige ATTRAKTIVE Möglichkeiten, an (organisiertem) **SIGHTSEEING** teilzunehmen: darunter die geführten Tou-

Noch zu den Öffnungszeiten: Ist ein Campingplatz ganzjährig geöffnet, sollten Sie im Winterhalbjahr Ihr Erscheinen unbedingt ankündigen, da Sie nicht von einer besetzten Rezeption und vorbereiteten Anlagen ausgehen können.

ren zu den KREIDEFELSEN Møns Klint (siehe Seite 104), der Rundgang mit dem NACHTWÄCHTER durch Maribo (siehe Seite 185) oder der MUSEUMSZUG von Maribo nach Bandholm (siehe Seite 193). Sie können ebenso eine der FÄHREN nehmen oder eines der AUSFLUGSBOOTE, die wir bereits auf Seite 32 vorgestellt haben.

◎ **MUSEUM LOLLAND-FALSTER**: 220 statt 340 DKK kostet das Kombi-Ticket für Museum Obscurum in Nykøbing F. (s. Seite 151), in Maribo in Freilichtmuseum und Stiftsmuseet (s. Seiten 186–188) sowie im Reventlow Museum Pederstrup (s. Seite 224). Aktuelle Gültigkeitsdauer erfragen!

SHOPPING – SOUVENIRS

Ein modernes Shopping-Paradies bilden Lolland, Falster, Møn nicht, dafür sind die dortigen Städte zu klein.

◎ Nun gibt es auch im Kleinen nette Dinge zu **ENTDECKEN**, ob Trödel und Antiquitäten in Städten und auf Märkten, Kunsthandwerkstätten (siehe unten), ob am Straßenrand, in den überschaubaren Zentren und auf Wochenmärkten, deren aktuelle Termine im Touristenbüro und womöglich in dessen Jahresheft zu erfahren sind.

◎ **KUNSTHANDWERK UND KUNST**: Wie in ganz Skandinavien wird auch in Dänemark DESIGN groß geschrieben, sei es bei Textilien, Glas, Keramik, Schmuck, Möbel, Kerzen, (Holz-)Basteleien und -schnitzerei etc.

Dieses Buch könnte ohne Weiteres 10–20 Seiten dicker sein – allein nur mit präzisen Auflistungen der lokalen Kunsthandwerkstätten und Galerien. Es wäre aber unverhältnismäßig, hier alle möglichen Adressen aufzunehmen, zumal sich über Geschmack bekanntlich streiten lässt.

In den Jahresheften der Touristenbüros finden Sie Anzeigen und andere Vermerke; auch am Straßenrand ist mancher Hinweis platziert. Besonders viele Künstler sind – im Verhältnis zur Einwohnerzahl – auf Møn ansässig.

Online ist der Kunstverein in Nykøbing F. (mit Galerie) einen Blick wert: nykoebingfalster-kunstforening.dk.

◎ Als typische oder halbwegs dänische **SOUVENIRS** gelten: Flaschenschiffe, (gedrehte) Kerzen, Schmuck sowie anderes Kunsthandwerk (s.o.), Haushaltsartikel/Kleidung mit ausgefallenem Design, so etwa Fahrradhelme und Gummistiefel. Zum Essen und Trinken sind denkbar: Obstprodukte von den Inseln Fejø, Askø, Femø, Bier und Süßes von der Insel Møn oder ein Törtchensortiment (siehe Seite 54). Auch Freunde von FLOHMARKT *(loppemarked)* und Trödelkram finden ein opulentes Betätigungsfeld.

Nicht gerade hochmodern, jedoch landestypisch ist Schmuck aus BERNSTEIN, der an vielen dänischen Stränden aufzuspüren ist: besonders drüben an Jütlands Westküste, aber auch im Osten von Falster sowie im Osten und Süden von Møn. – Zieht sich das Meer zurück, hinterlässt es manchmal nicht nur Muscheln, Holzkohlen, Seemäuse, sondern auch Bernstein: unvorhersehbar in seiner Farbe, mal milchig weiß und undurchsichtig, selten

Kunst und Kultur: Die Konzerthalle in Nakskov glänzt mit ihrer Akustik sowie hochkarätigen Veranstaltungen. Manchmal kommt ein Teil des Publikums per ÖPNV aus Kopenhagen.

völlig schwarz, in der Regel in goldenen Farbtönen von Buttergelb bis Kastanienbraun. Das Meer hat den Bernstein schon poliert, wenn man ihn findet; mit Geschick lässt er sich jedoch noch feiner schleifen, so dass er gleich goldenen Tropfen schimmert.

◎ **TAX FREE**: Die Rückerstattung der Mehrwertsteuer ist nur für Bürger mit Wohnsitz außerhalb der EU möglich, also zum Beispiel für Staatsbürger der Schweiz. Information auf Englisch via globalrefund.com.

STROM

Steckdosen sind vielerorts mit einem SCHALTER versehen, mit dem sich die Stromzufuhr ein-/ausschalten lässt.

TELEFONIEREN

Dänemarks Landeskennzahl (bei Vorwahl aus dem Ausland) lautet: 0045.

◎ **INLAND**: In Dänemark gelten ACHTSTELLIGE TELEFONNUMMERN ohne Vorwahl. Ob Sie in Nakskov auf Lolland eine Rufnummer auf Falster, Møn, in Kopenhagen oder in Nakskov selbst anwählen, egal – alle acht Ziffern sind notwendig. Auch dänische Handynummern haben acht Ziffern.

◎ **AUSLAND**: Um mit dem Ausland zu telefonieren, wählen Sie zuerst 00, danach die Landeskennzahl, die Ortsnetzkennzahl (Vorwahl) ohne 0 sowie die gewünschte Rufnummer. Die Landeskennzahlen: Deutschland 49, Österreich 43, Schweiz 43, Niederlande 31, Luxemburg 352.

◎ Die LETZTEN **ÖFFENTLICHEN TELEFONE** wurden 2017 ABMONTIERT.

◎ **MOBIL TELEFONIEREN**: Innerhalb der EU sind die Roaminggebühren abgeschafft. Als Mobilfunkkunde zahlen EU-Bürger auch im Auslandsurlaub nicht mehr als im Heimatland. Dennoch, Sie sollten Ihren Mobilfunkvertrag studieren, was die Auslandsnutzung betrifft.

◎ **ACHTUNG**: Mit heimischer Sim-Karte müssen Sie dänische Rufnummern auch innerhalb Dänemarks mit der Auslandsvorwahl 0045 eingeben, mit dänischer Sim-Karte nur die achtstellige Rufnummer des Teilnehmers. Vor Notrufnummern wie 112 und 114 ist mit heimischer Sim-Karte ebenfalls die 0045 einzugeben.

TOILETTEN

Halten Sie sich an Terminals, Einkaufszentren, Museen und Rathäuser bzw. Borgernes hus alias Bürgerhaus.

VERWALTUNGSSTRUKTUR

Bundesländer gibt es nicht in Dänemark. Durch eine Strukturreform 2007 wurden aus landesweit 14 »Ämtern« SECHS REGIONEN. Lolland, Falster sowie Møn gehören zur REGION SJÆLLAND (Seeland) und verteilen sich zudem auf nur noch DREI KOMMUNEN: die Gemeinde Lolland im Westen der Insel bis hinter Maribo, die Kommune Guldborgsund mit Ostlolland und der ganzen Insel Falster sowie schließlich die Gemeinde Vordingborg, die Møn und Südseeland umfasst. Mit der neuen Struktur änderten sich Zuständigkeiten im Tourismus, so dass vieles neu ausgerichtet wurde.

Tierische Begegnungen – als Auftakt zum folgenden Kapitel »Ferien aktiv« in der Natur: oben ein Verkehrsschild zum Schutz der Otter im Waldgebiet südöstlich Sakskøbings, unten ein Fasan auf Lilleø, der kleineren Nachbarinsel von Askø (siehe Seite 204 ff.). ▶

NATUR- UND AKTIVURLAUB IN DÄNEMARK

Trotz der verbreiteten und intensiven Landwirtschaft hat sich Dänemarks Natur in einigen Schutzzonen erholt und wird heute konsequenter geschützt.

◎ **FASZINIERENDE NATUR** erwartet Sie an Møns Kreidefelsen, in Nordostfalster, an den Maribo-Seen, auf Femø, am Nakskov Fjord sowie in Südseeland am Præstø Fjord, auf der Landzunge Knudshoved und auf der Halbinsel Avnø.

◎ Für Kinder sind tolle **NATURSPIELPLÄTZE** eingerichtet (siehe Seite 57).

◎ Outdoor-Urlaub liegt im Trend. Es ist erlaubt, auf ausgewiesenen PRIMITIVEN **LAGERPLÄTZEN** zu zelten und/oder in Sheltern zu übernachten. Dies erfordert einen BEWUSSTEN UMGANG mit der Natur (siehe Seite 47).

◎ Viele Touristen schätzen durchaus eine komfortable Unterkunft. Aber **RAD FAHREN** als liebste Beschäftigung vor Ort eint sie (fast) alle. Laut einer Umfrage verbinden sie Dänemark primär mit Kleiner Meerjungfrau und Radeln.

◎ Mehrere ATTRAKTIONEN befassen sich direkt mit NATUR UND UMWELT, allen voran das **GEOCENTER MØNS KLINT** (siehe Seite 104), dessen Naturführer dazu beitragen, die Kreidefelsen intensiver zu erleben.

◎ Merklich zugenommen haben die Möglichkeiten **TIERE** zu **BEOBACHTEN**, vor allem Vögel (siehe Seite 77). In ganz Dänemark treten vermehrt Tierarten auf, die vor einigen Jahren als ausgestorben galten (siehe Seite 8).

◎ **PRAKTISCHE HILFE IM FREIEN**: udinaturen.dk hilft Ihnen unterwegs, Aktivitäten und Rastplätze in der Natur zu finden, Vogelbeobachtungstürme oder sogar einen *Hundeskov,* einen Wald zum Gassi Gehen (siehe Seite 17).

Ferien aktiv

Unter der Rubrik »Ferien aktiv« finden Sie in den einzelnen Kapiteln ab Seite 102 Vorschläge für Aktivitäten.

Rad fahren

Dänemark bietet ausgezeichnete Voraussetzungen sowohl für Fahrradurlaube als auch für Tagesausflüge auf dem Radsattel.

Zwei Aspekte sind allerdings zu beachten, bevor Sie sich einen 150-km-Tagestrip vornehmen: Kilometerlange Anstiege werden Sie zwar nicht erwarten, doch auch das vermeintlich sanfte Auf und Ab in weiten Landesteilen kann Schweiß treibend sein. Und der Wind, der ja bekanntlich immer von vorn kommt, wird zumindest auf Hin- oder Rückweg dagegen halten. Trotzdem ist der Drahtesel vor Ort ein wunderbares Transportmittel, da Sie als Radfahrer die NATUR langsam durchqueren, sie bewusster erleben und da sich viele Abstecher ergeben, die Autochaffeuren versagt sind.

◎ Das Radeln ist so populär, dass die **RADLER** geradezu **HOFIERT** werden: von Unterkünften mit Service, von offiziellen Stellen mit Infos gedruckt wie online. Es gibt sogar Kirchen, wo der Reifen aufgepumpt, die Wasserflasche nachgefüllt und/oder ein E-bike geladen werden kann: vejkirke.dk.

Hotels, B & Bs und Campingplätze können (gegen Gebühr) das Zertifikat BED & BIKE erwerben, wenn sie einen abgeschlossenen Raum, Luftpumpe, Reparaturwerkzeug und/oder Steckdosen zum Laden von E-bikes sowie Informationen zu Routen etc. bereithalten. aktivdenmark.dk nennt bei Redaktionsschluss sieben solche Unterkünfte auf Møn und zwei auf Falster (die dritte angezeigte ist geschlossen), überlässt es aber den Betrieben, die Einzelleistungen selbst darzustellen; für die Radler ist das umständlich zu recherchieren/vergleichen.

RADELN IM STRASSENVERKEHR

Die Ausstattung der Räder entspricht den Bestimmungen in Deutschland, wobei die Beleuchtung (weiße oder gelbe vorn sowie rote hinten) nur bei Dunkelheit vorhanden sein (und benutzt werden) muss. Eine Helmpflicht besteht nicht. Ist ein Radweg vorhanden, ist dieser zu benutzen. Folgende Verkehrsregel ist zu verinnerlichen:

◎ **LINKS ABBIEGEN**: Anders als in Deutschland ordnen sich Rad fahrende Linksabbieger an großen Kreuzungen nicht links auf einer Abbiegerspur ein, sondern bleiben auf der rechten Spur, überqueren die Kreuzung, warten auf der anderen Seite, bis der Verkehr vorbei ist, und überqueren erst dann die Straße, um ihre Fahrt fortzu-

◀ Faszinierendes Natur-Erlebnis für Wanderer und auch Radfahrer in Nordfalster: das frühere Moorgebiet Borremosen (siehe Seite 172).

setzen. Radwege sowie -ampeln sind auf diese Fahrweise ausgerichtet, DÄNISCHE AUTOFAHRER EBENSO – da diese das Linksabbiegen von Radfahrern auf der Autospur nicht erwarten, kann solch ein Verhalten eine lebensgefährliche Situation verursachen.

◎ **KINDERTRANSPORT**: Auf Kindersitzen oder (angeschnallt) im Kinderanhänger sind zwei Kinder erlaubt: Das maximale Gesamtgewicht eines Anhängers darf 60 kg betragen; das Fahrrad muss sowohl über Hinter- als auch Vorderradbremse verfügen.

RADWEGENETZ

Das Wegenetz beschränkt sich nicht auf Autostraßen begleitende Radwege, sondern führt über Nebenstraßen, durch Wälder, über Dämme (darunter auch frühere Gleisstrecken), ufernahe Wege, feste Sandstrände, manchmal über Kies oder versandete Wege, die sich für Fahrräder mit viel Gepäck nur bedingt eignen.

Die langjährige Struktur mit Nationalrouten, Regionalrouten und Lokalrouten ist in den Hintergrund getreten, seitdem die sog. Panorama- und Erlebnisrouten erstellt wurden, die als Themenrouten griffiger zu bewerben und vor allem als RUNDFAHRTEN konzipiert sind:

◎ Auf Møn sind **3 PANORAMAROUTEN** (und weitere unweit auf Südseeland) markiert, dazu eine sogenannte Altertumsroute *(= Oldtidsruten)* ohne das Prädikat Panoramaroute. Die vier Touren sind zwischen 18 und 36 km lang. Unser Autor hat alle Routen befahren. Zum Teil leicht abgewandelt, werden die Routen auf den Seiten 132 bis 137 ausführlich beschrieben. Wer sie auf das Handy laden will: danische ostseeinseln.de/downloads, die Oldtidsruten heißt dort »Prähistorische Route«. Nebenbei: Die offiziellen Titel der Panoramarouten sind Marketing-Jargon und nicht überzubewerten.

Die »Kort over Sydkystdanmarks Cykel & Vandreruter« mit bescheidenem Maßstab gibt es gratis vor Ort; eine Top-Karte für Møn-Urlauber finden Sie auf Seite 69 vorgestellt.

◎ Auf Falster und Lolland sind **19 ERLEBNISROUTEN** mit Symbolen (anstatt Nummern) markiert, wobei die eine oder andere auf Falster früher ein Panoramaradweg war und als solcher stellenweise noch in gedruckter Form ausliegen kann. Diese Erlebnisrouten sind zwischen 16 und 51 km lang. Unser Autor hat inzwischen 10 von ihnen befahren. Zum Teil in abgewandelter Form werden neun davon in den einzelnen Kapiteln beschrieben. Wer die Geodaten aufs Handy laden oder die zugehörige App installieren will: natur landet.dk auch auf Deutsch; dort sind auch Tourenbeschreibungen herunterzuladen, die vor Ort für 15 DKK bzw. 2 € zu erwerben sind. Gratis ist die Naturlandet-Faltkarte mit diesen wie anderen Routen; Alternative: s. Seite 69.

◎ In Dänemark verlaufen **12 NATIONALROUTEN**, gut markiert mit weißen Ziffern in einem Viereck auf rotem Grund. Auf Møn, Falster sowie Lolland verlaufen die Nationalrouten 7 bis 9: Die Nationalrute 7 folgt ab Fähranle-

Radtour auf der dünn besiedelten Halbinsel Jungshoved bei Præstø, ein Ausflug nach Südseeland am Ende des Buches (siehe Seite 269). – Gut ausgestatteter, strandnaher Lagerplatz für Outdoorer auf der Insel Femø, bei Andemose Nakke (siehe Seite 219). ▶

ger Rødbyhavn der sog. Vogelfluglinie nach Nordseeland. Die Nationalrute 8 führt als ØSTERSØRUTEN ab Fähranleger Tårs im Westen Lollands via Nakskøv und bis Rødbyhavn auf Deichen, anschließend quer über Lolland, Falster, Møn (und Seeland) zurück in den Westen des Landes – der Routenverlauf zeichnet eine 8 auf die Landeskarte! Die Nationalrute 9 ist am bekanntesten, denn sie ist identisch mit dem dänischen Teil des Radwegs BERLIN – KOPENHAGEN, in Dänemark ab Gedser in Südfalster nach Norden via Møn und Südseeland. Diese Nationalrouten verlaufen zu 80 –90 % auf Asphalt.

RADFERNWEG BERLIN – KOPENHAGEN

Fast 630 km misst der Radfernweg zwischen beiden Hauptstädten; rund 260 km davon verlaufen in Dänemark auf der Nationalroute 9 über Falster, Møn und an der Ostküste von Seeland entlang (mögliche Verlängerung bis Helsingør). Die Fähren zwischen Rostock und Gedser sowie Stubbekøbing und Bogø (nur im Sommer, siehe Seite 32) sind einzuplanen.

◎ WEITERE **RADFERNWEGE**: Positiv ist, dass der Boom beim Radtourismus zu einigen neuen Routen geführt hat, so auch zu Nr. 1 der beiden folgenden:

MUNKEVEJEN, der Mönchsweg, ist eine dänische Reaktion auf den Hype um den Jakobsweg; er verbindet das deutsche Glückstadt mit Roskilde auf Seeland (wo im Dom Dänemarks Könige begraben liegen) und verläuft als (über-)regionaler Weg Nr. 88 über Lolland, Falster im Nordwesten und von dort sowohl direkt nach Seeland als auch auf einer Schleife über Møn. munkevejen.dk auch auf Deutsch, gute Darstellung. Für Tagesausflüge nur auf Teilstrecken interessant, da es sich um keine Rundfahrt handelt.

Gut 130 km misst die Inselumrundung FALSTER RUNDT, die größtenteils über nationale und regionale Radwege verläuft und ordentlich beschildert ist, zumal sie sich an das Radwegenetz hält; die neue Familien-Variante misst 40 km. falster-rundt.dk sowie auf Facebook. An einem Augustsonntag treffen sich viele Radsportbegeisterte zum Volksradfahren auf Falster rundt. Gleich drei Tage im Juli dauert bei den Nachbarn LOLLAND RUNDT.

◎ Die **REGIONALROUTEN** tragen landesweit zweistellige Nummern ab 16, als weiße Ziffern auf diesmal blauem Grund; zum Teil sind diese Ziffern weiß umrandet. Sie sind wie die nationalen Routen ziemlich zuverlässig beschildert, für Tagesausflüge aber nur auf Teilstrecken interessant, da es sich um keine Rundstrecken handelt.

◎ Die **LOKALEN ROUTEN** tragen die Nummern 100 bis 999, ebenfalls markiert mit weißen Ziffern auf blauem Grund, wobei die Gestaltung tatsächlich ebenso uneinheitlich ist wie die Beschilderung unzuverlässig. Die Panorama- und Erlebnisrouten (siehe Seite 66) tragen als Lokalrouten teilweise auch dreistellige Nummern.

Der Radfernweg Berlin – Kopenhagen erlebt seit Jahren einen Boom und belebt den Tourismus in der Region nachhaltig. Auf dem deutschen Buchmarkt hat sich ein eigener Radführer etabliert.

ROUTENTIPPS

◎ **EMPFOHLENE RADROUTEN**: Wir haben unsere Ortskenntnis und Kompetenz genutzt, um selbst recherchierte RUNDFAHRTEN zusammenzustellen. Der Anspruch ist, dass Sie gaaanz viel möglichst schönes, erlebenswertes Dänemark kennen lernen. Handelt es sich – ganz oder streckenweise – um Panorama- und Erlebnisrouten, sollten Sie die beschriebene Richtung einhalten, da die Beschilderung in entgegengesetzter Richtung oft lückenhaft ist.

Sie finden die empfohlenen Radrouten auf den Inselkarten (Seiten 99/147/181) skizziert sowie in den jeweiligen Kapiteln unter »Ferien aktiv, Rad fahren«.

SCHIENENFAHRRÄDER

◎ **FALSTER**: Auf der 2009 still gelegten Bahnstrecke von Nykøbing F. zum Fährhafen Gedser sind von Ende Juni bis Anfang September 2 x die Woche Draisinen im Einsatz: siehe Seite 161.

MTB

◎ **MØN**: siehe Seite 137.

◎ **FALSTER**: trailstarsfalster.dk mit automatisierter Übersetzung. Vier Parcours rund um Nykøbing F., wobei der im Wald Bangsebro Skov für Anfänger und Kinder geeignet ist.

FAHRRADWERKSTÄTTEN

Fachgeschäfte gibt's in Nakskov und Maribo auf Lolland, Nykøbing/Falster, in Stege auf Møn und in Vordingborg und Kalvehave in Südseeland. Aktuell zu ermitteln via danskecykelhandlere.dk zwar auf Dänisch; aber mit Hilfe der Suchfunktion »Find cykelhandler« sowie der Karte sind qualifizierte (= zertifizierte) Geschäfte inklusive der Kontaktdaten aufzuspüren.

FAHRRADVERMIETER

In den einzelnen Kapiteln ab Seite 102 unter »Ferien aktiv, Rad fahren«.

◎ **TARIFBEISPIELE**: pro Tag um 100 DKK, E-bikes 200 DKK, für eine Woche um 500/1.000 DKK. Auch Fahrradanhänger und Zubehör (für Kinder) sind zu haben. Kontakt im Voraus via danskecykelhandlere.dk (s.o.).

KARTEN

◎ Radwanderkarte **SYDLIGE SJÆLLAND** (Südliches Seeland) vom dänischen Verlag »Nordisk Korthandel«: im Maßstab 1 : 100.000, beidseitig bedruckt, wetterfest. Die Ausgabe 2021 enthält sämtliche Radwege der Region und ist fast die bessere Straßenkarte. Um 20 € in D, bestens investiert.

◎ **MØN & CAMØNOEN** vom schwedischen Verlag »Calazo«: im Maßstab 1 : 25.000, beidseitig bedruckt, wetterfest. Die Ausgabe 2021 enthält Rad- und Wanderwege und ist wegen des Maßstabs und als Allrounder auch die beste Straßenkarte. Um 22 € in D, für Møn-Urlauber eine Top-Investition.

◎ Kostenlos ist die **NATURLANDET**-Faltkarte zu Falster und Lolland (siehe Seite 66), die mancherorts ausliegt.

INFORMATION

Die Websites der Touristikorganisationen zu Møn/Südseeland und Lolland/

Die Kette »Larsson Cykler« hat Ladengeschäfte mit Werkstatt in Marielyst auf Falster sowie Maribo auf Lolland und vermietet dort, aber auch an 12 Standorten auf beiden Inseln orangefarbene Donkey-Bikes: donkey.bike/de mit Karte.

Falster (siehe Seite 16) haben viele Informationen zum Radfahren.

◎ **PANORAMA-/ERLEBNISROUTEN**: siehe Seite 66.

◎ **ONLINE**: Tourenplanung mit Kartenansicht sowie vielen Extras: naviki.org auch auf Deutsch. Spuckt in der Funktion als Routenplaner Routen zur Wahl aus, unter Angabe von Distanz, Höhenprofil, voraussichtlicher Dauer selbst für unterschiedliche Fahrradtypen. Auch als APP – Apropos:

◎ WEITERE **APPS**: Googeln Sie »Test Apps Fahrrad-Navigation«, die Bedürfnisse sind verschieden. Dass die digitalen Helferlein – gezielt eingesetzt – praktisch sein können, wird niemand bestreiten. Manchen Aktiven jedoch sind Tourenvorbereitung (sowie Gebrauch) zu zeitaufwändig. Die Kommunikation mit dem Gerät unterbricht das Erlebnis draußen, die Anleitung beeinträchtigt die eigene Fähigkeit sich zu orientieren. Die gedruckte Karte gewährt Übersicht, Zusammenhänge und die Vielfalt einer Region.

Wandern

Zu Fuß können Sie Naturidyllen kennen lernen, die Sie mit dem Rad nicht immer erreichen: Steilküsten, Strand, aber auch einzelne Seen und Wälder. Wandernd unterwegs, erlebt man Dänemarks Natur vielfältiger, als es der oberflächliche Blick durchs Fahrzeugfenster vermuten lässt.

Allerdings haben diese Naturparadiese ihre GRENZEN. Die Agrarwirtschaft hat Dänemarks Landschaft geradezu domestiziert, so dass Outdoorer mancherorts nach (viel zu) kurzer Zeit wieder zum Ausgangspunkt zurückgekehrt sind; ebenso wie sich Alpen- oder Norwegen-Erfahrene erst an die minimalen Höhenunterschiede gewöhnen müssen: Nun misst Dänemarks höchster Hügel (drüben in Jütland) gerade mal 173 Meter, während der Aborrebjerg, Møns höchste Erhebung, nur 143 Meter erreicht.

Andererseits können die dänischen Wanderwege damit punkten, dass es selten weit bis zur nächsten Küste ist. Und mit Fernwanderwegen wie Sjællandsleden / Camønoen konnte der Mangel an längeren, fordernden Pfaden behoben werden (siehe unten).

Saison ist das ganze Jahr über, wobei Sie im Winter mit Schnee, Schneematsch sowie nach langen Regenfällen stellenweise mit aufgeweichtem Terrain rechnen müssen.

TAGESTOUREN

Wer sich nicht auf eine Art von Aktivurlaub festlegt, wird sich auf Tagestouren begeben, die in diesem Reiseführer überwiegen.

◎ **TYPISCH** DÄNISCHE INSELN: Fast immer geht es AM WASSER entlang – küstennah, am Strand, über Landzungen, auf Halbinseln oder landeinwärts an Seen – oder mit Blick aufs Wasser, wie oberhalb der Kreidefelsen an Møns Ostküste oder in verschiedenen Küstenwäldern. Abwechslung garantiert!

Faszinierende Natur-Erlebnisse: oben an Nordfalsters Küste zwischen Pomle Nakke und Hesnæs (s. Seite 174 ff.), unten links im renaturierten Moor Horreby Lyng auf Falster (s. Seite176), unten rechts steiler Abstieg von Møns Kreidefelsen ans Meer (s. Seite 138). ▶

In den Kapiteln ab Seite 102 wird diese Abwechslung unter der Rubrik »Ferien aktiv, Wandern« eingelöst; so gut wie alle Touren ist unser Autor in den letzten 30 Jahren (mehrfach) gegangen, und er kann sie vergleichen.

◎ **INFORMATION**: Von der Übersicht her optimal sind Faltblätter mit Karte, die gedruckt jedoch seltener werden. Einer der wenigen Folder, die aktualisiert auch gedruckt werden, ist der zu den Kreidefelsen Møns Klint; die anderen sind 10 Jahre und älter und werden in absehbarer Zeit vergriffen sein. Download »Møns Klint«: naturstyrelsen.dk auf Deutsch, im »Naturguide«.

Ansonsten bleibt lokales Material, das in den Touristenbüros ausliegt. In diesem Buch weisen wir im Rahmen der Touren auf hilfreiche Quellen hin.

Die App NATURLANDET über Naturparks und Aktivitäten auf Lolland und Falter gab sich im Praxistest recht bescheiden und kann nur bedingt als hilfreich eingestuft werden. Eine bessere Online-Hilfe ist sjaellandsleden.dk (siehe unter »Fernwanderwege«).

◎ Sehr zu empfehlen sind die **ORGANISIERTEN WANDERUNGEN**, die zum Teil von Naturschutzvereinen arrangiert werden. Dabei erfahren Sie dank Ihrer Begleitung Einzelheiten über Flora und Fauna, die kein Buch und keine Broschüre lebendiger vermitteln könnte. Fragen Sie im Touristenbüro gezielt nach solchen Touren, ob die/der NaturführerIn z.B. Englisch oder Deutsch spricht. In der Sprache flexibel sind viele Touren des Geocenter Møns Klint (siehe Seite 104).

FERNWANDERWEGE

◎ **CAMØNOEN** ist ein Popstar unter den dänischen Wanderwegen. Über 175 km erschließt er viele attraktive Orte auf der beliebten Urlauber-Insel Møn. Da Fernroute, ist es relativ knifflig, sich eine Tagestour als Rundwanderung zu basteln; ein Bus oder zuvor abgestellte Fahrräder verbessern die Chancen allerdings merklich. Gleichzeitig sollte klar sein, dass der Camønoen für Teilstrecken zwar auf Pfaden oder am Strand die Küste entlang verläuft, über längere Strecken aber auf (Neben-)Straßen. Mehr auf Seite 137.

Der Camønoen ist Teil des Ferwanderwegs SJÆLLANDSLEDEN und des NORTH SEA TRAIL, der sich setzt von Schottland/England über die Niederlande und Deutschland nach Dänemark, Schweden, Norwegen fortsetzt. In Dänemark wechselt er (per Fähre) von Jütland nach Sjællands Odde in Nordseeland; die folgenden ungefähr 800 Kilometer über Seeland und Møn, Falster und Lolland heißen Sjællandsleden, der Seelandpfad.

◎ **KARTE**: siehe Seite 69.

◎ **INFORMATION**: museerne.dk/camonoen mit Marketing und Karte (zu der es eine Alternative gibt, siehe Seiten 69 und 137). Die originale Karte gibt es auf Møn und online zu kaufen, die Alternative auch im heimischen Fachbuchhandel. – Praktisch ist sjaellandsleden.dk auch auf Deutsch, wo via Karte Etappen ebenso wie kürzere, lokale Routen dargestellt und Geodaten geladen werden können; zu den Etappen werden kurze Begleittexte

Wanderer auf französischen Pilgerpfaden haben es vermutlich gleich bemerkt: Der Name »Camønoen« ist ein Wortspiel, basiert auf »Camino Francés« (Jakobspfad): Camøno statt Camino, das »en« ist der bestimmte Artikel im Dänischen.

eingeblendet, und es sind Informationen zu Transport, Unterkunft, Verpflegung u.a. hinzuzuschalten.

◎ Die »wirklichen« Pilgerrouten **DEN DANSKE PILGRIMSRUTE** alias **SANTIAGORUTEN** sowie **DEN DANSKE KLOSTERRUTE** führen über Lolland und Falster. Sie machen Station in Maribo, wo Dom und Kloster die religiöse Tradition symbolisieren. TAGESTOUREN als Rundwanderungen sind dort möglich, wo sich die Routen kreuzen. santiagopilgrimme.dk und nur klosterruten.dk ein wenig auf Deutsch.

Angeln

Angeln in Dänemark bedeutet Küstenfischerei (vor allem Meerforelle), Molenfischerei (Aal, Plattfisch u.a.) und Süßwasserfischerei (u.a. Aal, Bachforelle, Barsch, Karpfen, Rotauge, Zander, Schleie). Lolland, Falster und Møn sind eher für KÜSTENFISCHER interessant. Ein schönes Erlebnis kann das HOCHSEEANGELN mit erfahrenen Skippern sein, etwa ab Onsevig in Nordlolland.

◎ Petrijünger (im Alter von 18 bis 65 Jahren) erwerben den obligatorischen staatlichen **ANGELSCHEIN**, egal wo sie ihre Rute auswerfen. Die GEBÜHR ist ein Jahr gültig ab Kaufdatum, gestaffelt nach Jahres-, Wochen- oder Tageskarte (185/130/40 DKK) sowie vor Ort in Touristenbüros, Unterkünften oder Angelsportgeschäften zu erwerben. – Alternativ ist der Angelschein online via fisketegn. dk zu bestellen: ausführlich auf Deutsch, ein FAQ beantwortet gängige Fragen.

Mit diesen Gebühren kümmert sich das zuständige Ministerium um den Fischbestand. Wer ohne gültigen Angelschein erwischt wird, zahlt ordentlich oben drauf; und nehmen Sie den Personalausweis zum Angeln mit.

Für Binnengewässer benötigen Sie zumeist eine zusätzliche Angelkarte.

◎ Die **BESTIMMUNGEN** über Angelgerät, Schonzeiten, Schutzzonen und Mindestlängen sind so vielseitig, dass sie hier keinen Raum finden. Es liegen aber genügend Quellen vor, die ausführlich Auskunft geben (s.u.).

Wer an der Küste fischen will, muss BEACHTEN: Im MÜNDUNGSBEREICH von Flüssen, Bächen und Auen darf in einem Umkreis von 500 m zu beiden Seiten und auf das Meer hinaus nicht geangelt werden.

◎ Für die populären FORELLENSEEN **PUT AND TAKE** wird kein staatlicher Angelschein benötigt. putandtake.info und fish-maps.de nennen vier Gewässer auf Lolland und 1/2 auf Falster.

◎ **INFORMATION**: Gute Online-Info-Quellen auch in deutscher Sprache sind fishingindenmark.info/de (allgemeine Informationen und Angelplätze), daenemark.fish-maps.de (Regionen und Allgemeines) und fisketegn.dk (Angelscheine und FAQ).

Die Touristenbüros haben im Bestfall Publikationen, Werbezettel zu Seen mit »Put and take« (s.o.) oder von Skippern, die Angler auf ihren Kuttern zum Hochseeangeln mitnehmen.

Mit diesem Info-Material sind Angler gut vorbereitet bzw. ausgerüstet. Die Kapitel ab Seite 102 enthalten nur einzelne Tipps, denn die eingefleischten Petrijünger kennen ihre Reviere und sind ohnehin weniger an einem allgemeinen Reiseführer interessiert.

Baden, Schwimmen

Fast 7.400 km dänische Küste bedeuten genügend Strände und Badeplätze – nur ist Strand nicht gleich Strand.

STRÄNDE UND BADEPLÄTZE

◎ Die **BLAUE FLAGGE** ist eine Erfindung der EU, mit der Strände und Marinas ausgezeichnet werden, die besondere Bedingungen an die Umwelt erfüllen: SAUBERES WASSER an erster Stelle. In Dänemark sind fast 200, auf Møn, Falster, Lolland 12 STRÄNDE registriert. Die Flagge gilt als zuverlässiger Hinweis auf unbedenkliches Nass und ein Mindestmaß an Infrastruktur zu Sicherheit und Hygiene. Kontrollen der Badegewässer liegen im Eigeninteresse der Gemeinden: Mancherorts sind digitale Anzeigen montiert.

In den Kapiteln ab Seite 102 sollten unter der Rubrik »Ferien aktiv, Baden, Schwimmen« alle Strände stehen, wo zuletzt die Blaue Flagge wehte.

◎ Auch das Badeparadies Dänemark erfordert gewisse **VORSICHTSMASSNAHMEN**, vor allem am Meer: NICHT ALLEINE baden und die anderen Familienmitglieder im Auge behalten. Nur bis zum Nabel ins Wasser gehen. Wer SCHWIMMEN möchte, sollte dies entlang der Küste tun, Luftmatratzen und Spielzeug am Strand zurücklassen. Geraten Sie auf einer Sandbank bei ruhigem Wasser in ein Loch, lassen Sie sich mit der Strömung treiben, bis sie schwächer wird. Nicht baden sollten Sie in Häfen, in der Nähe von Wellenbrechern und Molen sowie Stellnetzpfählen der Fischer, ebenso in Mooren, kleinen Seen und Bächen mit vielen Wasserpflanzen. Für einen Kopfsprung muss die Wassertiefe bekannt sein. Ist doch klar, sagen Sie? Die Zahl der Unglücksfälle ist doch erstaunlich hoch, nachdem sich viele Betroffene überschätzt haben.

Dort wo keine besetzte Rettungsstation, aber ein Rettungsposten vorhanden ist, sollten Sie in der Nähe dieses Postens ins Wasser gehen. Und es schadet nicht, sich die Instruktionen vor Ort durchzulesen...

◎ Da die dänischen Strände frei zugänglich sind, werden keine eigenen **FKK-STRÄNDE** ausgewiesen. Einige Kommunen weisen jedoch bestimmte Strandabschnitte für FKKler aus.

◎ Die Gemeinde hält Strände keineswegs fortlaufend **SAUBER**. Hier erweisen sich Pfadfinder, Sportclubs u.a. als ehrenamtliche Engel.

HALLENBÄDER

Wer gechlortes Wasser vorzieht, findet einige Hallenbäder vor, wobei im Sommer – zur Strandsaison – die Öffnungszeiten verkürzt sein können.

Ferien aktiv auch für den Nachwuchs, beide Aufnahmen stammen aus Møn: oben auf dem Golfplatz, unten Angler am Råbylille Strand. ▶

◎ Ein STATTLICHES Hallenbad oder **SPASSBAD** kennen wir aus Stege, Nykøbing F. und Nakskov (siehe dort).

◎ Angenehm ist, dass Spielzeug für **KINDER** zur Verfügung steht, zudem Utensilien, um Babies zu versorgen.

Golf

Es gibt einen Golfplätze auf Møn, drei auf Falster (in Nykøbing F., Marielyst und Nordfalster) und zwei auf Lolland (in Maribo und Nakskov). Wir nennen die Plätze mit Kontaktdaten und Zahl der Greens bzw. Löcher je Green.

Einige Anlagen schließen zwischen November und März / April oder fahren einen eingeschränkten Betrieb.

Ein Anruf im Voraus bringt Klarheit über eventuelle Engpässe (wochenends) sowie Handicapgrenzen. Straßenkarten markieren Golfplätze mit Kreis und Fahnenstange. Und enige Hotels offerieren spezielle Golfferien.

◎ **GREEN FEE** FÜR 18-LOCH-PLÄTZE: 350–400 DKK werktags, 380–400 DKK an den Wochenenden. JUNIORTARIFE (um 50 %) sind üblich.

◎ **INFORMATION**: Kontaktieren Sie die Klubs im Voraus; nicht überall sind unbekannte Gastspieler willkommen. Der Golfklub auf Møn (siehe Seite 141) führt seine Website auch auf Deutsch und hat einen Parcour für Greenhorns, ebenso wie der »Golf & Fun Park« Marielyst (siehe Seite 161) und das Ferienzentrum Lalandia (siehe Seite 251).

Paddeln

MIT DEM SEEKAJAK

Das Paddeln im Seekajak ist auf dänischen Gewässern seit etwa 20 Jahren richtig »in«. Eine zusammenhängende Infrastruktur wie im Südfünischen Inselmeer, wo zwischen Fünen, Langeland und Ærø Kajakhäfen und -zentren mit Übernachtungsplätzen, Kursen und geführten Touren eingerichtet sind, besteht im Osten Dänemarks zwar nicht. Auch gibt es auf unseren drei Inseln keinen befahrbaren Fluss, sondern nur die Maribo-Seen im Binnenland und sonst Küstengewässer. Bei ruhigem Wind und (eventuell) in Begleitung mögen jedoch die flachen Küstenzonen sogar Anfängern entspannte Stunden bieten, den Fortgeschrittenen ohnehin. – Kanus, korrekt: Kanadier sind zu windanfällig und darum in solchen Gebieten ungeeignet.

◎ **VORSICHTSMASSNAHMEN** gerade bei Küstentouren: Brechen Sie nie allein und ohne Sonnencreme auf, beachten Sie den Wetterbericht, verhalten Sie sich rücksichtsvoll gegenüber der fragilen Natur und allen Verkehrsteilnehmern auf dem Wasser.

◎ **KAJAKREVIERE**: Maribo-Seen, ab Hafen Sakskøbing in den Fjord, Nordküste Lolland ab Oreby bis Kragenæs plus die Inseln Askø, Fejø und Femø, Südküste Lolland ab Hyllekrog nach Osten, Guldborgsund sowie Großteil Falster-Küste, Nordküste Møn, Südostküste Møn ab Klintholm ostwärts, Küstenverlauf innere Stege Bugt.

Ein Art Geheimtipp ist, dass viele Golfplätze über ein Bistro oder eine Cafeteria verfügen, wo tagsüber relativ preisgünstig (kleine) Gerichte serviert werden.

◎ **KAJAKBASIS**: oft mit Vermietung, Kontakt stets im Voraus aufnehmen, Campingplatz Mønbroen (siehe Seite 141), Maribo Sø Camping (Seite 184), Kragenæs Marina Lystcamp (Seite 209), Albuen Strand Camping (Seite 240) sowie am Præstø Fjord in Südseeland das Feddet Strand Resort (Seite 266); das Roneklint Kajakcenter (Seite 272) beschränkte sich zuletzt auf die Vermietung von Booten.

◎ **KAJAKVERMIETUNG**: Tagestarif um 350 DKK, 2 Stunden um 125 DKK, Tarif Anfängerkurs, abhängig von der Teilnehmerzahl/Dauer, über 750 DKK, die Ausrüstung sollte inklusive sein.

◎ **INFORMATION**: Kano-Kajak-Surf Guide Lolland – Falster in Touristenbüros und www.visitlollandfalster.de. Ausgezeichnete Beschreibungen der Gewässer, Touren, Adressen etc.

Reiten

Es gibt keine Reitclubs (!), die auf ausländische Touristen eingerichtet sind. Die Möglichkeiten sind sehr begrenzt, die Sprachkenntnisse von eventuell erwünschten Tourenführern und Interessenten im Voraus abzugleichen.

◎ **MØN**: Sehr gut eignen sich Wald und Umland von Møns Klint. Auf Seite 141 findet sich eine Kontaktadresse.

◎ **LOLLAND**: Der Campingplatz am Nysted Strand bietet im Sommer ab und zu Ponyreiten an. Siehe Seite 256.

Tierbeobachtung

Vor allem Vögel sind auf den Inseln zu beobachten, zumal die Inseln auf den Routen von Zugvögeln liegen und als Rastgebiete genutzt werden.

SEEHUNDE

◎ **BOOTSTOUREN AB NYSTED**: siehe Seite 258.

◎ **AVNØ FJORD**: wandernd ab Ufer oder vom Tower aus, siehe Seite 278.

VÖGEL

Es müssen nicht immer Adler sein (siehe Seite 8) und auch nicht Schutzgebiete. Kormorane bekommen Sie heute vielerorts zu sehen.

◎ **NYORD / ULVSHALE**, Møn: siehe Seiten 119 und 120.

◎ **BOTØ NOR**, Falster: siehe Seite 158.

◎ **GEDSER FUGLESTATION**, Südfalster: siehe Seite 167.

◎ **BARUP SØ**, Nordfalster: siehe Seite 176.

◎ **MARIBO-SEEN** auf Lolland: siehe Seiten 196 ff. und 193.

◎ INSEL **FEJØ**: siehe Seite 215.

◎ INSEL **FEMØ**: siehe Seite 222.

◎ Am **NAKSKOV FJORD**, Westküste Lolland: siehe Seiten 248, 239, 240 ff.

◎ **NÆSBY STRAND** auf Lolland: siehe Seite 246.

◎ **HYLLEKROG / SAKSFJED** auf Lolland: siehe Seite 252 ff.

◎ **RØRSØEN** in NYSTED auf Lolland: siehe Seiten 258 und 257.

◎ **PRÆSTØ FJORD**: siehe Seite 265 ff.

◎ **AVNØ**, Südseeland: s. Seite 278.

Auch ohne getarnten Beobachtungsposten und Feldstecher kommen Sie nahe an die Kormorankolonie in Nysted heran (siehe Seiten 257 und 258).

Wassersport

SEGELN

Um das dänische Inselreich mit seinen rund 350 kleinen und großen Häfen und Ankerplätzen zu erkunden, müssen Sie kein Bootseigner sein. Das Angebot an Charterbooten ist vielfältig, wobei man einen Befähigungsnachweis vorlegen muss; auf eigenem Kiel ist das Kreuzen in dänischen Gewässern führerscheinfrei und auch beim Zoll muss man sich nicht anmelden.

Nur falls das Boot aus einem Nicht-Schengen-Land kommt, müssen alle Personen an Bord der Hafenmeisterei gemeldet werden; die Bestimmungen erläutert tyskland.um.dk/de.

◎ Die REGATTA **SJÆLLAND RUNDT** findet (mit Beiprogramm) Mitte oder Ende Juni auf einigen Schleifen statt: eine kürzere zwischen Seeland sowie Møn und Falster durch Storstrømmen und Bøgestrømmen, eine längere via Grønsund zwischen Falster und Møn plus außen um Møn herum führt. sjaellandrundt.dk, auch via Facebook.

◎ Die REGATTA **HAJKUTTER** findet Anfang August statt (samt Fest in NYSTED) und gehört zur BALTIC SAIL im Ostseeraum: balticsail.info auf Englisch und hansesail.com auf Deutsch.

◎ **INFORMATION**: Segler benötigen spezielle Literatur, die auch nautische Daten umfasst, was wir nicht leisten können; deshalb verzichten wir in diesem Buch auch auf Adressen und Einzelheiten von Gasthäfen; Hafenführer erstellen darauf spezialisierte Verlage.

TAUCHEN/SCHNORCHELN

Vor allem rund um Møn gibt es (außer Wracks als gängigen Zielen) etwas zu entdecken: im STEGE NOR jede Menge Fische, an der Küste vor HÅRBØLLE Feuerstein im ausgebaggerten Grund des Grønsunds und nur für Erfahrene vor den Kreidefelsen MØNS KLINT. In KALVEHAVE/Südseeland bei der Mønbrücke gibt's sogar einen Parcour zum Schnorcheln (siehe Seite 142).

Es ist uns jedoch keine Adresse bekannt, um Ausrüstung zu mieten.

◎ **INFORMATION**: danischeostseeinseln.de, »Tauchen« via Suchfeld.

WINDSURFEN/KITESURFEN/SUP

Leidenschaftliche Wellenreiter kommen nur zum Surfen nach Dänemark und als Zielgruppe für diesen Reiseführer kaum in Frage, weshalb wir uns mit knappen Angaben bescheiden.

◎ Für **ANFÄNGER** eignen sich Hestehovedet im Westen von Nakskov und der ELKENØRE STRAND bei Marielyst, wo am 1.4. eine Surfschule öffnet: surfcenterfalster.dk auch auf Deutsch.

◎ Für **FORTGESCHRITTENE** eignen sich u.a. die Südküste Lollands, so das SØNDERNOR ganz im Südwesten (bei Kitesurfern populär), der KRAMNITZE STRAND, der HOLTEN STRAND bei Nysted, auf Falster GEDSER (an der Westseite bei der Marina) und auf Møn vor KLINTHOLM HAVN und nach Südwesten. Als toller Spot gilt auch FARØ.

◎ **INFORMATION**: visitlolland-falster.de/surfspots. Auf Møn ist die Situation bescheiden, seit die Surfschule in Klintholm Havn dicht gemacht hat.

Wassersport mit Hilfsmitteln: Startvorbereitungen vor einem Kajaktrip bei Roneklint am Præstø Fjord, unten Kitesurfer vor Farø, im Hintergrund zwei Brücken zwischen Falster und Seeland. ▶

Geschichte und Gegenwart

Als die Gletscher der letzten Eiszeit um 12.000 v. Chr. geschmolzen waren, hinterließen sie eine Landschaft, die nicht viel mit dem Dänemark, wie wir es heute kennen, gemeinsam hatte. Landhebungen sowie Senkungen im Wechsel verwandelten einen gewaltigen baltischen Binnensee in die OSTSEE und schufen die großen und kleineren Inseln zwischen Schweden und Jütland. Nicht nur die Landmassen, sondern auch die erste Bevölkerung war in ihrer Existenz vom Meer abhängig: Diese Menschen lebten an den Küsten und ernährten sich von Fischen, Seevögeln, Robben und Schalentieren.

Um 4.000 v. Chr. bildeten sich Dörfer, seit man gelernt hatte, den Boden zu bestellen. Die Bauerngesellschaft war von festeren Strukturen geprägt als der bisher lose Zusammenschluss von Sammlern und Jägern. Als älteste Zeugnisse dieser Epoche gelten die MEGALITHGRÄBER (Hünengräber), die über das ganze Land verstreut liegen: Dolmen und Ganggräber.

Neue Impulse kamen vor allem aus dem Süden, wie Funde aus dem Bronzezeitalter (ab 1.500 v. Chr.) bis zum Beginn des Mittelalters beweisen. Unter dem Einfluss römischer Kultur und lateinischer Schrift entwickelten die Nordeuropäer ihre Variante schriftlicher Kommunikation, das RUNENALPHABET. Die mittel- und südeuropäische Kultur wurde meistens indirekt, in abgewandelter Form aufgenommen, d.h. die »Fortschritte« waren nicht das Ergebnis einer Fremdherrschaft.

Die Feldzüge, die Kaiser Karl der Große um 800 nach Norddeutschland befahl, waren eine erste ernste Bedrohung von außen. Um sich gegen den Einfall der Franken zu schützen, befestigten die Nordländer ihre Grenze im Süden. Herrscher *Gudfred* (auch: Göttrik) ließ einen Wall über die jütische Landenge zwischen Ost- und Nordsee errichten: DANEVIRKE, das Danewerk. Bei Haithabu in Südschleswig ist diese Wallanlage erhalten.

Die Fähigkeiten in SCHIFFBAU und SEEFAHRT, die die WIKINGER mittlerweile auszeichneten, halfen dabei dem Frankenreich Paroli zu bieten. Vergrößerte Karl der Große sein Reich auf dem europäischen Festland, so begaben sich die Wikinger auf Handels- und Eroberungsfahrten in Ostsee und Nordsee, ins Mittelmeer und bis über den Atlantik. Trotz der Randlage hatten sich die Nordländer zu einem Machtfaktor in Europa entwickelt.

VON DER CHRISTIANISIERUNG BIS ZUR REFORMATION

Von einem einheitlichen DÄNEMARK spricht man erstmals seit der Zeit von König *Harald I. Blauzahn* (950–85), dem nachgesagt wird, er habe das Volk

Einst mittelalterliches Zeugnis der Macht, blieb nur ein von Gras überwucherter Hügel übrig: Ravnsborg, im Norden von Lolland. ▶

geeint und christianisiert. Auch wenn von einem Staat im modernen Sinne keine Rede sein kann, so zeugen die frei gelegten Wikingerburgen zumindest von dem Vorhaben eines streng strukturierten Militärwesens. Trelleborg auf Seeland, Nonnebakken auf Fünen und Fyrkat und Aggersborg in Jütland waren große, kreisrunde Wallanlagen, die Harald Blauzahn bzw. Sohn *Sven I. Gabelbart* (985–1014) zugeschrieben werden. Ob die Wikinger dort ein Kasernenleben führten oder ob die Burgen doch eher befestigte, aber friedliche Dörfer mit Familienleben, Handel und Handwerk waren, ist ungewiss – die archäologischen Funde sprechen für die zweite These.

Unter Sven Gabelbart sammelten sich die Wikinger jedenfalls noch ein mal zu einem langen Eroberungszug nach England, der 1014 seinen Höhepunkt in der Krönung von Svens Sohn, *Knud I. dem Großen* zum englischen König fand. Knud war allerdings von friedfertiger Natur, so dass das große Reich bald wieder zerfiel. Machtkämpfe führten in der Heimat zu instabilen Jahrzehnten, als auch der Heilige Stuhl mitmischte, der an einem Gegenpol zum abtrünnigen Deutschen Reich interessiert war: 1104 wurde das erste skandinavische BISTUM im südschwedischen – damals dänischen – Lund gegründet, was den Einfluss des norddeutschen Bistums beschnitt.

König *Valdemar I. der Große* (1154-82) bediente sich der weltlichen und der geistlichen Macht, um Dänemark zu einem starken und einheitlichen Staatsgefüge zu machen. Zusammen mit seinem Ziehbruder *Absalon,* dem

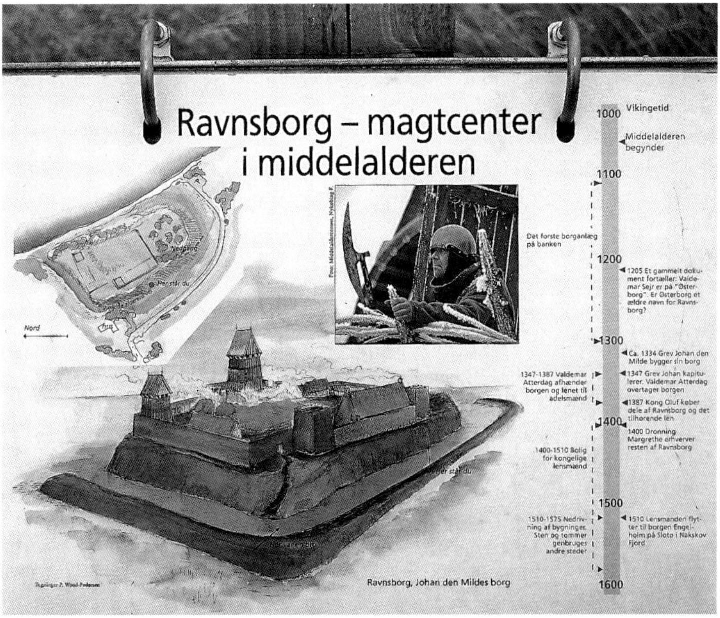

Erzbischof von ROSKILDE, gründete er KOPENHAGEN (1167), besiegte die Wenden, eroberte Rügen und unternahm Feldzüge bis ins Baltikum. Mit dem 13. Jahrhundert jedoch unterlag Dänemark dem Machtzuwachs der jungen HANSE. Der Ostseeraum, bisher ein »Betätigungsraum« für skandinavische Eroberungsfahrten, wurde nun komplett von den Hansestädten aus kontrolliert. Dänemarks schwindende Macht führte zu inneren Konflikten, worauf das Reich für acht Jahre nicht mal einen König besaß.

Erst *Valdemar IV. Atterdag* (1340–75) brachte das Land wieder unter einen Herrscher. Er setzte – gegen das Gesetz der männlichen Erbfolge – seine Tochter als Nachfolgerin durch. Als *Margrethe I.* (1387–96) war sie Initiatorin der KALMARER UNION (1397), in der sich nach ihrem Willen die nordischen Länder gegen das Deutsche Reich vereinigten. Ihr Sohn *Erik VII. von Pommern* (1396–1439), der als König über Schweden, Norwegen und Dänemark herrschte, war weniger geschickt und wurde abgesetzt.

Der Grenzverlauf zwischen Dänemark und Deutschland, ob nördlich von Schleswig und Holstein, südlich davon oder gar mitten hindurch, war Anlass für viele Kriege. König *Christian I.* (1448–81) gelang es, diese Streitfrage über einen längeren Zeitraum beizulegen: Ihn wählten die Ständevertreter von Schleswig und Holstein zum gemeinsamen Herzog; dabei betonten sie ausdrücklich, dass die Wahl der Person Christians galt und nicht der Institution des dänischen Königs. In Ribe, in Jütland, garantierte er1460 den Herzogtümern, dass sie »op ewig ungedelt« sein sollten. Für 400 Jahre waren sie das auch, indem sie zum Königreich Dänemark gehörten.

Nachdem sich Schweden unter Gustav Vasa 1523 seine Unabhängigkeit erkämpft hatte, litt Dänemark 1534–36 unter der sogenannten GRAFENFEHDE, bei der es um Religion und natürlich um Macht ging, als norddeutsche Herzogtümer, Hansestädte und dänischen Adlige um Einfluss rangen und mit *Christian III.* ein neuer König ernannt wurde, während *Christian II.* in einem Kerker saß. Am Ende siegte eine dänisch-schwedisch-preußische Allianz vor allem zu Lasten der Hanse. 1536, mit Kriegsende, war der Katholiszismus Geschichte und wurde die Reformation eingeführt. Ab sofort war der König Oberhaupt einer LUTHERISCHEN STAATSKIRCHE – die katholischen Institutionen verloren Grundbesitz sowie Vermögen, Kirchenleute auf Wunsch als Beamte in den Dienst gestellt. Der Adel behielt seine privilegierte Stellung.

Zur Chronik vom mittelalterlichen Skandinavien gehören auch PESTEPIDEMIEN. In Dänemark forderte diese Seuche zwischen 1361 und 1449 mindestens vier Mal eine beträchtliche Anzahl Todesopfer, mitunter über 10 % der jeweiligen Bevölkerung.

DER WEG ZUM ABSOLUTISMUS

Auf die Zeit der großen Umwälzung, die die Reformation ausgelöst hatte,

In dem Bestreben, den schwedischen Widerstand gegen die Zwangsunion mit Dänemark zu brechen, befahl Christian II. 1520 in Stockholm ein Massaker an Adligen, das als »Stockholmer Blutbad« traurige Berühmtheit erlangte.

folgten einige Jahrzehnte politischer und wirtschaftlicher Stabilität. Der internationale Handel über Europa hinaus verhalf Dänemark zu beträchtlichem Reichtum, den Renaissance-König *Christian IV.* (1588–1648) großzügig wieder ausgab – er investierte in Kunst sowie Wissenschaft und setzte sich durch prunkvolle Bauwerke und Städtegründungen zahlreiche Denkmäler. Auf sein Betreiben entstanden unter anderem Christiania (Oslo) und Kristiansand in Norwegen und Kristianstad im südschwedischen Schonen, das damals noch zu Dänemark gehörte, sowie Glückstadt an der Elbe.

Die Entwicklung Schwedens zu einer Großmacht empfanden viele Dänen zunehmend als Bedrohung, und dann verloren Christian und seine Berater noch den Überblick: Die Siege des schwedischen Heeres im Dreißigjährigen Krieg hielten den Monarchen nicht davon ab, in den Krieg einzutreten; dies endete jedoch mit Niederlage und Staatsbankrott. Die Finanznot war so groß, dass der prunkverwöhnte König sogar seine Krone an deutsche Kaufleute verpfänden musste.

In den Jahren nach Christians Tod wurde Dänemark immer kleiner: Waren Jämtland, Härjedalen und Gotland schon 1626 an Schweden gefallen, so mussten Skåne, Blekinge und Halland im FRIEDENSSCHLUSS VON ROSKILDE 1658 ebenso abgetreten werden. Das Kernland des Reiches bestand »nur« noch aus Jütland und den Inseln zwischen Kattegatt und Ostsee. Island, die Färöer und Grönland waren Provinzen, während Norwegen als eigenständiges Königreich durch Personalunion mit Dänemark verbunden war. Der Verlust des Staatsgebiets jenseits des Øresunds schwächte die Basis für Handel und Seefahrt.

Das war der Nährboden für die Einführung des Absolutismus unter *Frederik III.* (1648–70). Er zentralisierte die Verwaltung, indem er dem neuen Beamtenapparat die Durchführung der Staatsgeschäfte übertrug. Gleichzeitig verlor der Adel seine staatstragende Bedeutung. Es begannen Jahrzehnte, in denen die Menschen von Krieg und größter Not verschont blieben.

Das 18. Jahrhundert war eine stabile Zeit, geprägt von relativem Wohlstand und ohne umwälzende Veränderungen in der Außenpolitik. Es tat sich aber etwas auf den Dänischen Inseln im Osten, als das Königshaus um 1770 große Ländereien etwa auf MØN verkaufte. Im Normalfall konnten sich das nur Adlige leisten; es gab jedoch Bauern, die sich zusammenschlossen und tatsächlich Land erwarben sowie damit unabhängig(er) wurden. Während der Erwerb des heutigen Hofguts MARIENBORG dann doch an der Kaution scheiterte, ist das Waldareal FANEFJORD SKOV seitdem im Besitz von ganz gewöhnlichen Bürgern.

Zwar fanden hin und wieder Scharmützel mit Schweden statt, die aber letztlich den Status quo bekräftigten. Kopenhagen lag exakt dort, wo die Handelsschiffe zwischen Ostsee und Atlantik pendelten. Der Überseehandel machte aus Dänemark eine kleine

Die dänische Variante des Absolutismus, die sich in vielem vom französischen unterschied, umfasste frühe Reformen, die in Frankreich erst der Umsturz 1789 einleitete. Darum war das Echo auf die Französische Revolution in DK gering.

»Weltwirtschaftsmacht«, was auch im Westen nicht allen Nachbarn passte.

Aus englischer Perspektive war das »not amusing«. England fürchtete um die monopolartigen Handelsstrukturen, die sich um den Globus spannten. Der Zwist eskalierte, als die Engländer 1801 zum ersten Mal in den Øresund segelten und Kopenhagen mit Hafen unter Beschuss nahmen. Weite Teile von Hauptstadt und Flotte waren zerstört. Auch an den Küsten von Lolland, Falster und Møn waren die englischen Schiffe unterwegs. Dänemark trat an der Seite Napoleons in den Krieg ein, ohne Kriegsglück: Die englische Blockade der Nordsee und der Verlust der Flotte machten das Land politisch wie wirtschaftlich handlungsunfähig. Die ökonomische Lage war katastrophal.

Auf der Seite der Verlierer war Dänemark nicht in der Lage, sich gegen die Bestimmungen des KIELER FRIEDENS 1814 zu wehren. Die Sieger der Napoleonischen Kriege vereinbarten, Norwegen von Dänemark zu lösen, um es mit Schweden zu vereinen: Norwegen war »Ersatz« für Finnland, das von Schweden an Russland überging.

NATIONALISMUS UND LIBERALISMUS

Wie in anderen europäischen Staaten des 19. Jahrhunderts, kam nationalliberales Gedankengut gut an beim dänischen Bürgertum. Gleichzeitig fanden die Stimmen Gehör, die sich der Zwangsjacke des Absolutismus entledigen wollten. Im Zuge des Liberalismus konnte der Theologe und Schriftsteller *N.F.S. Grundtvig* (1783–1872) seine Idee der Volkshochschulbewegung verwirklichen: Auf seine Initiative hin entstand in Dänemark ein Netz von FOLKEHØJSKOLER (nicht direkt mit deutschen Volkshochschulen zu vergleichen), um auch Angehörigen unterprivilegierter Schichten die Aus- und Weiterbildung zu ermöglichen.

Während dieser Epoche, häufig als GOLDENES ZEITALTER gewürdigt, erlebte das Geistesleben in Dänemark eine BLÜTE, die auch im Ausland zur Kenntnis genommen werden sollte: u.a. dank der Werke des Philosophen *Søren Kierkegaard* (1813–1855), des Dramatikers *Adam Oehlenschlæger* (1779–1850), des Malers *C.W. Eckersberg* (1783–1853), der eine ganze Generation junger Maler beeinflusste, des Dichters *Hans Christian Andersen* (1805–1875), des Universitätsprofessors, Literaturkritikers und Essayisten *Georg Brandes* (1842–1927), der auch in der Germanistik einen Platz gefunden hat, und des Physikers *Hans Christian Ørsted* (1777–1851), des Erfinders des Elektromagnetismus. 1849 wechselte Dänemark laut NEUER VERFASSUNG von der absoluten zur KONSTITUTIONELLEN MONARCHIE.

Die nationalstaatliche Gesinnung, die sich in halb Europa verbreitet hatte, fand auch in den Herzogtümern Schleswig und Holstein ihre Anhänger und verursachte dort nach einer vierhundertjährigen Friedenszeit Aufruhr: 1864 war der alte Grenzwall Danevirke nach Jahrhunderten wieder Ziel einer militärischen Offensive, als preußische Truppen ihn – ebenso wie die weiter nördlich gelegenen Düppeler Schanzen – erstürmten.

Der Krieg war schnell zu Gunsten Preußens und der beiden Herzogtümer entschieden: Schleswig und Holstein blieben ungeteilt – diesmal bei deutscher Reichszugehörigkeit. Die Grenze zwischen Dänemark und dem Deutschen Reich verlief in den folgenden Jahren entlang des Flusses Kongeå. 1920 bestimmte die Bevölkerung per Plebiszit über ihre nationale Zugehörigkeit: Holstein und Südschleswig blieben deutsch, die vorwiegend dänischsprachige Bevölkerung in Nordschleswig (= Sønderjylland = Südjütland) bevorzugte die dänische Staatsangehörigkeit. Am Verlauf der Grenze hat sich seitdem nichts mehr geändert.

INDUSTRIALISIERUNG

Die schwierigen Begleitumstände der Industrialisierung prägten die zweite Hälfte des 19. Jahrhunderts. Der EXPORT von Agrarprodukten in Industrienationen wie Großbritannien war ein Erfolg – zumal der Aufbau des Eisenbahnnetzes einen besseren Umsatz im eigenen Land garantierte. Der bescheidene Aufschwung bestärkte die Bauern gegenüber den Gutsbesitzern – sie gründeten in den 1870er Jahren mit der »Venstre« (Linke) eine eigene Partei. Als es in den 1880er Jahren zunehmend schwerer wurde, dänisches Getreide international zu verkaufen, minderte das die Position der Gutsbesitzer. Die dänischen Bauern gründeten Genossenschaften, die sich auf den Vertrieb veredelter Produkte spezialisierten, zum Beispiel Molkereiwaren und Schlachtschweine. Die industrielle Produktion verteilte sich auf viele kleine und wenige große Betriebe: Bierbrauereien, Zuckerfabriken, Molkereien und Schlachthöfe, dazu Werften, Zementfabriken. Die Zementherstellung war einer der wenigen Industriezweige, deren Rohstoffe in Dänemark selbst gewonnen werden konnten. Molkereien und Schlachthöfe gehörten den landwirtschaftlichen Produktionsgenossenschaften.

Die ersten ARBEITSKÄMPFE in den 1870er Jahren waren unter dem Einsatz von Soldaten entschieden worden. Als linke und rechte Parteien in den 1890ern erstmals kooperierten, einigte man sich auf Ansätze von Altersversorgung, Arbeitslosengeld, Unfall- und Krankenversicherung.

UMBRÜCHE UND WELTKRIEGE

Die sozialen und politischen Unruhen zur Zeit der Industrialisierung führten in Dänemark zu Umwälzungen, die in den modernen Wohlfahrtsstaat münden sollten. Die politischen Auseinandersetzungen zwischen Konservativen, Bauernparteien und der neuen Sozialdemokratie fanden einen Wendepunkt in den Wahlen von 1901, als zum ersten Mal eine Regierung aus liberalen Parteien, ohne Beteiligung der Konservativen gegründet wurde. In der Folgezeit setzte das Parlament eine Reihe demokratische Reformen in Gang – als Höhepunkt gilt die Verfassungsrevision 1915, die das FRAU-

Auf ein Kapitel über Land und Leute bzw. Kunst und Kultur verzichten wir und verteilen stattdessen Spezielles und Hintergründe auf das Buch, um die Texte trotz der vielen praktischen Details aufzulockern.

ENWAHLRECHT beinhaltete. Auch darin war Skandinavien der Vorreiter.

Im ERSTEN WELTKRIEG blieb Dänemark politisch neutral, leidete jedoch unter den ökonomischen Auswirkungen des Krieges. 1924 bildete sich die erste von Sozialdemokraten geführte Regierung. Zusammen mit der Partei »Radikale Venstre« regierten die Sozialdemokraten das Land in den folgenden dreißig Jahren (mit kurzen Unterbrechungen) und legten den Grundstein für die DEMOKRATISCHE WOHLFAHRTSGESELLSCHAFT.

Auch im ZWEITEN WELTKRIEG wollte Dänemark neutral bleiben, wurde aber am 9. April 1940 wie Norwegen von deutschen Truppen im Rahmen der sogenannten »Weserübung« besetzt, primär aus militärischem Grund mit dem Ziel, die norwegischen Häfen zu kontrollieren. Die Besatzer wollten sich zwar formell nicht in die innenpolitischen Angelegenheiten einmischen und beließen den Dänen eine eigene Regierung und ihren König im Amt. Als sich die Niederlage der Deutschen abzuzeichnen begann und die Besatzung zunehmend diktatorische Formen im Alltag annahm, nahm der bis dahin eher sporadische aktive Widerstand zu. Die Regierung, die öfter zwischen allen Stühlen saß, wurde abgesetzt. Ziviler Ungehorsam, Streiks und Sabotageakte auf Gleiswege und Fabriken nahmen zu, die Fronten verhärteten sich. Nach dem Krieg sollte es zu Fällen von Selbstjustiz an (vermeintlichen) Kollaborateuren kommen; insgesamt war die Zahl der mit den Nationalsozialisten sympathisierenden Einheimischen jedoch gering.

In diesem Zusammenhang ist noch die Warnung von höchster deutscher Stelle in Kopenhagen erwähnenswert, als die Deportation der dänischen Juden bevorstand; sie konnten sich fast alle in Fischerbooten über den Sund nach Schweden in Sicherheit bringen.

Heutzutage treffen Deutsche in Dänemark wegen der Besatzungszeit 1940–45 nicht mehr auf Vorbehalte. Es wird allerdings positiv zur Kenntnis genommen, wenn sie über diese Jahre ein wenig Bescheid wissen.

INTERNATIONAL VERFLOCHTEN

Auf König *Christian X.* folgte 1947 *Frederik IX.* 1953 änderte eine VOLKSABSTIMMUNG die Verfassung, indem sie das WEIBLICHE THRONFOLGERECHT bejahte. Nach Frederik IX.'s Tod 1972 konnte deshalb seine Tochter Königin werden: Margrethe II. hat ihren Hauptwohnsitz in Kopenhagen. Die königliche Familie erfreut sich großer Beliebtheit, die Monarchie steht hierzulande trotz einiger interner Kapriolen nicht zur Disposition (siehe Seite 13).

Nach 1945 investierten Sozialdemokraten und Liberale weiter in das Modell WOHLFAHRTSSTAAT. Die Verbesserung von Sozialleistungen blieb DEM STAAT VORBEHALTEN, der Spielraum für die Unternehmer gleichzeitig relativ unangetastet, um die Wettbewerbsfähigkeit auf dem internationalen Markt nicht zu gefährden.

Mittlerweile hatte sich das Staatsgebiet um Island verringert, das 1944

Oben eine historische Aufnahme vom Fährhafen und Bahnhof (1903) in Gedser, wo heute überhaupt keine Züge mehr rollen. – Geschichte muss nicht langweilig sein: Schülergruppe im Mittelalterzentrum bei Nykøbing F. (siehe auch Seite 152 f.). ▶

die Gunst genutzt und sich von dem besetzten Mutterland losgesagt hatte. Den Färöer-Inseln (1948) sowie Grönland (1979) gewährte Dänemark die Selbstverwaltung und feste Mandate im dänischen Parlament, dem FOLKETING. Anders als in den skandinavischen Nachbarstaaten orientierte sich die dänische Außenpolitik ebenso an den nordeuropäischen Nachbarn wie an europäischen Ländern im Süden.

Dänemark ist Mitglied des 1952 gegründeten NORDISCHEN RATES und steht dadurch in engem Kontakt zu Finnland, Schweden, Norwegen und Island. Dennoch hat diese Institution seit der Forcierung der europäischen Einigung durch die EU an Bedeutung verloren, zumal Schweden und Finnland 1995 der EU beitraten. Wie Norwegen und Island gehört Dänemark zudem seit 1949 der NATO an.

1992 und 1993 brauchte es immerhin zwei Volksabstimmungen, bis die Dänen mehrheitlich den Maastrichter EU-Verträgen zustimmten. Sorge um die Unabhängigkeit bei Währung und Außenpolitik und das rustikale Auftreten französischer und deutscher Politiker, die sich als Nabel der EU wähnten, hatten zur knappen Ablehnung im ersten Anlauf geführt. Während die EU-Skeptiker eher in den Städten leben, gehören die landwirtschaftlich starken Regionen mehrheitlich zu den Befürwortern, vor allem in Anbetracht freudiger Erfahrungen mit prallen EU-Subventionstöpfen.

Für den EURO konnten sich die Dänen 2000 jedoch nicht entscheiden.

KONSENS IM »ELCHTEST«

Der Wille zum Konsens ist in der dänischen Gesellschaft fest verankert. In der Politik ging es, verglichen mit der Bundesrepublik Deutschland, immer relativ moderat zu, auch dadurch begünstigt, dass eine absolute Mehrheit für eine Partei unmöglich ist und dass mehr als nur ein Koalitionspartner gebraucht wird. Jahrzehntelang waren Minderheitsregierungen Normalzustand, toleriert von Parteien, die nicht direkt an der politischen Macht beteiligt waren.

Einen Einschnitt brachten die Jahre ab 2001, als die liberal-konservative Regierung des smarten *Anders Fogh Rasmussen* (Partei »Venstre«) einerseits eine pragmatische Wirtschaftspolitik betrieb, andererseits aber die Unterstützung der rechtspopulistischen »Dansk Folkeparti« benötigte, die Fremdenfeindlichkeit salonfähig machte und die Regierung dermaßen vor sich hertrieb, dass sie die strengsten Einwanderungsgesetze in West- und Nordeuropa erschuf. Die Sozialdemokraten, die nach dem insgesamt erfolglosen Intermezzo unter *Helle Thorning-Schmidt* (2011–15 immerhin die erste Dänin als Staatsministerin = Regierungschefin) 2019 an die Macht zurückkehrten, hatten nur eine Chance, indem sie die Fortsetzung einer strikten Einwanderungspolitik gelobten und die Rechtsparteien fast rechts überholten. Auch wenn es dem alten Image vom liberalen Dänemark widerspricht: Die rigide Einwanderungspolitik, die vor allem Vorbehalte gegen-

Eine Frau als Premier? Da war doch was. Wer »Borgen« alias »Gefährliche Seilschaften« noch nicht gesehen hat, hat etwas verpasst: eine spannende TV-Serie aus Dänemark, über das Erringen und Verteidigen von politischer Macht.

über Muslimen kennzeichnet, stößt im Land auf breiten Zuspruch. Unabhängig von der Rhetorik, bleibt die praktische Umsetzung von erklärten Integrationszielen spannend zu beobachten, so etwa die Auflösung sogenannter Ghettos.

Nachdem ihre 2019 gebildete Minderheitsregierung auseinandergebrochen war und Ende 2022 neu gewählt werden musste, gelang Staatsministerin *Mette Frederiksen* (Jahrgang 1977) das Kunststück, eine neue Regierung aus gemäßigten Parteien der Linken, Rechten und der Mitte zu schmieden, erstmals nach Jahrzehnten.

ZUKUNFT DER LEBENSQUALITÄT

Für Beobachter aus Ländern, die eher starre politische Strukturen gewohnt sind, sind solche wechselnden Mehrheiten faszinierend, für die dänische Bevölkerung nichts Neues. Die diskutiert seit Jahren u.a. darüber, wie die errungenen sozialen Wohltaten – die heutzutage meist weniger als Wohltaten, sondern als Selbstverständlichkeiten begriffen werden – beibehalten werden können. Denn dass hohe soziale Standards und hohe Löhne die Gesellschaft etwas kosten, muss nicht im Einzelnen analysiert werden. Und so beherrschen die Schlagzeilen der Lokalredaktionen ein Stück weit auch immer die neuesten »kreativen« Sparmaßnahmen, die die Verantwortlichen als modern und zeitgemäß im Sinn von »alternativlos« darstellen: ob das nun die stellenweise enormen Distanzen betrifft, die Kranke im ländlichen Raum zu den medizinischen Versorgungszentren zurücklegen müssen, oder erfindungsreich an die Bürger »übertragene Dienstleistungen«, wenn diese zum Beispiel ihren bisher abgeholten Müll neuerdings zu Sammelpunkten bringen sollen; da wundern sich ältere Mitbürger mit Rollator über diese neue Form der Mobilisierung. Auch in den Touristenbüros ist ein steter Kostendruck zu spüren, ob das nun zu kürzeren Öffnungszeiten, dürftigerem Info-Material oder weniger (kompetentem) Personal führt.

Letztendlich sind konkrete Beispiele unangenehm im Einzelfall, jedoch im Gesamten Jammern auf hohem Niveau. Wir Zaungäste aus Mitteleuropa sehen auf Spielplätzen Geräte stehen, für deren Benutzung wir zu Hause ins Fitnessstudio und bezahlen müssen. Immens ist in Dänemark das Angebot an Freizeitaktivitäten im Sommer und Flächen/Orten dafür – Lebensqualität eben. Im Allgemeinen schätzen Dänen ihr Land: Der Staat sind sie selbst und kümmert sich um die Bürger; für Lebensqualität und eine homogene Gesellschaft wurden bisher mehrheitlich relativ hohe Steuern und eine gewisse Umverteilung akzeptiert, die eine soziale Absicherung bieten – ohne Existenzangst im Hinterkopf lässt es sich entspannter leben und die legendäre *hygge* pflegen, was auf Deutsch der Gemütlichkeit nahekommt (siehe dazu Seite 12 über *lykkelig)*. Nordisches Zusammenleben als Modell?

Wörterkladde

DÄNISCH ALS ZUNGENBRECHER

Natürlich freuen sich die Dänen darüber, wenn sich ausländische Besucher die Mühe geben, sie in ihrer Sprache anzusprechen. Nur – das Dänische hat so seine Tücken.

Da werden Buchstaben und Silben verschluckt, wird mit einem südländischen Tempo geredet, dass unbedarften Zuhörern die gut gemeinten Vorsätze im Hals stecken bleiben, weil sie nicht folgen können. Spätestens nach dem fünften »What do you want?« geben viele Aspiranten auf.

Die treuen Skandinavien-Urlauber, die sich etwas Schwedisch oder Norwegisch angeeignet haben, werden zwar verstanden und können auch eine Zeitung durchgehen. Schrift- und gesprochene Sprache sind aber zwei Paar Schuhe, besonders in Dänemark und wenn die Einheimischen Dänisch reden.

Aus den erwähnten Gründen verzichten wir darauf, jede Menge Ausspracheregeln einzustudieren.

Stattdessen haben wir ein Mini-Lexikon zusammengestellt: mit Wörtern und Redewendungen, die Ihnen während des Urlaubs am ehesten eine Hilfe sein könnten.

KOMMUNIKATION

Zum Glück beherrschen, verglichen mit Deutschland, viele Däninnen und Dänen das Englische und nicht wenige (auch Schüler mit zweiter Fremdsprache als Wahlfach) das Deutsche.

Was nicht bedeutet, dass deutsche Feriengäste automatisch davon ausgehen dürfen, dass die angesprochene Person Deutsch versteht. Die Frage »Verstehen Sie Deutsch?« leitet ein Gespräch behutsamer ein, als die öfter zu beobachtende Annahme, die Einheimischen müssten Deutsch sprechen, da so viele deutsche Touristen nach Dänemark kommen.

◎ Seien Sie nicht überrascht, wenn Ihr Gegenüber Sie **DUZT**. – Das ist in Dänemark üblich, auch zwischen den Generationen, sofern nicht gerade radikalkonservative Gemüter an einem Gespräch beteiligt sind. Mitglieder des Königshauses sollten Sie freilich nicht duzen, falls Sie denn in die Verlegenheit geraten.

SPEZIALITÄTEN

◎ Drei **SONDERBUCHSTABEN** werden Ihnen auffallen: Æ und æ (= ä), Ø und ø (= ö), Å und å (= offenes o). Die drei Buchstaben stehen am Ende des Alphabets. Außerdem: Das »a« spricht sich meistens »ä«, »af«/»av« wie »au« und »eg«/»ej« wie »ei«. Wer nun Danmark korrekt – dänmark – ausspricht, mag ein bisschen Lob ernten.

◎ Bis auf Eigennamen gilt die KLEINSCHREIBUNG. Auf Karten sowie Hinweisschildern ist gelegentlich ein »et« oder »en« dem Namen angefügt. Es

Die drei skandinavischen Sonderbuchstaben gibt es übrigens auch im Norwegischen, während das Schwedische nur das Å / å kennt. Das Isländische und das Färöische umfassen weitere altnordische Buchstaben.

handelt sich um die beiden **DIREKTEN ARTIKEL**, die, anders als im Deutschen, AN DAS SUBSTANTIV gehängt werden: *torv* bedeutet »Markt«, *torvet* »der Markt«. Bei Eigennamen hängt der bestimmte Artikel manchmal an, manchmal nicht.

Mini-Lexikon

WOCHENTAGE
mandag – Montag
tirsdag – Dienstag
onsdag – Mittwoch
torsdag – Donnerstag
fredag – Freitag
lørdag – Samstag
søndag – Sonntag

GRUNDZAHLEN
en – eins
to – zwei
tre – drei
fire – vier
fem – fünf
seks – sechs
syv – sieben
otte – acht
ni – neun
ti – zehn
elleve – elf
tolv – zwölf
tyve – zwanzig
hundrede – hundert
tusen – tausend

TOURISTENALLTAG
(Essen und Trinken siehe Seite 94 f.)
affald – Abfall
afgang – Abfahrt
afstribning mangler – kein Seitenstreifen vorhanden
ankomst – Ankunft
banegård – Bahnhof
barn – Kind (Mehrzahl: *børn*)
beløb – Betrag
blindvej – Sackgasse
bindingsværk – Fachwerk
bondegård – Bauernhof
bord – Tisch
bredbånd – Breitband (= DSL)
brev – Brief
by – Stadt
børn – Kinder
bådudlejning – Bootsvermietung
bålplads – Feuerstelle
cykel – Fahrrad
cykelrute – Radweg
cykeludlejning – Fahrradvermietung
dag – Tag
dobbeltværelse – Doppelzimmer
dysse – Hünengrab, Dolmen
døgn – Tag und Nacht (24 Stunden)
dør – Tür
efterår – Herbst
enkeltværelse – Einzelzimmer
ensrettet – Einbahnverkehr
farvel – tschüss, auf Wiedersehen
flere – mehrere
flyveplads – kleiner Flughafen
forbudt – verboten
forår – Frühjahr
fri – frei
frilandsmuseum – Freilichtmuseum
friluftsbad – Freibad
forbudt – verboten

Das Mini-Lexikon umfasst die Kategorien »Wochentage«, »Grundzahlen«, »Touristenalltag«, »Natur, Tiere, Pflanzen«, »In Restaurants, Cafés, Kneipen sowie beim Lebensmitteleinkauf« plus einen Grundwortschatz Deutsch-Dänisch.

færge – Fähre
gade – Straße
genstående må ikke berøres – nicht berühren
god dag – guten Tag (sprich: godä)
græsplæne – Rasen
gæstekøkken – Gästeküche
gågade – Fußgängerzone
gård – Hof (Bauernhof bis Herrensitz)
hav – Meer
havn – Hafen
helligdag – Feiertag
hus – Haus
hverdag – Werktag
hytte – Hütte
højre – rechts
håndværk – Handwerk
jeg – ich
jernbane – Eisenbahn
jættestue – Ganggrab
kirke – Kirche
kong – König
kø – Stau
købmand – Kaufmann
køkken – Küche
afgang – Abfahrt
landskab – Landschaft
lejrplads – Lagerplatz
lokaltrafik – Nahverkehr
loppemarked – Flohmarkt
lufthavn – Flughafen
lys – Licht
lystbådehavn – Yachthafen, Marina
læge – Arzt
lægevagten – Ärztliche Bereitschaft
mange – viele
med venlig hilsen – mit freundlichem Gruß
middag – (frühes Abendessen)
morgenmad – Frühstück
mursten, munkesten – Backstein
må ikke – darf nicht
nej – nein
nærtrafik – Nahverkehr
omkørsel – Umleitung
område – Gebiet
overnatning – Übernachtung
plads – Platz
politi – Polizei
regn – Regen
rutebilstation – Busbahnhof
skole – Schule
skyet – bewölkt
slot – Schloss
slå farten ned – runter mit dem Tempo
sol – Sonne
spejder – Pfadfinder
stadig – (immer) noch, weiterhin
sted – Ort
sten – Stein
stor – groß
stræde – Gasse, Straße
strøm – Strom
svømmehal – Hallenbad
sygehus – Krankenhaus
tak – danke
tandlæge – Zahnarzt
telt – Zelt
tid – Zeit
tilbage – zurück
tilladt – erlaubt
time – Stunde
toilet – Toilette
told – Zoll
torv – Markt
trafik – Verkehr
tysk – deutsch
tåge – Nebel
uden – ohne
uge – Woche
vand – Wasser
vandrerhjem – Jugendherberge
vej – Weg, Straße
vejr – Wetter
vejrmelding – Wetterbericht
venlig – freundlich

venstre – links
ventesal – Wartesaal
veteranjernbane – Museumszug
vind – Wind
værelse – Zimmer
åben, åbne – offen, öffnen
år – Jahr

NATUR, TIERE, PFLANZEN

ask – Esche
bakke – Hügel
blishøne – Blässhuhn
blåbær – Heidelbeere
brombær – Brombeere
busk – Busch
bøg – Buche
dal – Tal
drikkevand – Trinkwasser
ebbe – Ebbe
eg – Eiche
elm – Ulme
enebær – Wacholder
falk – Falke
fisk – Fisch
fiskehejre – Fischreiher
fiskeørn – Fischadler
flow – Flut
fjord – Fjord, Förde
fugl – Vogel
fugletårn – Vogelbeobachtungsturm
guldblomme – Arnika
gås – Gans
grågås – Graugans
hassel – Hasel
hav – Meer
hav – Meer
havoverflade – Meeresoberfläche
hede – Heide
hest – Pferd
hyben – Hagebutte
hættemåge – Lachmöwe
klint – Steilufer
klit – Düne
knopsvane – Höckerschwan
kongeørn – Steinadler
krat – Reisigwald
krikand – Krickente
kyst – Küste
kæruld – Wollgras
lappedyrker – Lappentaucher
lyng – Heide
løn – (Spitz-)Ahorn
musvåge – Bussard
måge – Möwe
odde – Landzunge
pibeand – Pfeifenente
revling – Krähenbeere
ribs – Rote Johannisbeere
rørhøg – Rohrweih
rørsanger – Teichrohrsänger
rørspurv – Rohrammer, Rohrspatz
shelter – (Wetter-)Schutz, Unterstand
skallesluger – Sägetaucher
skarv – Kormoran
skeand – Löffelente
skov – Wald
solbær – Schwarze Johannisbeere
soldug – Sonnentau
sommerfugl – Schmetterling
spidsløn – Spitzahorn
spurv – Spatz
svampe – Pilz
svane – Schwan
sø – See
troldand – Haubenente
træ – Baum, Holz
tyttebær – Preiselbeere
ulvefod – Bärlapp
vadfugl – Watvogel
vandfugl – Wasservogel
vandretur – Wanderung
vibe – Kiebitz
ø – Insel
ørn – Adler
ørred – Forelle
å – Bach, Fluss

IN RESTAURANTS UND CAFÉS...

agurke – Gurke
and – Ente
asparges – Spargel
bacon – Speck
benfri – ohne Knochen, Gräten
biksemad = Restepfanne
bløde – weich
bolle – Brötchen
bryst – Brust
brød – Brot
bøf – mal Steak, mal Beefsteak
dild – Dill
drikkevarer – Getränke
engelsk bøf – Beefsteak
fadøl – Leichtbier
fersk – frisch
flutes – Stangenweißbrot, Baguette
fløde – Sahne
flødeskum – Schlagsahne
franskbrød – Weißbrot (auch Toast)
frokost – 2. Frühstück, Lunch
fisk – Fisch
flæskesteg – Schweinebraten
friturestegt – fritiert
fyldt – gefüllt
gammel – alt
gravad – gebeizt
grillet – gegrillt
grøn – grün
grøntsager – Gemüse
hakkebøf – Hacksteak
hjemmebagt – selbst gebacken
hjemmelavet – selbst gemacht
husmandskost – Hausmannskost
hvidtbrød – Weißbrot
hønsesalat – Hühnerfleischsalat
is – Eis
jomfruhummer – Kaiserhummer
jordbær – Erdbeere
kage – Kuchen

...UND KNEIPEN SOWIE BEIM...

kalv – Kalb
karry – Curry
kirsebær – Kirsche
koke – kochen
krydderi – Gewürz, Würze
kryddersild – Salzhering
kylling – Hähnchen
kød – Fleisch
køkken – Küche
kølet – gekühlt
laks – Lachs
lammelår – Lammkeule
let – leicht
leverpostej – Leberpastete
lun – warm
løg – Zwiebel
marineret – mariniert
mælk – Milch
okse – Rind
oksemørbrad – Rinderbraten
omelet – Omelett
ost – Käse
ovn – Ofen
pandekage – Pfannkuchen
pariserbøf – Hacksteak
peberød – Meerrettich
perlehøne – Perlhuhn
purløg – Schnittlauch
pølse – Wurst
pære – Birne
rejer – Garnelen
ribbensteg – Rippenstück, gemeint: Schweinerippchen
ribs – Rote Johannisbeere
ris – Reis
ristet – geröstet
rugbrød – Schwarzbrot
rødbeder – Rote Bete
rødkål – Rotkraut, Rotkohl
rødløg – rote Zwiebel

...LEBENSMITTELEINKAUF

rødspætte – Scholle
røget – geräuchert
røræg – Rühreí
sild – Hering
skinke – Schinken
skive – Scheibe
sky – Würzgelee, Fleischgallert
slags – Art
smør – Butter
snaps – Schnaps
sprød – knusprig
solbær – Schwarze Johannisbeere
spegepølse – Mettwurst
spejlæg – Spiegelei
sprængt – gepökelt
stegt – gebraten
surt – Senfgurken
svampe – Pilz
sylte – Sülze
syltede – eingemacht, eingekocht
tallerken – Teller
torsk – Dorsch
trøffel – Trüffel
tun – Tunfisch
tyttebær – Preiselbeere
tærte – Torte, Kuchen
udvalg – Auswahl
unghane – junger Hahn
urte – Kräuter
vaffel – Waffel
vand – Wasser
vin – Wein
youghurt – Joghurt
æble – Apfel
æg – Ei
æggeblomme – Eigelb
ærte – Erbse
øl – Bier
ørred – Forelle
ål – Aal

GRUNDWORTSCHATZ D–DK

Arzt – *læge* (sprich: *läe)*
Auf Wiedersehen – *farvel*
Auto – *bil*
Bahnhof – *banegård* (sprich: *bänegor)*
bitte sehr – *vær så god* (sprich: *wärso-go)*
Busbahnhof – *busterminal, rutebilstation*
danke – *tak*
deutsch – *tysk*
du – *du*
Doppelzimmer – *dobbeltværelse*
Einzelzimmer – *enkeltværelse*
freundlich – *venlig* (sprich: *wennli)*
groß – *stor*
guten Abend – *god aften*
guten Morgen – *god morgen*
Hilfe – *hjælpe* (sprich: *hjälpe)*
ich – *jeg* (sprich: *jei)*
ich brauche – *jeg trenger*
klein – *lille*
Krankenhaus – *hospital, sygehus*
mit – *med*
nein – *nej*
ohne – *uden*
Rad fahren – *cykle*
rechts – *højre*
Rettungsweste – *redningsvest*
sehr – *meget* (sprich: *maie)*
Stadt – *by*
Straße – *gade* (sprich: *gäde)*
Stunde – *time*
Tag – *dag* (sprich: *dä)*
Tankstelle – *tankstation*
Toilette – *toilet*
viele – *mange*
wandern – *vandre*
wann kommt...? – *når kommer...?* (sprich: *nor kommer?)*
Wohnmobil – *bobil*
Zahnarzt – *tandlæge* (sprich: *tänläe)*
Zelt – *telt*

Møn

KREIDEFELSEN, STERNE, NATUR UND VIEL LEBENSQUALITÄT

Møn (217 km²) gehört zu den meistbesuchten Inseln Dänemarks: An ihrer Ostküste fallen die KREIDEFELSEN MØNS KLINT bis zu 128 m steil zum Meer hin ab. Die herausragende Naturkulisse kann oberhalb der Abbruchkanten ebenso wie unten entlang der Küste erkundet werden. Das GEOCENTER MØNS KLINT informiert gekonnt über Geschichte und Gegenwart und organisiert Aktivtrips.

Waren es früher fremde Wikinger, Seeräuber oder Soldaten aus verfeindeten Ländern, die über Møn kamen, sind es heute vor allem die Teutonen, die meisten von Mitte Juni bis August. Auch diese (friedliche) Invasion ist existenziell: In Zeiten der Landflucht ist der Tourismus wichtiger denn je. Viele (der heute rund 9.200) Insulaner verstanden es frühzeitig, auf LEBENSQUALITÄT als Schwerpunkt im Fremdenverkehr zu setzen, seien es Lokale, Läden, Unterkünfte oder Produkte REGIONAL oder sogar ÖKOLOGISCH hergestellter Lebensmittel: Honig und Naschwerk von Møn gibt es schon lange, seit 2010 Eis und nun auch Senf, Gin und andere Spirituosen sowie seit 2019 sogar Weinreben. Die Lebensqualität hat sich herumgesprochen und der Trend zur Abwanderung scheint gestoppt: Zuletzt zogen vermehrt Familien mit Kindern auf die Insel, die hier ein gutes und ruhigeres Leben als in der Stadt führen wollen. Den Trend stützt auch EL-BUSSEN, ein Elektrobus, der kostenlos auf der Insel verkehrt.

Der Trend zu AKTIVFERIEN wurde auf Møn ebenso frühzeitig aufgenommen. Die Infrastruktur für Radfahrer, Wanderer, Badelustige, Angler oder Paddler ist gut bis ausgezeichnet. Der neue Fernwanderweg CAMØNOEN ermöglicht auch Tagesetappen. Vogelkundler finden im Nordwesten auf NYORD und im NATURNATIONALPARK ULVSHALE besondere Bedingungen vor. 2017 wurde Møn zu Dänemarks erstem UNESCO-BIOSPHÄRENRESERVAT gekürt, zu dem sich der DARK SKY PARK gesellte, dank des oft ungetrübten Sternenhimmels.

Møns »Insel-Hauptstadt« STEGE liegt an der Westküste, am Übergang der Bucht STEGE BUGT in den Bodden STEGE NOR, ein historisches Terrain. Apropos GESCHICHTE: Nirgendwo sonst in Dänemark finden sich – im Verhältnis zur Fläche – so viele Grabhügel, Grabkammern und Ganggräber wie auf Møn; die meisten GANGGRÄBER können innen kriechend erkundet werden. Von kulturhistorischem Wert sind ferner die KALKMALEREIEN in einigen Kirchen.

◀ Die Attraktion Nummer 1 auf Møn sind die Kreidefelsen Møns Klint. – Ganz in der Nähe von Küste und Møns Klint steht das Schlösschen Liselund Ny Slot in einem hübschen Park.

Møn im Überblick

Auf diesen Überblick folgt zentral eine Auswahl an Unterkünften auf ganz Møn, dann ein Kapitel allein zu Møns Klint, eines zur »Inselmetropole« Stege sowie »Unterwegs auf Møn«, mit den weiteren Orten und Themen, inklusive der Rubrik »Ferien aktiv«.

INFORMATION

◎ TOURISTENBÜRO **HOUSE OF MØN**, Storegade 2, DK-4780 Stege, info@houseofmoen.dk., facebook.com/houseofmoen. 1.7.–31.8. Mo–Sa 10–16 Uhr, 1.4.–31.5. und 1.9.–31.12. Mo–Di +Do–Sa 10–14 Uhr, 2.1.–31.3. Mo+Fr 10–14 Uhr. (M1)

◎ Bei einigen **ATTRAKTIONEN** liegt gedrucktes Info-Material aus, etwa im Geocenter Møns Klint sowie im Møns Museum (siehe Seiten 104/114).

◎ **BROSCHÜREN**: Hilfreich sind vor allem die dreisprachigen Jahreshefte »Møns Turistguide 20xx« und »Sommermagasinet Møn 20xx«. Dazu gibt es gute Faltblätter mit Text und Karte zu speziellen Themen. In manche Broschüren findet nur Eingang, wer dafür bezahlt; so relativieren sich »50 Things to do on Møn« wieder...

◎ Gratis **EL-BUSSEN**, aktueller Fahrplan: House of Møn via Facebook (s.o.).

UNTERKUNFT (PLANUNG)

Wer die Kreidefelsen von Møns Klint nur einmalig besuchen will, kann ohne Weiteres überall auf Møn Quartier nehmen. Im Alltag kommen die Besucher auch von Falster und Lolland und sogar aus anderen Landesteilen. Wer die Insel allerdings intensiv erkunden will, spart mit einem Quartier in der Inselmitte Kilometer. Wegen der relativ geringen Inselfläche folgt ab Seite 100 eine gebündelte Auswahl an Unterkünften auf ganz Møn.

◎ **FERIENHÄUSER** gibt es vor allem im Süden am Råbylille Strand (Seite 125), im Südwesten in Hårbølle Havn (Seite 131), im Nordwesten in Ulvshale (Seite 119 f.) und dezentral in Ostmøn. Ein Ferienpark befindet sich in Klintholm Havn (Seiten 100/121 f.).

◎ **BED & BREAKFAST**-Adressen finden Sie in den Broschüren, besonders im Møn Guide, und, praktischer im Voraus, natürlich online (s.o.). Eine feine, kleine Auswahl verrät Seite 101.

FERIEN AKTIV (PLANUNG)

◎ **RAD FAHREN**: Empfehlenswerte Tagesrundfahrten sind in allen Inselteilen möglich, gebündelt aufgeführt ab Seite 132 und auf der Karte nebenan grob skizziert.

◎ **WANDERN**: Als Herausforderung können die Küste am Fuß der Kreidefelsen und die Pfade oberhalb kombiniert werden (Seiten 105 f. und 138). Schöne Touren ermöglichen auch der abgelegene Wald Fanefjord Skov, im Nordwesten der Naturnationalpark Ulvshale mit Strandwiesen, Wald und dem benachbarten Außenposten Nyord sowie tief im Südwesten Hårbølle Havn an der Küste.

◎ **BADEN**: Blaue Flaggen wehen an drei Stränden. Mehr auf Seite 140.

Wer Møn auf Nebenstraßen befährt, benötigt unbedingt eine Straßenkarte mit großem Maßstab bzw. kleiner Maßstabszahl. Darin zurzeit unschlagbar ist die Calazo-Karte »Møn & Camønoen« im Maßstab 1 : 25.000 (siehe Seite 69).

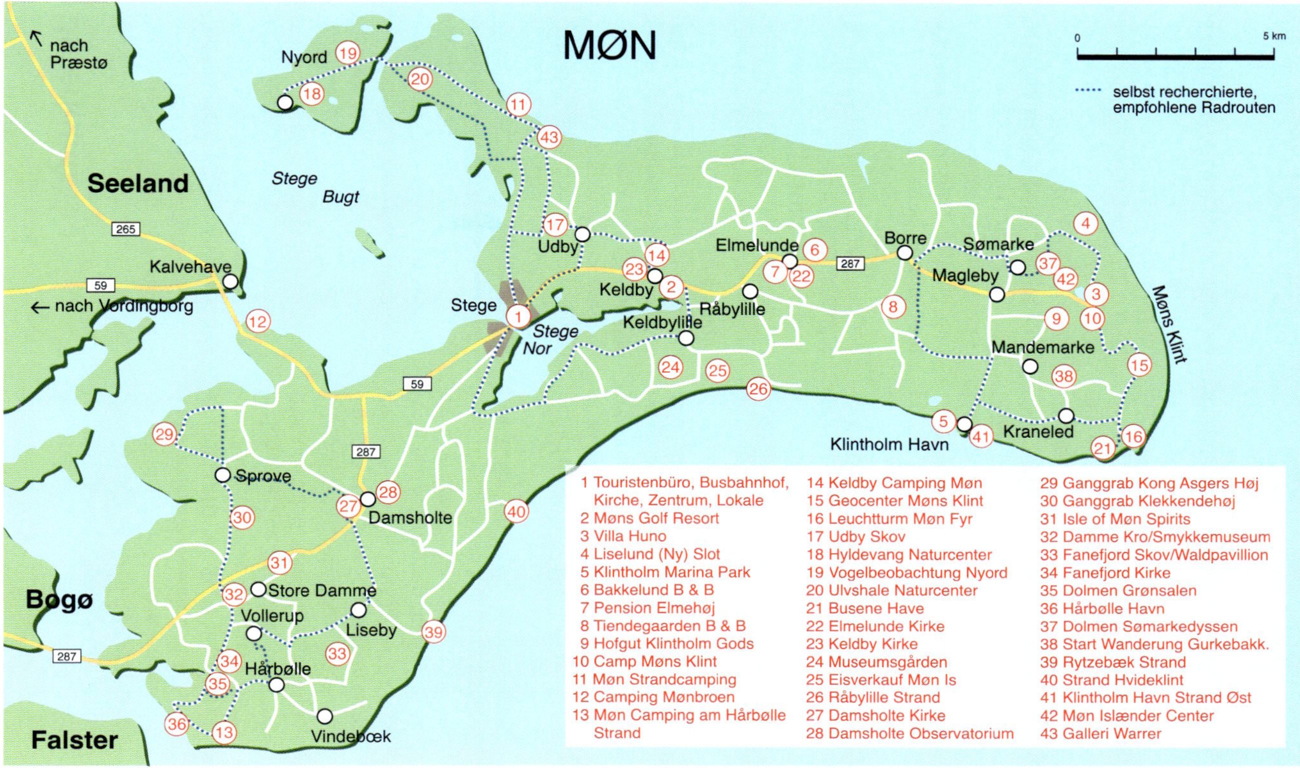
MØN
0
5 km
selbst recherchierte, empfohlene Radrouten
nach Præstø
Seeland
265
Kalvehave
59
← nach Vordingborg
Stege Bugt
Nyord
Stege
Stege Nor
Udby
Keldby
Keldbylille
Råbylille
Elmelunde
287
Borre
Sømarke
Magleby
Mandemarke
Møns Klint
Kraneled
Klintholm Havn
Sprove
Damsholte
Store Damme
Vollerup
Liseby
Hårbølle
Vindebæk
Bogø
Falster
1 Touristenbüro, Busbahnhof, Kirche, Zentrum, Lokale
2 Møns Golf Resort
3 Villa Huno
4 Liselund (Ny) Slot
5 Klintholm Marina Park
6 Bakkelund B & B
7 Pension Elmehøj
8 Tiendegaarden B & B
9 Hofgut Klintholm Gods
10 Camp Møns Klint
11 Møn Strandcamping
12 Camping Mønbroen
13 Møn Camping am Hårbølle Strand
14 Keldby Camping Møn
15 Geocenter Møns Klint
16 Leuchtturm Møn Fyr
17 Udby Skov
18 Hyldevang Naturcenter
19 Vogelbeobachtung Nyord
20 Ulvshale Naturcenter
21 Busene Have
22 Elmelunde Kirke
23 Keldby Kirke
24 Museumsgården
25 Eisverkauf Møn Is
26 Råbylille Strand
27 Damsholte Kirke
28 Damsholte Observatorium
29 Ganggrab Kong Asgers Høj
30 Ganggrab Klekkendehøj
31 Isle of Møn Spirits
32 Damme Kro/Smykkemuseum
33 Fanefjord Skov/Waldpavillion
34 Fanefjord Kirke
35 Dolmen Grønsalen
36 Hårbølle Havn
37 Dolmen Sømarkedyssen
38 Start Wanderung Gurkebakk.
39 Rytzebæk Strand
40 Strand Hvideklint
41 Klintholm Havn Strand Øst
42 Møn Islænder Center
43 Galleri Warrer

Unterkunft

Der kostenlose jährliche Møn-Guide enthält Info-Einträge von mehr als 25 Unterkünften, mit Preisangaben. Online müssen Sie sich unter danische ostseeinseln.de durchklicken.

HOTELS

Wie viele Mahlzeiten am Tag (besonders außerhalb der Hauptsaison) angeboten werden, sollte bei Bedarf im Voraus erfragt werden.

◎ **RESIDENS MØEN**, Stege, Langelinie 44, Tel. 2236 7272, residensmoen.dk. DZ ab 1.650 DKK, Apartments ab 1.910 DKK. Angebote für Kurz-/Golf-/Fahrradferien u.a. Frühstück extra.

In einem historischen Gebäude, das bereits als Navigationsschule und in Teilen als Arrest fungierte, hat die Inselhauptstadt endlich eine gehobene Unterkunft bekommen. Schöne Lage NAHE AM WASSER, uriges Lokal.

◎ **MØN GOLF RESORT**, Keldby, Klintevej 116, Tel. 5586 8788, moengolfresort.dk. Zimmer ab 825 DKK, Familien 1.595 DKK. Golfferien. (M2)

Das einstige Præstekilde Hotel liegt ZENTRAL auf der Insel, wenn auch an der Inselhauptstraße, dafür mit Busanbindung. Restaurant und Café.

◎ **VILLA HUNO**, Borre, Langebjergvej 1, Tel. 5581 2030, villahuno.com. Für 2/4 Personen ab 1.250/2.000 DKK, in der Hauptsaison 1.450/2.200 DKK, zudem diverse Erlebnispakete. (M3)

Neuere Apartments, vom Interieur aktuell komfortabel, jedoch eben zur Selbstverpflegung sowie nur in der Hochsaison mit Frühstücksangebot. Schöne Lage am See HUNOSØ, nahe der Kreidefelsen, dafür relativ weite Wege in den Inselwesten.

◎ **LISELUND NY SLOT**, Borre/Liselund, Langebjergvej 6, Tel. 5581 2081, liselundslot.dk. EZ 800 DKK, DZ 1.200 DKK, plus Suite, Miniferien u.a. (M4)

Das hübsch über einem entzückenden Park stehende Schlösschen steht für den Anspruch auf ROMANTISCHES Wohnen: Dielenboden, antike Möbel, betagter Komfort und daher nobel im Preis. Wer spontan hier landet, sollte freie Zimmer im Voraus begutachten.

FERIENPARK

◎ **KLINTHOLM MARINA PARK**: Ferienwohnungen in 5 Kategorien für 3–6 Personen (25 bis 60 m^2). Die größte Auswahl offerieren zwar in Deutschland Dancenter (dancenter.de) sowie in Dänemark Danland (danland.dk), dafür aber zu hohen Tarifen: in der Nebensaison Wochenpreis ab 590 € plus Nebenkosten, Hochsaison ab 1.070 € bis über 1.250 €. Einzelne Ferienwohnungen sind über andere Ferienhausportale billiger zu buchen! (M5)

Schöner Ferienpark direkt am Wasser: hübsche, helle Apartments, mittlerweile älter als 20 Jahre, darum im Voraus aktuelle Fotos im Internet anschauen. In der Hochsaison oft im Voraus ausgebucht, eher ein Tipp in der Nebensaison. Mit eigenen Bootsanlegern und gleich zwei kinderfreundlichen STRÄNDEN angrenzend und in in der Nähe (mit Blauer Flagge).

2014 gab es – trotz hunderttausender Besucher im Jahr – keinen Hotelbetrieb mehr auf Møn. Dieser Notstand ist zum Glück behoben, so dass Gäste mit entsprechenden Ansprüchen wieder mehrere Tage auf der Insel verweilen können.

BED & BREAKFAST

Unter bb-moen.dk waren bei Redaktionsschluss mehr als 20 Adressen gelistet, Links führen direkt zu den einzelnen Anbietern. Wir müssen uns auf eine kleine Auswahl begrenzen, die auf persönlicher Erfahrung und verlässlichen Kontakten beruht.

◎ **BAKKELUND B & B**, Borre, Dalsgårdsvej 2, Tel. 3022 5720, bakkelund-bb.dk. EZ ohne/mit Bad 600/750 DKK, DZ ohne/mit Bad 650/850 DKK. Frühstück 95/55 DKK. (M6)

Ein sehr gutes B & B, *Kristine* und *Peter* sind angenehme Gastgeber. Die Zimmer mit Bad sind geräumig, angemessen im Preis. Es gibt einen gemütlichen Aufenthaltsraum und daneben eine Selbstversorgerküche. SEHR ZU EMPFEHLEN, zumal zentral auf der Insel gelegen, nahe Elmelunde Kirche. Abstellraum für Fahrräder.

◎ **PENSION ELMEHØJ**, Elmelunde, Kirkebakken 39, Tel. 3144 4035, elmehoj.dk. DZ 499 DKK, 3/4-Bett-Zimmer 710/825 DKK, Familienzimmer (2+2) 699 DKK, Frühstück 95 DKK. Bad auf dem Flur. (M7)

ZENTRAL mit Busanschluss, neben der Kirche von Elmelunde. Preiswert, dafür schlicht. Mini-Küche zum Zubereiten simpler Mahlzeiten, Lunch-Pakete auf Bestellung. Großes Anwesen mit Garten-Erholung, nette Chefin.

◎ **TIENDEGAARDEN**, Borre, Sønderbyvej 29, Tel. 2347 2106, www.tiendegaarden.dk. EZ ohne/mit Bad 500/625 DKK, DZ ohne/mit Bad 575/675 DKK, Apartment sowie Familienzimmer ab 1.000 DKK, Frühstück 85 DKK. (M8)

Zwischen Stege und Møns Klint eine der B & B-Empfehlungen mit gepflegten Zimmern auf einem früheren Bauernhof. Fahrradvermietung und kleine Werkstatt für Reparaturen.

KLINTHOLM GODS

◎ Der Gutshof in Ostmøn vermietet im Hinterland der Kreidefelsen neun Unikate als **SOMMERHÄUSER**: moensklintcountryhouses.dk (M9)

CAMPING

◎ **CAMP MØNS KLINT**, Klintevej 544, Tel. 5581 2025, campmoensklint.dk. 1.4.–31.10. Camping 126/87 DKK. Ferienhütten ab 752 DKK, ab 2 Tagen, in der Hochsaison wochenweise. (M10)

WELLIGES Terrain, die Stellflächen mal offen, mal verborgen im Wald, mal auf Anhöhen. Ferien aktiv von Mountainbiken über Reiten, Angelsee, Paddeln bis Surfen. Top-Platz.

◎ **MØN STRANDCAMPING**, Ulvshalevej 236, Tel. 5581 5325, moenstrandcamping.dk. Ende April bis Mitte September. Camping 95/35 DKK. (M11)

Attraktiv am WEITLÄUFIGEN Nordküsten-Sandstrand, prima Ausgangspunkt für Radtouren und Wanderungen durch den Wald gen Nyord. Fahrradvermietung, Blaue-Flagge-Strand, sehr gut für Familien geeignet.

◎ Des Weiteren: Camping Mønbroen, vor der Brücke nach Seeland, mit einer Basis für KAJAKPADDLER (M12); Møn Camping, im Westen am abgelegenen und schönen Hårbølle Strand (M13); Keldby Camping, zentral gelegen und ganzjährig geöffnet (M14).

Møns Klint

Die Kreidefelsen an der Ostküste Møns sind ein seltenes, dramatisches Naturschauspiel. Bis zu 128 m fallen sie steil zur Ostsee ab, ganz nahe sowohl von unten als auch von oben zu erleben.

ANFAHRT

Sie fahren über die Inselhauptstraße (287), die am See Store Geddesø in einen befestigten Weg übergeht; dieser taucht in den Wald ein und endet nach ca. 2,5 km auf einem gebührenpflichtigen Parkplatz (35 DKK) am Geocenter Møns Klint und nahe zum Steilufer. Es gibt eine weitere Zufahrt aus dem Süden, die sich besonders Radfahrern empfiehlt, da sie verkehrsärmer ist.

◎ Von Anfang Mai bis Ende September verkehrt **BUS 678** zwischen Stege und Klintholm Havn über Møns Klint.

GEOLOGISCHER PROZESS

Die erste Etappe liegt schätzungsweise 70 Millionen Jahre zurück: Kreide bildete sich aus Kalkschlamm, der etwa 200 m tief auf dem Meeresgrund abgelagert worden war. Der Schlamm schloss Meeresbewohner ein, die der Nachwelt als VERSTEINERUNGEN erhalten blieben. Untersuchungen ergaben, dass damals ein trockenes und warmes Klima geherrscht haben muss.

◎ Vor etwa 1 Mio. Jahren hoben Bewegungen der **ERDKRUSTE** die Kreideschicht im ganzen Ostseeraum an.

◎ Während der letzten **EISZEIT** schoben sich vor etwa 20.000 Jahren zwei riesige Gletscher in die Buchten nördlich und südlich von Møn; sie drückten die Kreide nach oben, legten sich über sie, bildeten Täler und Hügel heraus, falteten und verdichteten die zusammengeschobene Kreidefläche. Durch mitgeführtes Geröll lagerten sich zudem Sand, Kies und Lehm ab. Deshalb findet sich hinter den Klippen ebenso nacktes Kreidegestein wie fruchtbarer Lehmboden. Das Eis schob Kreidefläche und Moränen ineinander, so dass an der Steilküste die abwechselnden Schichten gut auszumachen sind. Entlang der Ufer können Geologen wie in einem offenen Buch lesen. Für Laien sichtbar sind die Steine, die aus der Abbruchkante der Kreide herausragen.

◎ Für den letzten Schliff sorgen seit 5.000 Jahren **STÜRME** und die Wellen der **OSTSEE**, die an den großartigen, jedoch nicht sehr widerstandsfähigen Felsen nagen. So verlor Møns Klint Ende der 1980er Jahre ein Wahrzeichen, als die turmartige Spitze Sommerspiret abbrach. 2007 dann stürzte der Store Taler (der große Redner) hinab; der gewaltige Abbruch bildete eine neue Landzunge, die Küstenwanderer heute überklettern können. Eine prekäre Jahreszeit ist der **WINTER**, wenn in die Ritzen gelaufenes Wasser gefriert und zu neuen Rissen in dem lockeren Gestein führt. Im Durchschnitt gehen jedes Jahr 20–40 cm Land verloren.

Oben Sonnenaufgang bei Møns Klint, unten morgendliches Sonnenbad einer Ringelnatter auf den aufgewärmten Felsen. ▶

TIERE UND PFLANZEN

◎ Nicht nur das Gestein, auch Tiere und Pflanzen sind in der abgeschiedenen Lage z.T. ungewöhnlich: **WANDERFALKE** und Mauersegler sind hier heimisch, ebenso wie der im Norden seltene **SCHMETTERLING** Quendel-Ameisenbläuling, auch als Schwarzgefleckter Bläuling bekannt. Damwild streift umher; die Steilhänge sind u.a. das Terrain von KRIECHTIEREN wie der Ringelnatter (siehe Seite 103).

Aus der Flora sind vor allem einige **ORCHIDEENARTEN** interessant: Von den rund 45 in Dänemark vertretenen wilden Orchideenarten sollen 18 hier zu finden sein. Selbstverständlich stehen die Pflanzen unter Naturschutz.

GEOCENTER MØNS KLINT

Das Erlebniszentrum bereichert den Ausflug zu den Kreidefelsen. Es fungiert gleichzeitig als MUSEUM moderner Prägung, als INFO-STELLE, die hilfreiche Tipps und Printmedien für den Aufenthalt vor Ort bereit hält, und als VERANSTALTER von Aktivitäten, seien es Touren mit qualifizierten Naturführern, auf Fossiliensuche oder eine sportliche Runde im Hochseilgarten.

◎ Die **AUSSTELLUNGEN** sind ANSPRECHEND aufbereitet und gehen in die Tiefe, sei es zur Kreidezeit, Entstehung von Fossilien, zu geologischen und klimatischen Prozessen wie Prognosen, anderen Kreidefelsen in Europa oder Produkten aus Kreide. Historische Fotos, Luftaufnahmen und andere Quellen dokumentieren die Veränderungen an der Küste Møns Klint. Zur Vorzeitausstellung gehören auch GLETSCHERKINO und Kletterturm.

◎ Vieles im Geocenter ist **INTERAKTIV** konzipiert und unterstützt das spielerische (Kennen-) Lernen, indem beispielsweise Tiere ins Bild zu setzen sind, die »nur« als Fossilien überliefert wurden. Als Besuchermagnet dienen **3-D-FILME**, etwa über prähistorische Ungeheuer im Meer sowie an Land: T-Rex lässt grüßen. Virtuell lassen sich der Flug und die Jagd eines Wanderfalken miterleben.

◎ **AKTIV IM FREIEN**: Was einst mit Kurzwanderungen nahe der Abbruchkante begann, wurde zum vielseitigen PROGRAMM, das (in der Regel) durch das Ticket fürs Geocenter BEREITS BEZAHLT ist. Die Besucher können mit NATURFÜHRERN zum Ufer hinab, um Fossilien zu suchen und einiges über Møns Klint zu erfahren. Weitere Touren führen mit dem Mountainbike in den Wald oder – eher für diejenigen, die mit Natur wenig am Hut haben – in den Hochseilgarten. Den beliebten neuen SPIELPLATZ draußen gestaltete ein Künstler der Insel.

TIPP: Schauen Sie sich das aktuelle Programm vor dem Besuch online an oder informieren Sie sich bei Ankunft am Empfang, um sich rechtzeitig für die gewählte Aktivität anzumelden.

◎ EMPFEHLUNG: **GEOCENTER MØNS KLINT**, Stengårdsvej 8, Tel. 5586 3600, moensklint.dk auch auf Deutsch. Ostern bis etwa 20.10. je nach Saison zwischen 12–16 und 10–18 Uhr. Eintritt 165/100 DKK. Cafeteria mit Terrasse. (M15)

Aussichtsterrasse bei Freuchens Pynt ▶

EMPFEHLUNG: AUF ENTDECKUNGSTOUR AN DEN KREIDEFELSEN

Møns Klint ist keine Sehenswürdigkeit mit asphaltierten Wegen, wo man leicht federndes Schrittes lustwandelt. Nehmen Sie feste, robuste SCHUHE mit – und WARME KLEIDUNG, denn selbst in den Sommermonaten bei Sonnenschein kann ein unwirtlicher, kühler Wind wehen. Die Pfade oberhalb der Steilhänge sind markiert und auch miteinander zu kombinieren.

◎ **INFORMATION**: Touristenbüro und Geocenter geben das Faltblatt »Møns Klint und das Gut Klintholm« aus, das über Flora, Fauna, Landschaft, Parkplätze und neun WANDERROUTEN (mit Karte) informiert. Als Markierungen unterwegs dienen Holzpfosten oder Farbmarkierungen an Bäumen; die Zahlen auf den Pfosten entsprechen den Routennummern auf dem Faltblatt.

◎ **WANDERN** können Sie sowohl im kupierten, bewaldeten Terrain oberhalb der Steilhänge als auch unten entlang der Küste – ein Stück Dänemark, wo Sie wandern, anstatt spazieren zu gehen, und sich bei Bedarf ordentlich verausgaben können. Allein der einfache Uferweg zwischen Liselund im Norden und dem Leuchtturm im Süden misst mehr als 7 km, der ab Store Klint nach Süden zum Leuchtturm immerhin noch 2,6 km. Insofern ist Møns Klint, verglichen mit vielen anderen Wanderpfaden in Dänemark, tatsächlich eine Herausforderung; wobei vor allem die Strecken unterhalb der brüchigen Felsen nicht ungefährlich sind, gerade in Phasen mit ausgiebigem Niederschlag und bei Tauwetter, aber auch in längeren Trockenperioden. Große Abstürze bis ins Meer hinaus sind freilich selten. 2008, 2005 und 1994 gab es jedenfalls insgesamt vier Todesfälle: Unvorsichtige, die sowohl unten am Ufer als auch oben die Absperrungen offenbar überklettert hatten.

◎ **AM UFER**: Es ist ein unvergessliches Erlebnis, am Fuß der Kreidefelsen sozusagen zwischen Meer und Bergen zu laufen. Aber ist es stellenweise beschwerlich, sich fortzubewegen, gerade wenn sich die FLUT ans Ufer drückt oder falls man über angeschwemmte oder abgestürzte Bäume und Büsche kraxeln muss. Das Herumklettern auf dem brüchigen Gestein oberhalb des Ufers ist tabu – die frischen Bruchkanten sind hoffentlich Warnung genug.

FORTSETZUNG NÄCHSTE SEITE

FORTSETZUNG: **AUF ENTDECKUNGSTOUR** AN DEN KREIDEFELSEN

Zuletzt bestand an fünf Orten die Gelegenheit, über TREPPEN hinunter an die Küste zu steigen, zum Teil sind diese wegen der anstrengenden Dauer von Auf- oder Abstieg sogar mit Bänken zum Ausruhen versehen.

Die meist frequentierte Treppe führt hinter dem Geocenter abwärts. Die am häufigsten gewählte Runde ist knapp 3 km lang und führt von dieser Treppe Møns Klint nach Norden zur nächsten Treppe bei RØDE UDFALD, dort hinauf und oben zurück.

Wer über mehr Ausdauer verfügt, nimmt erst die folgende Treppe (mit rund 275 Stufen), weiter nördlich bei JYDELEIET. Unten entlang der Küste sind auf dieser Tour zwei Landzungen zu überwinden, die große Felsabstürze hinterließen, darunter der der 100 m hohen gezackten Spitze Store Taler 2007, kurz vor Jydeleiet. Für die gut 7 km lange, herrliche Tour sind (besser) 3 Stunden plus x zu veranschlagen, denn es gibt viel zu sehen unterwegs. Allein zu Jydeleiet: Im Mai und im Juni blühen hier viele ORCHIDEEN, im Sommer andere seltene Pflanzen, während sich im Herbst die Pilzsucher einfinden.

Wer südwärts bis zum Ende der Steilküste wandert, kehrt entweder über die Treppe bei GRÅRYG FALD zurück oder hängt noch ein paar hundert Meter dran bis zum (unzugänglichen) Leuchtturm MØN FYR (siehe Seite 107).

◎ Die **OBERHALB DER STEILHÄNGE** VERLAUFENDEN PFADE sind weniger gefährlich, so lange die Absperrungen nicht missachtet werden, um näher an die Abbruchkante zu gelangen. Die Abstände zwischen Sicherung und Kante haben ihren Grund, denn zahlreiche Hänge unterhalb der Kante sind bereits ausgehöhlt, was von oben natürlich nicht einzusehen ist.

Die Pfade oben haben ihre eigenen Reize: Die Sicht auf die Kreidefelsen ist fast besser, denn sie wirken weniger abstrakt als von unten, wo man sich den Hals beim Blick hinauf ein wenig verrenken muss. Da landeinwärts weitere Wege verlaufen, kann man diese in eine Rundwanderung einbeziehen. Vorbeugend sei darauf verwiesen, dass das Gelände hügeliger und fordernder ist, als es der bloße Blick auf die Faltblatt-Karte vermuten lässt.

Weiter südlich von Geocenter und Parkplatz, dort wo eine militärische Radarstation aufragt und die Höhenunterschiede geringer ausfallen, öffnet sich die Landschaft gen Südwesten und gibt den Blick auf weite Landwirtschaftsflächen bis zur Südküste und weiter nach Falster frei.

Wer sich austoben will, nimmt die neue, 14,5 km lange Wanderung 9, DAS REICH DES FELSENKÖNIGS, von Liselund bis übers Geocenter hinaus. Auf Seite 138 stellen wir eine selbst erkundete Route für Konditionsstarke vor.

◎ Im bewaldeten **HINTERLAND** empfehlen sich Abstecher zum PARK und Doppel-Schlösschen LISELUND, zu den Seen STORE GEDDESØ, ABORRESØ, HUNOSØ und zum ABORREBJERG, mit 143 m ü.d.M. Møns höchster Punkt. Bei klarer Sicht erkennen Sie die Brücken zwischen Falster und Seeland.

◎ Es sei noch einmal auf die **TOUREN MIT NATURFÜHRERN** verwiesen, die im Geocenter gebucht werden können.

◎ Noch ein **TIPP** FUR NATURFREUNDE UND FOTOGRAFEN: Das schönste Licht und eindrucksvolle Stille bietet die Zeit ab **SONNENAUFGANG**, wenn die Kreidefelsen rot-orange leuchten. Also zeitig aufstehen...

LISELUND IM NORDEN

Wer eine größere Runde am Fuß der Kreidefelsen unternimmt, hat ab Geocenter und Parkplatz mehr zu erleben, geht es nach Norden. Die nördlichste der fünf Treppen führt durch die Teufelsschlucht (Djævlekløften) hinauf in den reizenden Park von Liselund.

Das Lustschlösschen Liselund wurde 1792 für den Insel-Amtmann *Antoine de la Calmette gebaut*, der Frankreich wegen seines evangelischen Glaubens hatte verlassen müssen. Gemäß der gängigen Architektur erhielt das Schlösschen einen streng symmetrischen Grundriss. Die weiß gekalkten Mauern und das reetgedeckte Dach sind als Tribut an den ländlichen Charakter der Insel zu verstehen. Das Anwesen wechselte mehrfach die Besitzer. Das 1887 gebaute neue Hauptgebäude wird heute als B & B betrieben (siehe Seite 100), während der idyllische Park im englischen Stil mit Seerosenteich und weiteren Gebäuden als populäres Ausflugsziel gilt – zu besichtigen ist das alte Schlösschen:

◎ **LISELUND GL. SLOT**, Langebjergvej 4, natmus.dk/liselund u.a. auf Englisch. Führungen 1.5.–30.9. Sa+So um 15 Uhr, Juli und August sogar Mi–So um 11+15 Uhr. Ticket 60/0 DKK. (M4)

Zu den Kostbarkeiten gehören der Ofen mit seinem Sockel aus norwegischem Marmor im Vestibül, das Himmelbett im Boudoir und die Empiremöbel in den Salonstuben. Ausstattung und Größe des Speisesaals deutet an, dass in Liselund glanzvolle Feste stattfanden. Alles ist gut bewahrt.

Die Gäste schliefen in den kleinen Zimmern im Obergeschoss, jedes mit einem halbrunden Mansardenfenster versehen. Später errichtete man im ◎ **PARK** weiter oben zur Küste hin ein Gästehaus, ebenso mit Schilfrohrdach. Hügel und Nadelbäume sollten die norwegische Landschaft nachahmen: Doch ein NORWEGERHAUS mit Reetdach ist eine kühne Neuinterpretation nordischer Architekturhistorie. Gleichwohl ist der entzückende Park immer den Besuch wert, den Abstieg zur Küste inbegriffen.

MON FYR IM SÜDEN

◎ Zu Fuß ab Møns Klint, jedoch auch über Straßen (leicht) zu erreichen ist der **LEUCHTTURM** Møn Fyr bei Busene, der 1845 gebaut wurde. In der Folgezeit entstanden mehrere Nebengebäude. Der letzte Leuchtturmwärter trat hier 1962 seinen Dienst an. Turm und Wohnhaus wurden renoviert, die zweistöckige Leuchtturmwärterwohnung ist als Ferienhaus zu mieten, wegen ihrer Kapazität aber für mindestens vier Personen ausgelegt. Ganz in der Nähe vermietet der Großgrundbesitzer Klintholm Gods zudem einen ehemaligen »Ausguck« als romantische Hütte. Unabhängig vom Leuchtturmbetrieb, durch diesen allerdings getarnt, registrierte die NATO von hier aus – inoffiziell – die Schiffsbewegungen auf der nahen Ostseeroute; die Aufmerksamkeit galt besonders den Aktionen des Warschauer Pakts. FYRHYTTEN ist sozusagen ein Relikt des Kalten Kriegs. (M16)

Ein Foto vom Liselund Ny Slot findet sich bereits auf Seite 96.

Stege

DIE INSELHAUPTSTADT

Møns größte Siedlung (3.800 Einwohner) gewann in den letzten 20 Jahren viel an Attraktivität: Der zentrale Platz Torvet wurde umgestaltet, das Radwegenetz im Umland durch neue Routen aufgewertet, ein Naherholungsgebiet aufgeforstet und auf deindustrialisierten Flächen am Hafen entstand und entsteht Neues zum Wohnen, Arbeiten, Einkaufen. Während die Landflucht und die (zu) kurze Feriensaison die Gastronomie im ländlichen Raum ausdünnen, hat Stege hier relativ viel zu bieten, und mit der Residens Moen nun endlich auch wieder ein richtiges Hotel. Der Verkehr wird um das Ortszentrum herumgeführt; nur Ortskundige nehmen bei Bedarf die »Hauptstraße«, die STOREGADE.

Stege liegt an Møns Westküste, wo ein natürlich entstandener Kanal die STEGE BUGT mit dem See STEGE NOR im Inland verbindet. Der Ortsteil südlich der Kanalbrücke, LENDEMARKE, entstand mit der Industriealisierung.

Stege wurde 1268 offiziell gegründet, dürfte jedoch bereits um 300 bewohnt gewesen sein. In der Fahrrinne zwischen Bucht und Nor fand man in den 1980er Jahren Pfahlreste, die aus jener Zeit stammen und die vermutlich als Sperre dort eingelassen worden waren. Denn als Außenposten in der Ostsee war Møn frühzeitig Schauplatz von Plünderungen und Kriegen. Dokumentiert sind Überfälle verfeindeter Wikinger sowie von Seeräubern aus dem Baltikum; später bedrohten Engländer und Schweden die Insulaner, die sich in friedlichen Zeiten mit Fischfang, Landwirtschaft und Handel ihr Brot verdienten. Zu ihrem Schutz dienten die Burg Stegeborg (um 1230 bis 1534) im heutigen Hafen und zur Landseite (seit 1430) ein zum Großteil erhaltener STADTWALL mit Graben.

Als Tourist kommen Sie um Stege kaum herum, denn 1. liegt es an der Hauptroute nach Møns Klint bzw. auf dem Weg nach Nyord, 2. befindet sich hier das Touristenbüro und 3. wegen der Vielfalt der lokalen Gastronomie.

INFORMATION

◎ **TOURISTENBÜRO**: siehe Seite 98. Ist das Büro geschlossen, liegt im Seitenraum Prospektmaterial aus. **(1)**

ORIENTIERUNG

Aus Süden kommend, finden sich hinter der Brücke links Parkplätze, rechts Touristenbüro **(1)** und Busbahnhof **(2)**.

UNTERKUNFT

Da die Anzahl der Rundreisenden im Vergleich mit den größeren Nachbarinseln Falster und Lolland geringer ist, fassen wir ausgewählte Unterkünfte auf Møn übersichtlich (auf Seite 98 f.) zusammen. Nennenswert in STEGE ist Hotel »Residens Moen« **(4)**.

In Stege: oben der Hafen, wo sich vom 13. bis 16. Jh. die Burg Stegeborg erhob, unten der einladende Luffes Gård mit dem Brauhaus-Lokal »Det Gamle Bryghus«. ▶

STRYNBOEN

Essen und Trinken

Vielseitiger und internationaler als an Steges STOREGADE geht's nicht auf Møn – bis hin zu Sushi (Hausnr. 36).

◎ **DAVID'S**, Storegade 11, Tel. 3313 8057, davids.nu. Di–Fr 10 –17 Uhr, Sa+ So 10 –16 Uhr. **(5)**

Das Lokal hat sich über die Jahre dank seiner qualitativ überzeugenden und optisch attraktiven Speisen einen guten Ruf erarbeitet. Die übersichtliche Speisekarte ermöglicht Frühstück wie Brunch (auch vegetarisch), Lunch/ Frokost und einige Sandwiches nebst Snacks. Preisniveau um 125-150 DKK. EINLADENDES Ambiente, nett sitzt es sich im von Efeu umrankten Hinterhof.

◎ **STØBERIET**, SLAGTER STIG, Storegade 59, Tel. 5581 4267, slagterstig.dk. Mo–Do 12–16 und 17–20.30 Uhr, Fr+Sa bis 21 Uhr. **(6)**

»Slagter Stig« ist ein Metzgerladen mit getrennter Gastronomie, nebenan in einer URIGEN SCHEUNE eingerichtet. Von 12 bis 16 Uhr gibt es neben acht verschiedenen Sandwiches Burger, Lunch-Buffet (130/65 DKK) sowie eine Käseauswahl. Ab 17 Uhr können die Gäste Fleisch (oder Fisch) aus der Ladentheke wählen – was gegrillt die Grundlage ihrer Mahlzeit bildet; dazu gibt's ein üppiges Beilagenbuffet (130/65 DKK ohne das abgewogene Fleisch). Keine Scheu – im Laden und an den Tischen wird das Selbstbedienungssystem erläutert. Der Laden offeriert außerdem Smørrebrød und Tapasteller zum Mitnehmen.

Bei schönem Sommerwetter wird auch im begrünten Innenhof serviert.

◎ **DET GAMLE BRYGHUS** im LUFFES GÅRD, Storegade 18 oder Søndersti 3, Tel. 3074 040, detgamlebryghus.dk. Täglich 12–16 und 17–20 Uhr. **(7)**

Im kopfsteingeplasterten, grünen Hinterhof Luffes Gård sitzt man herrlich draußen. Das BRAUHAUS hat eine schmale Holzterrasse gezimmert, wo sich zur Frokostzeit dänische Klassiker wie Hering, paniertes Fischfilet, Frikadellen, Roastbeef samt üblicher Beilagen (um 80 DKK) auf dem Teller tummeln, auch als appetitliche Platte. Beliebt sind die Burger (135–150 DKK), teuer wird's am Abend. Das Bier wird im Ortsteil Lendemarke im Priorsvej 1 gebraut, drüben jenseits des Kanals.

◎ **SAFTIG**, Ved Stranden 1, Tel. 3151 1290, via Facebook. Mitte Februar bis Oktober, je nach Saison täglich oder Mi/Do–So, zumeist 11.30–20 Uhr. **(8)**

Wem das David's zu »bürgerlich« ist, nimmt hier an den Paletten Platz; wobei es auch gewöhnliche Tische und Stühle gibt. Der Trumpf ist die Lage direkt am HAFENBECKEN, hinter dem Touristenbüro; innen ist das Lokal beengt. Die Burger und Pommes haben eine treue Fangemeinde, auch Salate und Sandwiches sind schmackhaft und die Portionen tendenziell üppig. Das Preisniveau ist durchschnittlich.

FRISCHFISCH

◎ **FISKEPIGERNE**: Der Verkaufswagen der »Fischmädchen« steht mittwochs (10 –16 Uhr) auf TORVET, dem Marktplatz an der Storegade. **(9)**

Auch Lendemarke hat seinen kulinarischen Tipp: Im Komplex der ehemaligen Zuckerfabrik hat sich Øbageren (10) etabliert, der Inselbäcker: Hier ist Sauerteig angesagt, gibt es aber ebenso süße Leckereien. Kostervej 2 E. Täglich 9–15 Uhr.

STEGE
Information/Orientierung:
1 House of Møn (Touristenbüro)
2 Busbahnhof
3 Post (im Supermarkt)
Unterkunft/Gastronomie:
4 Residens Moen
5 David's
6 Støberiet Slagter Stig
7 Det Gamle Bryghus im Luffes Gård
8 Saftig
9 Fiskepigerne / Marktplatz
10 Øbageren (Bäckerei)
Stadtrundgang:
11 Stege Kirke
12 Middelalderhaven
13 Stadttor Mølleporten
14 Møns Museum
15 Rastplatz am Ufer
16 Areal der ehem. Zuckerfabrik
17 Thorsvang
18 Brauerei Bryghuset Møn
Strandvej
59
Kostervej
Enighedsvej
Thorsvangs Allé
Stovvasen
Vejerboden
Grønsundvej
Rødkildevej
Lendemark Hovedgade
Priorsvej
Vasen
Fiskerstræde
Ved Stranden
Ved Havnen
Langelinie
Havnestræde
Store gade
Søndersti
Nørresti
Peblingerende
Langgade
Farverstræde
Storegade
Hagesvej
Sofievej
Rådhusgade
Skolegade
Møllebrøndstræde
Græskevej
Athenev.
Ulvshalevej
Falcksvej
0
100 m

◎ Jeden Tag geöffnet ist die appetitliche FISCHTHEKE im Supermarkt **SUPERBRUGSEN**, Lendemarke, Vasen 3, Tel. 5581 4228. Täglich 7–20 Uhr. **(3)**

Stadtrundgang

Im Touristenbüro und im Møns Museum bekommen Sie schriftliche Begleiter für die Stadtexkursion.

◎ EMPFEHLUNG: Das 32seitige Heft **HERINGSROUTE** stellt zwei Stadtwanderungen von 1/2 Stunden Dauer mit insgesamt 30 Stationen vor. – Toll für alle, die etwas für Geschichte übrig haben sowie mit Stationen und Pausen (am Wasser) ohne Weiteres einen halben Tag füllen können.

◎ **STEGE KIRKE**, Kirkepladsen 1 **(11**, Heringsroute 26). Täglich 9–17 Uhr.

Die SCT. HANS KIRKE entstand in der ersten Hälfte des 13. Jahrhunderts im romanischen Stil. Der MARKANTE TURM mit seinen hellen Streifen aus Kreidegestein zwischen den rötlichen Backsteinen und dem pyramidenförmigen Dach kam erst später hinzu, ebenso die Seitenschiffe. Im Inneren der gewaltigen Kirche sind die naiven KALKMALEREIEN, Taufbecken (1625) sowie Kanzel (1630) hervorzuheben.

Der Altar ist schlicht und jung, eingeweiht 1990 ebenso wie das GLASMOSAIK dahinter *(Sven Havsteen-Mikkelsen)*. Der Kirchturm gleicht im Baustil dem erhaltenen Stadttor Mølleporten (siehe rechte Spalte).

◎ EMPFEHLUNG: Unterhalb der Kirche überrascht das Kleinod **MIDDELALDERHAVEN**, der MITTELALTERGARTEN. Zugänge vom Kirchenplatz ebenso wie von der Havnegade. Von 8 Uhr bis Sonnenuntergang. **(12)**

Bei freiem Eintritt können Besucher hier ihrem botanischen Interesse freien Lauf lassen oder einfach nur eine Rast vom Alltag oder Sightseeing einlegen, wofür mehrere Sitzgruppen zur Verfügung stehen, auch überdacht, inmitten von zum Teil knorrigen Bäumen, Sträuchern, Blumen, Heilpflanzen und Kräutern. Je nach Jahreszeit und Tagestemperatur sind Bienen bei der Arbeit, während andere tierische Gäste im Insektenhotel absteigen.

Der Garten ist einer privaten Initiative zu verdanken. Deren Mitglieder treffen sich von März bis November (meist Mo+Do 10–12 Uhr) vor Ort, um die Pflege der Idylle zu organisieren.

◎ Dort wo die Storegade im Norden des Ortszentrums die Wallanlage unterbricht, erhebt sich das renovierte STADTTOR **MØLLEPORTEN** **(13**, im Rahmen der Heringsroute Station 7).

Das Mühlentor war eines von drei Toren im Schutzwall, der um 1430 errichtet wurde. Der Wallgraben konnte nur über Zugbrücken überquert werden. Zwischenzeitlich war ein Verlies in dem Turm eingerichtet.

Dass der Wall weitgehend erhalten blieb, gilt als EINMALIG in Dänemark. Nachdem er im späten 17 Jh. seine Bedeutung verloren hatte, diente Mølleporten noch bis 1851 als Zollstelle.

Gleich nebenan zu Hause ist:

Stege im Zeichen der Geschichte: oben der Wallgraben, das Stadttor Mølleporten und das Hofensemble Empiregården (samt Møns Museum), unten links das Kleinod Mittelaltergarten mit Runenstein, unten rechts beim Sildemarked (Heringsmarkt, s.S. 115). ▶

◎ EMPFEHLUNG: **MØNS MUSEUM**, Storegade 75, Tel. 7070 1236, museerne.dk/mons-museum/. 1.6.–31.8. täglich 10 – 16 Uhr, ab 1.4. und bis 30.9. Di–Sa plus 1. So im Monat 10 – 14 Uhr. Eintritt 65/0 DKK. Audioguide auch in deutscher Sprache. (**14**, im Rahmen der Heringsroute Station 8).

Der repräsentative EMPIREGÅRDEN (18. Jh., 2014 renoviert) stand bis 1922 im Dienst ortsansässiger Kaufleute. Die Ausstellung führt durch 12 Räume, die alle einen eigenen Namen tragen: Aufmacher für das jeweilige Thema des AUDIOGUIDES. Die Texte sind historisch interessant, lebendig, auch von Witz, und es werden Vergleiche mit der Gegenwart angestellt: so in Raum 4 alias SJÆLENS RUM, dem Raum der Seele, der sich hintergründig mit Erinnerungen und Wunschträumen befasst. Während im heutigen Selfie-Zeitalter Ich-Liebe und Hedonismus allgegenwärtig sind, war es früher ein Privileg, sich malen zu lassen – erst die Fotografie im 19. Jh. ermöglichte es (auch) dem Mittelstand, sich verewigen zu lassen.

Die Räume sind durch Möbel, Gemälde, Fotos und historische Exponate stilsicher eingerichtet. Themen wie Exponate befassen sich nicht nur mit Møn, sondern auch mit der Region um VORDINGBORG, zu dessen Kommune Møn heute gehört. Eindrucksvoll der Raum des Meeres: Bis 1897 war die Insel nur per Postboot, bis in die 1930er Jahre per Fähre zu erreichen, und lange ging ohne Lotsen in dem seichten Fahrwasser für Ortsunkundige nichts.

◎ Ab Museum und Mølleporten auf dem Wall nach Osten, können Sie kurz vor Erreichen des Ufers rechts auf einen Fußweg abbiegen (Station 6 der Heringsroute), der in gerader Linie auf den Kanal zuhält und nach ca. 300 m in den Søndersti mündet. Nach weiteren ca. 150 m eröffnet sich linker Hand eine **WIESE DIREKT AM UFER**, wo es sich hervorragend rasten lässt. **(15)**

◎ Sie können weiter geradeaus auf den Kanal zuhalten oder über den restaurierten KAUFMANNSHOF **LUFFES GÅRD** zur Storegade ins Ortszentrum zurückkehren. Im Innenhof des Luffes Gård werben Läden und das Restaurant des örtlichen Brauhauses um die Flanierenden. (**7**, im Rahmen der Heringsroute Station 30).

LENDEMARKE

◎ Wer vom Zentrum aus die BRÜCKE STORE BRO überquert, kann im Süden im Ortsteil Lendemarke inspizieren, was sich auf dem Gelände der 1989 aufgegebenen **ZUCKERFABRIK (16)** verändert. Zu Bucht und Kanal hin entstand eine attraktive Wohnbebauung. In bewahrte, sanierte Gebäudeteile der Fabrik und moderne Anbauten sind Büros, Läden und Kultur eingezogen, weitere Wohneinheiten sollen folgen, und auch ein Ferienpark ist projektiert.

◎ EMPFEHLUNG: **THORSVANG** – DANMARKS SAMLERMUSEUM, Thorsvang Allé 7, thorsvangssamlermuseum.dk auch auf Deutsch. Etwa 20.3. bis 20.10. täglich 10 – 17 Uhr, sonst Do–So 10 – 17 Uhr. Eintritt 60/30/0 DKK. **(17)**

Die Zahlen in Blau beziehen sich auf unseren Stadtplan Stege auf Seite 111.

Ein Hort dänischer Gemütlichkeit und dementsprechend Pilgerziel von allen, die mal HYGGE erleben wollen. Auf einem alten Fabrikareal sind historische Läden, Werkstätten, Schulstube und selbst Schrebergärten von Ehrenamtlichen zusammengetragen und bewahrt worden. Der MUSEUMSLADEN verkauft regionale Produkte, im CAFÉ TOT wird dänische Küche zelebriert, so das tägliche Frokostbuffet (149/65 DKK). Und wer Lust auf einen Plausch unter Nostalgikern hat, wird in Thorsvang fast immer fündig...

Was fehlt noch?

SIGHTSEEING

◎ Die FÄHRE **MØN** (1923) legt von Ende Mai bis Anfang September zu diversen Touren ab – auch als Fahrradfähre nach Kalvehave. Tickets 50–300 DKK. Fahrplan: faergenmoen.dk.

FERIEN AKTIV

◎ **FAHRRADVERMIETUNG**: Fri Bike Shop, Storegade 91, Tel. 5581 4249. Mo–Fr 8–16 Uhr, Sa 9–13 Uhr.

◎ **RADTOUR** RUND UMS STEGE NOR: siehe Seite 133 f.

◎ **RADTOUR** NACH ULVSHALE UND NYORD: siehe Seite 134 f. Als Startpunkte eignen sich u.a. das Touristenbüro wie auch:

◎ **STEGE SKOV** und **UDBY SKOV** bilden ein seit 1997 aufgeforstetes Naherholungsgebiet, das im Nordosten an Stege grenzt (M17). Als Infrastruktur gibt es neben Pfaden Spielflächen für Kinder, Insektenhotel, einen Übernachtungsplatz für Outdoorer, Lagerfeuerstelle und Toiletten. Fragen Sie im Touristenbüro nach dem Faltblatt »De nye skove ved Stege« – zwar nur auf Dänisch, aber mit großer Karte.

SHOPPING, MARKT & MUSEUM

Die Hauptstraße STOREGADE punktet mit zahlreichen Läden, inbegriffen Design und Kunsthandwerk.

◎ **STEGE MARKEDSDAGE**: An sechs Dienstagen in Juli und August bieten Steges Geschäfte als MARKTTAGE ein Volksfest mit Extras und Programm. Anfang September folgt freitags und samstags **SILDEMARKED**, der Heringsmarkt, und in den Herbstferien, um den 20.10., ÆBLERNES DAG, Tag der Äpfel. Marktplatz **(9)**.

◎ BRAUEREI **BRYGHUSET MØN**, Lendemarke, Priorsvej 1, Tel. 5581 20 00. Werkbesichtigung mit Kostprobe. Fragen Sie im Voraus nach Mindestteilnehmerzahl und Sprache. **(18)**

KONTAKT, HILFE

◎ **ÄRZTLICHE BEREITSCHAFT**: Tel. 1818. Siehe Seite 55.

◎ **POLIZEI**: Service-Tel. 114. Dienststelle Storegade 54–56 nur Do 13–17 Uhr.

◎ **POSTFILIALE**: im Supermarkt SUPER BRUGSEN, Lendemarke, Vasen 3. Täglich 7–20 Uhr. **(3)**

TRANSPORT / WEITERREISE

Siehe Seite 143.

Unterwegs auf Møn

Nyord – Ulvshale

Die Halbinsel Ulvshale und die Insel Nyord bilden zusammen Møns nordwestlichen Zipfel. Dieses Land entwickelte sich auf abgetragenem Material, das sich das Meer mit der Erosion der Kreidefelsen über Jahrmillionen geholt hatte: Sand, zermahlenes Gestein, auch Flintstein. Beide Inseln verbindet eine einspurige Brücke (1968) miteinander. Neben der Auffahrt auf Ulvshales Seite sind linker Hand die spärlichen Reste einer Fabrik für Flintsteinverarbeitung (bis 1974) zu sehen; der Anleger, über den die Produktion verschifft wurde, ist nur zu erahnen.

◎ **INFORMATION**: Das Touristenbüro in Stege hat Info-Faltblätter mit Karten, die Spaziergänge sowie Wanderungen ermöglichen. Vor Ort sind Infos z.B. an Parkplätzen angebracht.

NYORD

Die 5,1 km² große Insel kennzeichnen Felder, Strandwiesen und nach Süden hin gelegen:

◎ EMPFEHLUNG: das **DORF** Nyord. Motorisierte Besucher werden zu dem

AUSSENPOSTEN NYORD

Während zu Anfang des 20. Jahrhunderts 360 Menschen draußen auf Nyord lebten, zählt die strukturschwache Insel heute weniger als 35 ständige Bewohner.

◎ Bis moderne Navigationstechnik an Bord Einzug hielt, profitierten die Insulaner sogar von ihrer Randlage, indem sie von den Schiffen lebten, die die knifflige, da vielerorts seichte Meerenge zwischen Møn und Jungshoved/Seeland passierten. Bis 1872 war das **LOTSENWESEN** nämlich an einen Grundbesitz auf Nyord gebunden – bei jährlich 3.000 Schiffen im 19. Jh. bedeutete das einen einträglichen Erwerb. Zuletzt im Staatsdienst tätig, verlor der letzte Lotse auf Nyord 1962 seine Arbeit.

◎ Speziell am Dorf ist auch seine **SIEDLUNGSFORM**: Historisch betrachtet, gehören die Gebäude zu 20 Höfen, deren Besitzern das Königshaus 1769 die Insel verkauft hatte. Während sich anderswo im Land die Siedlungsstruktur auflöste, indem man die Höfe auf die zugehörigen Parzellen auslagerte, blieb hier alles beim Alten. In der Regel waren die Höfe allerdings mehr Zubrot als Haupterwerb.

◎ Im kleinen Hafen liegt das 2011 restaurierte BOOT **RØRET** vor Anker, das von 1902 bis 1968 – als die Brücke gebaut wurde – Passagiere, Post und Waren von und nach Nyord befördert hatte. Ein Verein pflegt das Boot, das heute wieder tauglich für Passagierfahrten ist.

◂ Auf Nyord und Ulvshale: oben auf dem Weg zu Nyords Landspitze Vesternæs, mit Blick auf die Kirche von Jungshoved/Seeland, unten links der Vogelbeobachtungsturm (der 2022 sogar einen Design-Preis gewann), unten rechts am Ulvshale Strand.

PARKPLATZ am Ortseingang geleitet, der für Auswärtige Pflicht ist. Von hier aus ist das Dorf bequem zu erkunden.

Der Tourismus ist die letzte Chance für Nyord: Nur wer den jährlich 40.000 Touristen etwas zu bieten hat, erzielt Einkommen und Perspektive vor Ort, seien es lokale Produkte wie der Senf der Senfmühle Nyord Sennepsmølle, oder eine Bewirtung der Gäste wie im NOORBO CAFÉ. Leider war das Lokal Lollesgaard mit dem hübschen Garten zuletzt verwaist. Das Winterhalbjahr als Zeit mit wenigen Besuchern macht sich hier schnell bemerkbar.

◎ **NOORBOHANDELEN**: am Ortseingang nahe Parkplatz das Noorbo Café mit Laden, Ostern bis ca. 20.10. täglich 11–17 Uhr. Torvehallerne mit großer Spirituosenauswahl bei fachkundiger Bedienung: Mo–Fr 10–19 Uhr, Sa+So 10–18 Uhr. Pier to Heaven als BAR AM HAFEN: von Mittsommer bis (je nach Wetter und Saisonverlauf) September sowie zu bestimmten Anlässen.

◎ Ein unerwartetes Schmuckstück ist die oft ALS HOCHZEITSKIRCHE GEWÄHLTE ACHTECKIGE **NYORD KIRKE**: Der dank großer Fensterfläche und in freundlichem Gelb gehaltene Innenraum, häufig mit frischen Blumen dekoriert, der schlichte, gleichwohl würdevolle Altar, ja, selbst die typischen Leuchter und das Votivschiff vermitteln fast die Atmosphäre eines gemütlichen Wohnzimmers.

Geöffnet im Sommer 7–19, sonst 8–17 Uhr. Halten Sie dringend die Tür geschlossen, damit keine Schwalben ins Innere gelangen.

◎ EMPFEHLUNG: Westlich des Dorfes steht der LOTSENAUSGUCK **MØLLESTANGEN**, errichtet 1879, als der Staat Dänemark das Lotsenwesen übernahm. Das schmale Ziegelsteingebäude gilt als Wahrzeichen Nyords. 2013 eröffnete Königin Margrethe II. darin eine kleine, aber profunde Ausstellung zur Lokalgeschichte des Lotsenwesens. Zuletzt jedoch hatten die auf Nyord allgegenwärtigen Schwalben das Häuschen okkupiert.

Ab Møllestangen sind es nur wenige hundert Meter zum Sund zwischen Møn und Seeland und noch mal etwa 350 m nach rechts zur Westspitze der Insel, VESTERNÆS. Auf dem Sund sind im Sommer häufig Segelboote unterwegs, drüben auf Jungshoved zeichnet sich die weiß gekalkte Kirche ab.

Wer auf dem Rückweg am windzersausten Ufer nicht nach links zu Dorf und Lotsenhäuschen abzweigt, kann auf einem im Sommer gemähten Weg rund 750 m ufernah BIS ZUM HAFEN von Nyord laufen und damit eine tolle Rundtour gehen.

◎ Östlich des Dorfes ist im einzigen Aussiedlerhof das **HYLDEVANG NATURCENTER** eingerichtet: u.a. mit einem Übernachtungsplatz für Radfahrer und Wanderer, neuen Spielplatz, Ausguck zur Vogelbeobachtung, Garten zum Sehen, Fühlen, Riechen und der Möglichkeit, in der Scheune eine windgeschützte Rast einzulegen; an der Wand sind informative Textblätter zu Natur, Kulturgeschichte sowie zu Aktuellem über Nyord angeheftet, auch auf Deutsch.

Etwa von April bis Ende August leben tausende Schwalben auf Nyord, bevor sie ins südliche Afrika zurückkehren. Offene Türen und Fenster können als Einladung missverstanden werden. Früher thronten stets einige der Vögel auf den ...

Die ausgeschilderte Zufahrt befindet sich zwischen Dorf und Vogelbeobachtungsturm (siehe unten). Parkplatz anbei. (M18)

◎ Für RASTENDE OUTDOORER oder sonstige Touristen auf der Durchfahrt ist **BØRGES MARKHUS** gedacht, das (näher zum Dorf als die Abzweigung nach Hyldevang) rechter Hand direkt an der Straße liegt. Die ANSEHNLICH hergerichtete, offene SCHEUNE überdacht Tische und Bänke, und an der Wand sind ebenfalls Informationen in Wort und Bild zur Region angebracht, primär zu den speziellen Verhältnissen in der Landwirtschaft auf Nyord, mit lesenswerten Texten auf Deutsch.

◎ Die rund 400 ha, z.T. von weidenden Rindviechern niedrig gehaltenen Strandwiesen bieten einen idealen Lebensraum für **VÖGEL**. Auf Nyord brüten u.a. Enten, Gänse, Möwen, Stelz- und Greifvögel. So ist der Zutritt vom 15. März bis zum 15. Juli untersagt.

Die Weidetiere wiederum werden erst ab dem 1. Juni auf die Wiesen gelassen, da die Vögel auf dem Boden brüten und damit die Jungvögel nicht unter die Hufe geraten.

Das Gebiet NYORD ENGE macht immerhin vier Fünftel der Insel aus. Kurz hinter der Brücke steht an der Straße ein neuerer HÖLZERNER und schicker **BEOBACHTUNGSTURM** (M19), der nebenbei einen Preis gewonnen hat. Als günstigste Zeiten gelten April/Mai sowie September/Oktober, wenn das Vogelleben mitunter sogar aus dem Auto heraus zu verfolgen ist.

◎ **RADTOUR**: siehe Seite 134 f.

DARK SKY – STERNENHIMMEL

Die »jüngste Touristenattraktion« auf Nyord (und ganz Møn) gibt es eigentlich schon länger, nur wurde sie bisher nicht promotet. In Zeiten starker sog. Lichtverschmutzung in den urbanen Zentren wird der Unterschied zu Randzonen der Zivilisation auffällig, dort wo Sie, vor allem von Frühjahr bis Herbst, EINE NACHT MIT »RICHTIGEM« STERNENHIMMEL ERLEBEN können.

◎ Als Nachtrag der Ausweisung zum UNESCO-Biosphärenreservat sind Møn und Nyord auch als Skandinaviens erster **DARK SKY PARK** ausgezeichnet worden. Empfohlene Beobachtungspunkte – außer Nyord – sind auf Møn einige Hügel bei Møns Klint, Liselunds Schlosspark, in Damsholte das OBSERVATORIUM u.a.

◎ **INFORMATION**: darkskymoen.dk ist informativ wie kommerziell (u.a. Führungen und Camp). – Faltblätter im Touristenbüro.

ULVSHALE

Während Nyord vor allem durch seine Strandwiesen gekennzeichnet ist, ist Ulvshale auch von mit Wacholder bestandener Heide sowie einem ausgedehnten MISCHWALD bedeckt, der etwa Mitte des 19. Jahrhunderts angepflanzt wurde. 306 ha des Waldgebiets und der Küste sind mittlerweile als NATURNATIONALPARK deklariert.

Eine weitere Besonderheit sind die Ferienhauskolonien, die in Teilen so gar nicht den Glanzseiten aus Katalo-

... inzwischen demontierten Stromleitungen am Dorfparkplatz und begrüßten die Besucher. Am Vogelbeobachtungsturm bei Nyord Enge widmet sich eine Tafel eigens der Schwalbenkolonie auf der Insel, bisher leider nur auf Dänisch.

gen gleichen; die ältesten Grundstücke gab es bereits vor dem Zweiten Weltkrieg, und auch die Waldlage ist nicht unbedingt typisch dänisch. Der an den schönen Nordstrand grenzende Campingplatz (siehe Seite 101) mit Kiosk ist zeitgemäß und populär.

◎ Der **STRAND** mit BLAUER FLAGGE an Ulvshales Nordseite glänzt mit feinem Sand. Nach Osten wird er steinig, westwärts tritt vermehrt Seetang auf.

◎ Ulvshale besteht aus Stein, Kies sowie Sand, die die Brandung aus den Kreidefelsen wusch und die Strömung hierher transportierte. Im Wald von Ulvshale liegen viele rund gewaschene Steine an der Oberfläche. Dass auf dem steinigen Boden Bäume wachsen konnten, ist auf die Lehmschicht unter den Ablagerungen zurückzuführen. Im **FORST** wachsen Eiche, Buche, Esche, Eberesche, Ahorn, Ulme, Hasel und Zitterpappel, jedoch auch (in Dänemark) so seltene Bäume wie Linde und Weißbuche. In der Heide südlich des Waldes gedeihen außer Wacholder und Heidekraut auch Wollgras sowie Rundblättriger Sonnentau.

◎ **TIERE** UND **PFLANZEN**: Protagonisten der hiesigen VOGELWELT sind Turmfalke, Rohrweihe, Fischreiher, Kormoran, Graugans, mehrere Enten- und Stelzvogelarten, Schwan, Mauersegler u.a. Fischadler, Bussarde, Sperber ziehen ebenfalls mitunter ihre Kreise. Auf dem Boden sind Lurche und Reptilien wie Kreuzotter und Ringelnatter unterwegs.

Das **NATURCENTER ULVSHALE** verbirgt sich, Richtung Westen/Nyord fahrend, im Wald links der Straße, auf der südlichen Inselseite; es dient als Rastplatz zeigt und eine bescheidene Ausstellung zur Natur. Ab hier sind es etwa 600 m zu einem **VOGELBEOBACHTUNGSTURM**. Auf dem Areal befand sich einst (ab 1890) der einzige Hof im Wald; der Eigner betrieb Forstwirtschaft, ließ aber schon 1894 einen ersten Aussichtsturm errichten.

Die Anzahl der Parkplätze vor Ort ist begrenzt. (M20)

◎ Markierte **WANDERWEGE** führen durch Wald und Heide, jedoch kaum über Strandwiesen, damit die brütenden und rastenden Vögel ungestört bleiben. Die kleinen Seen und Tümpel vor Ort entstanden durch den Abbau von Gestein, das zum Mahlen von Zement verwendet wurde. Am Westrand des Walds finden sich die Reste einer Schanze, von der die Dänen 1807–14, während des Kriegs mit England, das Fahrwasser zwischen Ulvshale und Nyord überwachten. Im Uferbereich halten wilde EXMOORPONYS (die 2017/2020 aus Langeland hierher gebracht wurden), die Vegetation niedrig.

BESTER AUSGANGSPUNKT ist das NATURCENTER Ulvshale (siehe oben).

Rundtouren starten wahlweise auf beiden Seiten der Straße; anhand der Faltblatt-Karten (siehe Seite 117) lassen sich diverse Touren kombinieren. Denken Sie daran, dass weite Teile der Halbinsel unter Naturschutz stehen.

◎ **RADTOUR**: siehe Seite 134 f. Auf der Südseite der Insel wurde mit dem TELEFONSTIEN ein lauschiger Weg zur Radroute ausgebaut.

Die Bezeichnung M20 bezieht sich auf unsere Møn-Karte auf Seite 99.

Klintholm Havn

WO DER FISCH HERKOMMT

Als Fischereihafen versorgt Klintholm Havn halb Møn; von einem geschäftigen Betrieb sollte man aber nicht ausgehen: Wenn die Touristen zur Besichtigungsrunde im Ort antreten, ist diese Arbeit meistens schon getan. Trotz des weiten Strands beidseits der Ortschaft, Ferienpark mit Bootsanleger und Fischrestaurant weht hier immer der Hauch der Abgeschiedenheit. Besonders in der Nebensaison, und diese währt lange, ist wenig los. Dennoch stemmen sich Dorf und Kommune erfolgreich gegen große Abwanderung: Es gibt einen kleinen Supermarkt, Lokale, Ateliers von Kunsthandwerkern und Künstlern, Sommerprogramm inklusive Foodmarket, öffentliche Grillplätze und Infrastruktur für die Badegäste, eine Surfschule plus eine regelmäßige Busverbindung. Dabei kommen viele Gäste gar nicht mal über die Straße, sondern ankern ihr Boot in der stark frequentierten Marina.

Für Touristen ist – außer den oben aufgezählten Pluspunkten – vor allem der Kutter DISCOVERY von Interesse:

BOOTSTOUREN ZU DEN KREIDEFELSEN MØNS KLINT

◎ **SEJKUTTEREN DISCOVERY**: Telefon 2140 4181. Ostern bis Mitte Oktober täglich 12 und 14 Uhr, ab Mai sowie bis September täglich 3–6 Abfahrten. Ticket 200/100/0 DKK. sejlkutteren-discovery.dk auch auf Deutsch.

RÜCKBLENDE UND ZUKUNFT

In Klintholm Havn scheiterte in den 1990er Jahren der letzte Versuch, eine dauerhafte Fährverbindung mit Deutschland zu etablieren.
Eine Verbindung für Handelsschiffe schwebte einst dem Eigner von Klintholms Gods vor, der den Hafen 1878 hatte anlegen lassen, um seine forst- und landwirtschaftlichen Produkte zu exportieren; was sich ebenso als unrentabel erwiesen hatte.
Große Hoffnungen setzt die Kommune heute auf das Projekt BALTIC SEA OFFSHORE HUB – Windmühlenparks auf dem Meer sollen Klintholm Havn hunderte neue Arbeitsplätze bescheren.

ESSEN UND TRINKEN

Es gibt 5–6 Lokale, vom ambitionierten »ND122« über Fischbuffet und Italiener bis zur Burgerbar auf Sand.

◎ **ND122**, Klintholm Havneby 24G, Tel. 2222 2554, nd122.dk. April bis Dezember. Als Frokost 3 Gerichte, auch als Menü, abends generell Menü mit 8 Gängen (545 DKK plus Getränke).

◎ **RESTAURANT KLINTHOLM**, Thyravej 25, Tel. 5581 9290 (Reservierung erbeten). Ab Ostern, je nach Saison an ausgewählten Tagen 12–17 Uhr.

Wo soll der Fisch FRISCH sein, wenn nicht hier? Das sorgt mitunter für Trubel, wenn gerade eine Busladung Lokal oder Aussichtsterrasse entert. Buffet-Preis zuletzt 189/94 DKK.

STRAND

◎ Die BLAUE FLAGGE weht nur am **KLINTHOM HAVN STRAND** Øst, also östlich des Hafens. Der breite Strand gilt mit flachem Einstieg ins Wasser als kinderfreundlich.

BUSENE HAVE

◎ Im WÄLDCHEN **BUSENE HAVE** an der nahen Küste verteilen sich einige Hügelgräber, die den Abstecher ebenso wenig lohnen wie eine zuwuchernde Schanze. Aber wenn sich über der Ostsee ein Unwetter ankündigt, dann sorgen die Farben von Meer und Himmel für eine EIGENARTIGE STIMMUNG an der steinigen Küste. Apropos: Hier ist FLINTSTEIN aufzuspüren. (M21)

WAS FEHLT NOCH?

◎ **TRANSPORT**: mit dem Bus ab Stege via Keldby, Elmelunde, Borre, Magleby nach Klintholm Havn (Linie 667); zusätzlich über Møns Klint nach Klintholm Havn (Linie 678, nur von Anfang Mai bis Ende September).

Die Inselmitte

ELMELUNDE

Während alle Ortschaften in Ostmøn postalisch zum ansonsten uninteressanten Borre gehören, ist Elmelunde analog der östliche Vorposten der Inselhauptstadt Stege. Hier erhebt sich die ÄLTESTE INSELKIRCHE mit Teilen aus dem späten 11. Jahrhundert.

◎ EMPFEHLUNG: **ELMELUNDE KIRKE**, Kirkebakken, keldbyelmelundekirke.dk. Täglich 9–16 Uhr. (M22)

Die (spät-)romanische Kirche wurde bereits um 1200 erweitert. Durch seine erhöhte Lage diente der mächtige Bau einst den Seeleuten zur Orientierung. Um das Nordtor wurden weißer Kalk sowie Mörtel entfernt, so dass die ursprüngliche Bausubstanz zu sehen ist. Das Gewölbe zieren Fresken des »Elmelundemeisters«, der um 1460 in mindestens drei Møn-Kirchen tätig war und dessen Insignien zuerst in Elmelunde Kirke entdeckt wurden.

Altaraufsatz und Kanzel (vor 1650) sind eine Spielart des Barock, die noch Elemente der Renaissance innehatte.

Elmelundes Friedhofshügel lässt entweder auf einen vorgeschichtlichen Grabhügel (Bronze- oder Eisenzeit) oder auf den Rest einer mittelalterlichen Befestigung schließen. Für die Grabhügel-Theorie spricht, dass viele Friedhöfe auf heidnischen Stätten angelegt wurden. Jedenfalls dürfte es sich um ein einflussreiches Geschlecht gehandelt haben, denn der Hügel ist relativ hoch, was einen Hinweis auf den Status der Verstorbenen zuließe. Andererseits hat man vor Ort Reste von Mauerwerk gefunden, was wiederum für die Mittelalter-Theorie spricht, zumal viele Kleinfürsten ihre Befestigungen in unmittelbarer Nähe von Kirchen errichten ließen. Vermutlich aus Pietät sind keine Grabungen in dem Hügel dokumentiert, die seine Herkunft hätten klären können.

Auch die Kirche muss rationalisie-

Møn im Abendlicht: oben die Elmelunde Kirke, unten auf dem nahegelegenen Hügel Bakkelund bei aufziehendem Gewitter. ▶

ren: Die Elmelunde Kirke und die benachbarte Keldby Kirke teilen sich die Verwaltung und die Priesterin.

KELDBY

◎ **KELDBY KIRKE**, keldbyelmelundekirke.dk (mit Fotos von Kalkmalereien). Täglich 9–16 Uhr. Parkplatz direkt an der Inselhauptstraße 287. (M23)

Der romanische Backsteinbau auch mit gotischen Stilelementen stammt aus dem frühen 13. Jahrhundert, soll aber bereits um 1175 begonnen worden sein. Zurückzuführen sind Standort und Name auf eine angeblich heilige Quelle – der Name Keldby ist von Kildeby abgeleitet: *kilde* heißt Quelle. Auf diese Quelle bezog sich auch der ursprüngliche Name des benachbarten Hotels »Møn Golf Resort«, Præstekilde Hotel: *præst* heißt Priester.

Die BUNTEN KALKMALEREIEN zieren Gewölbe und Wände und stammen aus mehreren Epochen; auch der »Elmelundemeister« ist vertreten.

Außergewöhnlich am Inventar ist der spätgotische, geschnitzte fünfflügelige ALTAR (um 1500). Die Kirchenbänke stehen erhöht auf einer Holzkonstruktion, damit die Kirchgänger sich nicht die Füße auf dem Backsteinboden verkühl(t)en.

◎ Vom adretten Friedhof kann man nach Süden (auf einem Feldweg über den Golfplatz) bis ans Ufer des **STEGE NOR** gelangen.

KELDBYLILLE

Ab Kirche und Golfplatz nach Osten, führt die nächstmögliche Straße, der Slotshøjvej, an der Ostspitze des Stege Nor vorbei nach Süden. Das Freilichtmuseum südlich des Dorfes Keldbylille ist beschildert.

◎ **MUSEUMSGÅRDEN**, Skullebjergvej 15, Tel. 2094 4048, museumsgaarden.dk. Mitte Mai bis Anfang September Di–So 10–16 Uhr (es wird empfohlen, sich online zu vergewissern). Eintritt 40/0 DKK. Textblatt auf Englisch, Textheft auf Deutsch 20 DKK. (M24)

Auf diesem Anwesen lebte bis 1964 *Hans Hansen*, ein kulturhistorisch interessierter Gutsbesitzer, der seine Sammlung (vor allem Möbel) dem Nationalmuseum in Kopenhagen vermachte. – In diesem Zusammenhang hat man gleich den für Mønsche Verhältnisse repräsentativen Hof mit den Fachwerkgebäuden bewahrt, der zudem die Veränderungen in der landwirtschaftlichen Produktion im 19. sowie im frühen 20. Jahrhundert widerspiegelt, die Umbauten, Erweiterungen und Modernisierungen erforderten. Hat das Personal Zeit, erfahren die Besucher Anekdoten sowie Eigenheiten des Herrn Hansen (der weder Gespenster noch Frauen in seinem Hause haben wollte...).

Weitere Exponate versammelt eine Scheune, die eine 2002 verstorbene Mitarbeiterin eines Heimatvereins erwarb und zur Verfügung stellte. Darin bewahrt steht eine Dreschmaschine, kurz vor dem Mähdrescher-Zeitalter gebaut und damals rasch überholt.

Vom zugehörigen anheimelnden GARTEN, der sich bestens zum Rasten eignet, blickt man auf die Ostsee.

Die Bezeichnungen M23/M24 beziehen sich auf unsere Møn-Karte auf Seite 99.

RASTEN NAHE DER SÜDKÜSTE

◎ Für Selbstversorger und Museumsbesucher empfiehlt sich der hübsche **GARTEN** des Museumsgården (s.o.).

◎ EISSALON **MØN IS**, Hovgårdsvej 4, Tel. 2326 3819. Ostern bis etwa 20.6. und Nachsaison Sa+So 11–17 Uhr, ca. 20.6. bis 10.8. täglich 11–17 Uhr. (M25)

Eissalon auf dem Bauernhof, findiger Nebenerwerb: Auch ungewöhnliche Eissorten (erwartungsgemäß u.a. Lakritz) gehören zum Sortiment, und Eistorten. »Møn Is« ist vielfach ausgeschildert, sogar ab der Inselhauptstraße 287 in einiger Distanz.

RÅBYLILLE STRAND

Wenn auf vielen anderen Stränden in der Vorsaison noch der Tang liegt und es dementsprechend müffelt, ist der GEPFLEGTE Strand vor Råbylille in der Regel bereits gesäubert. Mittlerweile schützt ein Deichwall mit Felsfundament die dahinter idyllisch im Grünen liegende Ferienhauskolonie, während am Strand viele ins Wasser hinein gesetzte Holzpfosten-Reihen die Wellen brechen und zusammen mit weiteren Steinen die Küste vor Landverlust bewahren sollen.

Strandgänger können auch erhöht auf dem Deich spazieren, auf Bänken Platz nehmen und Lokalkolorit genießen. Der kinderfreundliche Strand ist lang, so dass es nicht zu eng wird.

Achtung: Einige Karten täuschen eine zweite Anfahrtroute via Råby Søvej vor. Es gibt aber nur die direkte über den Råbylille Strandvej / Bundgarnet. (M26)

Westmøn

DAMSHOLTE

Diese Gegend im mittleren Südwesten von Møn droht bei der Fahrt über die Hauptstraße 287 rasch durchquert und vernachlässigt zu werden. Dabei steht in Damsholte ein Observatorium und ist die hiesige Kirche ganz anders als die sonstigen Inselkirchen:

◎ EMPFEHLUNG: **DAMSHOLTE KIRKE**, Grønsundsvej 294, damsholtekirke.dk. Mo–Fr 8–16 Uhr, Sa 10–16 Uhr. Textblatt auf Deutsch liegt normalerweise aus. (M27)

Schon von außen fällt auf, dass sich dieses Gotteshaus von den anderen auf Møn unterscheidet. Mit Baujahr 1743 ist es wesentlich jünger und als einzige Rokoko-Kirche im ländlichen Dänemark sozusagen ein UNIKAT. Ein Merkmal dieser Zeit ist die GALERIE. Die Ausstattung ist ernster, dunkler und spiegelt einen pietistischen Zeitgeist wider: etwa die Altarkonstruktion mit ihren vier Säulen und der darin verbauten Kanzel, die ebenso zum Originalinventar gehört wie das hölzerne, marmorierte Taufbecken.

Für den eigentlich eleganten Rokokostil typisch sind die Pilaster, die an der Südseite der Kirche gut zu erkennen sind, oder die Zwiebelkuppel des Turms. In der GRABKAPELLE liegt Familie de la Calmette begraben (siehe Seite 107, Liselund), während in dem Efeu-begrünten Grabhügel die Familien Tutein bestattet ist – beiden gehörte zeitweilig ein nahes Anwesen:

Die Damsholte Kirke im Bild auf Seite 129; nicht immer klappt's direkt beim Text.

◎ Das Hofgut **MARIENBORG GODS** entstand 1769, als die Krone größere Ländereien verkaufte. Bauern konnten sich die Kaufpreise nicht leisten; also führten zumeist Adlige das Anwesen (siehe Damsholte Kirke). Ein 1855 errichtetes Schloss verfiel wieder und musste abgerissen werden. Die erhaltene und restaurierte Toreinfahrt ist ein Relikt vornehmer Zeiten. Während das Gut im 19. und 20. Jh. eine eigene Molkerei und zwischenzeitlich sogar eine Ziegelei besaß, liegt der Schwerpunkt seit 1998 auf der Schweinehaltung. Der Park hinter den Gebäuden war früher das, was heute Liselund ist: eine GRÜNE OASE für Tagesausflüge und womöglich innere Einkehr. Bis in die 1970er Jahre galt der Marienborg Park den Bürgern von Stege als liebstes Ziel für Fahrradausflüge mit Picknickkorb am Wochenende.

Eine unserer empfohlenen Radtouren durchquert den Park im nördlichen Abschnitt (siehe Seite 134 ff.).

◎ **DAMSHOLTE OBSERVATORIUM**, Grønsundsvej 251, Tel. 3871 9718, damobs.dk mit den aktuellen Öffnungszeiten (Åbningstider), meist von Ende August bis April. Eintritt 50 DKK. (M28)

Der Dark Sky Park (siehe Seite 119) macht's möglich, das Sternengucken ist auch für ein breiteres Publikum in. Wobei das Observatorium nur öffnet, wenn es zu der betreffenden Stunde auch wirklich etwas zu sehen gibt.

Wie so oft ist die Einrichtung privater Initiative und diversen Sponsoren zumeist aus der Wirtschaft zu verdanken.

GANGGRÄBER UND DOLMEN

Auf Møn sowie auf der Nachbarinsel Bogø verteilen sich relativ viele erhaltene Dolmen und Ganggräber. Mehr als 5.000 Jahre alt, stammen sie damit aus der jüngeren Steinzeit. Die spannendsten Megalithanlagen befinden sich in Westmøn. Unsere Radtour via Damsholte Kirke und Marienborg (siehe Seite 134 ff.) passiert drei solche Orte, die dieses Kapitel vorstellt.

An den Info-Stellen liegt im Idealfall das Faltblatt »Dolmen und Hünengräber« aus, das für interessierte Laien ausreicht. Zudem gibt es weiterführende Hefte zu kaufen, die die am besten erhaltenen jener prähistorischen Zeitzeugnisse ausführlich vorstellen.

Für eine Untersuchung auf eigene Faust denken Sie an eine Lichtquelle und strapazierfähige Kleidung.

◎ EMPFEHLUNG: In den letzten 230 Jahren wurden viele GANGGRÄBER frei gelegt und restauriert. Sie stehen offen und können von innen erkundet werden. Das Erlebnis wird umso beeindruckender, je länger Gang und Grabkammer sind – bei 10 m Länge tauchen Sie in tiefe, endlos wirkende Dunkelheit ein. Und kaum eine Grabkammer ist höher als 1,25 m. Zu den aufregendsten Ganggräbern gehören **KONG ASGERS HØJ** (Gang 11 m, Grabkammer 10 m lang) sowie **KLEKKENDEHØJ** (zwei parallele Gänge mit 7,5 m, Grabkammern 4,7 bzw. 4,2 m). Die beiden Stätten liegen unweit voneinander: Kong Asgers Høj nordwestlich von Damsholte und Klekkendehøj 3 km weiter südlich. (M29 und M30)

Oben das Megalithgrab Klekkendehøj mit Doppelgrabkammer, unten auf dem Rückweg durchs Getreidefeld, hier im Juni. ▶

ASKEBY

◎ **ISLE OF MØN SPIRITS**, Askeby, Fanefjordgade 12, Tel. 3118 7161 und 2239 3630, isleofmoen.com. Fr 15–18, Sa 10–13 Uhr, im Sommer verlängerte Öffnungszeiten. Führungen nach Absprache. (M31)

Seit 2016 verzückt die BRENNEREI des Ehepaars Skåning Lind die Freunde »geistiger Getränke«. Recht beliebt ist der Gin, im Angebot sind ferner Likör, Wodka, Schnäpse und, passend zum Gin, natürlich Tonic. Wer sich Gedanken zu SOUVENIRS machen muss oder darf, findet bei »Isle of Møn« eine gute Auswahl – alternativ zudem im Noorbohandelen auf NYORD (siehe Seite 118), den das Ehepaar übernommen und professionalisiert hat.

DAMME

◎ **DAMME KRO**, Damme, Fanefjordgade 162, Tel. 5581 7535, dammekro.com. Küche Fr 16–20 Uhr, Sa+So 12–20 Uhr. (M32)

Eine traditionsreiche Gaststube, die seit dem Bau der Umgehungsstr. 287 heute etwas versteckt an der früheren Hauptroute zwischen Stege und Bogø liegt. Frokost auf Dänisch gibt es am Wochenende bis 17 Uhr (32–120 DKK); am Abend werden ebenso Kro-Traditionen wie die Rotzunge oder der gebratene Aal (um 269 DKK) gepflegt als auch Schnitzel und andere Fleischgerichte (ab 189 DKK) serviert – es wird empfohlen zu reservieren. Eine Alternative auf dieser Route ist der Fanefjord Waldpavillon (siehe Seite 130).

FANEFJORD SKOV

Zwar führt der Fanefjordvej ab Damme geradewegs weiter nach Südosten; wer aber auf einen Waldspaziergang steht, sollte spätestens jetzt eine Schleife nach Osten ziehen:

◎ Ein kaum bekanntes **WANDERGEBIET** bildet der **WALD** Fanefjord Skov, der im Südosten Møns direkt an die **KÜSTE** grenzt. Der 200 ha große Wald mag weniger spektakulär als der bei Møns Klint oder Ulvshale sein, erlaubt wegen seiner Ausdehnung aber lange Spaziergänge. – Eine eigene Stimmung legt sich im HERBST über Fanefjord Skov, wenn sich die Blätter verfärben und der Duft von Pilzen in die Nase steigt. (M33)

Markierte Wege gibt es hier nicht; von der Straße durch den Wald – Parken am Straßenrand möglich – zweigen zwei FORSTWEGE Richtung Küste zu ab; insofern kann man sich kaum verlaufen. Wählt man den nördlichen, passiert man einen länglichen Seerosenteich, hält sich an der Gabelung links und trifft auf einen Parkplatz mit Strandzugang; ab hier führt ein PFAD oberhalb der Küste entlang gut 500 m zu einem famosen AUSSICHTSPLATZ mit Blick auf Ostmøn und Falster und die Schifffahrtsstraße draußen, unterhalb der verschwiegene, eher steinige Strand. Ein Stück weiter befindet sich ein weiterer Parkplatz (für Einheimische) mit langer Rastbank aus einem Baumstamm. Entweder benutzt man den Fahrweg vom Ufer weg oder man vertraut dem sich fortsetzenden Pfad oberhalb der Küste, der zuletzt wegen

Møns Küste vom Wald Fanefjord Skov aus: Das Steilufer ist stellenweise 10–15 m hoch, der eher steinige Strand wird bevorzugt von Einheimischen aufgesucht. – Kuriosum Damsholte Kirke: außen elegant, innen eher düster-pietistisch (siehe Seite 125). ▶

Hindernissen umgeleitet wurde. Nach ca. 300 m wechselt man vom Pfad auf den Fahrweg Ympehavevej, an dem heimelige Grundstücke gleich hinter der Küste liegen. Dort wo der Ympehavevej vom Waldrand abknickt, gelangt man auf einem Forstweg in den Fanefjord Skov zurück; an den nächsten Kreuzungen links und rechts, ist man zurück auf der holprigen Straße durch den Wald, wo (weiter nördlich) ggf. das eigene Fahrzeug geparkt ist. Diese Rundtour ist gut 4 km lang.

ACHTUNG: Von Mitte Mai bis Mitte Juli kann der Forst von frühmorgens bis 7 Uhr oder abends ab 19 Uhr an Jagdgesellschaften vermietet sein. In der Nähe des Seerosenteiches (aber auf der anderen Wegseite) gibt es zudem einen Stand, wo die Mitglieder des Schützenvereins von Mai bis September sonntags vormittags üben.

◎ **FANEFJORD SKOVPAVILLON** ist ein Lokal, dessen Tradition bis 1883 zurückreicht. Hier finden ab und zu kulturelle Veranstaltungen statt, und seit 2014 wird wieder ein Restaurant betrieben. Sonntags werden Smørrebrød serviert, ansonsten wird auf eine kleine Karte und hohe Qualität der Zutaten Wert gelegt; auf Wunsch gibt es hier auch vegetarische Kost.

Das Lokal liegt an der Holperstraße durch den Fanefjord Skov, erreichbar ab Liseby/Damme aus dem Norden oder Vindebæk aus dem Süden. Fanefjord Skovvej, Tel. 5581 7367, fanefjordskovpavillon.dk. Ca. 25.6.–5.8. Mo–Sa 12–22, So 12– 17, sonst Do–Sa 17–22, So 12–17 Uhr. (M33)

◎ Auf der LICHTUNG gegenüber erhebt sich der größte **GRABHÜGEL** im Fanefjord Skov, einer von 16 bekannten, die der Bronzezeit (1.700–500 v. Chr.) zugerechnet werden. Anbei Karte, Lageplan und Info-Tafel auch mit deutschem Text.

FANEFJORD

Der Fanefjord greift an der Westküste Møns ins Landesinnere. Im Touristenbüro erhalten Sie das Faltblatt »Fanefjord und Hårbølle« mit kleiner Karte.

◎ **FANEFJORD KIRKE**: Fanefjord Kirkevej 49, fanefjordkirke.dk in Kurzform auch auf Deutsch. Täglich 8–18 Uhr. Textheft auf Deutsch. (M34)

Die strahlend weiß gekalkte Ziegelsteinkirche geht auf die zweite Hälfte des 13. Jahrhunderts zurück. Die erst 2009 restaurierten KALKMALEREIEN stellen biblische Motive dar und stammen aus zwei Epochen: Die älteren (13. Jh.) wirken eher steif, die jüngeren (um 1460) naiv und lebendig; letztere werden dem »Elmelundemeister« zugeordnet (siehe Seite 122).

Im Frühjahr 2007 besuchte Königin Margrethe II. die Kirche. Die Priesterin ist übrigens für Fanefjord und Bogø zuständig.

◎ Besonders imposant wirkt der immerhin 102 m lange DOLMEN **GRØNSALEN**, ganz im Südwesten der Insel, südlich der Fanefjord Kirke. 13 m breit, ist er komplett mit Randsteinen eingefasst, der helle Steinbrocken obenauf markiert eine Grabstelle. – Benutzen Sie unbedingt den ausgewiesenen Parkplatz. (M35)

In Hårbølle, vom Fanefjord Skov kommend an der Kreuzung, wurde ein früherer Laden zum Hårbøllehuset: ein Dorfgemeinschaftshaus mit Aktivitäten und dem »Café Måske«, Café Vielleicht: Sa 11–14 Uhr, Sommerferien täglich 11–16 Uhr.

HÅRBØLLE HAVN

Bevor Brücken und Dämme die dänischen Inseln miteinander verbanden, war Hårbølle Havn der Knotenpunkt im Schiffsverkehr zwischen Møn, Bogø und Stubbekøbing/Falster. Weiter südlich erinnert die aufgegebene Fabrik DANEFLINT daran, dass jahrzehntelang Spezialschiffe Flintstein aus der Fahrrinne zwischen Møn und Falster baggerten, der hier verarbeit wurde.

In dem winzigen Hafen, der zurzeit der Recherche umgebaut und modernisiert wurde, ankern einige Boote für Nebenerwerbs-Fischer, und womöglich sind ufernah Netze und Reusen vertäut. Dieser Fleck am GRØNSUND wirkt beschaulich-familiär – es treffen sich Einheimische zum Klönen, die Bewohner der Ferienhäuser hinterm Hafen oder die Gäste der Marina. (M36)

◎ **HARBØLLE HAVNE HØKER**, Hårbølle Bro, Tel. 2343 5507, haarboelle-havn.dk. Ostern bis Mitte Oktober, Sa +So 11–17 Uhr, Mo–Fr je nach Saison.

Das frisch renovierte Lokal mit Mini-Laden fungiert als Treffpunkt, sommers finden hier auch Konzerte statt. Mit Leckereien versorgt, suchen sich die Kunden bei Schönwetter draußen einen Platz am Wasser.

◎ Vom Hafen Hårbølle Havn führen küstennahe **PFADE** in beide Richtungen: nach Süden durch das Naherholungsgebiet HARBØLLE PYNT vorbei an Daneflint zum HÅRBØLLE STRAND (mit BLAUER FLAGGE); nach Norden zu den Strandwiesen FÆRGENS VÆNGE, wo, je nach Jahreszeit, Wasservögel zu beobachten sind.

INSEL BOGØ

Die Insel westlich von Møn sowie nördlich von Falster durchqueren die Meisten in kurzer Zeit auf der Straße 287 als Transitstrecke. Wer die 13,07 km² große Insel kennenlernen will, tut wegen der schmalen Straßen sich und den 1.205 Insulanern einen Gefallen, wird das Fahrrad benutzt oder, noch besser, geht es zu Fuß. Am Fährhafen startet eine grün markierte, 7,4 km lange Rundwanderung durchs Dorf und den Wald Østerskov.

An Infrastruktur gibt es Tankstelle, Supermarkt und Café Stalden (Lokal und B & B) an der Hauptstraße Bogø Hovedgade, die sich oberhalb des Anlegers der Stubbekøbing-Fähre hügelaufwärts zieht.

◎ Die restaurierte WINDMÜHLE **BOGØ MØLLE** (1852) ist eine Holländermühle mit vier Etagen. Etwa 15.6.–15.8. Sa+So 11–16 Uhr.

◎ Auffallend im niedrigen Innenraum der **BOGØ KIRKE** (1200) sind die vielen Fenster, gleich drei Votivschiffe und die GESCHNITZTEN Figuren an Altar und Kanzel (beide um 1655). Täglich 8–18 Uhr.

◎ Das GANGGRAB **HULEHØJ** aus der jüngeren Steinzeit ist restauriert und zugänglich, zu finden im Wald ØSTERSKOV. Die Grabkammer ist gut 6 m lang und 1,7 m breit.

◎ Einst wurden vom kleinen HAFEN **SKÅNINGEBRO** im Norden Zuckerrüben verschifft; heute starten hier Segler und Paddler.

◎ GRÜN ist dank seiner **WIESEN** auch der Westen von Bogø, wo der VESTERSKOV wieder aufgeforstet wird. Toll ist der Blick auf die BRÜCKEN zwischen Seeland und Falster.

Ferien aktiv

RAD FAHREN

Separate Radwege gibt es kaum auf Møn; die ausgewiesenen Routen halten sich meist an Nebenstraßen: Die NATIONALROUTE 8 überquert die Insel von Bogø aus Richtung Møns Klint, die Regionalradwege 58 und 88 verlaufen im Inselsüden bzw. -norden.

Das Terrain ist, wie häufig in Dänemark, mit zunehmender Tourenlänge anstrengender, als es die oft eben wirkende Landschaft vermuten lässt.

◎ **INFORMATION**: Teils entsprechen die folgenden, selbst recherchierten, Routen den offiziellen, teils sind sie eine Variation davon. Die dreisprachigen Beschreibungen der offiziellen Routen sollte es im Touristenbüro als Faltblatt geben, als Download unter danischeostseeinseln.de/downloads und die Geodaten unter danischeostseeinseln.de/moen, weiter unter »Naturaktivitäten« und »Cykelferie/Fahrradurlaub på/auf Mon«, Nutzung via App inbegriffen.

◎ EMPFEHLUNG: **RUNDFAHRT** ALS VARIATION VON PANORAMARUTE 421 DANMARKS BJERGETAPE alias »Dänemarks Bergetappe« alias zu den **KREIDEFELSEN** von Møn. Geeignete Startorte sind Klintholm Havn, Maglebys Kirche sowie Liselund. Distanz (ohne Abstecher) gut 25 km, Panoramaradweg solo 18 km. – Faltblatt mit Karte s.o. unter »Information«.

Ab Klintholm Havn (Supermarkt für Provianteinkauf) heraus aus dem Dorf und rechts ab in den Kraneledsvej, der nach 5 km endet. Links geht es in den Busenevej, rechts in den Hampelandsvej (mit möglichem Abstecher sowohl nach Møn Fyr als auch nach BUSENE HAVE, siehe Seite 122). Der Busenevej hält sich nach Norden, bis die Route rechts waldnah in den Stengårdsvej Richtung Møns Klint abzweigt, vorbei an einzelnen Gebäuden des Hofguts und Grundbesitzers Klintholm Gods, kräftige Steigungen inbegriffen.

km 9,5: Der Parkplatz am Geocenter **MØNS KLINT** taucht auf – möglicher Abstieg zu Fuß an die Küste oder Wanderung oberhalb der Kreidefelsen (siehe Seite 105 f.). Weiter auf der Hauptzufahrtstraße mit forderndem, WELLIGEM Profil durch den Wald, Straße wie Radweg. Nahe »Camp Møns Klint« rechts ab in den Langebjergvej, vorbei an einigen Seen, Tümpeln und der »Villa Huno«, ein Streckenabschnitt mit zeitweise feiner Aussicht.

km 13: Nach Abzweigung rechts ist der Parkplatz **LISELUND** erreicht (siehe Seite 107), mit Rastplatz rechts am Parkeingang. Fortsetzung auf dem Liselundvej, an der nächsten Kreuzung links ab in den Feldweg Stendyssevej, während sich die Radwege 8/58 geradeaus fortsetzen. Es folgt eine Abfahrt auf breiter werdender Straße zwischen Wiesen, Feldern, einzelnen Gehöften. Nach einer Baumreihe liegt links **SØMARKEDYSSEN**, ein Runddolmen, in dem die Deckensteine der zwei Grabkammern mit schalenförmigen Felszeichnungen verziert sind; dass diese Zeichnungen wohl 2.000 Jahre jünger

Einen ersten Überblick zum Verlauf der vorgestellten Radtouren können Sie mit Hilfe unserer Møn-Karte auf Seite 99 gewinnen.

als der Dolmen sind, beweist, dass die Begräbnisstätte über längere Zeit »in Gebrauch war«. (M37)

Wer zwischendurch viel zu Fuß unterwegs war, mag jetzt froh sein, die kürzeste Rückfahrtroute zu wählen: ab Sømarke hinunter nach Magleby, dort rechts, wieder links und via Klintholm Havnevej direkt zurück. Für unermüdliche Radler ergiebiger sei aber folgende Route empfohlen: in Sømarke rechts und links in den Liselundvej, in leicht kupiertem Gelände rechts in den Stubberup Havevej, links in den Birkedalsvej, links hinunter nach Ålebæk und Ny Borre, wieder links, in der Biegung der Hauptstraße geradeaus auf dem Bøgebjergvej bleiben, der in den Søndre Landevej mündet: links ab, linker Hand die Magleby Kirke im Blick, in Busemarke rechts ab auf den Klintholm Havnevej und zurück.

◎ **PANORAMARUTE 423** – DEN SØDE TUR alias »Die süße Tour«. Geeignete Startpunkte: Keldby Kirke (Str. 287), Stege Hafen. Distanz ca. 22 km. – Faltblatt mit Karte siehe Seite 132 unter »Information«.

Da die Route identisch mit dem Panoramaradweg ist und schon eine gedruckte Beschreibung vorliegt, nennt unser Text den Verlauf nur grob und konzentriert sich auf die Höhepunkte. Die Wahl des STARTPUNKTS sei davon abhängig, welche Art von Rast geplant ist: Wer einkehren will, findet die beste Auswahl in Stege, sollte dort also nicht beginnen; wer unterwegs picknicken will, kann das sehr gut im Udby Skov (M17) und südlich von Stege.

Der Parkplatz neben der Keldby Kirke liegt zwischen Kirche und Straße. Für ein kurzes Stück Richtung Westen auf der Str. 287, geht es rechts in den Østermarksvej sowie über Ullemarke nach Udby, erster Meerblick, rundum keine spektakuläre Landschaft, dafür eine typische. In Udby am Ententeich links via Dirkvej zum **UDBY SKOV** mit Rastplatz (siehe Seite 115). Eindrucksvoll ist die anschließende Fahrt auf dem Trehøjevej auf die Stege Bugt zu, im Hintergrund Seeland und die Brücke nach Møn, halbrechts Nyord und Ulvshale. Via Ulvshalevej geht es dann hinunter und immer geradeaus nach **STEGE** ins Zentrum (siehe Seite 108 f.).

Über die BRÜCKE Store Bro geht es in den Ortsteil Lendemarke, wo im Supermarkt Proviant zu erstehen ist. Die Route knickt links ab und führt über den Rødkildevej aus Lendemarke heraus. Namensgeber ist die Schauspielschule Rødkilde (1866), deren rötliche Backsteingebäude kurze Zeit später linker Hand erscheinen: an ihnen vorbei, steht eine RASTBANK erhöht am Hang, dort wo das Grundstück endet und ein Feld beginnt. Nahe der Bank im Wäldchen erinnert eine Statue an *Frede Bojsen* (1841–1926), der Rødkilde gründete sowie von 1869 bis 1890 für Møn im Parlament saß.

An der nächsten Kreuzung kommt von rechts der Regionalradweg 58 aus Bogø und Nykøbing/Falster hinzu, der ein Stück weit unsere Route zusammen mit 8 und 88 begleitet. Welliges Terrain, in Tøvelde links halten, beste **AUSSICHT** auf Stege. Vor Keldbylille

Dänische Quellen veranschlagen für diese Radtouren 11 Kilometer je Stunde, sofern nur Erwachsene unterwegs sind, wobei kurze Pausen mitberechnet sind. Mit Kindern sind eher 8 Kilometer pro Stunde anzusetzen.

taucht zur Linken der GOLFPLATZ auf, im Ort links halten, der Slotshøjvej begleitet streckenweise als Allee die Ostgrenze des Golfplatzes. Wieder zurück auf der Str. 287, geht es nach links zum Ausgangspunkt **KELDBY KIRKE** (siehe Seite 124).

Die Route kann gut kombiniert und erweitert werden mit der:

◎ EMPFEHLUNG: **PANORAMARUTE 422** – Ø-HOP alias »Insel-Hüpfen«. Geeignete Startpunkte: Udby Skov, Ulvshale Naturcenter, Parkplatz auf Nyord, Stege Hafen. Distanz ca. 30 km. – Zum Faltblatt mit Karte siehe Seite 132 unter »Information«.

Da die Route identisch mit dem Panoramaradweg (und weitgehend mit dem Regionalradweg 58) ist und eine gedruckte Beschreibung im Faltblatt vorliegt, konzentrieren wir uns auf die Höhepunkte. Die Wahl des STARTPUNKTS sei davon abhängig, welche Art von Rast geplant ist: Wer einkehren will, kann dies in Stege und Nyord, sollte dort also nicht beginnen; wer unterwegs picknicken will, kann das prima im Udby Skov (M17) sowie am Ulvshale Naturcenter (M20).

Wer einen Parkplatz am Ausgangspunkt benötigt, wird in Nyord außerhalb der Hochsaison und stets am Udby Skov fündig. Dort auf dem Dirkvej durch den Wald beginnend, hält sich die Route rechts und führt über Trehøjevej und Toftevej nach Norden, bis sie in den Hovedskovvej mündet, dort an der Kreuzung erstreckt sich unübersehbar das ehrwürdige Anwesen der GALLERI WARRER (siehe Seite, M43).

Die Route befindet sich bereits auf der Halbinsel **ULVSHALE** (siehe Seite 119 f.), deren Hauptattraktionen der Strand und die Pfade durch den Wald und zur Küste sind. In der Hauptsaison mag der Verkehr nervig sein – dafür verläuft die Straße windgeschützt.

Über die einspurige Brücke wechselt die Straße auf die INSEL **NYORD** (siehe Seite 117 ff.), wo sich Vogelbeobachtungsturm, die Küste bei Møllestangen, Hyldevang und natürlich das Dorf selbst als Station empfehlen.

Zurück auf Ulvshale, biegt die Route kurz hinter der Brücke nach rechts auf den **TELEFONSTIEN** ab: Der Pfad verläuft vorübergehend wie in einem grünen Tunnel, ein weiterer reizvoller Streckenabschnitt. Später wechseln die Radler wieder auf härtere Beläge, zwischendurch auch auf Asphalt, und schließlich auf einen Radweg neben der Straße nach Stege.

Wer die Route abkürzen und Stege aussparen will, biegt bereits vor der Inselhauptstadt links auf Ulvshalevej oder Trehøjevej Richtung Udby ab. Insofern können Sie viel Zeit auf Nyord oder Ulvshale verbringen.

◎ EMPFEHLUNG: **RUNDFAHRT ZU GANGGRÄBERN UND DOLMEN**. Geeignete Startorte: an den Kirchen in Damsholte und Fanefjord oder Waldparkplatz Marienborg. Distanz ohne Abstecher etwa 30 km. Alternative zur offiziellen OLDTIDSRUTEN alias »Auf den Spuren der Frühgeschichte« über 36 km mit einer Schleife via Fanefjord Skov. – Faltblatt mit Karte siehe Seite 132 unter »Information«.

Radtouren im Grünen: oben auf dem Trehøjevej zwischen Udby Skov und Stege (siehe Seite 133), unten links »Insektenhotel« im Udby Skov (siehe Seiten 115/133), unten rechts der »verwunschene« Telefonstien nahe Ulvshales Südküste (siehe oben). ▶

Für alle, die motorisiert anreisen: Ist der Parkplatz der Damsholte Kirke belegt, folgt man der im Folgenden beschriebenen Route bis zum Parkplatz am Waldrand Marienborg. Ab Kirche 120 m auf der Str. 287 nach Westen, rechts ab und durch das repräsentative Tor des Hofguts Marienborg (siehe Seite 126); im Bogen rechts durch das Anwesen bis zum Ende des Walds zur Linken; dort liegt besagter Parkplatz.

Hinein in den Wald und an den Gabelungen und Kreuzungen wie folgt: am Parkplatz rechts, geradeaus (von 3) rechts, rechts, zusammen mit Fernwanderweg Møn Rundt aus dem Wald sowie auf Feldweg im rechten Winkel nach rechts, dann links. Der Fernwanderweg zweigt rechts ab, während die Radroute geradeaus dem **SØLBJERGVEJ** vorbei an einigen idyllisch abgelegenen Grundstücken folgt, bis das Dorf SPROVE erreicht ist; dort auf der Hauptstraße Sprovegade nach rechts, an der Abzweigung Orehælsdvej nach links. An der nächsten Kreuzung warten zwei Megalithanlagen: **KONG ASGERS HØJ** (siehe Seite 126) und, nach links auf einem entlang der Hecke gemähten Fußweg, zum im Hintergrund unübersehbaren SPROVE RUNDDYSSE. Der Dolmen besitzt mehr als nur einen Deckstein und auch der Hügel ist gut erhalten, der die Grabkammer ursprünglich aufnahm. An beiden Anlagen sind informative Texte (auch auf Deutsch) montiert.

An Kong Asgers Høj vorbei und die Brücke nach Seeland sowie den Sund mit den Inseln Langø und Tærø stets im Blick, geht es nordwärts auf dem Kong Asgers vej, der mit zwei Bögen nach rechts zum Borrensvej wird. Nun gilt es aufzupassen: Nach 300 m folgt eine befestigte Einfahrt nach rechts, nach weiteren 300 m ein Feldweg auf teilweise gemähtem Untergrund wieder nach rechts – hier geht es zurück zum Abzweig Orehældsvej, zuletzt an ein paar Höfen vorbei mit Anstieg: ein grüner, netter Streckenabschnitt; sollte das Gras auf dem Feldweg nicht gemäht sein, kehren Sie besser zurück.

Auf der bereits bekannten Sprovegade hält sich die Route für einige Kilometer streng auf Südkurs, unterbrochen vom kurzen, beschilderten ABSTECHER ZUM DOPPEL-GANGGRAB **KLEKKENDEHØJ** (siehe Seite 126), für den Räder an der Straße zu parken sind, da der Pfad dorthin nur zu Fuß zu bewältigen ist. Dann, in TOSTENÆS, erhebt sich rechter Hand eine Windmühle mit gestutzten Flügeln.

4,5 km ab Orehældsvej ist DAMME erreicht, nach weiteren 3 km die FANEFJORD KIRKE, nun fast am GRØNSUND zwischen Møn und Falster angelangt; hier kreuzen sich einige offizielle Radwege. Möglicher Abstecher zum HÅRBØLLE HAVN (siehe Seite 131). Links erscheint der enorme, 102 m lange Dolmen **GRØNSALEN** (siehe Seite 130). Entweder via Straße oder abgekürzt auf dem Feldweg geht es nach HÅRBØLLE, wo darauf zu achten ist, den »offentlig sti til Vollerup« nicht zu verfehlen, der mit dem Fernwanderweg Møn rundt links abzweigt. Es beginnt der landschaftlich schöne Schlussabschnitt: Der Feldweg begleitet Wiesen und Hecken, schlüpft durch stattliche Bäume. In Vollerup dann rechts auf die ALLEE Vollerupgade, links auf den Hårbøllevej, gleich wieder rechts auf den Lisebyvej, immer geradeaus. Am Ende des Lisebyvej am Waldrand geht's links ab: Rechtsknick, Linksknick und Fortsetzung auf dem schnurgeraden **FÆVEJEN** als Allee, die in die Str. 287 mündet, ganz nahe zu Damsholte Kirke und Marienborg (rechts ab).

◎ **MOUNTAINBIKING**: Im Wald hinter den Kreidefelsen wurde eine eigene MTB-Route angelegt. Von Ende Juni bis Mitte August bietet das Geocenter Møns Klint GEFÜHRTE AUSFLÜGE an. Dauer 2 Stunden, kein Aufpreis, ab 12 Jahren. Reservierung eines Rades via Tel. 5586 3600.

◎ Als **FAHRRADFÄHREN** im Einsatz sind zeitweise die FÄHRE MØN (1923) zwischen Stege und Kalvehave / Seeland und das historische POSTBOOT RØRET zwischen Nyord und Seeland. Das Angebot richtet sich an die Fernradler, die die Str. 59 mit der Brücke aussparen können.

◎ **FAHRRADVERMIETUNG**: Fri Bike Shop, Stege, Storegade 91, Tel. 5581 4249. Mo–Fr 8–16 Uhr, Sa 9–13 Uhr. – In einigen Unterkünften (siehe Seite 100 f.), wie Tiendegaarden, Campingplätze auf Ulvshale und in Hårbølle.

WANDERN, WALKEN, JOGGEN

Im Møn-Kapitel finden Sie die besten Touren vorwiegend auf die jeweiligen Orte verteilt, da deren Kennenlernen eben zu Fuß am günstigsten ist:

CAMØNOEN

Der 175 km lange Fernwanderweg führt über Møn und Bogø und tangiert teilweise unsere Routentipps.

◎ **VORTEILE**: Die MARKIERUNG in Form hell orangefarberner Schildchen zumeist an Holzpfosten ist relativ neu und lückenlos. – Die neue KARTE im Maßstab 1 : 50.000 gibt anhand von Piktogrammen Auskunft über Unterkunft, Transport, Parkplätze, Verpflegung etc., wobei einige dieser Einträge schnell veralten können und Vorsicht geboten ist (135 DKK). Es gibt ferner zwei Detailkarten für Møn Ost und Møn West, je 100 DKK.

◎ **NACHTEIL**: Zumindest als Fernwanderweg kann Camønoen auf die Knochen gehen, da inselweit viele Kilometer auf asphaltierten (Neben-)Straßen verlaufen.

◎ BEZUG der STRAPAZIERFÄHIGEN **KARTE**: auf Møn im Touristenbüro oder im Camønoshop (siehe unten). Alternativ: vor der Abreise »Møn & Camønoen« von »Calazo« zwar ohne Piktogramme, dafür im Maßstab 1 : 25.000 (siehe Seite 69). Beide Karten EIGNEN sich für ALLE, die sich über Land bewegen, also auch für Auto- und Radfahrer.

◎ Die Wanderer können Stempel im **CAMØNOPAS** eintragen, erhältlich bei:

◎ **INFORMATION**: museerne.dk/camonoen mit Shop, Postadresse Storegade 75, DK–4780 Stege, via E-mail camoenoen@museerne.dk, beheimatet im Møns Museum, das auch den Camønoshop verwaltet.

Wanderer auf französischen Pilgerpfaden haben es vermutlich gleich bemerkt: Der Name »Camønoen« ist ein Wortspiel, basiert auf »Camino Francés« (Jakobspfad): Camøno statt Camino, das »en« ist der bestimmte Artikel im Dänischen.

◎ **MØNS KLINT**: siehe Seite 105 f. – Achten Sie auf das FALTBLATT »Møns Klint und das Gut Klintholm« aus dem Jahr 2022, das die neue 14,5 km lange, prämierte Wanderung DAS REICH DES FELSENKÖNIGS beinhaltet: klintekongensrige.dk auch auf Deutsch.

◎ EMPFEHLUNG: **MØNS KLINT UND HINTERLAND**: Das Faltblatt aus dem Jahr 2022 (s.o.) ist für diese Rundtour nicht zwingend, aber von Vorteil. Distanz ca. 13 km, Dauer 3–4 Stunden. Es gibt mehrere Ausgangspunkte – von der Dramaturgie her eignen sich der Besucherparkplatz am Gut Klintholm Gods (M9) und der im südlichen Hinterland an der Kreuzung Busenevej mit Gurkebakken (M38). Ab dort geht es, für dänische Verhältnisse, erstaunlich STEIL nach oben zu einem tollen Aussichtspunkt – vor allem Richtung Klintholm und landeinwärts.

In Richtung Westen auf der spärlich markierten Route 6 gilt es aufzupassen, nicht zu sehr abzusteigen und ins Dorf MANDEMARKE zu geraten. Auf jeden Fall findet auf den Hügeln über Mandemarke das jährliche Drachenfestival statt, ein passend luftiger Ort. Route 6 hält sich an den Hang und erreicht über Forstwege und Pfade das Gut Klintholm Gods (s.o.). Auf dessen Südseite setzt sich der Weg durch den Gutspark fort, anschließend im Wald.

Egal ob Sie, etwas schonender, via Aborresø und Hunosø für ein kurzes Stück den Fahrweg nehmen oder, anstrengender, den ABORREBJERG – für die nächste Teilstrecke geht's nun auf Route 9 durch den Wald in Richtung Kreidefelsen und über die Treppe bei Jydeleied Fald nach unten ans Ufer, unterhalb der Felsen: Richtung Süden halten, wo die Felsen höher und imposanter sind als die im Norden. Nach gut 2 km über die nächste Treppe bei Røde Udfald wieder hinauf und nun oberhalb der Felsen die Steilküste bis zum Geocenter Møns Klint begleiten, mit vielen, zum Teil unvergesslichen Aussichten. Wer das Geocenter (M15) nicht besuchen mag, kann vor Ort zumindest eine Rast einlegen.

Ab Geocenter-Parkplatz ergeben sich mehrere Möglichkeiten, zur Route 6 zu gelangen, die auf zunächst hügeligem Verlauf im Wald und später auch über freies Feld zum Ausgangspunkt/Parkplatz zurückkehrt.

◎ **NYORD**: siehe Seite 117 ff. Besonders unsere Empfehlung AB MØLLESTANGEN auf Seite 118.

◎ **ULVSHALE**: siehe Seite 119 ff.

◎ **FANEFJORD SKOV**: s. Seite 128 ff.

◎ **HÅRBØLLE HAVN**: s. Seite 131.

◎ **STRANDSPAZIERGÄNGE**: Ein toller Ausgangspunkt ist der RYTZEBÆK STRAND im Südwesten (M39). Entweder laufen sie nach Süden, unterhalb des Walds Fanefjord Skov (siehe Seite 128 ff.), dessen Forstwege Sie mit der Strandroute sogar zu einer Rundwanderung kombinieren können. – Oder Sie halten sich ab Rytzebæk, dort wo die Treppe vom Parkplatz nach unten führt, Richtung Nordosten und laufen so weit, wie Sie können, zum Beispiel 8 km bis zum Oddermose Strand, wobei es auch zuvor bereits Treppen sowie Zugänge vom Strand weg gibt; es

Wandern auf Møn: oben der Küstenweg ab Hårbølle Havn in Richtung Süden (siehe Seite 131), unten Strandspaziergang zwischen Rytzebæk Strand und Hvideklint, hier Nisthöhlen von Uferschwalben in der abbrechenden Steilküste. ▶

kommt halt darauf an, ob Sie ein Fahrzeug am »Ziel« abstellen können oder zurücklaufen müssen, was keinesfalls langeilig wird, denn Perspektive und Licht sind stets anders. Bis 20 m Höhe erreichen die Abbruchkanten entlang der Küste, denen HVIDEKLINT (M40) sogar seinen Namen verdankt: weiße Klippen. Unterwegs sind an mehreren Orten Nisthöhlen von Uferschwalben in den Steilufern zu erkennen. Der Camønoen verläuft ab Hjelm, 600 m östlich vom Rytzebæk Strand, über 6 km nach Osten, bis 1 km vor Oddermose.

Eine andere Route führt von Klintholm Havn nach Westen zum Råbylille Strand (M26); wobei sie von Klintholm über Hvideklint und Rytzebæk hinaus theoretisch bis nach Hårbølle laufen können – am besten bei Ebbe, damit Sie nicht auf den weichen Sand ausweichen müssen. Der Camønoen verläuft ebenfalls zwischen Klintholm Havn und Råbylille Strand.

◎ **SOUTH COAST ULTRA** ist Nachfolger des früheren Querfeldein-Spektakels Klinteløbet und wendet sich an unterschiedliche Zielgruppen: TRAILRUNNER können über 5, 14, 30 oder 50 km starten, Kinder über 1,5 km und WANDERER auf der prämierten Route »Im Reich des Felsenkönigs« (siehe Seite 138 oben). Termin: an einem Augustsamstag, southcoastultra.dk.

ANGELN

◎ Fragen Sie im Touristenbüro nach dem **FISKEGUIDE** MØN & SÜDSEELAND mit Karte, der übersichtlich zu Angelplätzen, Regeln und Wetterbedingungen Auskunft gibt. Online zuständig ist fishingzealand.dk/de. Dort finden Sie u.a. wertvolle Hinweise und Kontakte zu lokalen Angelguides.

◎ Entlang der **KÜSTE** bestehen gute Aussichten auf Meerforelle und Hornhecht, ausgenommen die Westseite. Online gibt es den besten Überblick via danischeostseeinseln.de/Angeln,

BADEN, SCHWIMMEN

◎ DREI **BLAUE FLAGGEN** wehen auf Møn: im Nordwesten am ULVSHALE STRAND, anbei das Møn Strandcamping (M11, siehe Seite 101). – Im Osten in KLINTHOLM HAVN, und zwar der Strand östlich des Hafens (M41), also nicht der Strand gen Westen, der nahe beim Ferienpark beginnt. – In Südwestmøn am HÅRBØLLE STRAND, anbei das Møn Camping (M13, siehe Seite 101).

Weitere empfehlenswerte Strände sind RÅBYLILLE STRAND (M26, siehe Seite 125), RYTZEBÆK STRAND, der zu einem langen Band ab Hårbølle nach Nordosten gehört und sich als stiller Strand gut für einsame Spaziergänge eignet (M39); zu diesem Band gehört weiter nordöstlich auch HVIDEKLINT (M40), zu erreichen ab der ufernahen Nebenstraße zwischen Hjelm und Lille Bissinge über den Ørebæksvej.

◎ Bei Schlechtwetter oder in der Nebensaison: **MOENA MØNSHALLERNE** in STEGE, Platanvej 40, Tel. 5581 4201, moena.dk: siehe dort Öffnungszeiten unter »Svømmehal, Åbningstider«. Steht dort »Svømning«, ist dies für alle gedacht.

Wenn Sie sich einer sportlichen Aktivität mit Führung anschließen wollen und selbst das Englische nicht beherrschen, sollten Sie sich im Voraus erkundigen, ob Ihr Naturguide Deutsch versteht.

GOLF (PLUS KROLF)

◎ **MØN GOLFKLUB**, Keldby, Klintevej 118, moengolfklub.dk. Gäste wenden sich bitte direkt ans Hotel »Møn Golf Resort« (siehe Seite 100, M2).

Das wellige Terrain schmiegt sich an die Ostspitze des STEGE NOR. Auf Könner wartet ein 18-Loch-Platz, auf Gelegenheitsgolfer ein 9-Loch-Platz Par 3 plus ein 12-Loch-Krolf-Platz: Golf mit Krocketschlägern (außer Mo+Do 10–11.30 Uhr). Café anbei.

KAJAK

Die Perspektive auf die Kreidefelsen ist im Seekajak selbstverständlich toll, aber die Paddler müssen nun mal hinaus aufs offene Meer. Insofern sollen nur ERFAHRENE PADDLER dorthin allein aufbrechen, nachdem sie sich zu Wetter u.a. erkundigt haben.

◎ Als **PADDELREVIERE** Møns Küste entlang gelten ferner im Westen die STEGE BUGT, die NORDKÜSTE zwischen Ulvshale Camping (im Westen) und Liselund (im Osten) und die südöstliche Küste zwischen dem Ort Klintholm Havn und Busene Have.

◎ **STEGE BUGT**: An einem windstillen Sommertag empfehlen sich Touren bis Nyord (nach Nordosten) oder Bogø (im Südwesten). Eine gute Basis ist das Camping Mønbroen (M12), wo auch Boote vermietet werden.

◎ **NYORD KAJAK**: Im Hafen auf der gleichnamigen Insel (siehe Seite 117) werden Seekajaks, einfache Kajaks für 1/2 Personen sowie SUPs vermietet. April bis Oktober, je nach Saisonverlauf. Tel. 2194 9572, nyordkajak.nu.

◎ **KREIDEFELSEN**: Basis und erster Kontakt ist das Camping Møns Klint (M10), das aber nicht am Wasser, sondern im Hinterland der Kreidefelsen liegt. Von Ende Juni bis Anfang August werden hier Kurse und Touren mit einer kompetenten Person vermittelt. Informationsaustausch vor der Anreise empfohlen. Erfahrene Paddler können ihre Kreidefelsen-Tour bei Busene Have beginnen.

KLETTERN

◎ **GEOCENTER MØNS KLINT** bietet einen Parcour im Hochseilgarten, inklusive Passagen zum »Schweben«. Dauer ca. 1 Stunde. Ausgebildete Instrukteure leiten die Kletterer an und sorgen für einen möglichst reibungslosen Ablauf. Es gelten Mindestanforderungen an Alter und Körpergröße der Teilnehmer, abhängig von den Stationen (Klettern/Seil- oder Schwebebahn). Ca. 25.6.–5.8. täglich 12–16 Uhr, bis ca. 20.8. an ausgewählten Tagen ab 12 Uhr. Info & Tickets via moenklint.dk auch auf Deutsch. (M15)

REITEN

90-Minuten-Ausritte sind ab 550 DKK pro Person zu veranschlagen. Um Anmeldung wird gebeten.

◎ **MØN ISLÆNDER CENTER**, Hof Søgården in Sømarke, Moenavej 7, Tel. 5581 2810, moen-ishest.dk. (M42)

Begleitete Ausritte auf der Insel, u.a. im Wald von MØNS KLINT. Für Anfänger wie Fortgeschrittene. Kooperation mit dem Camp Møns Klint.

SCHNORCHELN

◎ Empfohlen werden die STRÄNDE von ULVSHALE im Norden, KLINTHOLM im Süden, HÅRBØLLE im Westen und vor allem der Hafen von **KALVEHAVE**, auf der »Seeland-Seite« der Brücke Mønbroen, wo mit **SNORKELSTI** ein »Schnorchelpfad« in Ufernähe ausgewiesen ist. Achten Sie im Touristenbüro auf das Faltblatt »Som en fisk i vandet« (= Wie ein Fisch im Wasser), zwar auf Dänisch, aber mit Karte, hilfreich vor allem in Kalvehave.

WINDSURFEN/KITESURFEN/SUP

◎ Möglich bei »Camping Vestmøn« im Süden, »Camping Ulvshale Strand« im Norden, besser in der Stege-Bucht sowie anspruchsvoll vor **KLINTHOLM HAVN**. Hier öffnet von April/Ostern bis Oktober die Surfschule MØN SURF, Thyravej 15, Tel. 2623 6010, moensurf.dk auch auf Englisch. Shop und Café von Ende Juni bis Mitte August.

Könner zieht es auch nach FARØ, westlich von Bøgø. Ohne Ortskenntnis und Erfahrung sollte sich dort jedoch niemand aufs Wasser begeben!

Was fehlt noch?

SIGHTSEEING

◎ **HISTORISCHE FÄHRE AB STEGE**: siehe Seite 115.

◎ **BOOTSAUSFLÜGE MØNS KLINT**: siehe Seite 121.

UNTERHALTUNG / EVENTS

◎ Das Jahresheft MØNS TURISTGUIDE 20xx enthält einen umfangreichen **KALENDER** mit Aktivitäten und Veranstaltungen. Das Angebot umfasst Markttage, (Gratis-)Konzerte, Kunst- und sportliche Events, Führungen etc.

◎ Hilfreich sind auch die **WEBSITES** von Geocenter Møns Klint (moensklint.dk), Touristenbüros (danischeostseeinseln.de) und von Unterkünften. Beispiel: Ohne die Website des Geocenter Møns Klint wäre das Drachenfestival Møns Dragefestival in den Hügeln von Mandemarke Bakker immer noch weitgehend unbekannt.

KUNST UND KUNSTHANDWERK

In den Jahresheften und Imagebroschüren haben Künstler, Kunsthandwerker, Ateliers sowie Galerien einen festen Platz, meist in Form von Porträts, Hinweisen und Anzeigen. Mehr als 40 Künstler und Galerien auf Møn (und in Südseeland) waren zuletzt unter kunstnetvaerk.dk registriert.

◎ Die größte Galerie auf Møn ist die **GALLERI WARRER** auf Ulvshale, Hovedskovvej 20 (nördlich von Stege), warrer.dk. Mitte März bis Mitte Oktober Do–So 11–17 Uhr. (M43)

Auf 1.000m^2 sind Mode, Kunst und Livsstil (Lebensstil, gemeint Interieur für das Zuhause) zu begutachten. Das Ehepaar Warrer malt (Bent) und entwirft Mode (Anne-Grethe). Das repräsentative Anwesen liegt an einer unserer Radrouten.

◎ Møn ist eines der wenigen Gebiete im östlichen Dänemark, an dessen

Kitesurfer vor der Insel Farø finden Sie im allgemeinen Teil auf Seite 79 im Bild.

Stränden auch **BERNSTEIN** gefunden wird. SCHMUCK aus Bernstein und anderen Materialien sowie Wechselausstellungen zeigt das SMYKKEMUSEUM GALLERI MØN, Damme, Hjørnet 6, Tel. 5581 7608. Geöffnet nach Absprache. (M32)

KONTAKT, HILFE

Siehe Seite 115 im Kapitel »Stege«.

TRANSPORT

◎ **BUS**: Der Busbahnhof (Rutebilstation) in Stege liegt hinter dem Touristenbüro, Ved Stranden. In diesem Bereich startet auch der kostenlos verkehrende EL-BUSSEN (siehe Seite 98).

Außer den bereits erwähnten Inselrouten 667 und 678 (siehe Seite 122) verkehren Linie 664 (Vordingborg) und 750 (Nykøbing F.) über Neble, Damsholte, Lerbæk, Askeby, Damme, Borgsted (letzte Haltestelle am Grønsund vor Bogø), während Linie 660 R (bis Vordingborg) den kurzen Weg via Tjørnemarke/Koster zur Brücke Mønbroen nimmt. Nach Præstø Bus 660 R mit Umstieg in Vordingborg in 661 R.

◎ **TAXI**: Dantaxi in Stege, Tel. 4848 4848. – Taxi 7*9*13, Stege, Tel. 5581 7913.

Weiterreise

BUS

Fahrpläne: dinoffentligetransport.dk dort »Trafikinfo«, »Køreplaner for bus«, Liniennummer eingeben, Download.

◎ **NACH SEELAND**: Linien 664 und 660 R nach Vordingborg. – Linie 660 R plus Umstieg 661 R nach Præstø.

◎ **NACH FALSTER**: Linie 750 führt über Bogø, Farø und die Autobahnbrücke E 47 / E 55 nach Nykøbing F.

AUTO

◎ **NACH FALSTER**: Die Inselhauptstraße 287 verlässt Møn über einen Damm nach Bogø. Entweder nimmt man die Autobahn E 47 ab Farø oder die nur im Sommer verkehrende Fähre IDA von Bogø nach Stubbekøbing in Nordfalster (siehe Seite 177).

◎ **NACH LOLLAND**: Str. 287 oder 59 zur Autobahn E 47. Alternativ Str. 59 bis Vordingborg, ab dort auf Str. 153 auf Storstrømsbücke nach Falster sowie weiter nach Guldborg/Lolland.

◎ **NACH SÜDSEELAND**: Ab Stege geht es auf Str. 287 und 59 zur Brücke MØNBROEN über den ULVSUND; ab Stege sind es via Str. 59 nur 11 km bis Kalvehave sowie 27 km bis VORDINGBORG. Ab Südwestmøn mag aber die Str. 287 günstiger sein, die über einen Damm auf Bogø wechselt, um auf Farø in die Autobahn zu münden.

Wen es nach PRÆSTØ zieht, nimmt ebenfalls die Mønbroen, wechselt anschließend in Seeland jedoch auf die Str. 265 nach Norden.

NF 105
NF 73

Falster

STRÄNDE, NATURIDYLLEN UND EIN AUSFLUG INS MITTELALTER

Falster liegt ganz nahe zu Lollands Osten, getrennt nur durch eine Eiszeitfurche namens GULDBORGSUND. Die Insel hat 42.500 Einwohner und misst 514 km², das ist klar weniger als die Hälfte Lollands und mehr als das Doppelte von Møn.

Die Inselhauptstadt NYKØBING F. liegt im mittleren Inselwesten, wo eine von drei Brücken den Guldborgsund überspannt. Die Stadtgeschichte ähnelt denen vieler anderer urbanen Zentren der Region – nur, dass diesmal der Handelsplatz nicht der Festung vorausging, sondern umgekehrt: Die Festung (erstmals 1255 dokumentiert) sollte den schmalen Sund sichern und überwachen helfen. Handel und Franziskanerkloster (1419) sorgten für die erste Blütezeit, die erste Sundbrücke nach Lolland (1867), die Eisenbahn (1872) und der Fährhafen in GEDSER, der Falster bis heute mit dem Kontinent verbindet, für die zweite. Die Insel gilt als ein Zentrum der Nahrungsmittelindustrie. Gut möglich, dass Ihnen ein Traktor begegnet, der Zuckerrüben zur Weiterverarbeitung nach Nykøbing F. bringt. Das »F« steht für Falster, denn Nykøbing gibt es mehrfach in Dänemark.

Die Stadt ist sozusagen über den Sund nach Lolland gewachsen, der Ortsteil dort heißt treffend Sundby – Sundstadt. Ohnehin gehört ganz Falster zur Kommune Guldborgsund, die u.a. noch Sakskøbing und Nysted drüben auf Lolland umfasst. Und in Sundby auf Lolland ist das MITTELALTERZENTRUM beheimatet, eine Touristenattraktion, die wegen Nykøbing eher Falster zugeschrieben wird.

Die überwiegende Mehrzahl der Touristen kommen allerdings wegen der kilometerlangen, familienfreundlichen STRÄNDE in Ostfalster. Quartier nehmen sie vor allem in MARIELYST, wo parallel zur Strandküste eine Ferienhauskolonie die nächste ablöst. Das überschaubare Zentrum lebt in den Wochen der Hochsaison auf, gleich einem Noordwijk oder Zandvoort en miniature.

In Nordfalster verbergen sich Falsters LANDSCHAFTLICHE SCHÖNHEITEN: allen voran die über weite Strecken bewaldete Nordostküste mit dem Fischerdorf HESNÆS und dem Forst bei CORSELITZE. Rad fahren und Wandern können Sie auf Falster vielerorts, aber nirgends so schön wie hier, wo sich zudem einsame STRÄNDE erstrecken. In Nordfalster liegt auch das kleine Hafenstädtchen STUBBEKØBING, wo im Sommer die betagte Fähre IDA vor allem Radler zur Insel Bogø (und damit zur Weiterreise nach Møn) übersetzt.

◀ Der unendlich wirkende Strand bei Marielyst – hier bei Sonnenaufgang – zieht mit Abstand die meisten Touristen nach Falster. – In Nordfalster verteilen sich mehrere Naturoasen und andere kleine, aber feine Ausflugsziele, wie hier der Mini-Hafen von Hesnæs.

Falster im Überblick

INFORMATION

◎ Die Adressen und Kontaktdaten der **TOURISTENBÜROS** stehen in den jeweiligen Kapiteln dieses Buches an zentraler Stelle, in der Regel hinter der Einleitung unter »Information«. Die klassischen Touristenbüros wurden eingespart bzw. mit Museumsrezeption oder Ferienhausagentur zusammengelegt oder weitgehend ehrenamtlicher Initiative (wie in Stubbekøbing und Gedser) überlassen. Wer ins Touristenbüro in Nykøbing F. kommt, versorge sich dort mit Prospektmaterial – denn es wird andernorts auf der Insel nicht besser, eher schlechter.

UNTERKUNFT (PLANUNG)

Anders als auf der größeren Insel Lolland liegen Falsters Reize so, dass Motorisierte von einer festen Unterkunft aus die ganze Insel erkunden können, ohne allzu lange Zeit auf der Straße zu verbringen. Ein hochklassiges Hotel gibt es derzeit auf Falster nicht. Wen es nicht an die tollen Strände von Marielyst zieht, wird mit einer Unterkunft im Raum Nykøbing F. oder im mittleren Norden am besten bedient sein.

◎ **FERIENHÄUSER** gibt es dort aber kaum, die Ferienhaussiedlungen konzentrieren sich auf die OSTKÜSTE mit den herrlichen Stränden bei Marielyst. Kleine Ferienhauskolonien liegen bei Kongsnæs, in Stubbekøbing im Nordosten, nahe schöner Küstenabschnitte zur Ostküste hin (Seite 168 ff.).

◎ **BED & BREAKFAST**-Adressen finden Sie bei überregionalen Anbietern (Seite 40 f.) und in den Jahresheften der Reiseziele / Touristenbüros. Aus Platzgründen können wir nur Adressen aus persönlicher, guter Erfahrung nennen.

FERIEN AKTIV (PLANUNG)

◎ **RAD FAHREN**: Sehr schöne Tagesrundfahrten ergeben sich im Bereich Nordostküste, Marielyst, Gedser bzw. Südspitze sowie ab Nykøbing F. nach Nordosten in waldreiches Gebiet. Vier empfehlenswerte, selbst recherchieret Touren finden Sie auf der Karte nebenan grob skizziert.

◎ **WANDERN**: Landschaftlich besonders reizvoll sind das Seen-/Feuchtgebiet Borremosen (Seite 172 f.) mit dem angrenzenden Wald Hannenov Skov, das renaturierte Hochmoor Horreby Lyng (siehe Seite 176) und die waldreiche Nordostküste bei Hesnæs und Corselitze (Seite 173 ff.). Lohnende, kürzere Touren bieten das Dolmenareal Halskov Vænge (siehe Seite 174) und Nykøbing F. mit dem Hafenviertel Slotsbryggen (siehe Seite 151).

◎ **BADEN**: Unschlagbar zieht sich der Strand bei MARIELYST viele Kilometer lang in beide Richtungen (siehe Seite 156 ff.). Wer ein stilleres Plätzchen bevorzugt, findet das im Nordosten südlich von Hesnæs sowie bei Corselitze. Indoor erste Wahl sind die Inselhauptstadt Nykøbing F. (siehe Seite 154) sowie im Nordwesten Nørre Alslev (siehe Seite 176).

Wer Falster auf Nebenstraßen befährt, benötigt unbedingt eine Straßenkarte mit großem Maßstab bzw. kleiner Maßstabszahl (siehe Seite 23).

FALSTER
Storstrømmen
Bogø
Møn
Stubbekøbing
Bavnehøj
Nørre Alslev
Guldborg-sund
Guldborg
Eskilstrup
Maglebrænde
Hesnæs
Horbelev
Bregninge
Horreby
Halskov
Lolland
Nørre Ørslev
Karleby
Nykøbing F.
Sundby
Ostsee
Idestrup
Væggerløse
Guldborg-sund
Marre-bæk
Marielyst
Nysted
Stavreby
Bøtø Nor
Skelby
Gedesby
Gedser
Gedser Odde
E47
E55
153
293
287
271
297
0
5 km
selbst recherchierte, empfohlene Radrouten
1 Nykøbing F. Zentrum
2 Marielyst Zentrum
3 Bøtø Nor Vogelschutzgebiet
4 Botø Nor Gl. Pumpestation
5 Naturreservat Bøtøskoven
6 Glasbläserei & Stovby Mølle
7 Marielyst Golf Klub
8 Gokart / Paintball
9 Gedser mit Wasserturm, Remise, Den Sorte Museum
10 Sydstenen bei Gedser Odde
11 Windmühle Gedesby Mølle
12 Birkemose Strand
13 Gedesby Strand
14 Højmølle Kro
15 Ulslev Strandcamping
16 Pomle Nakke
17 Falster Golf Klub mit Restaurant
18 Danmarks Traktormuseum
19 Krokodille Zoo
20 Motorrad- und Radiomuseum
21 Strandparkplatz bei Hesnæs
22 Halskov Vænge
23 Kirche Tingsted
24 Kirche Falkerslev
25 Kirche Aastrup
26 Hofgut Corselitze
27 Borremosen
28 Horreby Lyng
29 Nordfalster Svømmecenter
30 Naturreservat Barup Sø

Nykøbing F.

STADT AM GULDBORGSUND

Nykøbing F. bedeutet Nykøbing auf Falster. Zur Historie und wirtschaftlichen Bedeutung der Stadt mit bald 17.000 Einwohnern gibt bereits Seite 145 erste Auskunft.

Nykøbing F. liegt am östlichen Ufer des Guldborgsunds, der Falster von Lolland trennt. Die Orte am Westufer, wie SUNDBY, zählen zum Einzugsgebiet; dort befindet sich mit dem MITTELALTERZENTRUM die größte touristische Attraktion der Gegend, ergänzt durch einen ZOO in einem Naherholungsgebiet und einige bescheidene Sehenswürdigkeiten in der City.

Auch in Nykøbing F. hat die Industrie angestammtes Hafenareal verlassen: Ein ansehnliches Beispiel für die Veränderung ist das Quartier SLOTSBRYGGEN. In den Randlagen blieb die Industrie präsent, die Fabrik des Konzerns »Nordzucker« produziert außer Zucker noch Melasse und Tierfutter.

INFORMATION

◎ **NYKØBING F. TURISTINFORMATION**, Færgestræde 1 A, DK– 4800 Nykøbing F., Tel. 5485 1303, turist@museumlollandfalster.dk, visitlolland-falster.de. Mitte Juni bis Ende August Mo–Fr 10–16, Sa 10–15 Uhr, sonst Mo/Di–Fr 10/11–16/17 Uhr, Sa 10–15 Uhr. Siehe den Stadtplan nebenan. **(1)**

ORIENTIERUNG

Große, kostenfreie Parkplätze liegen am ENGBOULEVARDEN: ab Kreuzung Bahnhof **(2)**, Busbahnhof **(3)** und McDonalds aus Süden nach links; ab P via Kongensgade zur City, Orientierung via Wasserturm und Kirchturm.

Unterkunft

◎ **HOTEL FALSTER**, Stubbekøbingvej 150, Tel. 5485 9393, hotel-falster.dk auch auf Deutsch. EZ ab 840, DZ ab 1.055 DKK, Paketangebote für Golfer, Radfahrer und an Wochenenden. **(5)**

Zentral gelegen, jedoch nahe verkehsreichem Kreisel. Restaurant 12–15 und 17.30–22 Uhr, So nur im Sommerhalbjahr abends.

◎ **HOTEL LISELUND**, Lundevej 22, Tel. 5485 1566, hotelliselund.dk auch auf Englisch. EZ ab 740 DKK, DZ ab 795 DKK. Frühstück 98 DKK. **(17)**

Ruhig gelegen im Ortsteil Sundby. Restaurant Mo–Sa mit täglich wechselndem Menü, kein à la carte.

◎ **FALSTER CITY CAMPING**, Østre Allé 112, Tel. 6165 6593, fc-camp.dk.

Ostern bis 1.11. Camping 90/50–80 DKK. Hütten 300–450 DKK plus Personentarif. Am Waldrand, nahe Zoo und Naherholungsgebiet. Für Langzeitaufenthalte nur bedingt geeignet, in die Jahre gekommen. **(6)**

Slotsbryggen: Hafen im Umbruch (siehe auch Seite 151); die vier Hausbotte sind als (teure) Ferienhäuser zu mieten. ▶

NYKØBING F. ZENTRUM
Information/Orientierung:
1 Touristenbüro
2 Bahnhof mit Posthaus
3 Busbahnhof
4 Post (im Supermarkt)
Unterkunft/Gastronomie:
5 zum Hotel Falster
6 zu Camping / Zoo
7 Rest. Vinkælderen
8 Cafe 3kanten
9 Gonzales Feilberg
10 Dhaba Indian Street Food
11 K.B. Smørrebrød
12 Annes Fisk
Stadtrundgang:
13 Vandtårnet (Wasserturm)
14 Klosterkirken
15 Feuerwehr-/Friseurmuseum
16 Slotsbryggen
17 nach Sundby mit Hotel Liselund und Mittelalterzentrum
18 Ableger Bootsfahrten
Høstgade
Slotsporten
Slotsgade
Engvej
Gl. Toldbod
Stengade
Sundbystræde
Vestensborg Alle
Rosenvænget
Kongensgade
Engboulevarden
Skovalleen
Tankgade
Tømmergade
Vestergade
Skolegade
Nørregade
Dronningensgade
Færgestr.
Torvet
Østergågade
Søndergade
Toldbrogade
Langgade
Tværgade
Brovejen
Jernbanegade
Bastebro-str.
Radhus-str.
Frisegade
Kloster-stræde
Nygade
Brogade
0 100 m

Essen und Trinken

◎ **RESTAURANT VINKÆLDEREN**, Slotsgade 22, Tel. 54 85 0910, restaurantvinkaelderen.dk. Mi+Do 17.30–22 Uhr, Fr+Sa 17.30–23 Uhr. **(7)**

Stilvoll und mit Meriten dekoriert wendet sich »Der Weinkeller« an FEINSCHMECKER. 2/3 Gänge 335/435 DKK, jeweils mit Wein plus 245/345 DKK.

◎ Im Hafenviertel **SLOTSBRYGGEN**: CAFE 3KANTEN, Hausnr. 24, Tel. 5486 4040, cafe3kanten.dk. Mo–Do 11–21.30, Fr– Sa ab 10 Uhr. Typisches Café mit angesagter Crossover-Küche, populär, nette Lage mit Plätzen im Freien. **(8)** – GONZALES FEILBERG, Nr. 9, Tel. 6133 1379, restaurantgonzalesfeilberg.dk. Do–Sa 17.30–21 Uhr, Sa auch 11.30–15 Uhr, im Sommer verlängert. Ambitioniert, schick, gute Küche. **(9)**

◎ **DHABA INDIAN STREET FOOD**, Torvet 7, Tel. 4553 5329, dhabakirtchen.dk. Täglich 17–21 Uhr. **(10)**

Zurzeit der internationale Renner vor Ort, das Street Food wird indoor serviert. Appetitlich gereicht, jedoch samt Beilage/Getränk (je Person) zum Sattwerden über 200 DKK aufwärts.

◎ Smørrebrød und Sandwiches (zum Mitnehmen) sowie preiswerte Tellergerichte und Kuchen gibt es bei **K.B. SMØRREBRØD**, Nygade 18. Mo 8–14, Di–Fr 8–16, Sa 10–13 Uhr. **(11)**

◎ **FRISCHFISCH**: ANNES FISK, Sjællandsgade 1, Tel. 5482 8311. Mo–Fr 10 –17 Uhr, Sa 9.30 –13 Uhr. **(12)**

Am Hafen, nahe Slotsbryggen. Mit Terrasse, mittleres Preisniveau.

Stadtrundgang

◎ Das Faltblatt **AUF DEN SPUREN VON KÖNIGIN SOPHIE** begleitet Sie mit Karte an 13 historische Orte in der Stadt. Gratis im Touristenbüro.

◎ EMPFEHLUNG: **AUSSICHTSTURM VANDTÅRNET**, Hollandsgård 20. Geöffnet je nach Ausstellung, zuletzt im Umbau. Eintritt 20/10 DKK. **(13)**

Der 43 m hohe Wasserturm im Zentrum war 1908 das erste Stahlbetonbauwerk dieser Größe in Dänemark. 146 Treppenstufen führen über sieben Etagen auf die Aussichtsplattform in 32 m Höhe. Unterwegs sind AUSSTELLUNGEN über Stadtgeschichte, Natur und Umwelt, vor allem Kunst u.a. anzuschauen. Jedenfalls lohnt die AUSSICHT von der verglasten Plattform jede Treppenstufe. (Nach dem Umbau im Erdgeschoss womöglich mit Lokal, das auf dem Vorplatz serviert.)

◎ **KLOSTERKIRKEN**, Kirkepladsen 3. 1.5.–30.9. täglich 10 –17.30 Uhr, sonst 10–16 Uhr. Es liegt ein gutes Info-Heft auf Deutsch aus. **(14)**

Die ältesten Teile der früheren Klosterkirche im gotischen Stil datieren aus dem späten 15. Jh. Das Kloster bestand bereits seit 1419, wurde aber im Zuge der Reformation 1532 verlassen.

Zu den Kostbarkeiten im Innern der mächtigen Kirche zählen der Altar im Renaissancestil (1616, ein Geschenk der Königin Sophie), die barocke Kanzel (1640) und ein Gemälde von *Lucas Cranach d. Ä.* (1540). Es gibt Logen mit Fenster, drei Votivschiffe und eine Ah-

Zum Stadtrundgang mit Textbegleitung. Wer sich weniger für Geschichte und dafür mehr für Kunst interessiert, fragt im Touristenbüro nach dem Heftchen »Kunst im öffentlichen Raum der Stadt« = »Kunst i det offentlige rum i Nyk. F.«

nentafel der Mecklenburger (die bald restauriert werden soll). Im Sommer finden Konzerte in der Kirche statt, vor der eine riesige Eiche thront.

◎ **MUSEUM OBSCURUM**, Færgestræde 1 A, Tel. 5485 1303, museumlollandfalster.dk u.a. auf Deutsch. Eingang/Öffnungszeiten wie Touristenbüro (s. S. 148). Eintritt saisonabhängig 75–85/0 DKK, Kombi-Ticket s. S. 61. **(1)**

Podium fürs Fantasy-Genre: Fabelwesen wie Werwölfe, Mystik, Okkultes, Rätsel, kuriose Funde, Glaube und viel Aberglaube. Zeitgemäß aufbereitet, Escape Room inklusive.

◎ FEUERWEHRMUSEUM **NYKØBING F. BRANDMUSEUM**, Vendersgade 6, brandmuseet.dk. 1.5.–30.9. Mo bis Fr 11–15 Uhr, Sa 10–12 Uhr. Eintritt 40/20 DKK, gilt ebenso für das Frisør-, Radio- und Fotomuseum im Haus. Textblatt auch auf Deutsch. **(15)**

Das Herzstück sind LÖSCHWAGEN aus gut 100 Jahren, vom Pferdegespann (1895) über Gerätschaften, Ausrüstung, Uniformen und Werkzeug bis zu motorisierten Fahrzeugen. Als ein Prunkstück gilt die TRIANGEL-Spritze, die drei Behälter für Schaum und Wasser kombiniert – eine dänische Konstruktion, nach der sich der Verein benannt hat, der das Museum trägt.

Die drei anderen Museen (s.o.) sind der langjährigen Sammelleidenschaft einzelner Personen zu verdanken.

SLOTSBRYGGEN ...

... **(16)** ist ein typisches Beispiel dafür, wie man aus einem abgewrackten Industrieareal AM HAFEN ein ansehnliches, zeitgemäßes Viertel zum Wohnen, Arbeiten und Ausgehen machen kann. Der Name weist darauf hin, dass hier ein SCHLOSS stand, das Ende des 16. Jhs. aus jener ersten Festung hervorging. Ab dem Jahr 1767 wurde das inzwischen leer stehende Schloss geschleift, das »Material« beim Bau von Herrenhöfen in der Region verwendet. Die verbliebene kümmerliche RUINE markiert den ehemaligen Gefängnisturm. Beim Kino (s.u.) schildern Texttafeln das Schicksal des Schlosses.

◎ Spaziergang auf **SLOTSBRYGGEN** im neuen Hafen – Wohnen am Sund, Gastronomie (u.a. Nr. 9 und 24), schickes Kino der »Nordisk Film« (Nr. 5), Bootsanleger, Ärztehaus (Nr. 18) und mittendrin vier hochelegante Hausboote als teure Touristenunterkünfte.

ZOO + BOTANISCHER GARTEN

◎ **GULDBORGSUND ZOO**, Østre Allé 97, Tel. 5473 2700, guldborgsundzoo.dk. 1.5. bis ca. 20.10. täglich 9–17, sonst 10–16 Uhr. Eintritt je nach Saison 65–100/35–60, Familienticket (2+2) 150–245 DKK. Bus 742. **(6)**

Aus einem ehemaligen Kleintierzoo wurde eine größere Anlage mit landschaftlichen Arrangements, mit nordischen wie exotischen Tieren – von Rentier, Schneeeule und Pinguin bis zu Emu, Lama, Kapuzineräffchen und Lemuren. Erwartungsgemäß ein Ziel vor allem für Familien mit Kindern.

Der Botanische Garten umfasst beinahe 1.000 Pflanzenarten aus ca. 150 -familien. In der Regel Ende Mai blühen die Rhododendren.

Die Neubauten auf Slotsbryggen begannen 2006 bis 2008. Mit dem Aufkommen der Finanzkrise spielten sich so manche Dramen bei den Wohneigentümern und Geldgebern ab.

Mittelalterzentrum

SUNDBY liegt auf der anderen Seite des Guldborgsunds, also auf Lolland, gehört aber zur Stadt Nykøbing F.

Das Mittelalterzentrum ist ein aktives FREILICHTMUSEUM. Nach überlieferter Tradition werden Boote gebaut, Seile, Fässer, schmiedeeisernes Werkzeug, Gefäße und Kleidung angefertigt, Kanonen und Kampfwagen in Szene gesetzt. KATAPULTE schleudern Munition auf den Sund hinaus, In einer Mini-BUCHT mit Handelshäusern ankern Bootsnachbauten, Sundkøbing heißt die kleine Siedlung.

Die Vorführungen sind ein Erlebnis, zumal die Darsteller oft auf witzige Art untereinander und mit dem Publikum kommunizieren. Das gilt auch für das RITTERTURNIER. Zum Teil werden die Gäste sogar in die Vorführungen integriert. Markttage werden veranstaltet, es treten Gaukler auf. Informieren Sie sich vorab über aktuelle TERMINE via Homepage oder am Empfang.

Im TECHNOLOGIEPARK sind Apparaturen, Maschinen etc. aufgebaut, die Erfindungen demonstrieren. Im Wald Hamborgskoven gen Westen können Sie auch spazieren gehen.

◎ EMPFEHLUNG: **MIDDELALDERCENTRET**, Ved Hamborgskoven 2, Tel. 5486 1934, middelaldercentret.dk auch auf Deutsch. 1.6.–31.8. u. Herbstferien täglich 10–16 Uhr, ab 2.5. Eintritt je nach Saison 165/95 DKK, Familienticket (2+2) 465 DKK, Hauptsaison jeweils plus 20 DKK. Bus 702. **(17)**

Ferien aktiv

RAD FAHREN

Zu den sog. Panoramaradwegen alias Erlebnisrouten gibt's im Touristenbüro Faltblätter mit Karte auf Deutsch (15 DKK). Online/App via »Naturlandet Lolland-Falster« (siehe Seite 66).

◎ EMPFEHLUNG: **PANORAMARUTE 420** – IM WALD, im Original »Ud i skoven«. Gute Startpunkte: Slotsbryggen, Virketvej (Falster-Karte: bei F27) oder Tingsted (F23). Total 25 km. Beschildert. Im Faltblatt (s.o.) Nordschleife in umgekehrter Richtung beschrieben.

Ab Slotsbryggen schön am Strandboulevarden entlang, interessant die Siedlung FJORDPARKEN am Colbjørnsensvej, die allen Balkons SUNDBLICK gewährt. Landeinwärts auf dem INDIANERSTIEN, im Ny Kristinebergvej auf rechtzeitigen Abzweig nach links achten. Wechsel von Vorstadtidyll, Grün, Tannenbaumplantagen. E 55 wird unterquert, der regionale Radweg 49 gekreuzt. Waldradweg mit Beleuchtung, Rastplatz mit Grill u.a. Kreuzungspunkt zwischen Nord- und Südschleife, nach Norden vorbei an weitläufigen Sportanlagen, Nordbyschule, zwischen Feldern, Unterquerung Bahntrasse, Stationsvej, links Stubberupvej, Bruntoftevej, rechts auf Wald zu, Markierung zuletzt zugewachsen, deshalb: rechts in den Wald Oustrupskov, Rastplätze, auf Nebenstraße Fjellebrovej bzw. regionalem Radweg 88/Munkevejen in den **HANNENOV SKOV** (anbei Borremosen, siehe Seite 172). Fjellebrovej

Im Mittelalterzentrum ▶

wird zum Virketvej, Rasten am Virkethus. Statt den aufgeschotterten Forstweg zu befahren, besser zurück und links in den Hannenovvej. Über Tingsted, Trættevejen, Bangsebrovej, Kreuzung mit Südschleife, bei Bedarf verkürzen. Ab Querung Str. 271/Kreisel (!) nach Süden teilweise dünn markiert.
◎ **SUNDROUTE** – im Original »Sundruten«. Distanz 45 km. Beschildert. Info-Material siehe Seiten 152 oder 66.

Beidseits des Guldborgsunds ab Nykøbing-Slotsbryggen (s.o. Waldroute) nach Norden, Wechsel nach Lolland in GULDBORG, dort Café Cocomarie! Im Vogelschutzgebiet **MAJBØLLE NOR** steht ein Beobachtungsturm, abseits die Windmühle MAJBØLLE MØLLE (Di 10–15 Uhr). Die Route verläuft oft küstennah, aber selten direkt am Sund.

WANDERN, WALKEN, JOGGEN

◎ **BORREMOSEN**, 4 km nordöstlich von Nykøbing F. Siehe Seite 172.
◎ **MOTIONSSLANGEN** ist ein LOGO für Jogging- und Spazierpfade. Diese »Bewegungsschlange« markiert über 20 km Wege im kompletten Stadtgebiet. Die Hauptroute rundum ist ohne Abstecher 20,5 km lang, mit der Nordschleife und Verbindungsweg 42 km. Faltblatt (auf Dänisch, mit Karte, 2017) im Touristenbüro, als PDF unter guldborgsundloeberne.dk.

BADEN, SCHWIMMEN

◎ **SVØMMECENTER FALSTER**, Kringelborg Allé 3, Tel. 5473 1545. Hallenbad mit Sauna. Aktuelle Öffnungszeiten: guldborgsundhallerne.dk.

GOLF

◎ **GOLFKLUBBEN** STORSTRØMMEN, Kringelborg Allé 9, Tel. 5482 8080, storstroemmen.dk. 18-Loch-Platz am südöstlichen Stadtrand. Gutes Café.

PFERDESPORT

◎ TRABRENNBAHN: **NYKØBING F. TRAVBANE**, Gedser Landevej 22, Tel. 8881 1208, nyktrav.dk mit Kalender, April bis Oktober 2–3 x im Monat.

Was fehlt noch?

SIGHTSEEING

◎ BOOTSFAHRTEN **SUNDFARTEN GULDBORGSUND**: im Sommer Di–Do 5 x, Fr–So 7 x. Dauer 1 Stunde, die letzte Tour abends 2 Stunden. Nebensaison Do–So 3 x täglich. Tickets ab 125/80/0 DKK. Ab Sandgade. **(18)**

UNTERHALTUNG / SHOPPING

◎ **KINOPALAST** der NORDISK FILM BIOGRAFER auf Slotsbryggen 5: vier Kinosäle am Hafen. Da fremdsprachige Erwachsenenfilme nicht synchronisiert sind, kommt diese Freizeitgestaltung auch für Ausländer in Betracht.
◎ **JAZZ:** Ende Juni bis Mitte August freitags auf Torvet, dem Marktplatz. – Riverside Jazz Club: riversidejazz.dk.
◎ **SOMMERSANG**: montags im August auf Torvet, dem Marktplatz.

SHOPPING

Nykøbing F. verfügt über ein großes

Der Sprachbarriere wegen leider nur eine Fußnote: Nykøbing F. hat eine große Tradition im Bereich Cabaret (seit 1912). Für die sommerliche Revue »Nykøbing Falster Revyen« kommen die Besucher aus ganz Dänemark angereist!

Einzugsgebiet und damit viele Läden. – Ein riesiges Einkaufszentrum wartet als 1. in Sundby, auf der Lolland-Seite.

◎ **EINKAUFSZEILEN**: rund um den Marktplatz (TORVET), Østergågade, Jernbanegade, Langgade, Nygade.

◎ **MARKTTAGE** Sommermarked: Do Ende Juni bis Anfang August, Torvet.

KONTAKT, HILFE

◎ **ÄRZTLICHE BEREITSCHAFT**: Tel. 1818. Siehe Seite 55. – Krankenhaus Nykøbing Falster Sygehus, Fjordvej 15. Nördlich der City am Sund.

◎ **POLIZEI**: Service-Tel. 114. Dienststelle Vestergade 15, Tel. 5531 1448.

◎ **POST**: Toldbodgade 2 (im Supermarkt »Meny«). Täglich 7–20 Uhr. **(4)**

TRANSPORT

◎ **STADTBUS**: Linie 702 verkehrt ab Nordbyschule, im ländlichen Norden Nykøbings, via Bahnhof nach Sundby zum Mittelalterzentrum, erktags. Alle Busse: dinoffentligetransport.dk, siehe »Trafikinfo», » Kommunekort« und dort Guldborgsund auswählen.

Weiterreise

BAHN

Der Bahnhof liegt östlich der City, am Banegårdspladsen. **(2)**

◎ Die private **LOLLANDSBAHN** verkehrt von Nykøbing F. nach Nakskov ganz im Westen von Lolland. Stationen ab Nykøbing sind: Øster Toreby, Grænge, Sakskøbing, Maribo, Ryde, Søllested, Avnede, Nakskov. Aktueller Fahrplan: lokaltog.dk.

Das Ticket ist vor dem Zustieg am Automaten zu ziehen. Siehe Seite 34.

BUS

Rutebilstation (Busbahnhof), Brovejen 1, beim Bahnhof. Abfahrtsort und Reiseziel unter rejseplanen.dk eingeben, Website auch auf Deutsch. **(3)**

◎ **REISEZIELE AUF FALSTER**: nach Stubbekøbing (Linien 736/737), Marielyst (Linien 741/742, auch nach Bøtø), Gedser mit Fährhafen (Linie 740).

◎ **NACH MØN**: u.a. über Farø, Bogø, Damme nach Stege (Linie 750).

◎ **NACH LOLLAND**: Nach Holeby via Fuglsand und Nysted (Linie 730).

AUTO

◎ **MARIELYST**: E 55 nach Süden, bei Væggerløse Abzweigung nach links.

◎ **SÜDFALSTER**: Landstraße E 55.

◎ **NORDFALSTER**: E 55 oder Str. 271 Richtung Stubbekøbing.

◎ **NACH MØN**: Landstraße E 55, Autobahn E 47, Abfahrt Str. 287 auf Farø Richtung Bogø und Møn. – Alternativ ab Nykøbing Str. 271 nach Stubbekøbing und Fähre nach Bogø (siehe Seite 131), ab dort weiter nach Møn.

◎ **NACH LOLLAND**: via Str. 9 über die ZUGBRÜCKE, die den GULDBORGSUND überspannt. Ab den folgenden Kreiseln entweder via Str. 9 nach Sakskøbing / Maribo (Inselmitte), Str. 297 Richtung Nysted / Rødby (Südlolland) oder auf Nebenstraßen über Sundby nach Guldborg (Nordostlolland).

Kurios zum Thema Shopping: Die Herstellung des Naschwerks von Møn Bolcher ist auf die Nachbarinsel Falster nach Nykøbing F. in den Ankersvej umgezogen. Zu kaufen gibt's die süßen Leckereien aber auf beiden Inseln.

Marielyst

10 KILOMETER SANDSTRAND

An der Ostküste Falsters sind zwei Gegebenheiten verbürgt, die auf viele Urlauber unwiderstehlich wirken: die meisten Sonnenstunden im dänischen Kernland und kilometerlange, breite, herrliche SANDSTRÄNDE. Das längste zusammenhängende Band zieht sich mehr als 10 km bei Marielyst entlang. Parallel zum Strand ist eine Siedlung aus Ferienhäusern samt zugehöriger Infrastruktur gewachsen, die in Dänemark so nur noch an der Nordseeküste drüben im Westen Jütlands zu beobachten ist. Rund um das schick mit Holz beplankte Zentrum ist Marielyst zu einem Pendant bekannter Ferienziele wie Zandvoort avanciert, wenn auch in symptahischem Kleinformat. Jedenfalls gibt es genug Gelegenheit, sich mit Stimmungsmusik beschallen zu lassen und Geld auszugeben. Wem das nicht behagt, kann »außer Strand« auch anders: Marielyst liegt an einigen Radrouten. Südfalster und Nykøbing sind nah; selbst Møn und Nysted, Sakskøbing, Maribo auf Lolland benötigen keine übermäßig lange Anfahrt. Für Sommer-Kurzweil vor Ort sorgen Events wie Konzerte, zeitweise Street Food, Golf, Bowling, Paintball etc. oder – im Winter Glühweinstände...

INFORMATION

◎ **MARIELYST TURISTINFORMATION**, Marielyst Strandvej 54, DK-4873 Væggerløse, Tel. 5413 6298, turist@marielyst.dk, marielyst.dk. 1.6.–1.10. täglich 10–16 Uhr, Nebensaison Di/Mi–Sa 10–15/16 Uhr, Winterhalbjahr Mi/Do– Sa 10–12 Uhr. (F2)

Unterkunft

◎ **FERIENHÄUSER**: Die Buchung vor der Abreise ist nur für die Hochsaison dringend anzuraten. Viele Agenturen sind mit einer Filiale in Marielyst vertreten.

◎ FERIENPARK **MARIELYST FERIECENTER**, Marielyst Strandvej 27, Tel. 7217 8151: Ferienwohnungen in 6 Kategorien für 2–6 Personen (40–82 m²). Die größte Auswahl offerieren zwar in Deutschland Dancenter (dancenter.de) sowie in Dänemark Danland (danland.dk), dafür jedoch teuer. Einzelne Ferienwohnungen sind über andere Ferienhausportale billiger zu buchen!

◎ **CAMPING**: Marielyst Ny Camping, Sildestrup Øvej 14 A, Tel. 2444 1650, marielystnycamping.dk. Mitte März bis Ende September. An der nördlichen Ausfallstraße. – Laxenborg Camping, Laksenborgvej 20, Tel. 4062 2628, via Facebook. Ganzjährig geöffnet. – Im Süden und am nächsten zum Strand: Ostersøparken, Bøtøvej 243, Tel. 5413 6786, ostersoparken.dk. Anfang April bis Mitte September.

Am Marielyst Strand: Das Bild fürs Familienalbum entstand an einem Septemberabend, darum die beiden Shirts übereinander – nein, es ist nicht immer kalt in Dänemark! Unten die Glasbläserin Line B. Jacobsen in der »Stovby Glaspusteri« (siehe Seite 160). ▶

Essen und Trinken

Bei über 20 Adressen in der Hauptsaison fällt die Auswahl nicht leicht.

◎ RESTAURANT **ADMIRALEN**, Bøtøvej 94,Tel. 3052 0609, via Facebook. Im Sommer Frokost sowie 16–22 Uhr, sonst Mi/Do–Sa/So 16–22 Uhr.

Auf dem Weg zur kulinarischen No. 1 in Marielyst. Internationale Gerichte und typisch Dänisches, ab und zu das »Nationalgericht« Stegt flæsk.

◎ **OLDFRUEN**, Marielyst Strandvej 25 A, Tel. 5413 1380, oldfruen.dk. Je nach Saison März bis Dezember Mo–Fr 11–17, Sa 10–17, So 10–16 Uhr.

Dänische Küche samt jeder Menge Smørrebrød, auch zum Mitnehmen. Günstiges Preisniveau. Die Terrasse ist einladender als das Lokal drinnen.

◎ **CAFE TANTE KARLA**, Marielyst Strandvej 23, Tel. 3069 6973, via Facebook. Im Sommer 8/11–17 Uhr, sonst nur (verlängertes) Wochenende.

Lichtes, nett konzipiertes Lokal mit einladendem AMBIENTE. Klassisches Café mit Kuchen, Waffeln, aber auch Tagesgerichten. Plätze im Freien.

◎ **CAFÉ MYNTE**, Marielyst Strandvej 60, Tel. 2897 0897, via Instagram. Sommers täglich 11–22 Uhr, im Winter Do 17.30–21, Fr+Sa 11–22, So 11–17 Uhr.

Mutter und Tochter kümmern sich mit Hingabe um ihre Gäste. Viel Flair, schmackhaft verfeinerte Hausmannskost, Süßes. Dagens ret um 125 DKK.

◎ **FRISCHFISCH**: Uni & Michaels fisk, sommers täglich 10–17 Uhr vor dem »Aldi«, Stovby Ringvej 5.

Ausflüge

BØTØ NOR

Nach der schweren Sturmflut 1872, die auch Südfalster verwüstete und in Gedesby weiter südlich über 20 Todesopfer forderte, waren weite Teile entlang der Küste verödet. So unterbrach die Flut auch die begonnene Trockenlegung des Haffs Bøtø Nor, die sich erst im 20. Jh. fortsetzte: Teils Weide- und Ackerland, teils als Schutz gegen Wind und Wetter aufgeforstet, kauften 1952 zwei engagierte Bürger 145 ha Land, um es wieder zu überfluten und an die Vogelwelt zurückzugeben. Alle Stationen sind im Rahmen unserer Radtour aufzusuchen.

◎ Das **VOGELSCHUTZGEBIET** Bøtø Nor grenzt an den Südwesten der Ferienkolonie Marielyst. Sommers dient es Schwimm- und Watvögeln als Brutgebiet, später im Herbst als Zugvögel-Raststation sowie im Winter als Quartier für Tausende von Saatgänsen aus dem Norden Skandinaviens und der russischen Taiga. Vom Parkplatz am Waldrand (am Lævej) führt ein Weg zu zwei Beobachtungsbauten (Fernglas). Info-Faltblatt zwar auf Dänisch, aber mit KARTE im Touristenbüro. (F3)

◎ **BØTØ NOR GL. PUMPESTATION**: Diese Anlage diente ab 1871 der Entwässerung des Haffs über den Marrebæk Kanal in den Sund vor der Westküste. Møllesøvej 2. Ende Juni bis Ende August Do 14–17, So 10–13 Uhr. Eintritt 50/35 DKK. (F4)

◎ **BØTØSKOVEN**: s. Seite 159.(F5)

Wildpferde im Naturreservat Bøtøskoven ▶

EMPFEHLUNG: **NATURRESERVAT BØTØSKOVEN**

Bøtøskoven, der Bøtøwald, hieß früher Bøto Plantage, war privat und bestand überwiegend aus Nadelwald. Mittlerweile gehört das auf 153 ha vergrößerte Areal Den Danske Naturfond, wurde gezielt renaturiert und in ein Schutzgebiet verwandelt. Einige Nadelbäume wurde entfernt und entweder durch Birken und andere Laubbäume oder durch Freiflächen ersetzt, Wiesen und Weiden. Das lang gestreckte Gebiet verläuft südlich von Bøtø parallel zum Deich.
◎ Um die Vegetation auf den Freiflächen niedrig zu halten, wurde 2017 eine Herde **WILDPFERDE** ausgesetzt: eine Maßnahme, die sich z.B. auch auf Møn und Langeland bewährt hat; dazu kommen schottische HOCHLANDRINDER. Besucher sollten den Tieren nicht näher als 50 Meter kommen, zumal die Rinder dann unangenehm werden können. Zu beobachten sind ferner rund 40 Arten von SCHMETTERLINGEN und jede Menge VÖGEL – deren Schutzgebiet Bøtø Nor (siehe Seite 158) grenzt im Nordwesten direkt an den Wald.
◎ **WANDERWEGE**: Es gibt drei markierte Routen, die miteinander zu kombiniert sind, 2 x 3,5 km und 1 x 1,5 km. Die Karte weist drei Rastplätze und Toiletten im nahen Standbereich aus. Zusammen mit einer ausgiebigen Tour am Strand oder auf dem Deich sind bei Lust und Laune allemal 20 km möglich.
◎ **INFORMATION**: Faltblatt mit Karte im Touristenbüro und beim Parkplatz am Nordrand, wettergeschützt zum Entnehmen; dazu jeweils Info-Tafeln am nördlichen und südlichen Eingang. naturfonden.dk (bisher) nur auf Dänisch.

STOVBY / VÆGGERLØSE

◎ WINDMÜHLE **STOUBY MØLLE** am Stovbyvej. 3. So Juni bis etwa 25.8. täglich 10–16 Uhr. Zutritt 10/0 DKK. (F6)

Mit 265 Jahren Dänemarks älteste und zudem größte BOCKMÜHLE, seit 1790 an diesem Ort. Bis 1931 war das Mahlen von Korn rentabel, die letzte Teilrestaurierung erfolgte 2017. Über die schmale TREPPE ist die Mühle zu erklettern, die Aussicht fein. Daneben:

◎ GLASBLÄSEREI **STOVBY GLASPUSTERI**, Stovbyvej 19 B, Tel. 2163 7877, stovbyglas.dk mit Kalender für Laden und Werkstatt (letztere Mitte Mai bis ca. 20.09. Mo–Fr 10–15/16 Uhr). (F6)

In der offenen Werkstatt können Sie *Line B. Jacobsen* Mo–Fr beim Glasblasen zusehen. Die meist farbenfrohen Gläser, Schalen, Lampen, Uhren usw. mit schwungvollen Konturen eignen sich prima als bezahlbare Souvenirs.

◎ **FALSTER DESTILLERI**, Væggerløse, Væggerløsevej 13, Tel. 3012 7554, falsterdestilleri.dk. Herstellung und Ladengeschäft. Spirituosen und Bier.

Ferien aktiv

RAD FAHREN

Zu den sog. Panoramaradwegen alias Erlebnisrouten gibt's im Touristenbüro Faltblätter mit Karte auf Deutsch (15 DKK). Online/App via »Naturlandet Lolland-Falster« (siehe Seite 66).

◎ EMPFEHLUNG: **PANORAMARUTE 417** – SPASS IN DEN PEDALEN, im Original »Sjov i pedalerne«, hier verlängert. Startpunkt am Marielyst Torv. Distanz 24 km ohne Abstecher, wegen des Südwestwinds andersherum als auf dem Faltblatt beschrieben.

Über Marielyst Strandvej hinein ins Zentrum, Vorsicht Kulturschock. Auf Bøtøvej parallel zur Küste nach Süden; mögliche Abstecher zum Strand oder Rast am Naturspielplatz Lupinvej. Verlängerung möglich nach Süden zum Wald BØTØSKOVEN und via Bøtø Ringvej zurück, Beobachtungstürme **BØTØ NOR**. Schöner als auf Bøtø Ringvej radelt man vorübergehend im Ferienhausareal linker Hand auf dem Stolt Henriksvej in Richtung Godthåbs Allé, die nun nach Westen führt. Hinter der Überquerung der E 55 hübscher Rastplatz mit Wiese am Ententeich sowie Kaufmann am GAMMEL LANDEVEJ in **MARREBÆK**. Jenseits der E 55 steht das Pumpenwerk zur Entwässerung des Bøtø Nor (F4). Auf dem Rådbjergvej nordwärts; mehrmals werden die Gleise nach Gedser gekreuzt, im Tunnel wird die E 55 unterquert, durch Væggerløse geht's nach STOVBY mit möglicher Rast an der Mühle. Schöne Abfahrt via Stovby Tværvej zum Marielyst Strandvej, links zum Startort.

◎ **FAHRRADVERMIETUNG** bei Larsson-Bike, Marielyst Strandvej 30. Im Sommerhalbjahr täglich 9–15 Uhr.

WANDERN, WALKEN, JOGGEN

◎ Bestes Terrain sind der **DEICH** und das Waldreservat **BØTØSKOVEN**, abhängig von der Routenwahl plus ggf. Vogelreservat Bøtø Nor 20 + x km.

Wer die empfohlene Radtour mit Kindern unternimmt, braucht ein Zeitpolster. Denn der Naturspielplatz im Lupinpark am gleichnamigen Weg ist selbst für dänische Verhältnisse ergiebig, im Sommer zeitweise mit Personal vor Ort.

BADEN, SCHWIMMEN

◎ EMPFEHLUNG: Am **MARIELYST STRAND** weht die BLAUE FLAGGE. Die Infrastruktur ist vorbildlich und im Süden ein FKK-Bereich ausgewiesen.

DRAISINE

◎ **SKINNECYKLING**: Ende Juni bis Anfang September Di/Fr 11 Uhr ab Marrebæk, 13 Uhr zurück ab Væggerløse. Aktueller Fahrplan und Knowhow zur Anmeldung via gedserremise.dk.

GOLF

◎ MARIELYST **GOLF KLUB**, Bøtø Ringvej 2, Tel. 5413 4183, marielystgolfklub.dk. 18-Loch-Platz, Driving Range. (F7)

SURFEN/SUP

◎ **SURFCENTER FALSTER**, Tel. 2623 6010, surfcenterfalster.dk auch auf Deutsch. Ostern bis Oktober.

Was fehlt noch?

SIGHTSEEING

◎ **BUS**: Nordfalster-Rundfahrten, ab Juli 5 x am Do. Anmeldung im Touristenbüro. Ticket 200/100 DKK. – Bus 473 pendelt von Ende Juni bis ca. 10.8. gratis zwischen Marielyst und Gedser.

FESTE / UNTERHALTUNG

◎ **KARTOFFELFESTIVAL** am 2. Juniwochenende. – **TORVEDAGE** (Markttage) mit Programm von Juli bis Anfang August Sa+So 10–16 Uhr.

FUNSPORT

◎ **BOWLING**: Marielyst Strandpark 1, Tel. 5413 1919, superbowling.dk.

◎ **GOLF & FUN PARK**, Bøtø Ringvej 2 E, Tel. 5413 0130, golffunpark.dk. April bis Oktober. (F7)

◎ **MARIELYST GOKART & PAINTBALL CENTER**, Godthåbs Allé 3 B, Tel. 5417 4404, gokart.dk. (F8)

KONTAKT, HILFE

◎ **ÄRZTLICHE BEREITSCHAFT**: Tel. 1818. Siehe Seite 55.

◎ **POST**: Filiale im Supermarkt »Min Købmand«, Bøtø, Lupinvej 1. Mo–Fr 8–17, Sa 8–16, So 8–14 Uhr.

TRANSPORT/WEITERREISE

◎ **BUSSE** nach Nykøbing F.: mit Linie 741 zentral ab Marielyst Torv via Stovby Strandvej, Slidestrup und Idestrup. Linie 742 ab Bøtøskoven via Marielyst Torv, Væggerløse und Hasselø.

Die Linie 740 nach Gedser stoppt lediglich in Væggerløse; dort Umstieg aus Bus 742 an den Haltestellen Gedser Landevej und Gadekær möglich. Wenige Abfahrten, darum im Voraus aktuelle Wartezeiten prüfen. Linie 743 fährt – gratis – nur in der Hochsaison, siehe oben unter »Sightseeing«.

◎ **AUTO**: Die **E 55** im Westen eignet sich zur Weiterfahrt NACH GEDSER in Südfalster, nach Nykøbing F., Lolland und Møn. – Nach Ostfalster, alternativ nach Nykøbing F. und Stubbekøbing (dort Fähre nach Bøgø zur Weiterreise NACH MØN), führen Nebenstraßen etwa über Sildestrup und Idestrup oder via Sønder Ørslev zur Str. 271.

Die Bezeichnungen F7/F8 beziehen sich auf unsere Falster-Karte auf Seite 147.

Südfalster

»TOTES LAND« ENTDECKEN
Die Ortschaft GEDSER erblühte, als Eisenbahn und Hafen (ab 1886) und die Fährverbindung nach Warnemünde (1903) das zuvor winzige Nest aus der Randlage holten. Bereits 1908 waren hier mehr als 1.000 Personen ansässig, die der Arbeit rund um Hafen und Bahnhof gefolgt waren; jedoch schuf der rasche, unkontrollierte Zuzug große Probleme, bis eine angemessene Versorgung mit Strom, Wasser, Kanalisation endlich vorhanden war.

Heute ist es ein wenig umgekehrt: Gerade in den letzten Jahren wurde enorm in Gedser investiert, der aufgehübschte zentrale Platz am Stationsvejen sei nur als ein Beispiel unter vielen genannt. Trotz alledem ziehen die Menschen weg, manchmal 20 im Jahr; seit 2000 sank die Einwohnerzahl von 900 auf unter 660. Es gibt in dieser abgelegenen Region einfach zu wenig Perspektiven für Höherqualifizierte. – Die Dänen nennen solche Gebiete direkt und uncharmant »totes Land«.

Das sollte keinesfalls von einem Besuch Südfalsters abhalten. Denn gerade der spezielle CHARME DER PERIPHERIE macht den Aufenthalt besonders: staunend, was es trotz der Randlage alles zu entdecken gibt.

INFORMATION
◎ **INFOCAFÈ GEDSER**, KØBMANDSGÅRDEN, Gedser Landevej 79, DK–4874 Gedser, Tel. 3118 1188. Ein Tausendsassa am Ortsausgang von Gedser: B & B, Lokal mit Veranstaltungen, »eigene« Biere, Fahrradvermietung. Sommer Di–So 12–20 Uhr, Winter Fr 17–20, Sa 12–20, So 12–16 Uhr. (F9)

Unterkunft

Ein Domizil in Gedser bedeutet viele Kilometer zu den Ausflugszielen. Eine große Auswahl jenseits der Ferienhäuser besteht ohnehin nicht.

◎ In **GEDSER** gibt es ein hafennahes, verwohntes Apartmenthaus, das nur wartenden Fährpassagieren anzuraten ist: HOTEL GEDSER, Langgade 59, zu buchen über Internetportale.

◎ **B & B**: SKELBY GL. PRÆSTEGAARD, Skelby, Gl. Landevej 59, Tel. 2221 2326, via Facebook. Nostalgisch wohnen in einem früheren Pfarrhaus, 7 km nördlich Gedsers. – KØBMANDSGÅRDEN, s.o. DZ ab 425 DKK, Frühstück 125 DKK. Bad auf dem Flur.

Essen und Trinken

◎ **TOLDCAFÉEN**, Gedser, Stationsvejen 1, Tel. 4188 6464. Mitte Februar bis Mitte Dez. Mo–Fr 11–16 Uhr. (F9)

Die Bezeichnungen F9 etc. beziehen sich auf unsere Falster-Karte auf Seite 147.

DÄNEMARKS SÜDLICHSTES CAFÉ glänzt als Ausbildungs- und Beschäftigungsinitiative für junge Leute. Die Meisten nutzen ihre Chance und dänischen Süßmäuler-Gene, wenn man die appetitlichen Kuchen, Torten und Törtchen, Muffins, Cookies und Plundergebäck betrachtet und kostet. Dazu werden (wechselnd) Fish & Chips, Smørrebrød, Frokost-Klassiker sowie ein WOCHENGERICHT mit saisonalen Zutaten und zu fairen Preisen serviert. Hell und ideenreich eingerichtet und mit sommerlichen Plätzen im Freien.

◎ **CAFÈ KØBMANDSGÅRDEN**, siehe unter »Information«. Die engagierten Gastgeber offerieren neben Kuchen und Waffeln Snacks, Fisch, Burger, ein paar typische Frokostgerichte, mitunter auch ein Brunchbuffet, abhängig von der Nachfrage. (F9)

◎ **GEDESBY BAGERI**, Gammelgade 27. Sommersaison Di–So 7–15/16 Uhr, im Winter nur Sa+So 7–16 Uhr.

Fast versteckt, überrascht in Gedesby eine traditionsreiche Bäckerei, ein Familienbetrieb. Nach einem Todesfall war die Zukunft ungeklärt, bis der Bäcker den Betrieb wiederaufnahm – allerdings ist er nicht mehr Jüngste... Mögliche Rast, so wie im Rahmen unserer Fahrradtour (siehe Seite 166 f.).

◎ **FRISCHFISCH**: GEDSER RØGERI, Havnegade 2. Bisher Mitte Mai bis Mitte September Di–Fr 11–15 Uhr, So 10 –15 Uhr. Die Zukunft ist offen. (F9)

Die populäre Räucherei schloss im Juli 2022, da sie partout kein Personal mehr fand. Mal sehen, ob und wann es weitergeht...

GEDSER (ALS FÄHRHAFEN)

Die Einleitung des Südfalster-Kapitels berichtet über die Anfänge von Fähre und Eisenbahn in Gedser. Seit über einem Jahrhundert verbinden (mitunter wechselnde) Fährrouten Gedser mit deutschen Häfen, wobei es von 1951–63 je eine Verbindung mit DDR (wie seit 1903 Warnemünde) und BRD (Großenbrode) gab.

Der neue Fischereihafen 1967 und die Feuerwache 1972 signalisierten noch Fortschritt in Gedser. 1995 jedoch fuhren die Bahnen nicht mehr an Bord der Fähren, 2009 endete der Bahnverkehr nach Nykøbing F. Der altehrwürdige Bahnhof mit den Türmen und Verzierungen ist heute ins Fährterminal integriert.

Bereits im Mittelalter gab es eine Verbindung mit den Nachbarn im Süden. Falsters südlichste Siedlung war damals Gedesby, mit einem über das heutige Bøtø Nor erreichbaren, geschützten Hafen. Im Bereich von Gedser war die Küste zerklüftet, gab es nur eine Bucht. Dort lag der Königshof Getzøre. Er diente als Befestigung gegen Eindringlinge von außen, als Basis zum Eintreiben von Steuern sowie als Ausgangspunkt für Bootsfahrten nach Süden, was damals noch ein nicht ungefährliches, wetterabhängiges Unterfangen war; das Wetter war von Getzøre aus relativ gut einzuschätzen. Als die Schiffe größer und die Überfahrten sicherer wurden, stiegen die Passagiere lieber in Gedesby ab und gingen dort auf die Reise. Getzøre – landeinwärts heute als Svinehave Voldsted markiert – verfiel und wurde um 1600 abgerissen.

Gedser

◎ AUSSICHTSTURM **GEDSER VANDTÅRN**, Danmarksgade 6. Etwa 25.6.–31.8. täglich 11–16 Uhr. Eintritt 20/10 DKK. (F9)

Der WASSERTURM (1912) war bis 1966 in Funktion. Restauriert mit Aussichtsplattform. Mitunter findet hier tagsüber ein FLOHMARKT statt.

◎ EMPFEHLUNG: **DET SORTE GEOMUSEUM**, Skolegade 2 B, Tel. 2718 8343, detsortegeomuseum.dk. Etwa 25.6. bis 1.9. Di–So 11–16 Uhr, bis Mitte September Di–Do 11–16 Uhr. Eintritt 40/10/0 DKK. (F9)

Im Mittelpunkt des Schwarzen Geomuseums – gehen Sie hinein, dann verstehen Sie dessen Namen – stehen die Sammlungen von Hobby-GEOLOGEN aus der Umgebung: Mineralien, Fossilien, Bergkristalle, BERNSTEIN, der an einzelnen Küstenabschnitten Dänemarks alltäglich ist, auch in Falster. Teils stammen die Exponate aus ferneren Gefilden, teils aus der Nähe, so auch von Gedser Odde.

Das bemerkenswerte Museum wird von Ehrenamtlichen betrieben.

◎ Die **GEDSER KIRKE** (1915) an der Langgade hebt sich optisch merklich vom Gros dänischer Kirchenbauweise ab. Architekt *Peder Vilhelm Jensen Klint* (1853–1930) wählte die Ausführung in gelbem Ziegelstein; vor allem aber erinnern die vertikalen Streben über dem Portal an Orgelpfeifen, die ebenso seine bekannteste Kirche zieren: Grundtvigs Kirke in Kopenhagen.

◎ EMPFEHLUNG: EISENBAHNMUSEUM **GEDSER REMISE**, Stationsvejen 20, Tel. 2898 9980, gedserremise.dk. Di–So 11–17 Uhr. Eintritt 60/30 DKK. Info-Faltblatt auch auf Deutsch. (F9)

Auf dem Areal der ORIGINALEN REMISE (1886) sind historische Lokomotive, Waggons und vieles mehr zu bewundern. Ein Verein kümmert sich hingebungsvoll um seine Sammlung; der Erhalt des Lokschuppens und der Anlagen war seit jeher eine Herkulesaufgabe und die abblätternde Farbe der Schuppentüren ein Symbol dafür.

Dass das originale STELLWERK aus dem 7. Olsenbande-Film 2016 in einer Publicity-trächtigen, von dritter Seite gesponserten Aktion via Tieflader und Schiffstransport seine neue Heimat in Gedser fand, hat die Situation dank tausender Besucher etwas entspannt. Neue Projekte sind in Planung...

Gedser Odde

Südlicher geht es nicht in Dänemark (und, zählt man das Land hinzu, Skandinavien): die Landzunge Gedser Odde. Auf dem Weg dorhin passiert man den Leuchtturm GEDSER FYR (1802), der 2003 von einem Leuchtfeuer auf See abgelöst wurde und als Privatbesitz unzugänglich ist.

Vom Parkplatz setzt sich der Gedser Fyrvej als Fußweg für 400 m bis zu einem Flachbau fort – ein früher militärisch genutztes Gebäude, das 2012

Oben links die Gedesby Mølle, oben rechts windschiefe Bäume auf dem Rückweg von Gedser Odde nach Gedser, unten das Außengelände der Gedser Remise mit dem tiptop restaurierten, zugänglichen Stellwerk aus dem legendären siebten Olsenbande-Film. ▶

als Versammlungsort renoviert sowie um einen RASTPLATZ mit Windschutz erweitert wurde. An den Wänden hängen lesenswerte dreisprachige TEXTTAFELN über Natur, Geologie etc. Mitten in dem Mini-Komplex ist der **SYDSTENEN** platziert, ein FINDLING aus der letzten Eiszeit. (F10) In den Touristenbüros gibt es gutes Info-Material über Gedser Odde, auch auf Deutsch.

Wer unterhalb der Abbruchkante am Ufer entlang spaziert, könnte von Wind und Wasser kürzlich frei gelegtes, geologisch interessantes Gestein entdecken. An der Ostseite erinnern die RESTE verfallener BUNKER an die Besatzungszeit 1940–45.

Gedesby

Als Vorgänger Gedsers liegt GEDESBY 3,5 km Luftlinie nördlich des heutigen Fährhafens. Im Mittelalter noch über die damalige Bucht Bøtø Nor mit dem Schiff zu erreichen, liegt Gedesby seit dem 18. Jahrhundert im Binnenland. Hier leben heute noch 275 Einwohner.

◎ WINDMÜHLE **GEDESBY MØLLE**, Kobbelsøvej 1, Tel. 2156 2414, gedesbymoelle.dk. Ab Ostern Sa+So 10 – 16 Uhr, ca. 20.6. bis Mitte September täglich 10 –16 Uhr. Eintritt. (F11)

Die Mühle vom Holländer-Typ war von 1911 bis 1947 in Betrieb. Nach einigen Reparaturen verfiel sie, wurde aber von einem 1985 eigens gegründeten Verein erworben und liebevoll restauriert, wofür bis heute einige Millionen aufzuwenden waren. Selbst gebrochene Flügel fanden wieder an ihren Platz. Die Gedesby Mühle ist als AUSFLUGSZIEL mit Garten, Spielplatz und Kiosk bekannt, wo FLOHMÄRKTE stattfinden und häufig geselliges Beisammensein zelebriert wird.

◎ Die weiß gekalkte **GEDESBY KIRKE** im gotischen Stil (um 1300–50) ist, im Vergleich zur Gedser Kirke, traditionell gebaut, abgesehen vom aufgesetzten hölzernen Türmchen. Gemälde, Votivschiffe u.a. erinnern ans nahe Meer, ebenso wie auf dem Friedhof ein Gedenkstein an die Sturmflut 1872, die 22 Todesopfer in Gedesby forderte.

Ferien aktiv

RAD FAHREN

Im Infocafé Gedser und in den Touristenbüros der Region gibt es einige gedruckte Routenvorschläge.

◎ EMPFEHLUNG: **RUND UM GEDSER** ab Marina via Gedesby, Gedser Odde. Distanz ohne Abstecher rund 14 km.

Ein guter Startpunkt ist die Marina westlich der E 55, dort kann bei Bedarf gut ein Fahrzeug geparkt werden. Nur kurz geht es küstennah nach Norden, bis die Route auf den Korsagervej abzweigt, landeinwärts. Nach knapp 3 km unterquert man die E 55, es folgen GEDESBY MØLLE und Bäckerei, dort wo der Krogedevej rechts abzweigt; möglicher kurzer Abstecher zur Kirche. Der

Bis zum Beginn des 18. Jahrhunderts war Gedesby der Ausgangspunkt für den Schiffsverkehr von und nach Deutschland. Als immer mehr Gebiete im Süden Falsters versandeten, wurde Bøtø Nor zum Haff und Gedesby zum Binnenland...

landschaftlich schönste Abschnitt steht bevor, radelt man zwischen Feldern auf dem POSTSTIEN auf GEDSER ODDE zu: Erst taucht der Leuchtturm auf, das Meer im Süden überraschend spät. Keinesfalls den Gedser Fyrvej bis Gedser Odde auslassen, denn die Ausstellung dort im Windschutz ist unbedingt lesenswert. Zurück wieder vorbei an vom Wind geneigten Bäumen nach Gedser, eventuelles Wettrennen mit einer einlaufenden FÄHRE. Lokalbesuch in Gedser zum Abschluss.

◎ **FAHRRADVERMIETUNG**: Infocafé Gedser (siehe Seite 162). gedsercykeludlejning.dk auch auf Deutsch.

WANDERN, WALKEN, JOGGEN

◎ **AN DER KÜSTE**: Bei Gedser Odde ab Parkplatz um die Südspitze herum die Ostküste entlang zum Birkemose Strand oder Gedesby Strand. Wer dort zuvor Räder parken kann, bastelt sich eine RUNDTOUR. Das zweisprachige Faltblatt »Danmarks sydligste punkt« bebildert eine 2,3 km lange Rundtour.

ANGELN

◎ **GEDSER ODDE**: An der Südspitze Falsters bzw. unterhalb des Parkplatzes angeln Petrijünger Regenbogen- und Meerforelle, Lachs, Hornhecht sowie Aal, abhängig von der Jahreszeit.

BADEN, SCHWIMMEN

◎ Bei Gedser Odde ist die Strömung sehr stark. Darum suchen Badegäste die Strände an der **OSTKÜSTE** auf, beginnend mit BIRKEMOSE STRAND (F12), gefolgt vom GEDESBY STRAND (F13).

VOGELBEOBACHTUNG

◎ **GEDSER FUGLESTATION**, Gedser Fyrvej 4, Tel. 6167 1843, gedserfuglestation.dk mit Summary auf Englisch sowie ausgiebiger Fotogalerie. Zutritt nur für Vogelkundler sinnvoll.

An der Vogelwarte, das reetgedecktes Haus unterhalb des Leuchtturms, werden in Frühjahr/Herbst Zugvögel beringt: Gimpel alias Dompfaff, Nachtigall, Blaukehlchen, Gelbspötter, Sommergoldhähnchen, Wendehals u.a.

Über OSTFALSTER ziehen auch Legionen von Enten und Möwen, ferner Seetaucher und Greifvögel.

Was fehlt noch?

SIGHTSEEING

◎ **OLDTIMERZUG**: Der Veterantog verkehrt von Ostern bis zu den Herbstferien an einigen Wochenenden zwischen der Gedser Remise und Væggerløse: gedserremise.dk.

◎ **DRAISINE**: siehe Seite 161.

◎ **BUS**: Linie 473 pendelt von Ende Juni bis ca. 10.8. gratis zwischen Gedser und Marielyst.

TRANSPORT / WEITERREISE

◎ **BUS**: Linie 740 verkehrt über die E 55 nach Nykøbing F. Umsteigen nach Marielyst in Væggerløse in Linie 742. – Sommerbetrieb Linie 743 siehe oben.

◎ **AUTO**: Ab Gedser geht es nur nach Norden, über die **E 55**.

... 1988 wurden während Arbeiten im Haff Bøtø Nor Reste eines Einmasters entdeckt, ein kleines Handelsschiff aus dem 13. Jh. Eine Rekonstruktion des sog. Gedesby-Schiffs namens Agnete liegt im Middelaldercentret vor Anker.

Nordfalster

VERSTECKTE PERLEN

Der Endlos-Strand in Marielyst ist eine Klasse für sich. Und: keine Falster-Ferien ohne Abstecher in den tiefen Süden, nach Gedser und Gedser Odde. Falsters landschaftliche Höhepunkte aber verbergen sich im Norden: die Küste und Wälder im Nordosten, frühere (oder wieder werdende) Moore wie Borremosen und Horreby Lyng, dazu ein paar kulturelle und kulturhistorische Besonderheiten. Wer ab Nykøbing F. in Richtung Møn einfach nur Gas gibt, wird also etwas verpassen.

INFORMATION

◎ **NYKØBING F. TURISTINFORMATION**: siehe Seite 148.

◎ **INFO-CAFÉ STUBBEKØBING**, Vestergade 43, Tel. 5444 1304, stubinfo.dk. 1.6.–15.9. Mo+Di+Do+Fr 14–17, Sa 12–15 Uhr. Ehrenamtliche sorgen für Auskunft und Museumszugang (s.u.).

Unterkunft

Ein gutes Hotel gibt's nicht, und B & Bs sind rar gesät (siehe Seite 40 f.). Wer eine feste Bleibe in Nykøbing F. oder in Marielyst (wo Ferienhäuser kurzfristig zu bekommen sind) hat, ist relativ flott an Nordfalsters Ausflugszielen. Aber selbst von Maribo, Møn, Südseeland aus halten sich die Kilometer bei 1–2 Fahrten in Grenzen.

◎ **MOTEL HØJMØLLE KRO**, bei Eskilstrup, Nykøbingvej 112, Tel. 5443 6306, hojmolle-kro.dk auch in deutscher Sprache. EZ 695, DZ 895 DKK. Restaurant (18–20 Uhr) nur für Gäste, serviert wird ein Tagesgericht. (F14)

Eine Seltenheit: der Kro im Namen, so nannten sich früher die Gasthöfe zumeist an Verkehrsknotenpunkten. Vermutlich die komfortabelste Unterkunft nördlich von Nykøbing F. Südlich der E 47 bei Eskilstrup.

◎ **STUBBEKØBING CAMPING**, Gl. Landevej 4, Tel. 2532 1222, stubbekoebing-camp.dk auch auf Deutsch. Ende März bis Ende September. Camping 80/40 DKK, Hüttentarife je nach Dauer des Aufenthalts, 250–400 DKK.

Am GRØNSUND zwischen Falster und Bogø, mit Badeplatz. Zwei Sterne, also mit beschränktem Komfort, dafür ruhig gelegen, günstig auch für Ausfluge nach Møn und Südseeland.

◎ **ULSLEV STRANDCAMPING**, Idestrup, Strandvejen 3, Tel. 5414 8350, ulslevstrandcamping.dk auch auf Deutsch. Mitte März bis Mitte September. Camping 95/55 DKK, Hütten nur wochenweise, ab 3.350 DKK. (F15)

Wem es in Marielyst zu viel Trubel hat, ist weiter nördlich an der Ostküste mit STRAND gut aufgehoben. Fahrradvermietung, Laden, Café und sogar ein Restaurant mit Dagens ret.

Die Bezeichnungen F14 etc. beziehen sich auf unsere Falster-Karte auf Seite 147.

Essen und Trinken

◎ **POMLE NAKKE**, bei Helnæs, Midtskovvejen 1, Tel. 5444 5131, falsterskyst.com. Anfang April bis Ende September Di–So 11-21 Uhr, je nach Wetter/Saison eventuell verkürzt. (F16)

Das traditionsreiche Ausflugslokal liegt in FANTASTISCHER Landschaft an Falsters Nordostküste, oberhalb von Ufer und Wellenschlag sowie auf drei Seiten von Wald umgeben. Hinter der eleganten Glasfront werden abends die Restaurantgäste verwöhnt (Reservierung empfohlen), während draußen auf dem rustikalen Holzmobiliar Ausflügler Frokost klassisch, Tagesgerichte, Kaffee und Kuchen verzehren.

◎ **HESNÆS HAVN**, Bønnetvej 65, Tel. 5444 5131, falsterskyst.com. Geöffnet je nach Saison und Wochentag 9–15/18/20/21 Uhr. (nahe F21)

Das Lokal im idyllischen Hafen hat Event-Charakter. An den »kurzen« Tagen gibt es Sandwiches und Kuchen, an den langen auch Gerichte à la carte (Pizza, Pasta & Gemüse), donnerstags ein Tagesgericht. In loser Reihenfolge finden Veranstaltungen statt.

◎ **BISTRO** FALSTER GOLFKLUB, bei Eskilstrup, Virketvej 42, Tel. 3089 8143. Ostern bis Oktober Mo/Di–Fr 11–18/20, Sa 11–18, So 11–17 Uhr. (F17)

◎ **FRISCHFISCH**: FISKEBRÆTTET in Stubbekøbing, Vesterhavn 3, via Facebook. Im Sommer Mi–Fr 9–15/16/17, Sa/So 9/10–14 Uhr, sonst je nach Saison Do/Fr 9–16/17, Sa 9–14 Uhr. Juli auch Bewirtung Fr–So 17–20 Uhr.

Ausflugsziele

Der Besuch der folgenden Ausflugsziele eignet sich im Rahmen von Radtouren, auch auf Fahrten von Wanderung zu Wanderung oder auf An- oder Weiterreise und – besonders was die drei ersten Stationen betrifft – gerade auch bei Schlechtwetter:

◎ **DANMARKS TRAKTORMUSEUM**, Eskilstrup, Nørregade 17 B, Tel. 5443 7007, traktormuseum.dk. Mitte Mai bis 30.6. Sa–Mo 10–16 Uhr, 1.7. bis etwa 20.10. täglich 10–16 Uhr. Eintritt 60/30/0 DKK. (F18)

Rund 330 Traktoren und Motoren (1880–1970) in einem historischen Fabrikgebäude mit Werkstatt. Montags werden zeitweise Motoren gestartet.

◎ **KROKODILLE ZOO**, Ovstrupvej 9 (nordöstlich von Eskilstrup), Tel. 5445 4242, krokodillezoo.dk. Do–So 10–16 Uhr, verlängert in den Ferien (aktuell prüfen via Website). Eintritt 149/89/0 DKK, Tag u. Nacht 199/99/0 DKK. (F19)

Krokodile, Alligatoren, Gaviale (aus Mittelasien), Kriechtiere von Waran bis Schlange u.a. Im Juli und in den Herbstferien NACHTZOO (Do–Sa 20–22 Uhr).

◎ MOTORRADER: **DANMARKS MOTORCYKEL MUSEUM**, Nykøbingvej 54, Tel. 5170 0222, danmarksmotorcykelmuseum.dk auch auf Deutsch. 1.7. bis 31.8. Di–So 10–17 Uhr, Ostern bis 30.6. und 1.9.–30.9. Sa+So 10–17 Uhr. Eintritt 70/70/ 0 DKK. (F20)

Treffpunkt historisch interessierter Biker. Außer Motorrädern gibt es betagte Radiogeräte zu begutachten.

Die sonstigen Lokaladressen im kleinen Stubbekøbing beschränkten sich zuletzt auf internationale Beiträge (von Asia bis mediterran) und Imbissbuden.

◎ **STUBBEKØBING MUSEUM**, Stubbekøbing, Vestergade 43. Kontaktdaten und Öffnungszeiten siehe Touristenbüro (Seite 168). Eintritt 50/0 DKK.

Das Wohnzimmer eines begüterten Haushalts, Werkstätten, Schulstube und diverse Sammlungen lassen das frühe 20. Jh. wieder aufleben.

In Stubbekøbing startet auch die anschließende, empfohlene Radtour.

◎ Als UNIKAT an Dänemarks Küsten gilt das Fischerdorf **HESNÆS**, das auf unserer empfohlenen Radroute liegt, auf Seite 173 als Extra sowie auf Seite 144 im Bild vorgestellt wird. (F21)

◎ Die jahrtausendealten Grabhügel sowie Steinsetzungen von **HALSKOV VÆNGE** hilft ein Waldpaziergang zu erkunden (siehe Seite 174). (F22)

◎ Eine Besonderheit auf Falster und im Osten Lollands sind die **KIRCHEN** mit rosafarbenem Anstrich. Dies wird auf die Königin Sophie zurückgeführt, die aus Mecklenburg stammte. Als König Frederik II. 1588 starb, verlor seine Frau ihren Einfluss auf die Macht. Sie musste sich in ein Kloster zurückziehen und zog später nach Nykøbing F. Weil sie in Lolland/Falster in geachteter Position unterwegs war, erhielten viele Kirchen den ungewohnten Anstrich, der Sophie an ihre norddeutsche Heimat erinnerte. Und manch wertvolles Inventar finanzierte sie aus ihrer privaten Schatulle. Übrigens kennzeichnen viele dieser Kirchen sehr schöne WAND- und DECKENMALEREIEN.

Stattliche Exemplare erheben sich in Nordfalster in TINGSTED (F23), FALKERSLEV (F24) und AASTRUP (F25).

Ferien aktiv

RAD FAHREN

Zu den sog. Erlebnisrouten alias Panoramarouten gibt's im Touristenbüro Faltblätter mit Karte auf Deutsch (15 DKK). Online/App via »Naturlandet Lolland-Falster« (siehe Seite 66).

◎ EMPFEHLUNG: Um zur schönsten Radtour auf Falster gekürt zu werden, sollte die Strecke zwischen Stubbekøbing und Corselitze an der **NORDOST-KÜSTE** entlang Bestandteil der Route sein. Günstige Ausgangspunkte sind die Falkerslev Kirke (F24) oder der Hafen in Stubbekøbing. Die Tourlänge variiert zwischen knapp 30 und rund 45 km. Unterwegs empfiehlt sich eine Rast bei Pomle Nakke. Alternativ kann die kürzere, markierte Erlebnisroute 2 (Fra købstad til fiskeleje – vom Marktstädtchen zum Fischerdorf) befahren werden, die die schönsten Abschnitte im Corselitze Wald jedoch auslässt.

Ab Falkerslev Kirke geht's entweder via Radweg 45 oder auf der Straße 271 nach STUBBEKØBING. Der Hafen ist deindustrialisiert und hat nur stellenweise neue Bestimmungen gefunden. Die Fähre von und nach Bogø pendelt von Mai bis September über den **GRØNSUND**. Der Uferweg nach Westen erreicht nach 600 Metern einen netten Park. Oberhalb eignet sich die zentrale Vestergade (mit Info-Café als Touristenbüro) für den Rückweg, wobei der Marktplatz mit der Stubbekøbing Kirke passiert wird, um dann zum Hafen zurückzukehren.

Der Hafen von Stubbekøbing ist ein guter Ausgangspunkt für die empfohlene Radtour; hier der Anleger der Fähre IDA aus Bogø. – Kirchen mit rosafarbenem Anstrich: links die Falkerslev Kirke, rechts Votivschiff und Gewölbemalerei in der Tingsted Kirke. ▶

Nach Osten geht es vorbei an der Marina und kurz durch abgewracktes Hafenareal, bevor die Ferienhauskolonie von Kongsnæs passiert wird. Die Strecke folgt den nationalen Fahrradrouten 8/9, wechselt zwischen Wiesen, Feldern, Pferdeweiden und einzelnen Höfen, bevor sie REIZVOLL auf dem Damm direkt über dem Ufer verläuft; auf der anderen Sundseite rückt Møns Fanefjord Kirke immer näher.

Die Route folgt der Küste nun nach Süden, passiert einige nette Uferplätze zum Picknicken und ein »Leuchttürmchen«; die ersten der für die Gegend typischen Häuser mit Schilfrohrwänden tauchen auf. Direkt an einem solchen Haus führt ein kurzer Abstecher zum Hafen von **HESNÆS** (siehe Seiten 173 und 169).

Während der zweiten Waldpassage taucht linker Hand unvermutet die Abzweigung zum beliebten Ausflugsziel POMLE NAKKE auf (siehe Seite 169, F16); die nächste Straße landweinwärts gen Bregninge ermöglicht den Abstecher HALSKOV VÆNGE (siehe Seite 174, primitiver Rastplatz).

Die eigentliche Route hält sich unverändert in südlicher Richtung und durchquert den Wald **MELLEMSKOV**; ganz nah zum Ufer geht es vorwärts. Wer nicht bei Hesnæs und Pomle Nakke einen **STRANDSPAZIERGANG** unternommen hat, sollte es hier tun; ein Waldparkplatz erweist sich außerdem als günstige Stelle zum Picknicken.

Die Nationalrouten 8/9 gen Süden verabschieden sich; über die Thomas Allé führt die Route landeinwärts am Hofgut **CORSELITZE** vorbei (F26); der von einer Mauer umgebene Park steht von 9 bis 18 Uhr offen. Bei dem außergewöhnlichen runden Gebäude mit Reetdach und Erdwall rund ums Fundament handelt es sich um einen EISKELLER, wo man im Winter auf der See geschlagene Eisblöcke einlagerte.

Hinter dem Park des Hofguts liegen noch zwei kleine Labyrinthe an der Strecke, die landeinwärts das Anwesen Corselitze verlässt. Über Nebenstraßen kann man mit Hilfe einer Karte über Karleby zurück nach Falkerslev und zum Regionalradweg 45 radeln.

WANDERN, WALKEN, JOGGEN

Wer drei der folgenden Touren unternimmt, wird mit einem herrlichen Tag in der Natur belohnt. Nehmen Sie Proviant für die Rastplätze mit; die vierte Tour kann, je nach Saison, im Ausflugslokal Pomle Nakke beendet werden.

◎ EMPFEHLUNG: Ex-Moor **BORREMOSEN**. Info-Faltblatt »Fristed på Falster« (mit Karte und Parkplätzen) im Touristenbüro, Download bei naturstyrelsen.dk. Die 2,5–4,5 km langen Pfade sind markiert. (F27)

IDYLLISCH liegt das frühere Moor Borremosen nordöstlich von Nykøbing F. Ab der Kirche TINGSTED halten Sie sich in Richtung Falkerslev, Tingsbanken, Virketvej. Im Wald angekommen, gibt es mehrere Parkplätze, die als Einfahrten von Waldwegen leicht zu übersehen sind. Von den drei Info-Blatt-Touren ist die zweite herauszuheben (3,5 km). Parken Sie links an der Kreuzung Virketvej / Hannenovvej.

Im Park des Hofguts Corselitze blieb dieser Eiskeller erhalten, in dem früher im Winter aus dem Ostseeeis geschlagene Blöcke eingelagert wurden. ▶

HESNÆS UND DET CLASSENSKE FIDEICOMMIS

◎ Das über 400 Jahre alte Fischernest Hesnæs an der Nordostküste von Falster ist wie ein Ausflug in die Vergangenheit: Hier kann man am **HAFEN** noch Seebären klönend in der Sonne sitzen sehen, liegen Fischkutter und Segelboote nebeneinander, wie das früher überall in Dänemark war, bevor eine separate Marina für komfortablere Aufenthalte sorgte. Doch mit Lokal und Bäckerei »Hesnæs Havn« (siehe Seite 169) weht nun auch hier ein neuer Wind.

◎ In Hesnæs und Umgebung fallen **HÄUSER** auf, die es so sonst nirgends im Land geben soll, die SCHILFROHR nicht nur auf dem Dach tragen, sondern AUCH AN DEN WÄNDEN. Viele der kleinen Häuser wurden nach der schweren Sturmflut 1872 gebaut; sie waren nur dünn gemauert, worauf die Schilfverkleidung sie effektiver isolierte; andere Quellen betonen, dass das Schilf den Stürmen und herangewehtem Salzwasser besser trotze. Auch landeinwärts stehen solche Häuser, etwa bei Halskov Vænge (siehe Seite 174).

◎ Die Wälder bei Hesnæs gehören zum Hofgut **CORSELITZE**. Dessen Name deutet einen wendischen Ursprung an, wie Kramnitze und Tillitse auf Lolland. Der potente Besitz gehörte mal der Krone, mal Adelsfamilien – und ab 1768 Generalmajor *Johan Frederik Classen;* der mit seinem Tod (1792) die Gründung einer Stiftung verfügte, die neben karitativen Aufgaben auch das Hofgut verwalten sollte. Und so betreibt Det Classenske Fideicommis die Forst- und Landwirtschaft auf Corselitze, besitzt Immobilien in der Region (und anderen Landesteilen) und kleine Feriensiedlungen im Mellemskov.

Nehmen Sie den Waldfahrweg, der sich im rechten Winkel von der Straße entfernt. Sie laufen ein paar hundert Meter durch Wald und zwischen Kuhweiden. Ein NETZ VON PFADEN führt zwischen VIER SEEN entlang, die fast wie ein Quadrat liegen: einst Moore, wo der Torf ausgestochen wurde und die zur NATUROASE reiften. Schilfrohr sowie Wasserpflanzen bedecken die Seen; zum Teil sind sie bereits wieder zugewachsen. Bleiben Sie auf den Wegen, die Uferränder sind brüchig; umrunden Sie den hinteren See zur Rechten, kommen Sie auf einem Pfad zwischen zwei Seen durch das Schilf und streckenweise über Bohlen zurück auf den Hauptweg; an dem stehen Bänke zur Rast. Bei nassem Untergrund sind Gummistiefel anzuraten.

◎ **HALSKOV VÆNGE**. Info-Faltblatt »Halsskov Vænge« (mit Karte) in den Touristenbüros, Download via naturstyrelsen.dk. Die markierten Pfade sind zusammen bis 5,5 km lang. (F22)

Halskov Vænge ist ein Wäldchen mit Überraschungen aus längst vergangener Zeit: Grabhügel und Steinsetzungen en masse, im waldreichen Nordosten der Insel. Fahren Sie ostwärts von Horbelev nach Bregninge und dann die erste Straße rechts. Sie passieren mehrere bildhübsche reetgedeckte Häuser und Höfe, bevor Sie den Parkplatz am Waldrand erreichen. Ab Dorfteich Bregninge ist zudem ein 1,8 km langer Fußweg ausgewiesen.

Der Startpunkt ist markiert und der Wegverlauf mit der Karte kaum zu verfehlen. Eindrucksvoll PUNKT 3, ein restaurierter länglicher DOLMEN. Das Gebiet wurde 1974 unter Naturschutz gestellt und das Unterholz damals entfernt, um die Altertümer restaurieren zu können. Untersuchungen ergaben, dass die Dolmen dem Ende der Bronzezeit zuzuordnen und damit 2.500 bis 3.000 Jahre alt sein dürften. Die nahe Küste und der leichte, sandige Boden, der sich für primtive Landwirtschaft eignete, dürften den Ausschlag gegeben haben, dass an diesem Ort eine Siedlung entstand.

Bei Punkt 14 handelt es sich um ein kleines NATURMUSEUM, in dem u.a. die Rekonstruktion eines 5.500 Jahre alten Grabs zu sehen und wo auch ein Rastplatz eingerichtet ist.

Achtung: Bei der letzten Recherche war der Parkplatz nicht beschildert.

◎ EMPFEHLUNG: **CORSELITZE/HESNÆS**. Info-Faltblatt »Corselitze« (mit Karte) in den Touristenbüros, Download via skovforeningen.dk. Anfahrt ab Halskov Vænge: mit dem Rad einfach weiter und hinein in den Wald, mit dem Auto zurück zur Hauptstraße und rechts zu Küste/Wald, dann links.

Das Hofgut Corselitze wird auf Seite 173 erwähnt. Die sich nach Norden anschließende Küste ist auf ca. 20 km Länge bewaldet, sie hebt sich stellenweise steil aus dem Meer empor.

12 km nördlich Corselitzes liegt das Fischerdorf HESNÆS direkt an der Küste, ebenfalls auf Seite 173 vorgestellt. Es gibt im Dorf einen Parkplatz am Hafen und einen weiteren, strandnahen vor der Dorfeinfahrt, bevor die Straße rechts abknickt (F21).

Oben der Info-Punkt Naturrum im Gebiet Horreby Lyng, das als Hochmoor renaturiert wird und auf grünen sowie frisch beplankten Pfaden erkundet werden kann (siehe Seite 176). – Unten der eindrucksvoll restaurierte Dolmen im Wäldchen Halsskov Vænge. ▶

Horreby Lyng Naturrum

WIE EIN MOOR RENATURIERT WIRD: HORREBY LYNG

Horreby Lang war einst Falsters einziges Hochmoor – und soll wieder eins werden. Im Rahmen eines EU-Projekts werden insgesamt 400 ha Hochmoor auf Falster und Seeland renaturiert, 100 ha davon bei Horreby. Die Arbeiten sind eine Wissenschaft für sich (allein schon, damit kein verunreinigtes Wasser aus der Landwirtschaft den Weg hierher finden kann) und so weit fortgeschritten, dass ein neues WEGENETZ für Besucher angelegt worden ist, das streckenweise über HOLZBOHLEN führt, auf Tuchfühlung mit der Flora oder Kriechtieren. Die Pfade wechseln zwischen Moos, Schilf, Seerosenteich, Heide, Sumpf, Gesträuch oder schlüpfen unter ein Birkendach.

◎ **INFORMATION**: Info-Faltblatt »Vekommen til højmosen Horreby Lyng« (mit Karte) auch auf Deutsch, erhältlich in den Touristenbüros, Karte ebenso via horrebylyng.dk. Vor Ort Naturrum mit Aussichtsturm, Bibliothek, Stühlen etc. Unterwegs warten dreisprachige Texttafeln und Rastbänke.

Vom Parkplatz aus können Sie herrlich an der Küste entlang nach Pomle Nakke laufen, sowohl am Ufer über den Sandstrand als auch durch den ab Parkplatz bald beginnenden WALD MELLEMSKOVEN, der oberhalb des Ufers ansteigt, wodurch Wanderer im späteren Verlauf eine Treppe benötigen, die den Hang zum Ufer überwindet: in jedem Fall eine der eindrucksvollsten Touren auf Falster, angemessen abzuschließen mit der Einkehr im Ausflugslokal Pomle Nakke (F16).

◎ EMPFEHLUNG: **HORREBY LYNG**. Siehe Kastentext oben. Vor Ort sind fünf 3–5 km lange Pfade farblich markiert, zum Teil über Holzbohlen verlaufend. Anfahrt via Str. 271, ab Horbelev ausgeschildert. (F28)

BADEN, SCHWIMMEN

◎ Der lauschige **HESNÆS STRAND** erstreckt sich südlich des gleichnamigen Dorfs bis Pomle Nakke. (F21)

◎ Noch einsamer liegen Badeplätze AM WALDRAND des **MELLEMSKOV** nach CORSELITZE.

◎ **NORDFALSTER SVØMMECENTER**, Nørre Alslev, Stationspladsen 8, Tel. 5473 1545, via Facebook. Mo–Fr 15–17.30, Sa+So 10–14 Uhr, vor Besuch besser prüfen. Hallenbad. (F29)

GOLF

◎ **FALSTER GOLFKLUB**, Eskilstrup, Virketvej 42, Tel. 5443 8143 falster-golfklub.dk. 18-Loch-Platz nahe Borremosen. Vor Ort ein renommiertes Bistro (siehe Seite 169). (F17)

VOGELBEOBACHTUNG

◎ Der See **BARUP SØ** liegt südlich der Str. 293, zwischen E 47 und Stubbekøbing. Die kleinen Schilfseen und verbliebenen Moore gewähren vielen Vogelarten günstige Bedingungen. In den Touristenbüros liegt hoffentlich das Info-Faltblatt zum See aus. (F30)

Die Bezeichnungen F16 etc. beziehen sich auf unsere Falster-Karte auf Seite 147.

Vom Parkplatz führt ein kurzer Pfad zum Beobachtungsturm. Im April bereiten sich Blässhuhn und Lappentaucher auf den Nachwuchs vor, der im Sommer aufgezogen wird. Im Herbst machen FISCHADLER für 2–3 Wochen Rast, während die Haubenenten aus Schweden, Finnland und Russland sogar hier überwintern.

Was fehlt noch?

SIGHTSEEING

◎ Die **OLDTIMER-FÄHRE IDA** pendelt von Mai bis September zwischen Stubbekøbing und der Insel Bogø, in erster Linie für Radwanderer. Fußpassagiere können eine Runde auf BOGØ (siehe Seite 131) drehen.

FESTE / UNTERHALTUNG

◎ NUR FÜR VERRÜCKTE: **KUN FOR FORRYKTE FESTIVAL**, in Stubbekøbing, Gamle Landevej, kunforforrykte.com auch auf Englisch. Musikfestival am zweiten Juniwochenende (Fr/ Sa), eindeutig auf den Spuren der Hippies, was auch der Namen andeutet.

TRANSPORT

◎ **BUS**: Linie 737 zwischen Nykbing F. und Stubbekøbing, u.a. über Karleby, Horbelev, Bregninge, Hesnæs, Aastrup. – Linie 736 von Nykøbing F. auf Str. 271 u.a. über Horreby, Falkerslev bis Stubbekøbing sowie auf Str. 293 nach Nørre Alslev.

Weiterreise

FÄHRE

◎ **STUBBEKØBING-BOGØ** (zur Weiterfahrt nach Møn oder Seeland): Mai bis September und in den Herbstferien im Oktober: stündlich ab 9 und ab 12.30 Uhr, letzte Abfahrt um 18 Uhr. Fähre IDA siehe auch Seite 32.

BUS

◎ **NACH MØN**: Linie 50 nimmt nicht die Fähre ab Stubbekøbing, sondern fährt ab Nykøbing F. über Stubberup, E 47-Autobahnbrücke, Farø und Bogø nach Stege.

AUTO

◎ **NACH MØN**: Entweder die Fähre (s.o.); ab Bogø nach Osten über einen Damm nach Westmøn. Oder über E 47 / E 55 nach Farø und Bogø.

◎ **NACH SÜDSEELAND** zu einigen attraktiven Ausflugszielen: entweder über E 47 / E 55 mit möglicher Rast auf Farø – lohnend zum Zuschauen, sofern die Surfer auf dem Wasser unterwegs sind. Oder quer über Nordwestfalster und auf Str. 153 über die STORSTRØMSBROEN Richtung Vordingborg, das an der schmalsten Stelle der Meerenge STORSTRØMMEN liegt, die Seeland von Falster trennt. Vordingborg ist ein mögliches Ausflugsziel in Südseeland, ebenso wie die Landzunge Knudshoved und die landschaftlich schöne Gegend am Præstø Fjord.

Fotos aus dem Hochmoor Horreby Lyng finden sich auf den Seiten 175 und 71.

S.M.S.K.

Lolland

ZUCKERRÜBEN, SAFARI UND EIN POSTBOOT IM FJORD

»Platt wie ein Pfannkuchen«, so wirkt Lolland. Als sich die Gletscher der letzten Eiszeit übers Land schoben, hinterließen sie hier nur Furchen und Mulden, aber keine Hügel oder gar Steilküsten. Dafür eignet sich der Boden, die hinterlassene Moränenschicht auf dem Untergrund aus Kreide, ideal für die Landwirtschaft. Lolland nimmt den besten Ackerboden Dänemarks für sich in Anspruch. Neben Weizen wachsen auf den weiten Feldern vor allem Zuckerrüben. In NAKSKOV im Inselwesten, Lollands größter Stadt, steht die größte Zuckerfabrik des Landes.

Anders als das restliche Dänemark hob sich Lolland nicht, als der Druck der Eispanzer wich. In der Inselmitte füllten sich Mulden mit Schmelzwasser und bildeten die MARIBO-SEEN. Als vor rund 10.000 Jahren der Ostseepegel stieg, verschlang das Wasser weite Teile Lollands, wodurch sich vorgelagerte INSELN, Holme und FJORDE bildeten. Da einige Landstriche seitdem unter Meereshöhe lagen (und bis heute liegen), deichte man die Küsten zum Teil ein und gewann Terrain zurück. Seit einer verheerenden Sturmflut 1872, die die DEICHE im Süden Lollands einriss und Tod und Verderben brachte, hat man den Schutzwall dort verstärkt und auf stellenweise bis zu 8 m ü.d.M. erhöht.

Lolland kämpft gegen das Image von endlosen Feldern, Langeweile und Hinterwäldlern. Dabei sind die Voraussetzungen für eine ABWECHSLUNGSREICHE FERIENWOCHE prima: das NATURRESERVAT der Maribo-Seen, der Knuthenborg SAFARIPARK, die bewohnten, mit Fähren erreichbaren INSELN Femø, Fejø, Askø vor der Nordküste, die Granitfiguren DODEKALITTEN, die Landzunge ALBUEN im Nakskov Fjord, wo sommers ein POSTBOOT mit Passagieren kreuzt, der Küstenort NYSTED. Tagesausflüge nach Falster und Møn sind ohne ewiges Fahren denkbar, je nachdem, wo man auf der 1.243 km² großen Insel Quartier bezieht.

Wer auf AKTIVURLAUB aus ist, findet genügend Rad- und (meistens nahe zum Wasser) Wanderrouten. Die SÜDKÜSTE besticht durch ihre Strände, den Deich und mehrere Vogelschutzgebiete, zumal hier viele Zugvögel Station machen.

Zugvögel gibt es auch unter Zweibeinern: Lolland verliert Einwohner, noch sind über 60.000 gemeldet. Kurios die Gemeindegrenze quer über die Insel: Die Kommune Lolland reicht ab Westen bis hinter Maribo, während der Inselosten zusammen mit der Nachbarinsel Falster die Gemeinde Guldborgsund bildet.

Lolland unter Himmelblau am Fjord bei Sakskøbing, nahe Hafen (siehe Seite 190). – Die Steinfigurengruppe Dodekalitten, die bis 2025 fertiggestellt sein soll, erhebt sich über der Nordküste bei Kragenæs (siehe Seite 207, © Künstler und Foto siehe Seite 288).

Lolland im Überblick

INFORMATION

◎ Die Adressen und Kontaktdaten der **TOURISTENBÜROS** stehen in den jeweiligen Kapiteln dieses Buches an zentraler Stelle, in der Regel hinter der Einleitung unter »Information«. Touristenbüros mit »klassischem« Service gibt es in Maribo und Nakskov; in Nysted und Sakskøbing werden die Info-Stellen unter ehrenamtlicher Mithilfe und zu eingeschränkten Öffnungszeiten aufrecht erhalten. Sonst gibt's nur Info-Punkte, wo Broschüren etc. ausliegen; das gilt auch für die Fähren, die die Inseln vor Lollands Nordküste ansteuern.

UNTERKUNFT (PLANUNG)

Wer viel von Lolland kennen lernen möchte, »wandere« mit den eigenen Ausflugszielen und wechsele die Unterkunft. Wer viel unternehmen will, jedoch lieber von einer festen Unterkunft aus, suche sich diese zentral im Raum Maribo (siehe Seite 182 ff.) oder im Raum Nakskov (Seite 1231 ff.), wo die Str. 9 und die Lollandsbahn (inklusive Fahrradtransport) eine relativ gute Verbindung zur Inselmitte herstellen, ebenso wie die Entfernung in den Norden und in den Südwesten akzeptabel ist.

◎ **FERIENHÄUSER** gibt es dort aber kaum, die Feriensiedlungen konzentrieren sich auf die SÜDKÜSTE mit ihren Stränden, zwischen dem Næsby Strand im Südwesten und Hyldtofte / Østersøbad (Seite 246–252, wobei die Ferienhaussiedlung in Hyldtofte zurzeit unmittelbar neben der Fabrikation der Röhrenelemente für den Fehmarnbelt-Tunnel liegt); vom Norden abgesehen, sind die Distanzen zu den meisten Ausflugszielen auf Lolland erträglich. In Nysted im Südosten gibt es eine weitere, aber abgelegene Ferienhauskolonie, dafür Ruhe und gute Restaurants. Andernorts sind nur einzelne Objekte zu beziehen.

◎ **BED & BREAKFAST**-Adressen finden Sie bei überregionalen Anbietern (Seite 40 f.) sowie in den Jahresheften der Reiseziele / Touristenüros. Aus Platzgründen nennen wir nur Adressen aus persönlicher, guter Erfahrung.

FERIEN AKTIV (PLANUNG)

◎ **RAD FAHREN**: Sehr schöne Tagesrundfahrten ergeben sich in Maribo, Nakskov, im Südwesten, im Südosten bei Nysted und auf den Inseln vor der Nordküste, siehe die Karte nebenan.

◎ **WANDERN**: Die Landzunge Albuen im Südwesten ist ein einzigartiges Terrain (Seite 152 f.). Lohnende Ziele sind auch Saksfjed im Süden, Skejten/ Nysted im Südosten, die Maribo-Seen und die Spaziergänge in Nakskov, etwa über die Strandpromenade.

◎ **BADEN**: Blaue Flaggen wehen vor allem im Süden von Albuen bis Østersøbad (Seite 239 ff.), dazu auf den Inseln Fejø und Femø vor der Nordküste und in Nakskov. Bei Maribo gibt es Badestellen im See, in Kettinge im Südosten ein Freibad sowie Spaßbäder in Lalandia im Süden und in Nakskov.

Wer Lolland auf Nebenstraßen befährt, benötigt unbedingt eine Straßenkarte mit großem Maßstab bzw. kleiner Maßstabszahl (siehe Seite 23).

LOLLAND
Onsevig
Utterslev
Horslunde
Frederiksdal
Vindeby
Pederstrup
Købelev
Tårs
Kragenæs
Fejø
Femø
Askø
Falster
Guldborg
Majbølle
Bandholm
Nakskov
Søllested
Sakskøbing
Langø
Rårup
Ydø
Kappel
Dannemare
Maribo
Nykøbing F.
Godsted
Holeby
Hummingen
Kramnitze
Rødby
Frejlev
Nysted
Rødbyhavn
selbst recherchierte, empfohlene Radrouten
1 Oreby Kro
2 Krenkerup Bryggeri
3 Knuthenborg Safari Park
4 Ravnsby Bakker
5 Marina Blans
6 Ganggrab Kong Svends Høj
7 Reventlow Museum mit Park
8 Windmühle Vindeby Mølle
9 Frederiksdal Naturcenter
10 Albuen
11 Camping Albuen Strand
12 Peter Hansens Have
13 Windmühle Kappel Stubmølle
14 Næsby Strand
15 Vindeholme Strand
16 Maglehøj Strand
17 Bredfjed Strand
18 Lalandia
19 Hyldtofte Østersøbad
20 Lyttesholm Naturcenter
21 Polakkasernen
22 Fuglesang Kunstmuseum mit Park und Skejten
23 Frejlev Skov
24 Freibad Kettingebadet
0
5 km

Maribo-Seen

DEN NAMEN WÄHLTE DER PAPST

Dank ihrer zentralen Lage eignet sich die Kleinstadt Maribo für Ausflüge in allen Himmelsrichtungen. Die Busverbindungen sind exzellent, und obendrein hält die Lollandsbahn in Maribo. Vor allem umgibt das Städtchen eine schöne Landschaft: Wälder und – Hinterlassenschaft der Eiszeit – eine SEENPLATTE. Im Sommer fährt eine Museumsbahn nach BANDHOLM, vorbei an KNUTHENBORG PARK & SAFARI, eine der großen Lolland-Attraktionen.

Maribo selbst ist von bescheidener Schönheit; alte Bebauung blieb vor allem zwischen der Hauptachse Vestergade/Østergade und Dom erhalten. Ab Marktplatz/Touristenbüro ist ein kurzer Fußweg zum Dom am See Søndersø ausgeschildert. Der Ort entstand Anfang des 15. Jhs. rund um ein Kloster des Birgittinerordens, worauf der Papst den Namen Maribo bestimmte (siehe Seite 186 ff.).

Im Zeitalter der Landflucht ist Maribo eine der wenigen Ortschaften auf Lolland, die profitiert und wächst. So stieg die Einwohnerzahl in 15 Jahren von gut 5.000 auf über 5.700. Hier sitzt die Verwaltung der 2007 aus zuvor sieben Kommunen gebildeten Großgemeinde Lolland (gut 40.100 Einwohner, etwa 6 % Verlust in acht Jahren).

INFORMATION

◎ **MARIBO TURISTBUREAU (1)**, Banegårdspladsen 11, DK- 4930 Maribo, Tel. 5478 0496, maribo@visitlf.dk, visitlolland-falster.de. 15.6.–31.8. Mo –Fr 10–16.30 Uhr, Sa 10–14 Uhr, sonst Mo–Fr 10 –16 Uhr, Sa 10–14 Uhr. Am Bahnhofsvorplatz.

ORIENTIERUNG

Die Lollandsbahn hält nördlich der Innenstadt **(2)**; dort befindet sich auch der Busbahnhof. Egal ob Sie (als motorisierter Verkehrsteilnehmer) die Autobahnabfahrt nehmen oder über die Str. 153 kommen – Sie passieren den Kreisel am westlichen Ortseingang (in unserem Stadtplan oben links) und gelangen entweder via Brovejen oder Vestergade zu Parkplätzen; aus Osten kommend ebenfalls über die Str. 153: ab Kreisel geradeaus, wird der Østre Landevej zur Østergade.

Unterkunft

◎ **MILLING HOTEL SØPARK**, Vestergade 29, Tel. 5478 1011, millinghotels.dk auch auf Englisch. Dynamische Tarife je nach Buchungslage. Online EZ ab 849, DZ ab 949 DKK, Familienzimmer (2+2) ab 1.449 DKK, bei Seeblick Aufpreis. Diverse Angebote. **(5)**

Schön am GRÜNEN mit Seezugang, dennoch zentrumsnah und kurze Wege. Auf Zimmer mit Ausblick achten, möglichst vorher inspizieren.

Die Seenplatte ist die größte Attraktion der Region, hier von Maribo aus in Richtung Osten. – Unten die zwei Wahrzeichen ihrer Städte: links der Dom von Maribo, rechts der Wasserturm in Sakskøbing (siehe Seite 190). ▸

◎ **SANKT BIRGITTA KLOSTER**, Refshalevej 81, Tel. 5572 8516, sanktbirgittakloster.dk auch auf Deutsch. EZ 735, DZ 1.060 DKK, bei Halb-/Vollpension 665/735 und 1.210/1.370 DKK. **(6)**

Wohnen im GÄSTEHAUS des 2003 neu errichteten KLOSTERS. Zimmer mit Bad. Gemütliche Gemeinschaftsräume mit Ikea-Prägung. Informationen über Gästehaus und den Orden siehe Website auch auf Deutsch. Teilnahme an den Messen möglich.

◎ **DANHOSTEL MARIBO**, Ved Stadion 4, Tel. 5478 1276, maribohallerne.dk. Ganzjährig geöffnet. Hütten mit Bad (1–6 Personen) je nach Personenzahl und Saison 645–1.245 DKK. **(7)**

NEUE Anlage mit kreativ-schicken Hütten gleich TONNEN aus Holz. Was die Mini-Küche nicht leistet, passt im Gemeinschaftsraum. Win-win-Situation am Sportzentrum: für übernachtende Sportler ebenso wie für Touristen mit Blick aufs Budget.

◎ **MARIBO SØ CAMPING**, Bangshavevej 25, Tel. 5478 0071, maribo-camping.dk auch auf Deutsch. Ostern bis 31.10. Camping 95/50–75 DKK. 5 Hütten für 4 Personen ab 550 DKK, 6 Ferienhütten für 5 Personen ab 750 DKK, je nach Saison. **(8)**

Gut 10 Minuten zu Fuß vom Marktplatz, gegenüber vom Dom AM SØNDERSØ, nicht direkt an den See grenzend. Kanuvermietung. Anbei Naherholungsgebiet mit Freilichtmuseum.

◎ **GODSTEDLUND** bei Øster Ulslev, Godstedvej 18, Tel. 7172 1166, godstedlund.dk. Zimmer ab 995 DKK mit Frühstück. Gemeinschaftsbäder.

Das Haus hat viel Charme und liegt toll im Grünen. Die ehemalige Schule wurde einst zum B & B umfunktioniert, inzwischen komplett saniert und betont einen gehobenen Anspruch; die Zimmer sind aber ohne eigenes Bad. Café und aufmerksamer Service.

Ab Maribo via Str. 153 nach Osten, rechts in den Engestoftevej, rechts in den Søvej, über eine reizende Wald-See-Straße, dann ausgeschildert.

Essen und Trinken

Beim schön gelegenen »Bangs Have« am See – nahe Freilichtmuseum – ist darauf zu achten, dass hier oft Gruppen gebucht sind, die die Ressourcen des Restaurants beanspruchen.

◎ **RESTAURANT B**, Vesterbrogade 23, Tel. 5211 6780, restaurantb.dk. Di–Sa 17.30–21 Uhr. **(9)**

Im Kern ein Steakhaus, das jedoch auch Fisch und Vegetarisches serviert. Außer à la carte kreiert die Küche ein monatlich wechselndes Menü, das bei 2/3 Gängen 325/379 DKK kostet. Die Karte ist klein im besten Sinne und das Publikum (hoch)zufrieden.

◎ **CAFÉ VICTORIA**, im Einkaufszentrum Lollands Centret 26, Østergade, Tel. 5478 7898. Mo–Sa 11–22 Uhr, So 12– 21 Uhr. **(10)**

Populäres Lokal mit Fusion-Küche bei gutem Preis-Leistungs-Verhältnis (zumeist unter 150 DKK). Im Sommer lässt es sich nett draußen sitzen.

Abkürzungen: EZ = Einzelzimmer, DZ = Doppelzimmer. Die Personentarife auf Campingplätzen stehen für Erwachsene/Kinder. Beachten Sie die allgemeinen Erläuterungen zu »Unterwegs in Dänemark, Unterkunft« (ab Seite 36).

SIGHTSEEING IN MARIBO UND UMLAND

◎ Das Boot **ANEMONEN** kreuzt im Sommer auf dem größten Maribo-See, dem SØNDERSØ, der direkt an Maribo reicht. Das Programm reicht von Rundfahrten bis zu Adler- und Inselausflügen sowie Touren mit einer Jazzkapelle an Bord. Gewöhnliche Rundfahrten 1–2 Stunden, Tickets ab 100/50 DKK, Fahrradmitnahme nur falls Platz. Juli/August Di–So 3–4 x täglich ab 10 Uhr, 1.5.–30.6. und 1.9.–30.9. Sa+So 3 x täglich ab 10 Uhr, aktueller Fahrplan und Reservierung: naturparkmaribo.dk. Anleger beim Dom. **(4)**

◎ Historisch ausgerüstet und eingekleidet, patrouilliert im Sommer ein gut aufgelegter, Histörchen erzählender **NACHTWÄCHTER** in den Straßen. Am Marktplatz Torvet, vor dem alten Rathaus. Di+Do 20 Uhr, Start um 21 Uhr.

◎ 1869 wurde die 8 km lange Eisenbahnstrecke von Maribo nach Bandholm an Lollands Nordküste eingeweiht, eine SCHÖNE ROUTE durch relativ viel Grün. Seit 1962 verkehrt auf diesen Gleisen eine **MUSEUMSBAHN**, zu den meisten Abfahrten sogar von einer Dampflokomotive gezogen. Der Verein, der sich um diese Attraktion verdient macht, residiert mit seinen Loks und Waggons in einer in Teilen historischen, gepflegten REMISE in Maribo **(3)**. Weitere Informationen, Fahrplan und Foto siehe Seiten 193 und 201.

◎ **CAFÉ VIN & BRØD**, Torvet 1 C, Tel. 3014 9992, cafevinogbrod.dk. Täglich 6–17, Frokost 11.30–15.30 Uhr. **(11)**

Der Name »Wein & Brot« deutet das Konzept an: Hier sind Backwaren und Weine zu erstehen – und dazu, dazwischen können die Gäste frühstücken, zum Mittagstisch oder auf eine süße Wohltat Platz nehmen, bei Warmwetter auch draußen. Das AMBIENTE ist erfrischend und kommunikativ (aber nicht aufdringlich), die Qualität recht gut und das Preisniveau eher günstig.

◎ **FRISCHFISCH**: An den Markttagen Mi / Sa steht ein Verkaufswagen auf Torvet. Mi 8.30–13, Sa 8–13 Uhr. **(12)**

Stadtrundgang

◎ EMPFEHLUNG: **STIFTSMUSEET**, Banegårdspladsen 5, Tel. 5484 4400, museumlollandfalster.dk auch auf Deutsch. Mitte Juni bis Mitte September Mo–Fr 10–16, Sa 10–14 Uhr, sonst Mo oder Mo/Di zu. Eintritt je nach Saison 75–85/0 DKK. Kombi-Ticket s. S. 61. Gute Texte, auch auf Deutsch. **(1)**

Das Touristenbüro ist die Rezeption. Die Ausstellung LOLA kehrt in die Steinzeit zurück, basiert auf Funden aus einer Siedlung, die an Lollands Südküste östlich Rødbyhavns lag und tief unter Schlamm und Sand für die Nachwelt konserviert wurde. Anhand moderner DNA-Analyse gelang es, ein Mädchen aus jener Zeit »wiederauferstehen« zu lassen. Anregend und sorgfältig konstruierte Szenen simulieren den damaligen Alltag – Themen sind die Jagd im Wald, Fischfang entlang der Küste, Fundstücke, Opferglauben, Begräbnisformen und mehr, auch der allmähliche Übergang von den Jägern und Sammlern zur Bauernwirtschaft.

Die Ausstellung Hav (Meer) widmet sich dem Fischermilieu auf der Landzunge Albuen in dessen bester Zeit im 20. Jahrhundert. War die einträgliche Fangzeit für den Dorsch vorbei, lebten die Menschen von der Aalstecherei oder von gesammeltem Seetang, mit dem Matratzen befüllt wurden.

Das altehrwürdige Gebäude (1890) am Bahnhofsplatz entwarf *Ove Petersen*, u.a. auch am älteren Königlichen Theater in Kopenhagen beteiligt.

◎ EMPFEHLUNG: DOM **MARIBO DOMKIRKE**, Klostergade 33, maribodomkirke.dk, siehe Konzertkalender. Geöffnet täglich 9–17 Uhr. FÜHRUNGEN 1.4.–31.10. Di+Mi um 14 Uhr. **(13)**

Gemäß seiner Größe und Funktion besitzt der Dom äußerst wertvolles Interieur, so den barocken Hochaltar (1641), die Renaissance-Kanzel (1606), ein Mittelalter-Kruzifix, Reliquien u.a. Nicht alle Kostbarkeiten sind ausgestellt, wie etwa diverse Bibelexemplare aus dem 16. Jh. und der sog. Margrethen-Becher von ca. 1400. Wer an Einzelheiten interessiert ist, ersteht im Eingangsbereich Textblatt oder Textheft, das auch auf Deutsch vorliegt. Zum Dom wurde die Kirche 1924 nach der Gründung des Bistums Lolland-Falster erklärt. Ab und zu finden KLASSISCHE KONZERTE statt.

Gutes Konzept, einladendes Ambiente: »Café Vin & Brød« am Marktplatz, Torvet. – Unten in der sehenswerten Ausstellung LOLA im Stiftsmuseet. ▶

VIN&BRØD
BAKED BY PABST

BOPLADSEN

Richtung See rechter Hand sind die FUNDAMENTE des ersten Klosters zu erkennen, das 1416 geweiht wurde. Jener Orden der Birgittinerinnen war es auch, der 1416 bis 1470 die monumentale Kirche in Auftrag gab. 1418 erhielt das Kloster den »Taufschein« des Papstes, der sich für den Namen Maribo (Habitaculum Mariae = Wohnsitz der Maria) entschieden hatte. Nach der Reformation verfielen Kloster und Kirche, die erst zwei Restaurierungen im 19. Jahrhundert instand setzten.

2003 öffnete ein NEUES KLOSTER in Maribo (siehe unten).

◎ Hinunter zur Bucht, bietet sich eine erste Rast am **ANLEGER** der Anemonen an **(4)**. Am Klostersø entlang, wie die Bucht des Søndersø heißt, auf Holzplanken vorbei an einem mondänen Haus und am Hotel. Direkt hinter der Brücke über den einmündenden Bach empfiehlt es sich, dem Pfad nach rechts zu folgen, der eine kleine, aber feine verborgene **GRÜNE IDYLLE** erschließt: Nach etwa 150 m kommt der Pfad dem Bach ganz nahe und gibt den Blick auf einige wenige langgezogene Grundstücke frei, deren Gärten bis ans Wasser reichen – hier liegen Kanus für private Bootsfahrten bereit.

◎ Zurück am Klostersø, geht es am Ufer mit Rastplätzen entlang – hier erstreckt sich der WALD BANGS HAVE mit Restaurant und Ausflugsziel:

FREILICHTMUSEUM **DE GAMLE HUSE**, Meinckes Vej 5, Tel. 2559 3460, museumlollandfalster.dk auch auf Dt. Ende Juni bis Mitte August täglich 10–16, ab 1.5. und bis 30.9. Di–So 10–16 Uhr. Eintritt je nach Saison 75–85/0 DKK. Kombi-Ticket siehe Seite 61. **(14)**

DIE ALTEN HÄUSER verteilen sich im Wald BANGS HAVE am Søndersø, gegründet in den 1920er Jahren, um den ländlichen Alltag im 19. Jh. darzustellen. Zusammengetragen hat man hier u.a. Bauernhof, Bockmühle, Seilerwerkstatt, Schmiede, Schulhaus, Kolonialwarenladen, Heilkräutergarten. Richtig Lokalkolorit vermitteln Gerätschaften für Zuckerrübenanbau und -ernte. Als Prachtstück fungiert der 10 t schwere DAMPFPFLUG, der ab 1872 über fünfzig Jahre lang im Einsatz war. Ebenso hat man eine Dampfmaschine aus einem Sägewerk in Nysted aufgestellt, die zeitweilig in Betrieb gesetzt wird. Der Bestand wird erweitert, auch mit Gebäuden, die bis vor wenigen Jahren noch in Funktion waren sowie eigens für das Museum versetzt und restauriert werden.

◎ Zurück um die Bucht herum sowie ab Bootsanleger weiter am **UFER** entlang. Sie können hier weit am grünen Ufer spazieren gehen, vorbei an Kleinboothafen, putzigen Schrebergärten, bei km 1 am Kajakklub (nahe **15)** und am Golfplatz bis zum Weiler Refshale.

◎ Ab Kajakklub führt der Refshalevej oberhalb nach links zurück zur »City«. Refshalevej 81: Hier steht das neue **KLOSTER (6)** des Birgitta-Ordens, der erst seit 1995 wieder in Dänemark ansässig ist und 2003 diese Neubauten bezog. Das Anwesen heißt »Habitaculum Mariae«, wie das frühere Kloster beim Dom. Die Nonnen betreiben ein Gästehaus (siehe Seite 184).

Die blauen Ziffern beziehen sich auf unseren Maribo-Stadtplan auf Seite 185, auf dem übrigens unser Stadtrundgang vollständig nachzuvollziehen ist.

Seenplatte

Während der letzten Eiszeit gruben gewaltige Eisblöcke in Lollands Mitte Mulden, die sich beim Abschmelzen des Eises vor rund 10.000 Jahren mit Wasser füllten. Die Maribo-Seen setzen sich zusammen aus SØNDERSØ (852 m^2), Røgbølle Sø (197 m^2), Hejrede Sø (51 m^2) und Nørresø (40 m^2). Sie stehen seit Ende der 1990er Jahre unter NATURSCHUTZ, wodurch sich ein reiches Vogelleben entwickelte; relativ zügig wurden SEEADLER heimisch. Außer zur Vogelbeobachtung eignet sich das Gebiet bestens zum Radfahren, Spazieren und Paddeln – wobei bestimmte Uferzonen, Wege und Inseln tabu sind, um die Tiere und Pflanzen, darunter einige seltene Orchideenarten, zu schützen.

◎ **INFORMATION**: naturparkmaribo.dk auch auf Englisch.

◎ **SIGHTSEEING**: Boot ANEMONEN (siehe Seite 185). **(4)**

◎ **FERIEN AKTIV**: Rad fahren, Wandern, Angeln, Baden, Paddeln und Vogelbeobachtung siehe Seite 193 ff.

GUTSHÖFE BEI MARIBO

Die meisten Flächen der Seenplatte und des angrenzenden Landes sind in Privatbesitz. Vieles davon gehört ein paar Gutshöfen, die selbst nur eingeschränkt zu besuchen sind: Wer das Adrette und Gepflegte schätzt, wird bei einem Besuch viel Freude haben. Die zwei vorgestellten Güter gehören übrigens denselben Eignern.

◎ EMPFEHLUNG: Die Wurzeln von Gut **SØHOLT** reichen ins späte 14. Jh. zurück. Das im Osten des Søndersø gelegene Anwesen wechselte mehrfach den Besitzer, das heutige Haupthaus im Empirestil stammt aus dem Jahr 1804. Für die Öffentlichkeit zugänglich ist allein der 2010 restaurierte BAROCKGARTEN, einzigartig auf Lolland, Falster, Møn. Während die Jagd in den Wäldern für Touristen nicht in Frage kommt, sind Tageskarten für das ANGELN zu erwerben (siehe Seite 196).

Søholt, Søholtvej 51, soeholt.nu nur auf Dänisch. Barockgarten täglich 9–17 Uhr. Zutritt 20 DKK. Anfahrt siehe Radtour Sondersøruten, Seite 193 ff.

◎ EMPFEHLUNG: **CAFÉ SØHOLT**, Søholtvej 51. Juni bis August Fr–So 12–16 Uhr. Außerhalb des Hofguts, aber beim Zugang zum Barockgarten. Entzückendes Anwesen mit reetgedecktem, gelbem Fachwerkhaus und eigenem Garten. PRIMA für eine Rast bei Kaffee und Kuchen oder Muffin. Liegt an unserer Radtour ab Seite 193.

◎ Das Gut **ENGESTOFTE GODS** erzielt seine Einnahmen – genau wie Søholt – primär mit der Landwirtschaft. Das schöne Anwesen erstreckt sich am nördlichen Ufer des Sondersø. Engestofte veranstaltet am ersten Dezemberwochenende JULEMARKED, einen stimmungsvollen Weihnachtsmarkt.

Søvej 10, www.engestofte.dk auch auf Deutsch. Anfahrt ab Maribo nach Osten auf der Str. 153, rechts in den Engestoftevej, rechts in den Søvej.

◎ **KRENKERUP GODS** nahe Sakskøbing: siehe Seite 192.

Fotos zur Seenplatte finden sich auf den Seiten 183 und 197. – Engestofte Gods vermietet einige historische, aber sanierte Immobilien als Ferienhäuser; bis auf Hospitalet (1.400 DKK, ab 2 Tagen) sind sie für 2–4 Personen allerdings zu groß.

Ausflug Sakskøbing

Die Kleinstadt Sakskøbing liegt 7 km östlich von Maribo, auf halbem Weg nach Falster, nahe der Autobahn E 47; hier leben rund 4.600 Einwohner. Während Maribo zur Gemeinde Lolland gehört, liegt Sakskøbing in der Kommune Guldborgsund. Von der Lage am inneren SAKSKØBING FJORD abgesehen, ist der Reiz für Touristen bescheiden. Wer von der Autobahn kommt, passiert das Wahrzeichen, einen Wasserturm mit femininem Antlitz. Wer mit der Lollandsbahn anreist, gelangt via Rådhusgade flott ins überschaubare Zentrum mit dem Marktplatz, Torvet.

INFORMATION

◎ **SAKSKØBING TURISTINFORMATION**, Torvet 16, Tel. 4232 8852. Geöffnet 20.6.–1.10. Di + Do + Sa 10 –14 Uhr. Info-Faltblätter mit Stadtplan.

STADTRUNDGANG

Für die Erkundung sind ab Bahnhof zu Fuß 1,5–2,5 Stunden retour zu veranschlagen, ohne Pausen.

◎ Ab Marktplatz (mit zwei Mädchen-Skulpturen, eine mit Regenschirm) ist via Brogade rasch der DEINDUSTRIALISIERTE **HAFEN** erreicht, wo der zum WOHNHAUS umgebaute ehemalige GETREIDESILO aufragt. Im Hafen liegen HAUSBOOTE vertäut, die als Ferienhäuser zu mieten sind (auch von Deutschland aus). Auf der anderen Uferseite ist ebenfalls neue Wohnbebauung entstanden, stadtauswärts in zunehmend »gutbürgerlicher« Ausführung. Diesseits beginnt nach dem schicken Domizil des Ruderclubs der Fjordstien. Zwischen gepflegten wie verschilften Bootsplätzen mit Rastbänken geht es zwischen Fjordkanal und Vogelsee zur Linken hinaus bis zu einer weiteren Marina und ab dort auf dem Kalkbrænderivej zurück. Durch den »økologiske Besøgsgård«, einem Öko-Hof mit vielen Tieren, führt ein öffentlicher Pfad parallel zum Ufer wieder zurück; im Zweifel kann man sich fast überall an der Kirchturmspitze orientieren, die wieder zum Marktplatz (Torvet) leitet.

UNTERKUNFT

◎ **HOTEL SAXKJØBING**, Torvet 9, Tel. 5470 4039, hotel-saxkjobing.dk. Zentral am Marktplatz gelegen. Zimmer ab 995 DKK.

◎ **DANHOSTEL SAKSKØBING**, Saxes Allé 10, Tel. 5470 6045, sakskoebing-vandrerhjem.dk. Ganzjährig geöffnet. Zugehörig ein Campingplatz.

ESSEN UND TRINKEN

◎ **CAFÉ DA VINCI**: Brogade 16, Tel. 351020. Solider Italiener in unschlagbarer Lage an der Brücke zum Hafenauftakt. – Dänisch-internationaler das (600 m entfernte) **FROKOST CAFE`N**, Guldborgvej 1 B, Tel. 2634 2900.

◎ **OREBY KRO**, Orebygaard 2, Tel. 5417 4466, orebykro.dk. Do–Sa 12–22 Uhr, So 12–16 Uhr. Auf der nördlichen Fjordseite, Terrasse mit Fjordblick sowie ausgezeichnete Küche. Frokostplatte 200 DKK, abends Menü. (L1)

Die Bezeichnung L1 bezieht sich auf unsere Lolland-Übersichtskarte auf Seite 181. –
Zum Foto nebenan: im Hafen von Sakskøbing, der Getreidesilo wurde zum Wohnhaus. ▶

ENTER

AUSFLUGSZIEL GUT **KRENKERUP GODS MIT BRAUEREI**

Die Geschichte des Adelssitzes Krenkerup reicht bis ins frühe 14. Jahrhundert zurück, die ältesten Teile des heutigen Schlosses in Gelb stammen aus 1490. Die Namen der adligen Geschlechter vor Ort lesen sich wie ein WHO IS WHO dänischer Geschichte: Gøye, Brahe, Rosenkrantz, Rantzau und seit dem 18. Jh. Hardenberg und Reventlow. Dass die dem Gutshof eigene Brauerei nun auch einen Ausschank auf Krenkerup unterhält, begann in der Zeit des heutigen Eigentümers, Reventlow-Grining.

An der Einfahrt befindet sich ein Hinweis, ob die Traktørsted (Sommerwirtschaft) geöffnet ist. Auf dem Gelände geht es links zu den landwirtschaftlich genutzten Gebäuden, der zünftige Ausschank befindet sich bei der Brauerei in einem früheren Kornlager; bei Schönwetter kann draußen Platz genommen werden. Außer Bier und weiteren Getränken gibt es appetitliche kleine Speisen, u.a. vom Holzbrett. Ein Bierverkauf (gut für Präsente) ist um die Ecke.

◎ **KRENKERUP TRAKTØRSTED**, Krenkerup Gods, Krenkerupvej 33, Tel. 5470 5485, krenkerupbryggeri.dk auch auf Englisch. Juni bis August täglich 12–18 Uhr, sonst unregelmäßig, zumeist Fr 14–18, Sa 12–18, So 12–16 Uhr, außerhalb der Hochsaison besser anhand der Website prüfen. (L2)

◎ **WANDERN**: siehe Seite 195 f.

Museumsbahn

Die 1962 eingeweihte und Dänemarks angeblich älteste Museumseisenbahn befährt im Sommerhalbjahr an bestimmten Tagen die Strecke von Maribo nach Bandholm, das im Norden an der Küste Lollands liegt. Zwar misst die Strecke nur 8 Kilometer, dafür führt sie vor allem in der zweiten Hälfte durch Wald und am Waldrand entlang; dort im Merritskov kann man sogar aussteigen. Einen längeren Aufenthalt legt der Zug auf dem Hinweg am SCHMUCKEN, 1869 gebauten und 2002 restaurierten BAHNHOF BANDHOLM ein (siehe Seiten 202 f. und 201). Endstation ist Bandholm am Hafen.

Start in Maribo ist nicht (!) am Bahnsteig der Lollandsbanen. Rund 500 m weiter östlich befindet sich ein Depot, eine REMISE mit Lokschuppen samt Drehscheibe, wo bis in die 1950er Jahre Dampflokomotiven und Rangierloks unterkamen. Hier residiert die Filiaie des »Dansk Jernbane Klub«, die die Bahn betreibt und weitere Hallen für Züge und Material errichtet hat.

◎ EMPFEHLUNG: **MUSEUMSBANEN MARIBO – BANDHOLM**: Ende Juni bis etwa 20.8. So, Juli bis ca. 10.8. auch Mi und Do, jeweils Do/So in der Regel von einer DAMPFLOK gezogen. Ticket 50/25/0, retour 100/50 DKK, Fahrrad 25 DKK. museumsbanen.dk nur auf Dänisch, mit aktuellem Fahrplan, Information zu Sonderabfahrten usw. – Anfahrt mit eigenem Fahrzeug nördlich (!) der Lollandsbanen-Gleise **(3)**.

Ferien aktiv

RAD FAHREN

Zu den sog. Erlebnisrouten alias Panoramaradwegen gibt's im Touristenbüro Faltblätter mit Karte auf Deutsch (15 DKK). Online/App via »Naturlandet Lolland-Falster« (siehe Seite 66).

◎ EMPFEHLUNG: **ERLEBNISROUTE** IM LAND DES SEEADLERS, im Original »I havørnens land«. Startpunkt zentral am Marktplatz, Torvet. Distanz rund 36 km, Verkürzen auf 22 km möglich. Als Markierung blaue Schilder mit Adlersymbol, auch Søndersøruten (wie die Route früher hieß).

Ab Torvet links am alten Rathaus vorbei, geradeaus Brødregade, links Søndre Boulevarden, rechts Refshalevej und am Kloster vorbei, gut ausgeschildert. Am Golfclub vorbei, geradeaus in den Borgøvej, Wechsel auf losen, geschotterten Belag, schöner Abschnitt mal am Waldrand, mal durch den Forst: kurze, knackige Anstiege. Das Gebiet gehört Gut ENGESTOFTE, wie es den vorübergehend grünen Wegweisern zu entnehmen ist. Diese unbefestigte endet schließlich an der Straße Engestoftevej, rechts ab, etwa 400 m und wieder rechts in den Søvej.

6 km Engestofte Gods zur Rechten. Die Landschaft wird reizvoller, Fasane und Rebhühner wechseln munter die Fahrbahnseiten. Dann taucht ein Ausläufer des Søndersøs hinter den Bäumen auf; es empfiehlt sich ein Stopp zwischen SØNDERSØ und **HEJREDE SØ**, dort wo beim Parkplatz ein Vogel-

◀ **Links noch mal zurück nach Sakskøbing, Uferweg ab Hafen fjordauswärts. – Rechts Ausflugslokal »Krenkerup Traktørsted« im Hof des gleichnamigen Guts.**

beobachtungsposten errichtet ist. Sofern die hier beheimateten Seeadler am Brüten sind, können Waldwege am Hejrede Sø zeitweise gesperrt sein.

Um jenen Ausläufer des Søndersøs herum, setzt sich die Route rechts auf Forstwegen durch den Storskov fort, Søholts größten Wald. Ein Abzweig über Forstwege führt zum restaurierten PAVILLON SKELSNÆS (1822), wo sich ein Picknick anbietet. Dort wo die Route wieder auf Asphalt trifft, besteht die Möglichkeit zur großen Schleife, die scharf links auf den Søholtvej abzweigt und auf vor allem anfangs ähnlich schöner Strecke wie zuvor den RØGBØLLE SØ umrundet, allerdings nur ein Mal, auf dessen Südseite, das Ufer direkt erreicht; dort besteht die Möglichkeit zu einer Rast. Über Sørupvej, Alsøvej und Møllevej zurück zum Søholtvej. Achtung: Von Juni bis August öffnet das entzückend gelegene Café Søholt (Fr–So 12–16 Uhr), wofür Sie sich am Søholtvej aber rechts halten und die Einfahrt zum Hofgut passieren müssen. Bei dem Café befindet sich der Zugang zum BAROCKGARTEN von SØHOLT (siehe Seite 189).

13 km ohne Røgbølle-Umrundung: Søholt ist erreicht, mit Røgbølle-Umrundung knickt die Route links ab auf den Søholtvej. Der Storskov bleibt zurück, rechter Hand wird es lebhaft, sofern die angestammte GRAUGANSKOLONIE zugegen ist. Die Route begleitet den Søndersø in einigem Abstand, aber Sichtweite, bevor sie, Abzweigung rechts, auf dem Hestehavevej nun doch aufs Wasser zuhält.

An der Naturskole, einem Naturlehrezentrum für Schüler, wechselt der Untergrund erneut, geht es fortan an Feldern entlang, später auf neu angelegten Wegen durch verschilftes, renaturiertes Terrain, bis die Route, mittlerweile zusammen mit Nationalroute 7, in den nächsten Wald eintaucht.

Vorbei am Freilichtmuseum sowie durch das Wäldchen Bangs Have, hinaus auf Bangshavevej und Gasværksvej zur Vesterbrogade in Maribo; die Reststrecke ist nicht zu verfehlen.

◎ Weitere **ERLEBNISROUTEN** ab Maribo: FAHRRAD-SAFARI, im Original »Safari på cykel«. Start in Maribo am Touristenbüro, Rundtour via Knuthenborg und Bandholm. Distanz 22 km, 10 davon auf (Neben-)Straßen. Als Markierung blaue Schilder mit einem Nashorn. – WALD, KÜSTE UND WEIN, im Original »Skom, kyst og vin«. Start in Maribo, ebenfalls am Touristenbüro, Rundtour via Knuthenborg, Bandholm, Hafen Blans, Stokkemarke und das Weingut »Østergård Vinmageri«. Distanz stramme 41 km, 26 davon auf (Neben-) Straßen. Als Markierung dienen blaue Schilder mit Bäumen.

◎ Einen landschaftlich schönen, abwechslungsreichen Verlauf nimmt die **ERLEBNISROUTE** RUND UM SAKSKØBING, im Original »Rundt om Sakskøbing«. Start in Sakskøbing, an der Hafenbrücke. Die Route am Nordufer des Fjords entlang via Oreby (hier zusätzlich zur Originalroute), Radsted und das Hofgut Krenkerup (siehe Seite 192). Distanz 18 km, fast komplett auf (Neben-)Straßen; allein die Str. 283

zum Schluss nach Sakskøbing hinein ist, aus Nysted kommend, stärker befahren und auch ohne separaten Radweg; diese Teilstrecke misst ca. 1,2 km. Als Markierung der Route sind blaue Schilder mit einer Schere montiert.

◎ Gut zu radeln ist der Ausflug nach Rødbyhavn über die auf dieser Strecke identischen Nationalrouten 7/8. Länge retour rund 42 km. Ein Großteil der Route führt als **HOLEBYSTIEN** auf der Trasse der früheren Bahnstrecke zwischen Maribo und Rødbyhavn. In Holeby, etwa auf halbem Weg, stand die erste Zuckerfabrik (1872) auf Lolland, die 1960 geschlossen wurde, da es rentabler war, solche Fabriken küstennah zu platzieren: Die Kohle, mit der die Fabrik in Holeby betrieben wurde, hatte nämlich aufwändig per Bahnverladung ab Bandholm oder Rødbyhavn hierher transportiert werden müssen.

Mit einem Besuch von LALANDIA kann der Trip zum Tagesausflug verlängert werden. Das Spaßbad (siehe Seite 251 f.) westlich von Rødbyhavn ist vom Nationalrouten-Radweg aus gut zu erreichen.

◎ **FAHRRADVERMIETUNG**: in Maribo Larssons Cykler, Torvet 11, Telefon 4264 2024, larsson-cykler.dk. Mo–Fr 9–17 Uhr, Sa 9–13 Uhr.

WANDERN, WALKEN, JOGGEN

◎ Unser **STADTRUNDGANG** ab Seite 186 kommt auf etwa 3 km.

◎ Da die **MARIBO-SEEN** zum Teil als Naturschutzgebiet deklariert sind, gibt es außerhalb Maribos (zwar) einige Stellen, wo man ans Wasser gelangt, jedoch keine längeren Uferwege. Unsere empfohlene Radtour ist in ihrer kürzeren Ausführung mit 22 km Länge zwar auch für Wanderer zu bewältigen, hält sich jedoch streckenweise an asphaltierte Straßen mit motorisiertem Verkehr. Zwei Abschnitte immerhin sind auch für Wanderer allemal zu empfehlen:

Ab Parkplatz / Pumpwerk zwischen HEJREDE SØ und SØNDERSØ (siehe Seite 193 unten) in den Wald von Søholt zum offen stehenden, restaurierten Pavillon SKELSNÆS, oder bis zum Café Søholt bzw. Barockgarten von Søholt. Rückweg identisch.

Die zweite Route beginnt wahlweise in der Innenstadt, am Dom oder im Wald Bangs Have mit dem Freilichtmuseum und führt durch Wald, Schilf und über Feldwege zur NATURSKOLE. In feuchten Perioden kann das Terrain vor allem im Wald aufgeweicht sein, während die neuen Bohlenwege im Schilf relatiov robust wirken. In jedem Fall ist robustes Schuhwerk von Vorteil. Rückweg identisch.

◎ Ab **KRENKERUP GODS** (L2, siehe Seite 192): An der Einfahrt zum Hofgut vorbei Richtung Westen/Sakskøbing, befindet sich nach etwa 500 m in einer sanften Rechtskurve linker Hand ein Parkplatz . Von hier sind zwei Touren möglich: Der gewundene Wiesenweg führt in den HAVESKOV (Gartenwald), in den Wald des Gutsparks, der weitgehend sich selbst überlassen ist. Für einen Spaziergang sind mit Rückweg 30–45 Minuten anzusetzen: Labsal an heißen Tagen.

Das Bezeichnung L2 bezieht sich auf unsere Lolland-Übersichtskarte auf Seite 181. – Der lang gestreckte Wald östlich von Krenkerup eignet sich ab Juli nicht zum Wandern, da hier wegen zahlreicher Tümpel Stechmücken unterwegs sind.

Auf der anderen Straßenseite, vom Parkplatz aus gesehen, geht es in den WALD HOLMESKOV DYREHAVE, an dessen östlichem Rand Rehe in einem Wald- und Wiesengehege residieren (dyre = Tiere). Für alle, die eine Runde in dem (gebietsweise) hoch aufragenden Mischwald drehen wollen: an der ersten Kreuzung von Forstwegen geradeaus, worauf der Weg einen lang gestreckten Bogen nach links/Westen beschreibt; an den nächsten beiden großen Kreuzungen wieder links, und Sie befinden sich Richtung Osten auf dem Rückweg zum Ausgangspunkt, der nach etwa 3,3 km erreicht ist.

◎ Überwiegend auf der ehemaligen Bahntrasse zwischen Maribo und Rødby via Holeby verlaufen die nationale Fahrradrouten 7 und 8, als 19 km langer **HOLEBYSTIEN** auch für Wanderer gut geeignet. Möglicher Start am Freilichtmuseum: Anfangs entspricht die Route unserer empfohlenen Radtour. Rückfahrt ab Holeby mit Bus 723.

ANGELN

◎ Eine besondere Gelegenheit ist das Angeln im **SØNDERSØ** über den zuständigen Verwalter von Gut Søholt (siehe Seite 189), zu erreichen via mh@soehult.nu oder Tel. 6122 1784 (Mo–Fr 8–16 Uhr). Zu erstehen sind Tageskarten. Gut vertreten im Søndersø sind Hecht, Barsch, Brasse und Schleie.

BADEN, SCHWIMMEN

◎ Badeplätze stadtnah am **SØNDERSØ**, siehe unseren Stadtplan. **(15)**

GOLF

◎ GOLFKLUBBEN **MARIBO SØ**, Refshale Byvej 22, Tel. 5478 2655, maribogolf.dk. 18-Loch-Platz im Südosten Maribos, am Ufer des Søndersøs. **(16)**

Kein Lokal, aber Automat mit Getränken sowie Sandwiches in Selbstbedienung.

PADDELN

An windigen Tagen ist zu berücksichtigen, dass es recht ungemütlich werden kann, je weiter man sich auf den offenen See hinauswagt.

◎ **BOOTSVERMIETUNG**: Maribo Sø Camping, Anmeldung an der Rezeption **(17,** siehe auch Seite 184). Kajaks, Kanadier, Ruder- und Tretboote, SUP. Tarife: Kajak/SUP 125 DKK/2 Std. plus 100 DKK bei zusätzlicher Stunde oder 350 DKK/9 Std. Andere ab 250 DKK.

REITEN

Die Gegend im Osten der Seenplatte ist bestens geeignet für Reittouren, sowohl auf öffentlichen Wegen wie auf den privaten von Gut Søholt. Es gab in den letzten 15 Jahren mehrere Versuche, ein festes Angebot zu etablieren, wobei die Corona-Zeit einen Strich durch manche Rechnung gezogen hat. Am vielversprechendsten ist die Nachfrage via ferierytter.dk – Eingabe »Sjælland« unter »Region«.

VOGELBEOBACHTUNG

◎ Ab Freilichtmuseum/Camping via Radroute und dann ufernah zu Fuß zu erreichen ist ein Beobachtungsposten am Westufer des **SØNDERSØ**.

Ruderpartie auf dem Søndersø bei Maribo. – Graugans-Kolonie am Südufer des Søndersø, nahe Storskov und Søholt. ▶

◎ Spannender aber ist die Beobachtung am **HEJREDE SØ** (Parkplatz am Pumpwerk, Anfahrt siehe »B & B Godstedlund«, Seite 184). Dort sind Graugans, verschiedene Entenarten, Blässhuhn, Kleiner Lappentaucher, Fischreiher, Rohrweihe, Turmfalke u.a. in ihrem Element. Und natürlich:

◎ Wer die viel zitierten **SEEADLER** zu Gesicht bekommen will, sollte wegen der aktuellen Situation im Touristenbüro nachfragen, das zum einen Material für Vogelkundler verkauft, zum anderen (hoffentlich) Kenntnis davon hat, ob (wie in der Brutzeit) Waldwege gesperrt sind, um die Tiere zu schützen. Die Population vor Ort geht sozusagen auf den »Urvater« zurück, der 1995 aus Norddeutschland einwanderte und sich hier im Gebiet Hejrede Sø niederließ – als erster Adler in Dänemark seit etwa 100 Jahren, denn so lange galten diese Greifvögel in dem Land als ausgerottet. – Bis 2022 waren allein auf den »Urvater« über 40 Nachkommen zurückzuführen.

Das Faltblatt »Die Maribo-Seen« ist zwar kostenlos, gab es zuletzt aber nicht mehr in aktualisierter Ausgabe.

Was fehlt noch?

FESTE / UNTERHALTUNG

Das beliebte Festival »Maribo Rock« hat die Segel streichen müssen.

◎ **MARIBO JAZZ FESTIVAL**, 3–4 Tage Mitte / Ende Juli. Renommiert, viel New Orleans Jazz, aber auch andere Stilrichtungen. maribojazz.dk. Es sind sowohl Einzeltickets als auch ein Festivalbillett zu erwerben, wobei einige Konzerte gewöhnlich langfristig ausverkauft sind. 5–10 Spielstätten, auch im Freien: Marktplatz/Torvet und im Westen der Stadt auf der Freilichtbühne Hylddalen, mitten im Wald Bangs Have, nahe dem Freilichtmuseum.

◎ **WEIHNACHTSMARKT**: Engestofte Gods richtet den JULEMARKED aus (siehe Seite 189). – Ob der populäre Sommermarkt aus der Zeit vor Corona reaktiviert wird (Fest und Produkte aus der Region), ist ungeklärt.

KULTURPFLEGE

◎ **MINIBYEN I MARIBO**, Østre Landevej 33. Juni bis Mitte September Di–Sa 11–15 Uhr. Eintritt 50/0 DKK.

Die Altstadt von Maribo in der Zeit 1850–1900 im Maßstab 1 : 10, akkurat in privater Initiative gebaut und hier, in der Verlängerung der (ab Torvet nach Osten verlaufenden) Østergade, errichtet. Minibyen, die Mini-Stadt, ist weiterhin im Wachstum begriffen, solange Freiwillige dafür aktiv sind. Zurzeit ist der Dom in Arbeit, wofür acht Jahre veranschlagt werden.

KONTAKT, HILFE

◎ **ÄRZTLICHE BEREITSCHAFT**: Tel. 1818. Siehe Seite 55.

◎ **POLIZEI**: Service-Tel. 114. Dienststelle Rådhuset, Tel. 5531 1448.

◎ **POST**: Ved Åen 3 (Supermarkt »SuperBrugsen«). Täglich 8–20 Uhr. **(18)**

Weiterreise

BAHN

◎ Die private **LOLLANDSBANEN** verkehrt von Nakskov in Westlolland via Maribo bis Nykøbing auf Falster. Das Ticket ist vor dem Zusteigen am Automaten zu ziehen. Siehe auch Seite 34, Fahrplan (Køreplan): lokaltog.dk.

◎ Wer nur mit öffentlichen Verkehrsmitteln unterwegs ist, kann ggf. die **MUSEUMSBANEN** nach Bandholm nutzen (siehe Seiten 193 und 201 ff.).

◎ **NACH SÜDSEELAND**: zunächst nach nach Nykøbing F. mit Lollandsbanen (s.o.) Dort umsteigen in einen Regionalzug nach Vordingborg.

BUS

Fahrpläne und Haltestellen im Voraus abfragen: dinoffentligetransport.dk, dort »Trafikinfo« und »Køreplaner for bus«, Liniennummer eingeben, Download möglich. Auch auf Englisch.

◎ **REISEZIELE AUF LOLLAND**: ab Maribo via Bandholm nach Kragenæs Hafen (Linie 725), Fähren nach Fejø und Femø (siehe Seite 209). – Ab Kragenæs Fähranleger über Horslunde nach Nakskov (Linie 719). Oder ab Horslunde via Utterslev, Vindeby und Købelev nach Nakskov (Linie 715). – Nach Stokkemarke über Bandholm (Linie 724). – Nach Rødbyhavn Fähranleger (Linien 720 R). – Nach Rødby via Holeby (Linie 723). – Nach Nysted nur mit Umsteigen, entweder in Holeby oder in Nykøbing auf Falster (jeweils zur Linie 730).

◎ **NACH FALSTER**: nach Nykøbing / Falster mit Fernbus 800 (aus Odense / Fünen via Langeland, Nakskov) über Sakskøbing. Wer einen Aufenthalt in Nysted einlegen will, muss nach Holeby (Linie 723) und steigt in Linie 730 um. Im Normalfall steht die Lollandsbanen für den Direktweg bereit.

◎ **NACH SÜDSEELAND**: nach Vordingborg ab Sakskøbing über Guldborg (Linie 760, nur Mo–Fr mit wenigen Abfahrten).

AUTO

◎ **NACH BANDHOLM** mit Fähranleger für Askø: Str. 9 Richtung Nakskov, rechts abbiegen auf Str. 289.

◎ **NACH KRAGENÆS** mit Fähranleger für Fejø und Femø: In umgekehrter Richtung siehe Seite 209.

◎ **NACH NAKSKOV**: Am schnellsten via Str. 9. Schleifen durch den Norden via Bandholm, Kragenæs u.a. – siehe das nächste Kapitel.

◎ **NACH NYSTED**: Str. 153 nach Osten, bei Sakskøbing rechts abbiegen auf Str. 283 direkt nach Nysted.

◎ **NACH FALSTER**: Die südlichste Verbindung ist die ZUGBRÜCKE nach Nykøbing (Str. 9 ab Maribo), die nördlichste die Brücke bei GULDBORG (Str. 153). Der Tunnel der Autobahn E 47 ist von Zentrallolland aus die schnellste Verbindung nach Falster **UND MØN**.

Der Nordwesten

In dieser Region liegen die Ausflugsziele ziemlich verstreut, es gibt relativ wenige Strände und die Unterkünfte sind rar. Besonders sind die vorgelagerten Inseln Femø, Fejø und Askø, die mit Fähren ab Bandholm und Kragenæs zu erreichen und prima mit dem Fahrrad zu erkunden sind; falls nur eine passt: siehe die Reihenfolge oben.

Bandholm

HAFEN UND SAFARIPARK

Ohne Hafen kein Bandholm. Ende des 16. Jhs. bekam das zentrale Maribo hier an Lollands Nordküste endlich seinen Hafen, wobei das (damals noch existente, aber bereits evangelische) alte Kloster eine wichtige Rolle spielte. Im Jahr 1692 stattete der Königshof das ortsansässige Gasthaus mit den Privilegien eines Kro aus – Vorgänger des heutigen »Bandholm Hotel«. Im 19. Jh. stiegen die Ausfuhrraten landwirtschaftlicher Güter enorm an, während gleichzeitig Kohle zu importieren war, die in Eisenbahnwaggons verladen und mit der die Zuckerrübenfabrik in Holeby befeuert wurde.

Heute teilen sich die Askø-Fähre mit ihrem Anleger, Freizeitskipper sowie Gewerbe das Hafenbecken, das längst im Besitz des nahen Hofguts Knuthenborg ist. Um seine land- und forstwirtschaftlichen Produkte verschiffen zu können, hat »Knuthenborg Gods« die Anlage seit 1839 in mehreren Schritten modernisiert. Richtig bekannt ist Knuthenborg aber dank des gepflegten SAFARIPARKS auf mehr als 600 ha seines riesigen Grundbesitzes.

UNTERKUNFT

Auch der Safaripark bietet inzwischen Unterkünfte an, ist aber nicht billig.

◎ **BANDHOLM BADEHOTEL**, Havnegade 37, Tel. 5475 5476, bandholmbadehotel.dk auch auf Deutsch. EZ ab 995 DKK, DZ ab 1.195 DKK, auch Ferienwohnungen, diverse Angebote.

Anspruchsvolles Ambiente u.a. mit Wellness-Sektion, sehr guter Service. Brasserie »Alba« für den alltäglichen Appetit, Restaurant »Essence« für das besondere Menü.

◎ **BANDHOLM STRAND** WOHNMOBIL-STELLPLATZ, Strandparken 10, Tel. 2147 7456, bandholm-stellplatz.dk. Ganzjährig geöffnet. Nur 1.4.–1.12. Zugang zu Sanitäranlagen. Westlich des Hafens.

KNUTHENBORG SAFARI PARK

Bereits Mitte des 19. Jhs. war der damalige Gutsbesitzer auf die Idee gekommen, einen Landschaftspark (im zeitgemäßen englischen Stil) anlegen zu lassen. Gegen Eintritt konnten Ausflügler hier Pause vom Alltag machen.

Top-Attraktion auf Skandinaviens größtem adligen Landsitz: Knuthenborg Safari Park. Bandholms früherer Zuckerrüben-Silo im Hintergrund sorgt für Lokalkolorit. – Dampfend im Bahnhof Bandholm, auf dem Gleis zurück nach Maribo: Museumsbanen. ▶

Nr 2

Schon damals war es möglich, sich in der weitläufigen Anlage mit eigenem Gefährt zu bewegen, ob hoch zu Ross, in der Kutsche, auf dem Fahrrad und später sogar motorisiert. Die markante, 7,2 km lange FELDSTEINMAUER rund um den Park erreichteten übrigens zwei Handwerker aus Maribo, auf deren Tradition sich die Gründer der Mini-Stadt Minibyen dort heute berufen (siehe Seite 198).

In den 1950er Jahren richtete man das erste Tiergehege ein, bevor 1969 Antilopen, Zebras sowie Strauße die Vorhut der exotischen Tiere bildeten, die dem Safaripark seinen unverwechselbaren Reiz verleihen.

◎ **IM PARK**: Es wirkt ein wenig bizarr, wenn Lamas vor nordischen Dolmen posieren, wenn der blaue Sakskøbing Fjord den Hintergrund für die Vertreter der südamerikanischen Tierwelt abgibt – es ist ein TOLLES ERLEBNIS.

Der Safari Park unterteilt sich in drei Geländezonen: den Park gleich hinter den Einfahrttoren, wo die Autofahrer ihre Fahrzeuge verlassen und in direkten Kontakt mit den Tieren kommen können; zweitens die Savanne, die Sie durchfahren können, in denen Sie in eigenem Interesse jedoch Ihr Fahrzeug nicht verlassen sollen – dort laufen Zebras, Lamas, Okapis, Giraffen, Strauße u.v.a. herum und suhlen sich die Wasserbüffel selig im Schlammloch; drittens geschlossene Gehege, wie den Affenwald (Abeskoven) mit einer großen Sippe lebhafter Paviane, der von Besuchern nur in einem von den Affen persönlich begrüßten Bimmelzug zu durchqueren ist; dann der TIGERWALD, in den nur eine begrenzte Anzahl Fahrzeuge dürfen und den Sicherheitspersonal zusätzlich im Auge behält – hier können in der Hauptsaison Wartezeiten entstehen; das gilt auch für den Wolfswald, Ulveskoven. Ende 2022 kamen drei Löwen aus der Ukraine an. Gefahrloser ist DINOSAURIERSKOVEN, der Dinosaurierwald.

Das LIMPOPOLAND ist ein eigener Vergnügungspark, der dem Familienfrieden zuliebe erst nach der Fotosafari besucht werden sollte.

Über 12 Kilometer Fahrwege erlauben einen abwechslungsreichen Aufenthalt; der ist auch mit Fahrrad, Motorrad oder zu Fuß möglich, nur nicht überall, abhängig von den Tieren. Verpflegen können Sie sich mit eigenem Proviant oder in zwei Lokalen.

◎ EMPFEHLUNG: **KNUTHENBORG PARK & SAFARI**, Knuthenborg Allé, Tel. 5478 8089, knuthenborg.dk ausgiebig auf Deutsch. Ende April bis Mitte Oktober täglich 10–17/18, Ausfahrt bis 18/19 Uhr. Eintritt 299/199/0 DKK. (L3, siehe Lolland-Karte auf Seite 181).

MUSEAL: BAHNHOF BANDHOLM

Der Eigner von Knuthenborg Gods war es auch, auf dessen Initiative die Eröffnung der Eisenbahnlinie zwischen Maribo und Bandholm im Jahr 1869 zurückging. Nach der Stilllegung blieben die Gleise liegen; heute verkehrt hier – seit 1962 – im Sommerhalbjahr eine Museumsbahn, die die umtriebige Filiale des »Dansk Jernbane Klub« unter Dampf hält.

Praktischer Hinweis für Autofahrer im Safaripark: Auf dem Fahrzeug montierte Fahrräder müssen ebenso wie Dach- oder Heckträger abgenommen werden; das gilt für sämtliche Träger, also auch für die Befestigungen von Kanus.

Zum 40-jährigen Jubiläum im Jahr 2002 hat man den alten BAHNHOF in Bandholm vollständig renoviert, mit Wassertankanlage für die Dampfloks, Rangiergleis, Gepäcklager, Wartesaal, selbst die Toiletten – alles nach Originalvorlagen (1920er Jahre) wieder in Schuss gebracht. Deshalb legen die Züge hier einen langen Stopp ein, bevor sie zur Endstation am Hafen fahren, einst Warenumschlagplatz des in der Inselmitte gelegenen Maribo. Im Bahnhof bewahrt ein kleines Museum die Erinnerung an die gute, alte Zeit.

Der Verein besitzt immerhin acht Dampf- und Diesellokomotiven, auch Rangierloks, sowie rund 30 Waggons, die meisten Originale aus der »Holzklasse«. Depot und Wartungshalle befinden sich in einer historischen REMISE samt Anbauten drüben in Maribo, dort wo die Museumszüge abfahren (siehe Seite 193).

◎ EMPFEHLUNG: **MUSEUMSBANEN MARIBO – BANDHOLM**: Ende Juni bis etwa 20.8. So, Juli bis ca. 10.8. auch Mi und Do, jeweils Do/So in der Regel von einer DAMPFLOK gezogen. Ticket 50/25/0, retour 100/50 DKK, Fahrrad 25 DKK. museumsbanen.dk nur auf Dänisch, mit aktuellem Fahrplan, Information zu Sonderabfahrten usw.

WAS FEHLT NOCH?

◎ **BANDHOLM BADEANSTALT** ist ein wunderbar altmodischer Name; dahinter verbirgt sich ein Meeresbad draußen beim Fähranleger, mit Umkleiden, Stegen, Rutsche und Ponton-Insel draußen im Wasser. Einige Parkplätze. Geöffnet ca. 1.6.–15.8. täglich 13–18 Uhr. Eintritt 15/10 DKK.

◎ **HVEDEMAGASINET** ist ein schick restauriertes Lagerhaus, wo heute zur Sommersaison Konzerte, Flohmärkte usw. stattfinden und Kunsthandwerker ausstellen. Die Musik ist volkstümlich, zuletzt war man auch Bühne im Rahmen des MARIBO JAZZ im Juli (siehe Seite 198). Ein Höhepunkt ist SILDEFEST, das Heringsfest. Geöffnet ca. 20.6. bis Ende August täglich 13–17.30 Uhr. Eintritt frei. Programm im Touristenbüro Maribo, in Unterkünften vor Ort, hvedemagasinet.org. Havnegade 23, links an der Straße zum Hafen.

WEITERREISE

◎ **FÄHRE** NACH ASKØ: 6–7 x täglich, wobei generell reserviert werden soll *(mod forudbestilling)*, plus weitere Abfahrten auf Bestellung und nur gegen Aufpreis *(mod ekstra tillæg)*. Dauer 25 Minuten. Tickets (immer retour): Personen 45/10 DKK, Fahrrad 10, Pkw 130 DKK, Touristenticket für Askø+Fejø+Femø 665 DKK inklusive Pkw/5 Personen, zu nutzen innerhalb von 7 Tagen. Reservierung entweder online unter lollandfaergefart.lolland.dk oder Tel. 8832 1212.

◎ **BUS**: Linie 725 entweder nach Maribo oder nach Kragenæs Fähre; hält in Bandholm am Bahnhof und am Hafen. – Linie 724 entweder nach Maribo oder nach Stokkemarke; hält nur am Bahnhof. – Wie Sie an aktuelle Fahrpläne und Haltestellen gelangen, verrät Seite 199.

Insel Askø

Wer vom Hafen Bandholm auf die Insel Askø (2,8 km^2) übersetzt, braucht kein Auto. Das Fahrrad ist billiger im Transport auf der Fähre und ausreichend, um Askø und die Nachbarinsel Lilleø (0,83 km^2) zu erkunden, die ein 700 m langer Damm miteinander verbindet. Befahren Sie alle öffentlichen Wege hin und zurück, kommen nur etwa 15 Kilometer zusammen. Satte Anstiege gibt's nicht, da die Inseln nur wenige Meter aus dem Meer ragen. Die Mitte Askøs bedecken landwirtschaftliche Nutzflächen, während die Randlagen eher besiedelt sind. Die meisten Obstbäume stehen auf Lilleø.

◎ **INFORMATION**: visitaskoe.dk. Auf der Fähre liegt Info-Material aus.

UNTERWEGS AUF ASKØ

Wer ohne Fahrrad anreist, kann sich am Fähranleger für 50 DKK eines aus dem dortigen Schuppen nehmen. Die Hauptstraße auf Askø zieht sich in Hufeisenform über die relativ zersiedelte Insel, deren touristische Kapazität natürlich begrenzt ist. Ein Lokal lohnt sich nicht, jedoch gibt es (seit 2010) wieder einen KLEINEN SUPERMARKT, den die Insulaner auf Genossenschaftsbasis betreiben: zu finden im Inselnorden im historischen Zentrum, unweit von Kirche und Damm.

◎ **LADEN**: Askø Købmandshandel, Konemadevej 45, Tel. 5357 6255, askoe-koebmand.dk mit den aktuellen Öffnungszeiten. In der Nebensaison meist Mo+Mi 12–14, Fr 15–17.20, Sa 9–11 Uhr, im Sommer täglich, sofern sich genug (freiwilliges) Personal meldet. Brot auf Bestellung. Hier gibt es auch Tische und Bänke für eine Rast sowie Toiletten.

◎ Der **ASKØ STRAND** zieht sich an der Ostseite der Insel entlang. Tische, Bänke und Rettungsring gehören zur Ausstattung, gesäubert wird der Streifen nur für die Hauptsaison. Landeinwärts erstreckt sich das Sommerhausgebiet der Insel mit akkurat angeordneten Parzellen und Zufahrtswegen. – Ein kurzer Strand zieht sich westlich von Fähranleger und Marina entlang.

◎ **ASKØ KIRKE**: Die weiß gekalkte Inselkirche und der umliegende, adrett gepflegte Friedhof sehen aus wie viele in Dänemark. Im unteren Bereich des im 15. oder im 16. Jh. errichteten Gotteshauses hat man Kalk und Mörtel entfernt, um die Feldsteinbrocken als ursprüngliches Baumaterial sichtbar zu machen; auch das ist keine Seltenheit. Dennoch spiegelt Askø Kirke die Ruhe und Abgelegenheit der Insel wider, während die Kirchen anderswo öfter mit ihrer hektischen Umgebung kontrastieren. An Inventar ist der geschnitzte, dreiflügelige ALTAR hervorzuheben. Geöffnet täglich 8–18 Uhr.

LILLEØ

Drei Höfe gibt es auf Lilleø, übersetzt die kleine Insel: Lundgaard im Osten, Vigmosegaard in der Mitte, direkt hinter der einzigen Kreuzung auf der Insel, und Vejlegaard im Westen. Lilleø brachte es zu einer gewissen landes-

Seit 1915 stellt dieser 700 m lange Damm die Verbindung zwischen Askø und der benachbarten Lilleø her. (In dem flachen Wasser beidseits des Damms sind häufig Schwäne zu beobachten.) ▶

SMÅLANDSHAVET: BEWOHNTE INSELN VOR LOLLANDS NORDKÜSTE

Das Smålandsfarvandet oder Smålandshavet trennt die Inseln Lolland im Süden und Seeland im Norden. *Farvandet* ist das Fahrwasser, *havet* das Meer, *Småland* (kleines Land) meint die Inseln. Fünf Inseln sind bewohnt, alle vor Lollands Nordküste, mit der sie FÄHREN verbinden. Drei Fähranleger gibt es: auf Fejø (mit Damm nach Skalø), Femø, Askø (mit Damm nach Lilleø).

◎ Das Smålandshavet profitiert von einem milden **KLIMA**, das im Vergleich zu Lolland für niedrigere Niederschlagsmengen und höhere Temperaturen sorgt; dies begünstigt – u.a. durch selteneren Nachtfrost im Frühjahr – den **OBSTANBAU**, für den vor allem Fejø und Lilleø bekannt sind.

◎ Künstler schwärmen vom Licht hier draußen; ebenso wie Kunsthandwerker scheinen sie überproportional auf den Inseln vertreten zu sein, die mit ihrer **ABGESCHIEDENHEIT** (im Sinn von Lebensqualität und Geborgenheit) gezielt um Zuzügler werben. Und tatsächlich leben heute mehr Familien mit schulpflichtigen Kindern auf Fejø als vor 20 Jahren. Trotzdem werden die Insulaner weniger anstatt mehr, so dass die Kommune Lolland rasch den Rotstift anspitzt, obwohl sie das Image ihrer Inselperlen wertschätzt. Die Beteiligten sind im Dialog und formulieren Visionen, z.B. in 5-Jahres-Inselplänen.

◎ Die Inseln sind TAGESZIELE für einen **FAHRRADAUSFLUG** prädestiniert. Wer nur eine davon besuchen will: Unser Tipp lautet Femø (siehe Seite 216 ff.).

weiten Berühmtheit – spätestens seit *Claus Meyer* 2003 den renommierten Vigmosegaard kaufte, wo der Obstanbau auf Lilleø 1930 begonnen worden war. Seit 2022 wird der Hof komplett ökologisch bewirtschaftet.

Auf Meyers Obstplantagen wachsen vor allem Äpfel, aber auch Birnen und Pflaumen. Angepflanzt wurden auch Äpfel, die sich besonders gut für Cidre eignen. Sein Anwesen ist eher unspektakulär; das mondän-moderne Haus, vom Damm aus gesehen zur Rechten, gehört einem Nachbarn. Es gibt ferner Getreide- und Rapsfelder auf Lilleø, stattliche Bäume fungieren als Windschutz für die Nutzflächen. Reichlich vertreten sind Fasanen und Rebhühner, und in dem flachen Wasser beidseits des Damms halten sich oft Legionen von Schwänen auf. Von der Nordküste aus hat man einen tollen Blick auf Femø und Fejø. Trotz alledem: Lilleø lohnt die Fähre ab Bandholm nicht...

PERSPEKTIVEN FÜR ASKØ

2022 waren noch 35 Einwohner auf beiden Inseln gemeldet, 20 % weniger als zur letzten Reise 2014. Die verbleibenden Insulaner agieren statt zu reagieren: Auf der Fähre erzählte mir 2014 ein Teilzeit-Bewohner, dass zurzeit der BREITBANDANSCHLUSS für Askø verhandelt werde. Um das Projekt zu realisieren, mussten gut 50 % der Haushalte Bedarf anmelden; weil die Mehrheit der Grundstücke Sommerhausparzellen und nicht dauerhaft bewohnt sind, war die Sache kein Selbstläufer. Als noch 2014 tasächlich die Kabelverlegung begann, war dies ähnlich bedeutungsvoll wie die Aufnahme der Fährverbindung 1963.

Trotz schnellem Internet und Kaufladen nimmt die Einwohnerzahl ab. Unterstützung der öffentlichen Hand erhalten die Insulaner beim Unterhalt des Ladens nicht, maximal einen Zuschuss für Sanierungsmaßnahmen. Wer auf der Insel mit Erstwohnsitz gemeldet ist, kann die Fähre zu den normalen Abfahrten umsonst benutzen.

Doch eines ist klar: Askøs Zukunft und Lebensqualität hängt in der Tat davon ab, inwieweit neue Bewohner ebenso wie Touristen angelockt werden können: wofür die alte Schule als (wenn auch schlichte) Unterkunft erschlossen wurde. – Wer dem Charme der kleinen Insel also erliegt:

UNTERKUNFT

◎ Am Fähranleger ist ein Basisplatz **ZUM CAMPEN** vorgesehen; gemütlich ist dieser nicht. Es gibt Wasseranschluss, und die Toilette für Segelgäste kann mitbenutzt werden. – Besser ist der **LAGERPLATZ FÜR OUTDOORER** bei der alten Schule im Inselnorden, der über visitaksoe.dk gebucht werden kann. – In der Schule selbst sind **ZIMMER** auf Selbstversorgerbasis zu buchen (wobei die Zahlweise »Mobile Pay« aber nur mit dänischer Telefonnummer funktioniert...).

AN-/WEITERREISE

◎ **FÄHRE**: siehe Seite 203 unter »Der Nordwesten, Bandholm, Weiterreise«.

Claus Meyer gilt als »Lebensmittel-Guru mit Öko-Einschlag« und ist im Großraum Kopenhagen mit Lokalen, Catering u.Ä. vertreten. Bekannt wurde er durch seine Beteiligung am langjährigen Kopenhagener Restaurant-Tempel »Noma«.

Kragenæs

Die kleine Ortschaft Kragenæs an Lollands Nordküste lebt von ihrem Hafen – hier legen die Fähren von und zu den vorgelagerten Inseln Fejø und Femø ab, hier finden sich im Sommer viele Freizeitskipper in der modernen Marina ein. Gleich dahinter erstreckt sich ein ausgedehntes Campingareal, wo eine Vielzahl an Freizeitaktivitäten angeboten wird. Die Gästezahlen sind ausreichend genug, damit während der Hauptsaison FISCH VOM KUTTER verkauft werden kann.

Östlich von Kragenæs entstand mit DODEKALITTEN eine besondere, vielversprechende Attraktion: ein unwillkürlich ans britische Stonehenge erinnernde Ansammlung von mythisch anmutenden Steinskulpturen. Dieses Gebiet RAVNSBY BAKKER ist inselweit auch als LOLLANDS ALPEN bekannt.

UNTERKUNFT

◎ **KRAGENÆS MARINA LYSTCAMP**, Kragenæsvej 84, Tel. 5493 7056, marinalystcamp.dk auch auf Deutsch. Von April bis Mitte September. Camping 90/75/50 DKK, Hütten (2 Personen) ab 350 DKK, mit Mini-Küche (6 Personen) ab 550 DKK, Ferienhütten (4 Personen) ab 650 DKK. In der Hauptsaison +75/200/200 DKK. Hausboot 1.295 DKK.

Weitläufige Anlage am Freizeithafen. Ob hier am Wasser jemand langweilig wird? Badesteg, Kajaks, SUPs sowie Krabbenfang-Netze zu mieten, dazu Kunstrasen-Golf u.a.

LOLLANDS ALPEN

Die *Lollandske Alper* erreichen Höhen um 30 Meter. Die Täler zwischen den Hügeln sind sogenannte TOTEISLÖCHER: Riesige Eisbrocken überdauerten unter Ablagerungen, als sich die Gletscher der letzten Eiszeit vor rund 10.000 Jahren längst zurückgezogen hatten. Als es immer wärmer wurde, schmolzen dann auch diese Brocken – die »Decken« stürzten ein, wodurch die hügelige Landschaft entstand. Ab Kragenæs-Hafen und Campingplatz ist ein 4,6 km langer Fußweg (als *hjertesti)* durch die Hügellandschaft und den nahen Wald ausgeschildert.

◎ EMPFEHLUNG: 12 kreisförmig angeordnete, 8 m hohe GRANITSKULPTUREN sollen bis 2025 die Anhöhe Ellevehøy zieren; zur Recherche waren es zehn. Ihren besonderen Reiz erhalten die Granitblöcke durch die 2 m langen Gesichtszüge und die meditative MUSIK, die zeitweise erklingt. Die Anlage basiert auf Erzählungen über LOLERNE, einen Volksstamm, der in Lolland an Land gegangen und der Insel den Namen verliehen haben soll.

Die Gegend Ravnsby Bakker (L4) ist voller historischer Zeugnisse – bzw. war es, denn viele Megalithgräber (= Hünengräber) gingen beim Urbarmachen des Landes verloren.

Hinter dem Projekt **DODEKALITTEN** steht ein Fond, der das Beschaffen des Gesteins, seinen Transport und die Arbeit des Bildhauers *Thomas Kadziola* finanziert. Die Werkstatt befindet sich in Herritslev, im Südosten Lollands.

◎ **INFO**: dodekalit.dk u.a. auf Deutsch.

Fotos von Dodekalitten finden sich auf Seite 178 – zur Einleitung des Lolland-Kapitels – und auf dem Cover dieses Buches.

◎ Das GANGGRAB **GLENTEHØJ** ist eines der wenigen verbliebenen Megalithgräber vor Ort, unweit von Dodekalitten, mit etwa 5 m Höhe und 30 m Durchmesser ist der Grabhügel kaum zu übersehen. Vor allem ist die Jættestue – so der dänische Begriff für ein Ganggrab – ziemlich gut erhalten und mit stellenweise 1,5 m Höhe leicht zu erkunden. Im Rahmen einer Restaurierung im 19. Jh. hat man ein Loch in die Decke der fast 9 m langen Grabkammer geschaffen, durch das Tageslicht einfallen kann. Die Anlage soll etwa 5000 Jahre alt sein. Funde legen aber nahe, dass sie auch in der Bronzezeit genutzt wurde, über 1000 Jahre nach dem Bau. An Lichtquelle denken! (L4)

◎ Noch weiter östlich – und nicht an der Route des hjertesti-Pfads – erheben sich die überwucherten Grundrisse des BURGWALLS **RAVNSBORG**; zu sehen gibt es nicht viel, aber die Aussicht von oben auf die vorgelagerten Inseln sowie die benachbarten Höhen landeinwärts hat schon 'was. Eine Tafel informiert grob über die Chronologie der spätestens um 1334 begonnenen Anlage, die von Wasser umgeben und dadurch per Schiff erreichbar war. Schon Anfang des 16. Jhs. bedeutungslos geworden, riss man die Burg wieder ab, um das verbaute Material anderswo zu verwenden. (L4)

Anfahrt mit Fahrrad/motorisiert: Ab der Str. 289 zwischen Kragenæs und Maribo/Bandholm führt eine Nebenstraße zu den (ausgeschilderten) Sehenswürdigkeiten; alternativ ab Hafen hinter dem Wald links ab via Ravnsby.

◎ Das eindrucksvollste verbliebene TOTEISLOCH ist **MØLLELUNG** mit immerhin rund 900 x 300 m Fläche. Normalerweise hinterließ das geschmolzene Eis in solchen Senken Sümpfe, Moore, Tümpel und/oder Seen, so wie es hier südlich von Ravnsborgvej und westlich von Møllelungvej noch stellenweise gut zu erkennen ist.

FERIEN AKTIV

◎ **RAD FAHREN**: ERLEBNISROUTE LOLLANDS ALPEN, im Original »De lollandske alper«. Start Hafen Kragenæs, Rundtour über Dodekalitten, die Ravnsby Bakker, Vesterborg, Reventlow Parken, Kong Svends Høj. Distanz 36 km, 32 davon auf (Neben-) Straßen. Als Markierung dienen blaue Schilder mit Bergymbol. Download: s.S. 66.

◎ **WANDERN, WALKEN, JOGGEN**: siehe Einführung Lollands Alpen. Die längere Route des *hjertesti* führt auf

Hafen Kragenæs, im Hintergrund die Fähre nach Fejø ▲

4,6 km markiert an Dodekalitten, Glentehøj und Møllelung vorbei; der Abstecher zum Burgwall der Ravnsborg verlängert die Route um gut 2 km retour. Wie beschrieben, ist der hjertesti ab Kragenæs Campingplatz beschildert. Bei feuchtem Wetter sei robustes Schuhwerk angeraten. Folder zum hjerstesti: hjerteforeningen.dk/hjertestier, als Suche »Kragenæs« eingeben.

◎ **BADEN, SCHWIMMEN**: um die Marina herum, ist drüben auf der MOLE zum Ufer hin eine Treppe angebracht, die auf einen Steg führt. Flachwasser.

◎ **PADDELN**: Kajakvermietung bei »Kragenæs Marina Lystcamp« (siehe Seite 207).

WAS FEHLT NOCH?

◎ **CAFÉ UDSIGTEN**: »Die Aussicht« liegt zentral am Fähranleger, mit freiem Blick sozusagen nach allen Seiten. Terrasse für Schönwetter: sehen und gesehen werden. Im Sommer täglich ab 11/12 Uhr, sonst Do–So 12–19 Uhr. Kragenæsvej 85, Tel. 9383 6208.

◎ Kleiner **SUPERMARKT** am Kragenæsvej, an der Dorfhauptstraße rechter Hand, kurz vor dem Hafen.

WEITERREISE

Reservierung Fähren: lollandfaergefart.lolland.dk oder Tel. 8832 1212.

◎ **FÄHRE** NACH FEJØ: mindestens 14 x täglich, plus einige Abfahrten auf Bestellung im Voraus *(mod forudbestilling)*, ohne Aufpreis *(uden beregning)*. Dauer 15 Minuten. Tickets, immer retour: Personen 45/10 DKK, Fahrrad 10, Pkw 190 DKK, Touristenticket für Fejø +Femø+Askø 665 DKK inklusive Pkw/ 5 Personen, insgesamt 7 Tage gültig.

◎ **FÄHRE** NACH FEMØ: mindestens 4–5 x täglich, wobei generell reserviert werden soll *(mod forudbestilling)*, plus weitere Abfahrten auf Bestellung und nur gegen Aufpreis *(mod ekstra tillæg)*. Dauer 55 Minuten. Tickets, immer retour: Personen 70/10 DKK, Fahrrad 10, Pkw 190 DKK, Touristenticket für Askø+Fejø+Femø 665 DKK inklusive Pkw/ 5 Personen, insgesamt 7 Tage gültig..

◎ **BUS**: Linie 719 nach Nakskov ab Hafen via Horslunde. – Linie 719 nach Maribo über Birket, Blans, Bandholm (Hafen sowie alter Bahnhof). Fahrpläne: siehe Seite 199.

◎ **AUTO**: nach Nakskov Str. 289 gen Westen; alternativ Schleife im Bereich der Nordwestküste (siehe Seite 223 ff.).

Nach Maribo Str. 289 in östlicher Richtung über Bandholm. Möglicher Besuch der KIRCHE **BIRKET KIRKE**, die um 1350 etwa gleichzeitig mit Burg Ravsnborg (siehe Seite 208) errichtet wurde; ihr markantestes Merkmal ist der auf einem Hügelchen thronende FREI STEHENDE, hölzerne GLOCKENTURM, dessen innen liegende Eichenbalken die originalen aus der Bauzeit sein sollen; im Inneren der auffallend gelb angelegten Kirche sind die Kalkmalereien aus spätgotischer Zeit hervorzuheben. – Ein guter Rastplatz bei Schönwetter ist die hübsch liegende, kleine MARINA von **BLANS**, mit einer netten Aussicht auf die vorgelagerten Inseln und auf den Küstenwald Richtung Bandholm. (L5)

Die Bezeichnung L5 bezieht sich auf die Lolland-Übersichtskarte auf Seite 181.

Insel Fejø

OBSTINSEL WIRBT UM ZUZUG

Fejø (16 km^2) ist relativ eben: mit maximal 13 m ü.d.M. zwar nicht so flach wie Askø, aber auch nicht so hügelig und abwechslungsreich wie die Natur auf Femø. Ähnlich wie Askø mit Lilleø, ist Fejø durch einen Damm mit der benachbarten Insel SKALØ (1,06 km^2) verbunden. Auf Fejø leben zurzeit etwa 455 Menschen, womit die Insel ihre Einwohnerzahl seit 2014 fast hat halten können. Die Fähre nach Kragenæs legt bis zu 21 x am Tag ab.

Auch auf Fejø kämpft man rührig um Zuzügler und um Käufer von Ferienimmobilien, die wenigstens in den warmen Monaten auf Fejø wohnhaft werden sollen. Im Gegensatz zu Askø hat die Insel zwar eine Grundschule, aber ebenso wenige Arbeitsplätze für Hochqualifizierte. Im Bewusstsein der Öffentlichkeit hält sich Fejø vor allem durch seinen Obstanbau: Äpfel, Birnen und Pflaumen wachsen in großen Plantagen – publikumswirksam nahmen die Insulaner die Tradition wieder auf, im Frühherbst Obst in Schuten nach Kopenhagen zu schippern, um sie dort am populären Hafenkanal Nyhavn zu verkaufen. Es erstrecken sich aber auch Felder und sogar Christbaumplantagen auf Fejø.

EIN FREUNDLICHES VÖLKCHEN

Wenn Sie mit Ihrem Fahrrad auf Fejøs Straßen unterwegs sind, fallen Ihnen die wildfremden Verkehrsteilnehmer auf, die Sie grüßen, sei es durch Winken oder Zunicken. Spätestens jetzt wird zumindest den Großstadtmenschen bewusst, dass sie nicht nur rein geografisch auf einer Insel angekommen sind. Auch untereinander sind die Insulaner sehr um ein auskömmliches Miteiander bemüht: So finden in der Schule monatlich gemeinsame Mahlzeiten sowie weitere Zusammenkünfte und Feste statt. Ein HÖHEPUNKT ist Mitte Oktober ÆBLETS DAG, der Tag des Apfels, flankiert von weiteren Veranstaltungen (siehe Seite 215).

INFORMATION

◎ Das JAHRESHEFT **OPLEV FEJØ** ist in den umliegenden Touristenbüros und im Salon der Fähre vorrätig, darin eine **INSELKARTE** samt Legende, die auch via visit-fejoe. dk unter »Kort« zu finden ist. Die Website gibt es unverändert leider nur auf Dänisch.

◎ **INFO-STELLEN** ohne Personal gibt es im Fährhafen Vesterby Havn, an der Mühle Fejø Mølle und im Hafen Dybvig Havn an der Südküste.

UNTERKUNFT

Die meisten Fejø-Besucher sind Tagesausflügler und Segler, die auf dem eigenen Boot übernachten. Wer eine Unterkunft auf Fejø beziehen will, sollte sich im Voraus darum kümmern. Da die Insulaner außerhalb der Sommersaison meistens unter sich sind, rentieren sich Hotel oder Pension nicht. visitfejoe.dk listet im Menü »Overnatning« acht vorwiegend einfache Varianten auf, bis hin zu Airbnb.

Ohne Apfelbaumplantagen und Endprodukte wie Gelee, Saft und Cidre wären die Zukunftsaussichten auf den Obstinseln wie Fejø weniger rosig. ▶

SEGELSCHIFFE BRINGEN BIRNEN NACH KOPENHAGEN

Der Großteil der Äpfel, Birnen und Pflaumen, die auf den zum Teil riesigen Plantagen Fejøs wachsen, werden mit Lkw aufs Festland gebracht. Bis zur Mitte des 20. Jahrhunderts regelten Schiffe den Warentransport, besonders über große Entfernungen. 1930 kamen Kaufleute auf Fejø auf die Idee, das frisch gepflückte Obst in der Hauptstadt zu verkaufen, und zwar direkt vom Schiff aus, das in einem der Kanäle festmachte. Das Unternehmen war so ertragreich, dass eigene Segelboote angeschafft wurden. Die Boote aus Fejø waren bald als BIRNENSCHUTEN *(pæreskuder)* bekannt, obwohl sie verschiedene Obstsorten transportierten; der Hintergrund für die Namensgebung ist nicht mehr genau nachzuvollziehen. Ab 1940 von der Besatzungsmacht verboten und wegen Minen ohnehin zu gefährlich, setzte man diese Verkaufsfahrten nach dem Krieg bis in die 50er Jahre fort.

1992 nahmen einige Insulaner die Tradition wieder auf: Anfang September ist es soweit, wenn der Segler in See sticht und für 9 Tage am Kanal Nyhavn in Kopenhagen anlegt. Die Aktion geht weit über das Ökonomische hinaus, denn sie ruft nicht nur im stark frequentierten Nyhavn ein merkliches Echo hervor, sondern auch in den Medien. Fejø schärft sein IMAGE als Obstanbau-Insel in einem Land, das zwar über günstige klimatische Bedingungen verfügt, aber dennoch über 60 % des konsumierten Obstes importiert.

◎ **FERIENHÄUSER**: Zu einem Zeitpunkt weit vor der Sommersaison waren in einem Agentur-übergreifenden Internetportal testweise 13 Ferienhäuser auf Fejø zu buchen.

◎ **RO NATURCAMP**, Herredsvej 9 B, Tel. 2986 7215, ro-naturcamp.dk. Geöffnet von Ostern bis Mitte September. Camping ab 125 DKK, ohne weitere Platzgebühr, ferner Canvas-Zelte und Hütte, nicht billig. Einfacher Platz am Waldrand, Sanitäranlage, Gemeinschaftsküche. Nahe zum Fähranleger, dort sind auch Fahrräder zu mieten.

ESSEN UND TRINKEN

◎ **FEJØ NY KRO** , Herredsvej 95, Tel. 5471 3007, fejoenykro.dk. Im Sommer täglich 12–15 und 18–21 Uhr, im Winterhalbjahr ggf. verkürzt.

Gutes Gelingen dem Versuch, ein Restaurant wieder ganzjährig zu etablieren: dänische Küche, zur Frokostzeit Gerichte zur Wahl sowie abends u.a. ein Wochenmenü, das außerhalb der Hauptsaison nach Absprache als Take away abgeholt werden kann.

Vor dem altehrwürdigen Fachwerkhaus gibt es nette Plätze im Freien.

◎ Im Kleinhafen **DYBVIG HAVN** öffnen im Sommer sogar zwei Lokale: ab Ostern Café Dybvig, Tel. 2240 6081, je nach Saison täglich 11– 21 Uhr. – Ab Juli das Restaurant Nr. 45 - A Ilha, Tel. 6047 2348. Di–So 17.30–23 Uhr.

◎ **HIDEAWAY VINGÅRD** , Storemosevej 10, Tel. 2463 4745. 20.6.–15.8. täglich 11.30 –16 Uhr. Frokost als Gast eines Weinguts, auf Bestellung auch Picknickkörbe zum Verzehr vor Ort.

UNTERWEGS AUF FEJØ

Wer ohne Fahrrad anreist, kann sich am Fähranleger Vesterby Havn ebenso wie am Hafen von Dybvig eins aussuchen (siehe Seite 126). Mit der Inselkarte (s.o.) dabei, kann sich niemand verfahren: Auf der 7,5 km langen Insel kehren nämlich alle Wege zur Hauptstraße Herredsvej zurück, die meisten als Stichstraße und der Storemosevej (mit der Kirche im Süden) als Bogen.

◎ Den Ausflug ab Fähranleger links und dann geradeaus zur Insel **SKALØ** kann man sich als Radfahrer sparen. Alle befahrbaren Wege enden an Höfen auf Privatgrund, egal ob Englund Gaard oder Nordlund Gaard. Die Insel wird landwirtschaftlich recht intensiv genutzt – dem Düngereinsatz dürfte die Brackwasserqualität der Handvoll Tümpel vor Ort geschuldet sein.

Einzig wer WANDERN möchte, findet ENTLANG DES UFERS ein geeignetes Terrain (siehe Seite 215). Im Flachwasserareal zwischen Fejø und Skalø halten sich zudem viele Wasservögel auf: Auch für VOGELKUNDLER lohnt sich also der Ausflug zum Damm (siehe ebenfalls Seite 215).

◎ Wer ab Hauptstraße Herredsvej in den Storemosevej rechts abzweigt, passiert das Weingut »Hideaway« (siehe linke Spalte) und gelangt hinunter an die Südküste zur **FEJØ KIRKE**. Die Kirche steht etwas abseits, da sie einst auch für die Bewohner von Femø und Askø zuständig war, die nach dem Anlanden ihrer Boote keinen weiteren Fußweg haben sollten. Interessant ist auch, dass es weiter landeinwärts in-

2010 brach die Nachricht über die Insulaner herein, dass die Kommune Lolland die Schule auf Fejø schließen wolle. Nach medienwirksamen Protesten jedoch ruderten die Gemeindevertreter zurück.

zwischen einen zweiten Friedhof gibt – das Erdreich des Friedhofs an der Kirche enthält nämlich so viel Salzwasser, dass es die Beigesetzten zu stark konserviert, um dort neue Gräber an Stelle der alten anlegen zu können. Die ältesten Teile der Kirche stammen aus dem späten 13. Jh. Mo–Do 10 – 15 Uhr.

◎ Zurück auf dem Herredsvej sowie gut 300 m nach Westen, folgt linker Hand die Schule, die 2020 ihr 60-jähriges Jubiläum feierte. Weiter hinten im Keller fand das **FEJØ Ø-MUSEUM** mit Inselarchiv sein Domizil. Sein bedeutsamstes EXPONAT ist die Kopie eines über 1.000 Jahre alten Silberbechers, der 1872 bei Dybvig gefunden wurde. (Der originale FEJØ-BECHER ist im Kopenhagener Nationalmuseum ausgestellt.) Weitere Themen sind Seefahrt, Bootsbau, Fischerei. Herredsvej 190. Di 19–22, 1.5.–1.10. auch Sa 13–17 Uhr.

◎ Wieder zurück auf dem Herredsvej und in Richtung Osten am Storemosevej vorbei, folgt nach ca. 300 m ein kleiner Festplatz, den die sogenannte **FEJØTROMLEN** ziert: Die 7 t schwere Straßenwalze war von 1930 bis 1980 im Wegebau auf Fejø im Einsatz, zog 2009 auf den Festplatz um und wurde bis 2012 restauriert. Flankiert wird sie von einer 4 t wiegenden (motorlosen) Walze aus Bornholmer Granit. – Der RASTPLATZ lädt zum Picknick.

◎ Weiter unterwegs nach Osten, folgen Feuerwehrdepot, Kaufmannsladen und rechts, etwas zurückgesetzt, die WINDMÜHLE **FEJØ MØLLE**. Nach 15 Jahren Arbeit steht dieser Nachbau seit 2014 so da wie die erste Mühle nach ihrer Fertigstellung 1905. Einzig Teile des gemauerten Sockels blieben von der alten Mühle übrig. Im Erdgeschoss befindet sich ein Café mit Souvenirverkauf und Touristenbüro. In der 1. Etage ist Lokalhistorisches ausgestellt. Wer weiter hinauf klettern sowie von der umlaufenden Galerie die Umgebung genießen will, kann dies auf eigene Gefahr tun (10 DKK). – Bei Schönwetter im Garten zu Fuß dieses Stücks Heimat zu sitzen, lecker Kaffee und Kuchen: dänische Lebensart.

Fejø Mølle, Herredsvej 278 A, fejoemoelle.dk. Juli bis etwa 15.8. Mi–Mo 13.30–16.30 Uhr, ab 1.6. und bis 31.8. Sa+So 13.30–16.30 Uhr.

◎ Wieder auf dem Herredsvej, geht es kurz hinter dem Mühlengarten hinunter zum HAFEN **DYBVIG HAVN**, wo einst die Birnenschuten starteten und heute wieder aufbrechen, wo die zwischenzeitliche Dampfschiffroute zwischen Bandholm, Fejø, Femø und Askø (ab 1882) verlief, wo die Marina und die inseleigene Werft platziert ist.

Die WERFT Fejø Bådeværft betreibt ein Verein. Sie fungiert als Reparaturwerft und kann längst niemand mehr hauptberuflich ernähren. Neubauten sind die absolute Ausnahme, wie zum Beispiel ein Holzschiff für das Mittelalterzentrum in Nykøbing F.

Die Marina sorgt zumindest in den warmen Monaten für Betriebsamkeit, so dass hier ab Ostern sowie später im Juli zeitweise sogar bis zu zwei Lokale öffnen (siehe Seite 212). Auf jeden Fall verströmt Dybvig mehr Atmosphäre als der Vesterby Havn.

Ein Foto des imposanten Mühlen-Neubaus finden Sie auf der kommenden Seite 214.

◎ Östlich vom Dybvigvej zweigen nur noch drei Stichstraßen von der Inselhauptstraße ab; allen ist gemeinsam, dass sich am Ende, also an der Küste, Tische und Bänke für eine Rast befinden: Am **SLETTERN**-Strand errichtete die Reederei »DFDS« 1875 einen Anleger für ihre Route Kopenhagen–Kiel (nicht mehr zu erkennen). Ein Stück landeinwärts erstreckt sich das inselweit zweitgrößte Ferienhausgebiet.

◎ Ein besondere Stimmung vermittelt der **ANDEMOSEVEJ**, der sich in gerader Linie vom Herredsvej bis zur Ostküste Fejøs hinunter fortsetzt. Entlang des nur dünn besiedelten Wegs vermitteln unbestellte Getreidefelder den Eindruck von verlassenem Land.

FERIEN AKTIV

◎ EMPFEHLUNG: **RAD FAHREN** – ein Bewohner, der alle befahrbaren Wege ausprobiert hat, kam auf ca. 35 km, jeweils ohne Rückfahrt. Unsere Inselrunde misst etwa 20 km. Broschüren und Erlebnisroute geben auch nicht mehr her als die Inselkarte im Jahresheft im Zusammenspiel mit diesem Kapitel. – FAHRRADVERMIETUNG zuletzt »nur« im »Ro Naturcamp« (siehe Seite 212), von Ostern bis Mitte September.

◎ **WANDERN, WALKEN, JOGGEN**: Da die von der Hauptstraße abzweigenden Wege auf der länglichen Insel meist an der Küste enden und selten durch Pfade miteinander verbunden sind, eignet sich Fejø besser zum Radfahren. Besser zum Wandern geeignet ist SKALØ, wo kurz hinter dem Damm Feldwege an die Ostküste führen und die gesamte Insel am Uferstrand entlang umrundet werden kann.

◎ **BADEN**: Die Blaue Flagge weht am Strand von SLETTERN, im Südosten der Insel, wo es zumindest Badesteg und Toilette als Infrastruktur gibt.

◎ **VOGELBEOBACHTUNG**: In dem Flachwassergebiet beim Damm zwischen Fejø und Skalø sind Schwäne, Enten, Gänse, Kormorane und andere Wasservögel zu Hause.

WAS FEHLT NOCH?

◎ **FESTE**: ÆBLETS DAG, der Tag des Apfels, Mitte Oktober. – FEJØ FESTIVAL, klassische Musik und Jazz, Mitte Juli. – MØLLENS DAG am 3. Junisonntag, landesweit an zahlreichen Mühlen. – KAPSEJLADS, maritimes Fest im Dybvig Havn, August.

◎ **LADEN** mit Postfiliale und Medikamentenverkauf: Herredsvej 259.

◎ Obst saisonal und Produkte wie Cidre, Fruchtsäfte, Marmeladen, Honig ganzjährig sind im Straßenverkauf zu erwerben, oder in Hofläden, dänisch: **GAARDBUTIK** oder **GÅRDBUTIK**. Bei Interesse die Anzeigen im Jahresheft beachten.

◎ **TRANSPORT**: Der INSELBUS heißt Telebus, weil er zwar nach Fahrplan, aber nur bei Bedarf und telefonischer Anmeldung verkehrt: 3054 4940. Bei abzusehendem Bedarf auf der Fähre oder vor Ort helfen lassen.

AN-/WEITERREISE

◎ **FÄHRE**: siehe Seite 209 unter »Der Nordwesten, Kragenæs, Weiterreise«.

◀ Wer die Fejø Mølle um das Jahr 2000 herum in trostlosem Zustand gesehen hat, kann Stolz und Freude vieler Insulaner darüber verstehen, wie prachtvoll die Windmühle in 15 Jahren Arbeit rekonstruiert und neu aufgebaut wurde.

Insel Femø

PERLE IM SMÅLANDSHAVET

Ähnlich wie Fejø hat die 11,5 km² große Insel Femø ihre Einwohnerzahl halten können: 120 »feste« Einwohner waren es 2014 und 121 im Jahr 2022. Vorbei scheinen Krisenjahre wie 1998, als die Schule geschlossen wurde, oder 2007, als Bürger ohne Internetanschluss aufs Festland sollten, um Briefmarken zu erstehen. Die Zukunft sieht etwas rosiger aus: Bereits 2006 wurde der Hafen schön restauriert, und inzwischen gibt's dort wieder einen Laden, wo Insulaner und segelnde Gäste Lebensmittel einkaufen können. Der Femø Kro hat seine Stellung sogar durchgehend behauptet, auch dank einer Landepiste für Kleinflugzeuge.

JAZZ, FRAUEN UND NATUR

Die ganz große Nummer fährt Femø Ende Juli / Anfang August, wenn das alljährliche FEMØ JAZZ FESTIVAL unter internationaler Mitwirkung ertönt. Das Auditorium zeltet überwiegend auf dem Festplatz nahe der Bühne. Eine weitere Besonderheit ist das sommerliche FRAUENCAMP an der Nordküste. – Das sind wohl ausreichend Alleinstellungsmerkmale für eine kleine, stets von Abwanderung bedrohte Insel. Aber es kommt noch besser. Denn die Eiszeit hinterließ hier kein plattes Land, sondern ein (zum Teil) welliges Profil und so die abwechslungsreichste Natur im Smålandshavet. Und dank der Form und des Wegenetzes Femøs ergeben sich auf der Insel auch eher Rundtouren für Radfahrer und speziell für Wanderer und Spaziergänger. Der höchste Punkt auf Femø liegt bei 22 m ü.d.M. (auf Fejø bei 13 m).

INFORMATION

◎ In den Touristenbüros der Region und in der Regel im Salon der Fähre liegt das jährliche INFO-FALTBLATT **VELKOMMEN TL FEMØ** aus, darauf eine Inselkarte. Ein weiteres Blatt widmet sich Wanderpfaden und Radrouten: Stierne på Femø. Online ist femo.dk zuständig, leider nur auf Dänisch.

UNTERKUNFT

femo.dk listet unter »Ø-Liv, Overnatning« außer den beiden Adressen unten noch Lagerplätze und Airbnb auf.

◎ **FEMØ KRO**, Askhavnsvej 69, Tel. 5471 5009, femoekro.dk ergiebig auf Deutsch. EZ 795, DZ 995 DKK. Zimmer im Hauptgebäude und, etwas ruhiger, in einem Annex. Fungiert auch als Tagungsstätte. Restaurant im Haus, s.u.

◎ **HOJRIISGAARD** B & B, Askhavnsvej 64, Tel. 6177 2286, hoejriisgaard.com. B & B unter neuer Leitung, Zimmer ohne Bad, Gemeinschaftsräume. Die Basis für das Frühstück liefert die hauseigene »Mikro-Bäckerei«, s.u.

ESSEN UND TRINKEN

◎ **FEMØ KRO**, siehe oben. 2.5.–31.8. 11.30–15.30 und 17.30–20.30 Uhr, aktuelle Ruhetage erfragen. 1.9.–1.5. nur Mi 15 bis So 15 Uhr. Die Gaststube ist eher dunkel und rustikal, die TERRASSE mit Meerblick dafür umso schöner.

Oben Ankunft im Hafen von Femø, unten eine inseltypische Einladung zur Rast: eine von einem guten Dutzend originell-bunt bemalter Sitzbänke; mal feiert sich ein (gestandenes) Liebespaar, mal heißt es: »Femø, wo der Himmel die Erde küsst.« ▶

Die dreisprachige Speisekarte schafft die Mischung aus klassisch-dänischer Frokostküche mit viel Fisch und Meeresfrüchten und deftigen Speisen wie Steaks, Schnitzel und Grillhähnchen, kann aber auch mediterran und vegetarisch aufwarten. Frokost ab 125, am Abend ab 245 DKK. Donnerstags ist das Nationalgericht *stegt flæsk* angesagt, je nach Saison ein eigenes Menü.

◎ **HOJRIISGAARD**, siehe Seite 216. Die hauseigene Mikro-Bäckerei backt Brot, Brötchen und Kuchen auf Bestellung, Fr und Mo Pizza und serviert im nostalgisch hergerichteten früheren Pferdestall kleine Speisen zur Frokostzeit. Im Sommer täglich 11–16 Uhr.

UNTERWEGS AUF FEMØ

Neben vereinzelten Anwesen gibt es zwei Siedlungen auf Femø: NØRREBY, die nördliche, und SØNDERBY, die südliche. Von beiden erstrecken sich traditionelle landwirtschaftliche Nutzflächen sternförmig in Richtung Küste. Obstbäume sind auch zu sehen, aber nicht so viele wie auf Fejø und Lilleø. Unsere Inselrunde beginnt ab Hafen gegen den Uhrzeigersinn mit der Kirche und führt zunächst nach Süden.

◎ EMPFEHLUNG: die folgende Route als **FAHRRADTOUR**, mit dem eigenen mitgebrachten Rad oder auch vor Ort gemietet (siehe Seite 220).

◎ **FEMØ KIRKE**, Kirke Alle 5. Bis zur Kirche sind schon ein paar Höhenmeter zu meistern. Der Blick zurück zur Fähre über im Wind wogende Felder ist beeindruckend, dahinter Fejø.

Die Femø Kirke entstand um 1500, der Turm mit dem pyramidenförmigen Dach sowie das Waffenhaus (dort wo sich heute der Eingang befindet) kamen erst nach der Reformation 1536 hinzu. Im Inneren des weiß gekalkten Gotteshauses sind viele Epochen vertreten, aus der Frühgotik Kruzifix und das Taufbecken aus Kalkstein von der Insel Gotland (um 1300), aus der Früh-Renaissance die Kanzel (1580) sowie der moderne, gefällige ALTAR (1991, *Ole Borchersen)* aus Bornholmer Granit; dahinter ein farbenfrohes Fresko mit König David und dem Propheten Esajas (1939, *Stefan Viggo Pedersen)*. Von diesem Künstler stammen ebenso die wunderbaren, bestens erhaltenen Wandmalereien in dem Gewölbe über dem Altar.

Dank ihrer erhöhten Lage bildet die allein stehende Kirche zusammen mit dem umliegenden Friedhof eine fast meditativ wirkende Idylle.

◎ Auf dem Kirkehældevej den Westrand von Sønderby tangierend, führt die schmale Straße dann als Nystængevej in den Süden der Insel. Immer wieder radelt man hügelabwärts aufs Meer zu. Bei **KRANGS STUB** Richtung Strand verbergen zur Rechten Bäume einen verfallenden Bauernhof: so nah der Zivilisation – und mancherorts so fern. Das gilt vor allem für Femøs Süden, Osten und Nordwesten.

Eine prägnantes Beispiel, das die Eiszeit als »Landschaftsarchitekt« bezeugt, ist die SENKE vor Krangs Stub, wo Tümpel und sumpfige Flächen die Stellen markieren, wo sich das Eis besonders tief eingegraben hatte, zum

Stichwort Essen und Trinken auf Femø: Keine kulinarische Offenbarung, aber eine Institution ist der Imbiss von Alice im Hafen. Die alte Dame verkauft Eis und Naschwaren, Würstchen und Burger sowie Getränke – eigentlich das ...

Teil verspätet auftaute und solche Orte hinterließ. Zwischen Sønderby und Nørreby, weiter nördlich, verläuft der Bach Bækkenet stellenweise tiefer als der Meeresspiegel.

◎ An dem adretten Weiher namens **BASTEMOSE** in SØNDERBY empfiehlt sich ein erster schöner, windgeschützter Rastplatz: am Præstevangen. Hier ist eine kleine SKULPTUR mit Namen »Metamorfose« montiert (2006, *Erik Varming)*, so wie an anderen Inselorten zum Verweilen auch.

◎ Im Osten Femøs ziehen sich mehrere Strände entlang, und hier wurde auch ein Ferienhausgebiet ausgewiesen. Der östlichste Punkt heißt **ANDEMOSE NAKKE**. Die STRAND- und DÜNENVEGETATION unterscheidet sich merklich von anderen Inselregionen, und nach Norden hin vermischen sich die typischen ufernahen Pflanzen mit anderen aus Wiesen und Feldern, die inzwischen unbestellt bleiben. Da es sozusagen mehr Strand als Badegäste in dieser Gegend gibt, entwickeln sich ungestört Kolonien von Stranddistel, Echtem Meerkohl und natürlich die in dänischen Dünenvegetationen allgegenwärtig wuchernde Kartoffel-Rose mit ihren Hagebutten. Landeinwärts gedeihen Wacholder und Mischwald.

Via Lille Strandgårdsvej oder Engmosevej plus Pfade gelangen Sie ans Ufer. Mitten in einem aufgeforsteten Areal ist ein neuer, moderner LAGERPLATZ für Outdoorer ausgewiesen.

◎ NACH NØRREBY: Wer vom Strandgebiet im Osten kommt, benutzt normalerweise den Kalvemosevej. Es sei ausdrücklich auf die Schleife über den ISSEMOSEVEJ nach Sønderby verwiesen, von wo aus die Straße **DAMSTRÆDET** Richtung Nørreby verläuft: eine Route an einigen stillen Winkeln vorbei, mal durch offenes Land sowie mit schöner Aussicht, mal von Hecken oder Bäumen gesäumt, den Bachlauf überquerend und im Bereich Nørreby spürbar hügelaufwärts.

◎ Wer trotzdem den Weg über Nordosten wählt – mehr dokumentarische Pflicht als Empfehlung (da vom Autor nicht zu beurteilen): Der Bogen über die Straße Langemose im Nordosten passiert die Zufahrt zum **FRAUENCAMP** *(kvindelejren)*, das seit 1971 in abgeschiedener Lage am Inselufer eine Pause vom Alltag ermöglicht, etwa vom 20.6. bis Anfang August. Es gibt Themenwochen, Männer sind selbstredend nicht erlaubt, Kinder ja, Jungs aber nur bis zu 12 Jahren. kvindelejren.dk mit Summary auf Englisch.

◎ **RAST IN NØRREBY**: Auf dem Kalvemosevej nach Nørreby hinein, können Sie auf der AUSSICHTSTERRASSE des FEMØ KRO Platz nehmen (siehe Seite 216). Alternativ bietet sich der IDYLLISCHE RASTPLATZ oberhalb des Dorfteichs mit Feuerwehrhaus an, wo (wie in Sønderby) eine SKULPTUR das gepflegte Grün akzentuiert: »Amalie med hjemmehjælper« heißt übersetzt »Amalie mit Pflegerin« (2001, *Hanne Varming)*. Der **DRONNINGENS PARK** erinnert ebenso wie die Gasse Dronningensstrædet und ein eigener Gedenkstein an den Insel-Besuch von Königin Margrethe II. im Jahr 2010.

... zeitgemäße Repertoire, und doch ist es hier ein wenig anders, denn dank Alice hat dieser Stand auch etwas Nostalgisches an sich, im Kleinen. Bestes Beispiel: Im Land der ständigen Kreditkartennutzung gilt hier eisern »nur Barzahlung«!

Unten beim Dorfteich steht an der Dronningensstrædet eine Halle offen: **SMUTHULLET**, das Schlupfloch, ist eine private Initiative, wo Kinder (in Begleitung Erwachsener) malen, basteln oder werkeln können. Material lagert vor Ort, ebenso anschauliche Muster und Resultate wie Spielzeug aus Holz oder Vogelhäuschen.

◎ Unsere Inselrundfahrt führt zum Abschluss in den Nordwesten Femøs. Dass es an dem Strand bei **VINDNÆS HORN** oft zugig ist, darauf deutet bereits der Name hin. Auf jeden Fall ist die AUSSICHT auf Seeland im Norden, Langeland im Westen und die anderen (Insel-)Küsten famos.

◎ Lauschiger geht es am Strand bei **GRANERNE** zu. Hat man während der Inselrunde bereits Ahorn, Birken, Buchen, Tannenwald u.a. wahrgenommen, kommt hier ein bis ans Ufer reichendes (aber zuletzt sichtbar mitgenommenes) KIEFERNWÄLDCHEN hinzu. An heißen Tagen können Sie sich an diesem Ort prima zwischen Schatten und Sonne entscheiden. Womöglich kommt ein Insulaner vorbei, um die Krabbennetze im seichten Wasser zu leeren.

◎ Auf der Fahrt von Granerne (oder Vindnæs Horn) zum Fähranleger passiert man an der Kreuzung Kongevejen/Askhavnsvej den **KONGESTENEN**. Als Pendant zum Gedenkstein Dronningens Park erinnert er an den Femø-Besuch von Christian X. im Jahr 1936. Damals lebten übrigens über 600 Personen auf Femø, 1880 waren es sogar 782, die höchste registrierte Zahl.

FERIEN AKTIV

◎ **RAD FAHREN**: 32 km öffentliche Wege gibt es auf Femø; auf dem jährlichen Folder (siehe Seite 130) sind eigens sechs Strandzugänge verzeichnet, die auch mit einem Fahrrad zu benutzen sind. Unsere Inselrundfahrt ab Seite 218 misst gut 25 km. Im Faltblatt »Stierne på Femø« ist eine kürzere Inselrundfahrt eingezeichnet, die ohne Abstecher 13,15 km lang ist. Erhältlich in Touristenbüros an Land, normalerweise auf der Fähre sowie im Laden Havnehøkeren. – Dort am Hafen sind FAHRRÄDER ZU MIETEN; ist niemand zugegen, fragen Sie im Laden nach. – Auch der Kro vermietet Fahrräder.

◎ **WANDERN, WALKEN, JOGGEN**: Das unter »Rad fahren« bereits vorgestellte Faltblatt »Stierne på Femø« (= Pfade auf Femø) enthält neun kurze Spaziergänge bis maximal 615 m Länge sowie zwei längere Rundwege von 3,45 km und 6,15 km Länge; diese beiden sind auch online unter hjerteforeningen.dk/hjertestier aufzurufen: ins Suchfeld (Søg) »Femø« eingeben, bei Bedarf Folder-Download mit besserer Karte. – Wer AN DER KÜSTE RUND UM DIE INSEL wandern will, muss gemäß Stierne-Faltblatt 14,5 km veranschlagen; die Tour führt sowohl über Sandstrand als auch über steiniges Ufer – beides als Untergrund beim Wandern auf die Dauer nicht zu unterschätzen. Wie frau im Frauencamp auf männliche Inselumrunder reagiert, hat unser Autor nicht ausprobiert...

Mit Hilfe der Inselkarte lassen sich genügend Varianten selbst kreieren.

Unterwegs auf Femø und jede Menge Grün mitten im Blauen: der Park Nørreby Anlæg (auch Dronningens Park), vom Dorfteich aus gesehen; in dem Park verteilen sich drei Bronzeskulpturen von Hanne Varming. – Unten der versteckte Strand bei Granerne. ▶

◎ **BADEN, SCHWIMMEN**: Im Smålandshavet sind die Voraussetzungen nirgends besser als auf Femø, wo die Inselkarte NEUN BADEPLÄTZE verrät. Der Strand nördlich vom Hafen Femø Havn ist inzwischen mit einer Blauen Flagge ausgezeichnet worden. Intern kategorisiert, liegt der beste Strand SLETTEREN ganz im Süden und ist nur zu Fuß ab den benachbarten Stränden zu erreichen. Der Strand bei »Ostkap« Andemose Nakke ist von einer besonders schönen Natur umgeben (siehe Seite 219). Punkten können auch Strände ohne Infrastruktur, wie Krangs Stub mit glasklarem Wasser oder wie Granerne mit dem Kiefernwäldchen.

◎ **VOGELBEOBACHTUNG**: Naturgeschützte Gebiete befinden ganz im Westen Femøs (Vester Nakke), im Süden (Sletteren) und im Osten (bei Andemose Nakke). Zu beobachten sind im Smålandshavet vor allem Schwäne, Enten, Gänse, Kormoran, Sägetaucher und Blässhuhn, Säbelschnäbler, Schwalben und Rohrweihe.

DAS EVENT DES JAHRES

◎ Das **FEMØ** JAZZ **FESTIVAL** ist eine richtig große Sache, was sich schon an der Dauer von fast einer Woche und an dem Programmheft ablesen lässt, das dicker ist als viele Jahreshefte von Touristenbüros in »Kostendruck«-Zeiten. Motor ist ein Förderverein, der eine beträchtliche Zahl an Sponsoren bezirzen muss und für die nötige Öffentlichkeit sorgt. MUSIKALISCH liegt der Schwerpunkt eindeutig auf New Orleans, Rhythm'n Blues, Mardi Grass. Die Mehrzahl der Musiker kommt aus dem Ausland. Gespielt wird am Hafen, an einzelnen Orten und vorwiegend im Zelt auf dem Festplatz, wo auch für Verpflegung jenseits der Inselgastronomie gesorgt ist. Manchmal laufen die Femø Old Stars in karnevaleskem Aufzug über die Insel. femoejazz.dk.

WAS FEHLT NOCH?

◎ **FEMØ KLASSISK**: Im Juli finden in der Femø Kirke 3–4 klassische Konzerte statt, zuletzt war der Eintritt immer frei. Programm: femo.dk unter »Begivenheder«.

◎ **HAVNEHØKEREN**: Der Gemischtwarenladen ist AM HAFEN in einem restaurierten SPEICHER untergekommen. Juni bis August tägliche Zielöffnungszeit 8–20 Uhr, sonst Mo+Do+Sa 9–12 Uhr, Di+Mi+Sa 15–18 Uhr. Auf Genossenschaftsbasis, wie auf Askø.

◎ Heimatmuseum **FEMØ MUSEUM**, Sønderby, Kirkehaldevej 44. Geöffnet laut Anschlag, sonst Tel. 2381 0927.

◎ **INSELARZT**: Nørreby, Kalvemosevej 4, Tel. 5471 5005, femoelaegen.dk mit Kontaktzeiten. – In Notfällen sind Helikoptereinsätze möglich.

◎ **TRANSPORT**: Der INSELBUS verkehrt nur auf telefonische Bestellung und ist auf die Bedürfnisse nicht mobiler Insulaner ausgerichtet. Verkehrt außerdem nicht Juli/August.

AN-/WEITERREISE

◎ **FÄHRE**: siehe Seite 122 unter »Der Nordwesten, Kragenæs, Weiterreise«.

Was auf Seite 55 über die ärztliche Bereitschaft erklärt wird, gilt auch auf Femø: Bei ernsten Beschwerden außerhalb der gängigen Sprechzeiten ist Tel. 1818 anzurufen. Die Kontaktperson entscheidet über weitere Maßnahmen.

Von Kragenæs nach Nakskov

STATIONEN IM ABGELEGENEN

Radfahrer nutzen die Lolland-Naturlandet-Rundfahrt und Erlebnisrouten (siehe Seite 230). Wer motorisiert unterwegs ist und es eilig hat, nimmt ab Kragenæs die Str. 289, die in einem Bogen nach Nakskov führt. Alternativ lohnt es sich, die MARGERITEN-ROUTE zu befahren, die anfangs ebenfalls die Str. 289 nutzt, dann aber links abbiegt und auf landschaftlich schöner Strecke über Pederstrup (s.u.) kurz vor Nakskov zur Str. 289 zurückkehrt.

Eine Tagesreise kann daraus gestalten, wer die folgenden Orte an sowie in der Nähe von Lollands Nordwestküste aufsucht, beginnend mit dem Ganggrab Kong Svends Hoj und Pederstrup entlang der erwähnten Margeritenroute (siehe auch Seite 59).

KONG SVENDS HØJ

Das gut erhaltene Ganggrab liegt unter einem baumbewachsenen Hügel.

(L6) – Anreise: Abzweigung von der Str. 289, östlich von Horslunde.

◎ Dänemarks LÄNGSTES **GANGGRAB** ist 13 m lang, 2 m breit und liegt in einem 2,5 m hohen Hügel aus Lehm und 29 Steinen. Fachleute schätzen sein Alter auf ca. 5.200 Jahre (aus der jüngeren Steinzeit). Bei der ersten Untersuchung 1780 fand man nur Knochen und ein paar Perlen: Viele dieser Gräber, durch Hügel und Randsteine gut zu erkennen, waren zwischenzeitlich geplündert worden. Seit 1875 haben weitere Untersuchungen und akribische Restaurierungen dem Hügelgrab noch Geheimnisse entlockt und Auffälliges festgestellt. Erst 1942 entdeckten Experten des Nationalmuseums den eigentlichen, heute sichtbaren Eingang, den zuvor ein Randstein verdeckt hatte: derjenige, der heute vor dem Eingang liegt. Bis dahin war das Grab lediglich über einen Schlitz von oben erreichbar gewesen. Außergewöhnlich für dänische Ganggräber ist die Konstruktion, dass die Randsteine zur Mitte hin höher werden, als symbolisierten sie ein gewölbtes Dach.

PEDERSTRUP

In Pederstrup befindet sich der frühere Landsitz der Adelsfamilie Reventlow (siehe das Extra auf Seite 224). Der schöne Park ist tagsüber frei zugänglich, das Hauptgebäude ein Museum und die frühere Reithalle in Teilen als Ausstellungshalle hergerichtet.

(L7) – Anreise: Abzweigung von der Str. 289, östlich von Horslunde, Margeriten-Route.

◎ Der 20 ha große **PARK** steht allen Besuchern offen: im Stil englisch inspiriert (1872), verteilen sich weitläufige Rasenflächen, stattliche Bäume (wie die Buchen und Kastanien), Spazierwege, Weiher und ein paar Extras wie der separate EISKELLER. Mitunter finden sich EXPONATE befristeter Ausstellungen platziert. Der Park gleicht einer adretten Oase inmitten des landwirtschaftlich geprägten Umlands; er eignet sich gut für Rast und Picknick.

Die Bezeichnungen L6/L7 beziehen sich auf unsere Lolland-Übersichtskarte auf Seite 181.

◎ **GESCHICHTE**: Erstmals taucht Pederstrup um 1340 in bewahrten Quellen auf. Mitte des 16. Jhs. befand sich hier bereits ein Adelssitz, in den 1680er Jahren glich das Hauptgebäude einem barocken Loire-Schloss. 1725 erwarb die Adelsfamilie Reventlow das Anwesen, das als Landgut für die angestellte Bevölkerung von großer Bedeutung war, gerade nachdem es 1775 in den Besitz von C.D.F. Reventlow übergegangen war. Nachdem er sich auf den Landsitz zurückgezogen hatte, ließ er das Hauptgebäude 1813–22 im EMPIRESTIL umbauen, eine Spielart des Klassizismus, die noch stärker dekorative Elemente betont. Später wurden die Türme an den Ecken aber entfernt. Seit 1940 residiert hier das (L7):

◎ **REVENTLOW MUSEUM PEDERSTRUP**, Pederstrupvej 124, Tel. 2559 3461, museumlollandfalster.dk u.a. auf Dt. 1.6. bis ca. 10.9. Di–So 11–16 Uhr. Entré 85/0 DKK, Kombi-Ticket s. S. 61.

Der als Museum zugängliche Teil des Haupthauses ist weitgehend WIE ZU REVENTLOWS ZEITEN eingerichtet. Zum wertvollen Interieur gehören antike Möbel aus halb Europa (1750–1820) sowie die Werke namhafter Maler, darunter *Jens Juel*. Dazu kommen viele Dokumente, die die Bedeutung Reventlowscher Politik hervorheben.

◎ In der früheren Reithalle, die wie der Park auf das Jahr 1872 zurückgeht, finden Feste und Events statt. Ein Teil wurde für länger verbleibende **AUSSTELLUNGEN** hergerichtet, die sich bevorzugt mit typischen Reventlow-Themen befassen.

EIN POLITISCHER REFORMER

Einer der historisch interessantesten Staatsmänner Dänemarks war *Christian Ditlev Frederik Graf von Reventlow* (1748–1827), der einem alten dänisch-deutschen Adelsgeschlecht entstammte. Umso mehr Furore machte er als Initiator auf der politischen Bühne, da er nicht nur als Besitzstandswahrer für die eigene soziale Schicht agierte. In Reventlows Verantwortung fallen LANDREFORMEN, so dass die Bauern nicht mehr Leibeigene und an eine Scholle gebunden waren, die Einführung der SCHULPFLICHT, die Verbesserung der Handelsstrukturen zwischen Dänemark und dem damals als »dänische Provinz« vernachlässigten Norwegen und bereits 1787 die Beendigung des dänischen Handelsmonopols in der Kolonie Island, das die dortige Bevölkerung von skrupellosen Kaufleuten abhängig gemacht und zu bitterer Armut geführt hatte. Solche Reformen geschahen übrigens mit dem Einverständnis des damaligen Königs *Frederik VI.*, benötigten aber einige Zeit, anders als es die schnelle Aufzählung hier nahelegt. Reventlow wirkte jedenfalls von 1784 bis 1813 in verantwortlichen Positionen, bevor sich die politischen Mehrheiten veränderten. Nach seiner Entlassung zog er sich auf den Familiensitz Pederstrup zurück, wo er auch starb. In dem jahrzehntelang sozialdemokratisch geprägten Dänemark gilt er als bedeutende historische Person.

Das Reventlow Museum gilt als Pilgerziel dänischer Senioren und Freizeithistoriker. Ob das Café in der früheren Waschküche nach den Corona-Jahren reaktiviert wird, stand bei Redaktionsschluss noch nicht fest.

HORSLUNDE

Die Ortschaft liegt neben der Str. 289 zwischen Kragenæs (10 km) und Nakskov (11 km).

◎ An der Kreuzung in der Ortsmitte erhebt sich unübersehbar die weiß gekalkte **HORSLUNDE KIRKE** im romanischen Stil, wobei der große Turm spätgotisch geprägt ist. Altaraufsatz und Kanzel (1594) sind aus Eichenholz geschnitzt. Auf Kanzel sowie Taufbecken prangt das Familienwappen der Reventlows; deren bekanntestes Mitglied, C.D.F. Reventlow, liegt hier auf dem Friedhof begraben.

◎ BÄCKEREI **HORSLUNDE BAGERI MIT CAFÉ**, Hovedgaden 6, Tel. 5493 5066, via Facebook. Di–Fr 6–17, Sa+ So 6.30–15, Café bis 14.30 Uhr. Frühstück, Kaffee und Kuchen auf Omas Möbeln. An der Hauptstraße im Dorf.

UTTERSLEV

Das Dorf liegt nordwestlich von Horslunde und ist ab dort und der Str. 289 ausgeschildert. Am südlichen Ortseingang liegt rechter Hand:

◎ **PARADISHAVEN**, Gallevej 64, Tel. 5493 4050 und 3148 8995, via Facebook. 1.5.–1.10. Di–So 10–17 Uhr. Eintritt 50/10/0 DKK.

Dort wo einst die Schüler in Utterslev fleißig sein mussten, erstreckt sich heute hinter dem früheren Schulhaus seit 1997 der PARADIESGARTEN. Der Kontrast zu den landwirtschaftlichen Monokulturen könnte kaum farbenfroher sein. Ob Rhododendren, Rosen, Dahlien, Magnolien, Klematis, Lilien, Stauden, Exotisches oder oder oder – das liebevoll gepflegte, 1,35 km^2 umfassende Anwesen eignet sich jedenfalls prima für eine beschauliche Pause. – Hoffen wir, dass die Eheleute Høj als fürsorgliche Betreiber noch lange die Stellung im Paradiesgarten halten.

VINDEBY

Der Künstler Richard Winther wählte Vindeby 1993 als Altersruhesitz, ohne sich zur Ruhe zu begeben. Etwas abseits steht die eindrucksvolle Mühle, die unser Buchcover ziert. Anreise: ab Horslunde und der Str. 289 über Utterslev (ausgeschildert).

◎ **RICHARD WINTHERS HUS**, Marrebæksvej 6, Tel. 3061 0301, rdo-huset.dk. Mai bis Ende Oktober Sa+ So 14–17 Uhr oder nach telefonischer Absprache. Eintritt 50/0 DKK.

Richard Winther (1926–2007) durchlief eine klassische Ausbildung an der Königlich Dänischen Kunstakademie, der er auch später als (Gast-)Professor verbunden blieb. Sein künstlerischer Schwerpunkt lag auf der antiken Mythologie, wobei es ihm besonders die Schilderungen von Ovid angetan hatten. In Maribo geboren, wählte er in Vindeby das frühere Altenheim, um sich dort im Alter niederzulassen. Hier war Platz genug, um auch ein ATELIER einzurichten sowie die eigene Sammlung aufbewahren zu können. Zur Besichtigung kommen die Besucher jedoch vor allem wegen der zahlreichen WANDGEMÄLDE, die er um 1995 in einem Schaffensschub hier hinterließ. Insgesamt 250 m^2 Ausstellungsfläche geben Raum für weitere Aktivitäten.

Der Paradishaven ist der Energieleistung des Ehepaars Høj zu verdanken. Nach der Aufgabe des nahen Købelevhaven gibt es nun noch zwei ähnliche Anlagen auf Lolland: neben Paradishaven der Peter Hansens Have im Süden (s.S. 244 f.).

Das Haus gehört einem Verein, der sich um das Andenken an Rdo – eines seiner Pseudonyme – verdient macht.
◎ EMPFEHLUNG: WINDMÜHLE **VINDEBY MØLLE**, Marrebæksvej 22. Ende Juni bis ca. 10.8. Mi+So 14–17 Uhr. Eintritt frei, Spende erbeten. vindebymoelle.dk auch auf Englisch. (L8)

Die prachtvolle Vindeby-MÜHLE ist der stolzeste Typ der für Dänemark so geläufigen Holländer-Mühlen, deren Kappe mit den Flügeln drehbar, also je nach dem vorherrschenden Wind auszurichten ist. Hier in Vindeby gab es bereits vor 250 Jahren eine Windmühle. Die bewahrte Ausgabe wurde um 1865 in Langeland abgebaut und in Lolland wieder aufgestellt. 1959 unter Denkmalschutz gestellt, fand von 1988 bis 1998 eine umfassende Restaurierung statt. – Lässt es das Wetter zu, wird die Mühle sonntags angefahren, während mittwochs Führungen stattfinden. Das Grundstück wird gehegt und gepflegt, im kleinen GARTEN können Sie eine Rast machen.

ONSEVIG

Ab Vindeby über eine Stichstraße anreisend, durchquert man nach einer 90-Grad-Rechtskurve plötzlich einen Wald gleich einem Tunnel. Auf einer Freifläche überrascht ein entzückend gelegener CAMPINGPLATZ, bevor die insgesamt 1,5 km lange Straße erneut im Wald verschwindet, um nach einem Linksknick auf die Küste zu treffen.
◎ Der **HAFEN** von Onsevig ist relativ jung, da er nach einer zerstörerischen Sturmflut im November 2006 neu angelegt werden musste. 15–20 Meter Küste gingen verloren, nachdem der Deich beschädigt worden war – umso schöner ist die neue Anlage samt Marina, Rastplätzen, Kiosk, BADESTEG.

Am Parkplatz versammelt sich ein Kuriosum aus Alt-Verlotternd und Gepflegt: eine Freifläche mit Fischfangutensilien und Räucherofen, vergammelter Strandhütte, Gerümpel, Mini-Museum und als Anlieger ein geradezu neureich wirkendes Anwesen samt opulenter Feldsteinmauer. Eine Schilderwand erzählt vom Unglück 2006, aber auch von Veränderungen bei der Meeresbiologie, beim Klima und, damit verbunden, von Auswirkungen auf Küstenlandschaften, Landwirtschaft und Lebensmittelindustrie.
◎ Im neuen, großzügig angelegten Hafen schaukeln vor allem Boote für Sport und Freizeit; auch das sommerliche Kontingent an Segelgästen der modernen Marina ist groß. Hauptberufliche Fischer gibt es nicht mehr; jedoch nehmen ein paar der verbliebenen KUTTER **SPORTANGLER** mit aufs Meer hinaus, um Dorsch und Plattfische zu angeln. Die Skipper haben viele Stammkunden. Kontakt können Sie als Gast des Campingplatzes herstellen, dort wo ein HOCH DEKORIERTES **RESTAURANT** angesiedelt ist (s.u.).

Seit 2010 finden in Onsevig regelmäßig die Landesmeisterschaften im Plattfisch-Angeln statt.
◎ **ONSEVIG MUSEET**: Heimatmuseum zum Fischerdorf, im Haus mit dem tief heruntergezogenen Schrägdach. Geöffnet im Sommer. Eintritt frei.

Hafen Onsevig: Die (Reserve-)Schiffsschraube war an Bord des Frachters »S/S Arete«, der 1942 im Langelandsbelt auf eine Mine stieß und sank, wobei vier Seeleute starben sowie neun überlebten. – Unten das ungewöhnliche Fundament der Vindeby Mølle. ▶

◎ Östlich des Hafens bilden 11 in flachem Wasser stehende Windmühlen die ERSTE **OFF-SHORE-WINDKRAFT-ANLAGE** überhaupt, 1991 in Betrieb genommen. Der Durchmesser der Rotoren beträgt 35 m, die Gesamthöhe je Turbine/Windmühle 52,5 m.
◎ **RAD FAHREN**: siehe Seite 230.
◎ **WANDERN**: 5 Touren stehen zur Wahl, im Bereich von Hafen, Küste sowie im Hinterland, Distanz zwischen 5 und 11 km, Dauer 1,5–3 Stunden. Die Routen sind nicht markiert, aber auf einer Überichtskarte farblich gekennzeichnet. Download, auch von Einzelkarten je Route: onsevig.dk. Alle Routen starten am Hafen in Onsevig und wurden (bereits in den 1990er Jahren) als Rundwanderung konzipiert; sie erschließen beide Seiten der Bucht.
◎ **UNTERKUNFT**: ONSEVIG CAMPING, Byskovvej 42, Tel. 5493 2700, onsevig.com. 1.4.–1.11. Camping 95/45 KK, Hütten ohne Bad 600 DKK, mit Bad und (Mini-)Küche 1.200 DKK, dazu ein Häuschen mit vier Zimmern plus Bad und Küche zur gemeinschaftlichen Benutzung, DZ darin 400 DKK.

Familiärer, kleiner Platz in reizvoller Lage nahe Hafen, die neueren Hütten sind individuell gestaltet. Wer Pause machen will von Kilometern hinterm Lenkrad, kann sich hier verwöhnen – und verwöhnen lassen:
◎ EMPFEHLUNG: **DEN FULDKOMNE FISKER**, Byskovvej 42, Tel. 5493 27 00, onsevig.com. 1.5.–30.9. Di–Sa 18–23 Uhr (plus So Frühstück), ab 1.4. und bis 1.11. Do–Sa 18–23 Uhr. Reservierung dringend empfohlen.

»Der vollkommene Fischer« ist wie ein gemütliches Wohnzimmer mit antiken Möbeln, vielen Bildern und ein wenig maritimem Dekor eingerichtet. Trotz des Namens enthält die Speisekarte überraschend wenig Fisch und ist recht vielseitig, ein Rendezvous mit afghanischer Kochkunst inbegriffen. Die Resultate überzeugen jedenfalls, das Restaurant genießt über die Insel hinaus einen exzellenten Ruf. Damit niemand des Nachts lange Wege nach Hause antreten muss, stehen schicke Hütten zur Verfügung (s.o.). Ein Menü kostet bei 5/6 Gängen 635/710 DKK ohne Getränke, als Buffet ab 465 DKK.

FREDERIKSDAL

Anfahrt ab Onsevig (zurück) nach Vindeby, im Ort an der Kreuzung scharf rechts in den Marrebæksvej nach Westen, ab Roløkke der Margeriten-Route folgend: via Vesterbo und Skovbølle (mit Laden), rechts in den Skovbøllevej. Am Frederiksdalsvej, als Allee neu bepflanzt, befindet sich ein Parkplatz:
◎ Ab Parkplatz sind es wenige hundert Meter durch Wald und Garten zum **FREDERIKSDAL NATURCENTER**, ein reizend gelegener RASTPLATZ mit Pavillon am Waldrand, nahe Seerosenteich und mit besten Aussichten, Greifvögel und Damwild zu beobachten. Schaukästen im Pavillon zeigen präparierte Vögel und informieren zur lokalen Natur. Früher erstreckte sich der Wald bis zur Küste, doch es wurden einige Flächen gerodet. Am Naturcenter versprechen betagte Schilder drei Wanderrouten mit einer

Kirschernte bei Frederiksdal Kirsebærvin ▶

FREDERIKSDAL KIRSEBÆRVIN – KIRSCHWEIN ALS VISITENKARTE

Das Hofgut Frederiksdal liegt im Nordwesten Lollands an der Peripherie, die Ländereien reichen direkt an die nördliche Westküste heran. Das repräsentative, weiße Hauptgebäude stammt aus dem Jahr 1756 – die Wurzeln als Adelssitz sollen sogar ins frühe 14. Jh. zurückreichen. Nach einem Besitzerwechsel innerhalb der Familie Krabbe hat das Gut eine neue, zusätzliche Bestimmung gesucht und gefunden.

◎ Seit 2006 positioniert sich Frederiksdal Gods als AUF KIRSCHEN SPEZIALISIERTES **WEINGUT**: ob Schaumwein, Likör, sogar »sur Lie« und als Reserva – alles im Repertoire. Die zahlreichen prämierten Produkte und stolzen Preise belegen, dass eine Marktnische aufgespürt wurde – die sogar zu Exporten nach China geführt hat. Auch in Deutschland sind die Flaschen mittlerweile zu beziehen, etwa sechs Produkte beim Spezialisten »Weinhalle«, für 24 € aufwärts. Vollmundig hängt die hauseigene Website gesetzten Lesezeichen im Browser an: »Dansk vin i verdensklasse«: Dänischer Wein von Weltklasse...

◎ FREDERIKSDAL KIRSEBÆRVIN: **VINERIET**, Frederiksdalsvej 30, Tel. 5490 1111, frederiksdal.com mit Shop. Je nach Saison Mo–Do 10–15.30, Fr 10–13, Sa+So 11–17 Uhr. Im Winterhalbjahr nur Mo–Fr, in der Nebensaison zeitweise Mo–Sa. Führungen siehe online unter »Events«. (L9)

Länge von 1–4 km, doch die Markierungen sind verblichen oder verloren. Dennoch lässt sich auf Feld- und Uferwegen die Küstenlandschaft am Langelandsbelt erkunden. (L9)

◎ **RAD FAHREN**: ERLEBNISROUTE TRAUBE DES NORDENS, im Original »Nordens drue«. Start entweder Parkplatz Frederiksdal oder Hafen Onsevig. Rundtour über Nakskov mit Naherholungsgebiet Hestehovedet und Vindeby. Distanz stolze 51 km, 45 davon auf (Neben-) Straßen. Verkürzung möglich, indem Vindeby und Onsevig ausgelassen werden. Als Markierung dienen die üblichen blauen Schilder, diesmal mit Kirschensymbol. Quellen-Download siehe Seite 66.

TÅRS

4 km südlich von Frederiksdal befindet sich auf einer Landzunge beim Dorf Tårs der Anleger der Fähre zwischen Lolland und Langeland.

◎ Der **TÅRS STRAND** ist der schönste seit Kragenæs, ohne Steine, mit FEINEM SAND, auch im flachen Wasser. Der 200 m breite Strand ist somit gut für Familien mit Kindern geeignet.

WAS FEHLT NOCH?

◎ **TRANSPORT**: Im Nordwesten Lollands kommen Sie am besten mit dem Fahrrad oder eigenen motorisierten Gefährt voran. In dem dünn besiedelten Land sind die Busverbindungen und -haltestellen rar. Es verkehren die Linie 719 zwischen Kragenæs Hafen und Nakskov via Horslunde; Linie 715 zwischen Horslunde und Nakskov via Utterslev, Vindeby, Vesterbo, Skovbølle sowie Sandby und Branderslev; Linie 771zwischen Horslunde und Lindelse, westlich von Nakskov, über Frederiksdalsvej und Tårs; Onsevig verbindet Linie 772 mit Horslunde, nach Fahrplan fährt der Bus nur Mo–Fr frühmorgens ab Onsevig; sonst ist er als sog. Telebus unter Tel. 9387 1069 im Voraus (mindestens 1 Stunde) zu bestellen.

◎ **RADROUTEN**: Die oben beschriebene Erlebnisroute »Traube des Nordens« verbindet Onsevig und Vindeby mit Frederiksdal und Nakskov, mit möglichem kurzen Tårs-Abstecher. – Bis Vindeby ist die Erlebnisroute identisch mit der Lolland-Naturlandet-Rundfahrt (siehe Seite 66), die sich via Horslunde nach Kragenæs fortsetzt. Trotz Markierungen sollten Sie wegen der vielen abzweigenden Feldwege und Nebenstraßen nicht ohne präzise Karte losradeln (siehe Seiten 23/69).

WEITERREISE

◎ **AUTO**: Von Frederiksdal verbleiben 13 km auf Nebenstraßen NACH NAKSKOV und weitere 13 km in den Südwesten NACH LANGØ, nahe Albuen. – NACH MARIBO oder weiter Richtung Falster und Møn geht es auf der Str. 9 am schnellsten (ab Fähranleger Tårs), bei Maribo möglicher Wechsel auf die Autobahn. – Nach Rødbyhavn ZUR FÄHRE ebenfalls am schnellsten über Str. 9 mit Wechsel auf die Autobahn.

Die Bezeichnung L9 bezieht sich auf die Lolland-Übersichtskarte auf Seite 181.

Nakskov

PROJEKT NAKSKOV 2030

Nakskov putzt sich seit zwanzig Jahren heraus und hat noch einiges vor: Der frühere Fischerei- und Werftenstandort macht sich nach dem Niedergang dieser Erwerbszweige nun für seine 12.500 Bürger und für Touristen schön. Einige Plätze und Häuserzeilen wurden umgestaltet bzw. restauriert. Bis 2030 soll sowohl in der City als auch am Hafen die »Optik« weiter verschönert und die Lebensqualität erhöht werden. Am zentralen Platz Axeltorv sind die Arbeiten schon im Gang. Auf hohem Niveau ist das gut ausgeschilderte RADWEGENETZ, und mit Nakskov Svømmecenter steht ein modernes Hallenbad zur Verfügung.

Allerdings machen sich die sonstigen Attraktionen etwas rar: Ein hochkarätiges Museum hat die Stadt nicht zu bieten, dafür mehrere mit Lokalkolorit, so wie das Zuckermuseum. Eine spezielle Attraktion ist das sog. POSTBOOT, das sommers im Nakskov Fjord liegende Inseln und die kilometerlange Halbinsel ALBUEN vom Hafen aus ansteuert (siehe Seite 239 ff.).

HAFENMILIEU

Während in vielen dänischen Städten der Hafen geschlossen und das Areal umgewandelt oder als separater Industriehafen in Außenbereiche verlagert wurde, wird in Nakskovs Hafen weiter gearbeitet. Verschifft werden u.a. große Mengen an Getreide, während auf dem früheren Werftareal die Firma »Vestas« nach einer Produktionspause seit 2014 wieder Bauteile für Windgeneratoren herstellt. Ebenso wie einen Frachter, der mit Getreide, Zucker oder großen Metallbauten beladen wird, können Sie Sportboote und Kajakfahrer im Hafen beobachten. Es ist interessant, wie sich das Hafenmilieu erhalten oder verändern wird. Da die Fahrrinne für ganz große Frachter nicht ausreicht, drohen stets Rationalisierungen. (Die Zuckerfabrik steht stadteinwärts, nicht am Hafen.)

INFORMATION

◎ **NAKSKOV TURISTBUREAU (1)**, Axeltorv 3, DK–4900 Nakskov, Tel. 5492 2172, nakskov@visitlf. dk, visitnakskov.dk, auf Deutsch visitlollandfalster.de. Mitte Juni bis ca. 10.9. Mo–Fr 10–16, Sa 10–13.30, bis etwa 20.10. Di–Fr 10–16, Sa 10–12.30, sonst Mi–Fr 10–16, ab ca. 10.4. auch Sa 10–12.30 Uhr. Zentrale Lage, im Gebäude einer früheren Apotheke (siehe Seite 234).

ORIENTIERUNG

Parken am Hafen: ab Maribo am zweiten Kreisel links halten, vom Rødbyvej links ab in Winchel Isgade, geradeaus und kostenlos parken in der HAVNEGADE (2) – von dort sind es nur wenige Meter ins Zentrum mit dem Touristenbüro am zentralen Platz Axeltorv.

Die Zahlen in Blau beziehen sich auf den Nakskov-Stadtplan auf Seite 233.

Unterkunft

Nach dem Aus für die Jugendherberge das ist das Angebot dürftig, wobei der Campingplatz auch Ferienhütten mit Bad vermietet. B & B s. Seite 244.

◎ **SKOVRIDERGAARDEN**, Svingelen 4, Tel. 5492 0355, skovridergaarden.dk. EZ ab 835, DZ ab 1.195 DKK, Angebote für Mini- und Golfferien. **(5)**

Der »Waldreiterhof« liegt etwas außerhalb im Nordosten der Stadt, nett IM GRÜNEN, dort wo sich seit 1836 ein Pavillon und später Lokale als Ziele für Ausflüge und Vereinstreffen etablierten. Die Architektur des 1976 gebauten und danach erweiterten Hotelbetriebs orientiert sich an früheren Gebäuden vor Ort. Das hoteleigene RESTAURANT öffnet Mo–Sa 17–21 Uhr.

◎ **NAKSKOV FJORD CAMPING**, Hestehovedet 2, Tel. 5495 1747, nakskovfjordcamping.dk auch auf Deutsch. Mitte März bis Mitte September (Ferienhütten ganzjährig zu mieten). Tarife Camping 90/50 DKK, Hütten ohne Bad (2/4 Personen) ab 375/500 DKK, Ferienhütten (6 Personen) je nach Saison ab 670 DKK. **(6)**

An der Strandpromenade am nördlichen Fjordufer. Die Halbinsel HESTEHOVEDET entstand erst in den 1940er Jahren durch Auffüllungen. Wunderbarer kinderfreundlicher STRAND mit Blauer Flagge und langem Badesteg. Beachvolleyball. Busse 711 / 712 ab Innenstadt / Axeltorv oder ab Bahnhof bis Ahornsvej, Reststrecke via Strandpromenaden zu Fuß.

Essen und Trinken

Gehobene Küche in feinem Ambiente verspricht »Hotel Skovridergaarden.« Rund ein halbes Dutzend Lokale hat im Winterhalbjahr 2022/23 die Segel gestrichen und den Betrieb übergeben. »Gonzalez Feilberg« am Axeltorv 4 meldete zuletzt massive Probleme, Personal zu finden, und öffnet bis auf Weieteres nur für Gesellschaften etc. nach Vereinbarung.

◎ **CAFÉ BITA**, Axeltorv 16, Tel. 6611 4900, cafebita.dk. Mo–Sa 11–21 h. **(7)**

Hier sitzt man drinnen GEMÜTLICH, noch schöner jedoch draußen im INNENHOF des historischen Ensembles. Breites Spektrum an typischer Café-Kost (Salate, Sandwiches, Pasta, Burger, Nachos u.a.) zu relativ günstigen Preisen, vieles unter/um 100 DKK.

◎ **RESTAURANT GULDSTUEN**, Nybrogade 2, Tel. 5054 1464, via Facebook. Di–Sa 17–21 Uhr. **(8)**

Im früheren Surt & Sødt (Süß & Sauer) versucht sich nun ein Buffetrestaurant mit Schwerpunkt FLEISCH, KARTOFFELN UND SALATBAR. 159 DKK, mit Getränken 210 DKK.

◎ **KAGE HJØRNET**, Søndergade 42, Tel. 3110 6371. Mo–Fr 10 –17 Uhr, Sa 10 –16 Uhr. **(9)**

DIE KUCHEN-ECKE überzeugt mit typisch dänischen, d.h. auch einfallsreichen Torten, weiteren süßen Verlockungen, außerdem Sandwiches und kleinen Frokostgerichten in netter Atmosphäre; bei Sommersonnenwetter warten Tische in der Fußgängerzone.

Westwärts über die Strandpromenade erreichen Spaziergänger Hestehovedet, mit Strand, Campingplatz und Naherholungsgebiet (siehe Nr. 6 im Stadtplan, ab dem Schiff- und Seefahrtsmuseum 3,2 km). ▶

Information/Orientierung:
1 Touristenbüro
2 Parken Havnegade
3 Bahnhof/Busbahnhof
4 Post (im Supermarkt)
Unterkunft/Gastronomie:
5 Skovridergaarden
6 Nakskov Fjord Camping
7 Café Bita
8 Restaurant Guldstuen
9 Kage Hjørnet
Stadtrundgang:
11 Schiff- und Seefahrtsmuseum
12 Sct. Nikolaj Kirke
13 Die alte Schmiede
14 Nakskov Feuerwehrmuseum
15 Die alte Druckerei
16 Dänisches Zuckermuseum
17 Anleger Postboot
NAKSKOV ZENTRUM
0 100 m
Tårsvej
Engtoften
Engvej
A. E. Hansensvej
Mølle Allé
Gasvej
Møllekaj
Stormgade
Vestre kaj
Erlingsvej
Toldbodkaj
Vejlegade
Elvej
Blegen
Nørrevold
Klostergade
Bredgade
Tilegade
Perlestikkergade
Jernbaneg.
Danag.
Østergade
Fruegade
Kattesundet
Nygade
Søndergade
Badstue-stræde
Havnegade
Nybrogade
Nybro
Tømmergade
Reimersgade
Winchellsgade
Søvej
Svingelsvej
Hoskjærsvej
Løjtoftevej
Maribovej
Skibsværftvej
Sydkajen
Skandsen
nach Albuen
Rødbyvej

Stadtrundgang

Die Museen vermitteln einiges an Lokalkolorit und stehen für abgelaufene Zeiten von Handwerk und Branchen. Achten Sie auf Ansprechpartner ohne Sprachbarriere, denn viele Texte liegen nur auf Dänisch vor.

VOM HAFEN INS ZENTRUM

◎ SCHIFF- UND SEEFAHRTSMUSEUM, **NAKSKOV SKIBS- OG SØFARTS-MUSEUM**, Havnegade 2 (Eingang auf der Kaiseite). Mai bis etwa 20.10. Mo–Do 13–16 Uhr. Eintritt 50/0 DKK. **(11)**

Das Heimatmuseum widmet sich Schiffen, Schiffbau sowie Seefahrt unter besonderer Berücksichtigung der Region, der Zeit ab 1600 bis zur Stilllegung der hiesigen Werft 1987. Zu sehen sind u.a. Werkzeuge, Apparaturen und Instrumente, Modelle, Uniformen, Dokumente, auch Kurioses. Thema sind ferner die Arbeitsbedingungen im Milieu, von leitenden Angestellten ebenso wie von Arbeitern. Die maritim dekorierten MARINESTUBEN sind für eine Getränkepause gut.

Eine besondere Stellung unter den Schiffen gebührt der JUTLANDIA, einem 1934 gebauten Frachtschiff, das aus Anlass des Korea-Krieges 1951 in Nakskov eilig zum Hospitalschiff umgebaut wurde und unter drei Flaggen in den Fernen Osten aufbrach: Dänemark, Rotes Kreuz und UN.

◎ Entlang der **HAVNEGADE** reihen sich historische Gebäude und Fassaden aneinander, ebenso sanierte, die sich optisch dem früheren Milieu anpassten , so Hausnr. 31 oder 55 u.v.a. Markant ist der FACHWERK-Komplex THEISENS GÅRD, wo heute Festivals und der Weihnachtsmarkt stattfinden. In den ehemaligen Lagerhäusern haben einige Vereine ihr Domizil gefunden. Zum Axeltorv wurde die Fassade damals als PALAIS IM ROKOKOSTIL (1786) gestaltet – und bewahrt.

◎ Ab Havnegade stadteinwärts empfiehlt sich die Gasse **BLINDESTRÆDE**. Auf der rechten Seite steht der frühere Kaufmannshof PARKERS GÅRD, wo sich heute Wohnungen und Gastronomie befinden. Die Blindestræde mündet in den Axeltorv: Wer historische Bebauung schätzt, sehe sich hier auf dem Marktplatz um: Am **AXELTORV** sind u.a. DET GAMLE APOTEK (1777, Hausnr. 3), die alte Apotheke (heute mit Touristenbüro), und das Palais von THEISENS GARD (Nr. 1, s.o.) hervorzuheben. Am Axeltorv sind auch immer einige LOKALE vertreten.

◎ Die **SCT. NIKOLAJ KIRKE** ist ein spätgotischer Backsteinbau, errichtet zwischen 1200 und 1653 und geweiht dem Schutzpatron der Seefahrer. Der 72 m hohe, spitze KUPFERTURM ist weithin zu erkennen. Im Chorbogen wird eine Kanonenkugel aufbewahrt, die 1659 das Gewölbe durchschlug, als die Schweden die Stadt belagerten.

Als KOSTBARKEITEN gelten Opferstock (1573), Kanzel (1630), Altartafel (1657) und Epitaphien. 1.5.–31.10. Mo – Fr 8–15 Uhr, Sa 9–12 Uhr, sonst Di–Fr 8–15 Uhr, Sa 9–12 Uhr. Gutes Textheft. Nordenkirke 4. **(12)**

Nakskov mit Umland gen Südwesten, im Hintergrund der Fjord, vorne der historische Wasserturm. – Die Blindestræde ist der schmalste und ein malerischer Durchschlupf vom Hafen zu Axeltorv und Innenstadt. ▶

Danish Agro

Mix N´ Bowl

UNIKAT **DÄNEMARKS ZUCKERMUSEUM**

Dänemarks größte Zuckerfabrik steht in Nakskov, betrieben von »Nordic Sugar« als Teil des »Nordzucker«-Konzerns: Übers 10.000 t Zuckerrüben täglich können hier verarbeitet werden. Die Zuckerrüben sind eine wichtige Basis für Lollands Ökonomie, andererseits stehen Landwirtschaft und Rübenfelder in anderen Landesteilen (allen voran Kopenhagen) als Synonym für Lollands vermeintliche Ödnis und Rückständigkeit – wer den Film »Mifune« kennt, erhält die Existenz dieser Vorurteile anschaulich vorgeführt.

Das PRIVAT aufgebaute Museum umfasst ein Sammelsurium rund ums Thema, von einzelnen Maschinen und Verfahren der Zuckerproduktion bis hin zu persönlichen Erinnerungen. Beeindruckend ist die Zuckerfabrik aus den 1970er und 80er Jahren als Modell im Maßstab 1 : 50.

Zu empfehlen sind jedenfalls die HISTORISCHEN FILME: Dass sich vor hundert Jahren ein enges Gleisnetz auf Lolland erstreckte, um die Rübenmassen zu Saftstationen und Fabriken zu transportieren, mag doch viele Besucher überraschen; auf einigen der bewahrten Tassen verlaufen heute Radwege.

◎ **DANMARKS SUKKERMUSEUM**, Løjtoftevej 22, Tel. 5492 3644. 1.6.–30.9. Di–So 13–16 Uhr, ab 1.3. Sa 13–16 Uhr. Eintritt 50/20/0 DKK. Gutes Textblatt. Anfahrt: ab Innenstadt Richtung Maribo, hinter dem Kreisel links. **(16)**

◎ EMPFEHLUNG: DIE ALTE SCHMIEDE, **DEN GAMLE SMEDIE**, Tilegade 21, Tel. 5492 2172. Anfang Juni bis Ende September Di+Mi 9.30 –12 und 13.30 –16 Uhr. Eintritt frei. **(13)**

Im Schmiedemuseum wird HANDARBEIT demonstriert. – Beheimatet in der ältesten GASSE der Stadt, in der zunächst ausschließlich Handwerker wohnten und arbeiteten: Das Anwesen beherbergte stets eine Schmiede, die jetzige geht aufs Jahr 1855 zurück, nur die Seitengebäude wurden umgebaut, als die dortigen Ställe in den 1880er Jahren aufgegeben wurden.

◎ **NAKSKOV BRANDMUSEUM**: In der alten BRANDWACHE sammelt und pflegt ein Verein ausgediente, museale Feuerwehrfahrzeuge. Elvej 10. Do 19–21 Uhr sowie nach Absprache: Tel. 2927 1497, 2347 1232 oder 2479 4266. Eintritt frei. sprojtehuset.dk plus Fotogalerie via Facebook. **(14)**

◎ Einige der Arbeiter, die zuvor mit der Herstellung einer 1994 eingestellten Gewerkschaftszeitung beschäftigt waren, übernahmen ein paar Maschinen, bekamen von anderswo ausgediente hinzu und zeigen ihr Handwerk in DIE ALTE DRUCKEREI: **DET GAMLE TRYKKERI**. Ob Handsatz oder Linotype-Setzmaschine; wer sich darin auskennt, wird Freude haben. Die älteren Herren erledigen noch Kleinaufträge wie Broschüren. Jernbanegade 8, Tel. 5495 6340. Mo 10–12 Uhr, Mi 10–14 Uhr. Eintritt frei. Textblatt auch auf Deutsch über die Anfänge des Museums. det-gamle-trykkeri.dk ebenfalls auf Deutsch. **(15)**

Die Zahlen in Blau beziehen sich auf den Nakskov-Stadtplan auf Seite 233.

Ferien aktiv

RAD FAHREN

33 km misst das Radwegenetz in Nakskov: vorbildlich ausgebaut, beschildert, an Straßen und Kreuzungen mit erhöhtem Gefährdungspotenzial farblich gekennzeichnet. Ohne Übertreibung ist die Infrastruktur eine eigene Sehenswürdigkeit und Anlass genug, hier eine längere Runde zu drehen.

◎ Der **RINGSTI** führt rund um Nakskov, 21 km lang von Fjord zu Fjord. Fragen Sie im Touristenbüro, ob aktuelles Info-Material vorliegt. visitnakskov.dk unter »Livet i byen«.

◎ EMPFEHLUNG: **LOLLANDS KÜSTE IM SÜDWESTEN** erschließt unsere selbst recherchierte Radtour ab Seite 247. Von den bis zu 40 Kilometern verlaufen 24 auf Deichwegen (zusammen mit der Nationalroute 8) – vorbei an Langø und YDØ mit Blick auf Albuen. – Zudem teilen zwei Erlebnisrouten teilen Streckenabschnitte mit dieser Rundfahrt: AN DER FÖRDE ENTLANG und DAS FLACHE LOLLAND.

◎ **ERLEBNISROUTE** TRAUBE DES NORDENS alias »Nordens drue«. Start Nakskov im Naherholungsgebiet Hestehovedet, westlich der Stadt. Rundtour nach Vindeby und Onsevig mit Rückweg über Frederiksdal. Distanz 51 km, 45 davon auf (Neben-) Straßen. Mehr Informationen dazu im letzten Kapitel auf Seite 230.

◎ **FAHRRADVERMIETUNG**: nur über Donkey Republic via App.

WANDERN, WALKEN, JOGGEN

◎ Der **RINGSTI** ist kein reiner Radweg, sondern eignet sich prima zum Spazieren. Schöne Streckenabschnitte sind ab Straße Strandpromenaden nach Norden zu den Wäldchen Teglværksskoven sowie Vildmarksskoven, im Park SVINGELEN (mit Hotel Skovridergaarden), an der Str. 289 Richtung Horslunde, oder im Südosten, am östlichen Fjordufer zum Park LIENLUND oder weiter bis zum neu aufgeforsteten Waldgebiet Krukholmskoven.

◎ Die **STRANDPROMENADEN** begleitet westlich der Innenstadt Hafen und Nakskov Fjord. Busse 711/712 ab Bahnhof Nakskov St. **(3)**

◎ Im Südwesten auf die Landzunge **ALBUEN**, mögliche Rundfahrt mit Bus und Postboot. Siehe Seite 240 ff.

BADEN, SCHWIMMEN

◎ **HESTEHOVED STRANDBAD**: Edler Strand im Westen, kinderfreundlich flach, mit laaangem Steg zum tieferen Wasser und BLAUER FLAGGE.

◎ **NAKSKOV SVØMMECENTER**, A.E. Hansensvej, Tel. 5492 7260. Aktuelle Öffnungszeiten siehe nakskovic.dk. Familienticket (2+2) 175 DKK.

GOLF

◎ **HALSTED KLOSTER GOLFKLUB**, Maribovej 252, Tel. 2120 8242, halstedklostergolfklub.dk. 18-Loch-Platz in Halsted, 5 km nordöstlich Nakskovs.

SURFEN

◎ **HESTEHOVED STRAND**, westlich der Stadt: siehe unter »Baden«.

Im Stadtplan des Touristenbüros ist der Ringsti für Radfahrer und Wanderer, Walker und Jogger eingetragen.

Was fehlt noch?

SIGHTSEEING

◎ Mit dem **POSTBOOT** durch den NAKSKOV FJORD: s. Seite 242 f. **(17)**

FESTE / UNTERHALTUNG

◎ **NAKSKOV FJORDDAGE**: buntes Programm an einem Wochenende Ende August oder Anfang September bis hinaus auf den Inseln im Fjord. Gute Laune, Führungen, viel Musik, Kulinarisches, Sport u.v.a.

◎ **NAKSKOV OPEN AIR**: neues Rockfestival am Pfingstsamstag. Pilotjahr 2022 mit nur 70 % der anvisierten Besucher: Fortsetzung ab 2024 offen.

SHOPPING

◎ Als größte Stadt Lollands mit entsprechendem Einzugsgebiet hat Nakskov einiges zu bieten. Die größte Auswahl an Läden findet sich in der Fußgängerzone **SØNDERGADE** und in der angrenzenden NYBROGADE.

KONTAKT, HILFE

◎ **ÄRZTLICHE BEREITSCHAFT**: Tel. 1818. Siehe Seite 55.

◎ **POLIZEI**: Service-Tel. 114. Dienststelle Nybrogade 5, Tel. 5531 1448.

◎ **POST**: Supermarkt »Meny«, Havnegade 69. Mo–Fr 6.30 –19 Uhr, Sa 6.30 –18 Uhr, So 7–18 Uhr. **(4)**

TRANSPORT

◎ Alle **STADTBUSSE** halten am Axeltorv. 711/712 bedienen den Westen, 714 den (Nord-)Osten und Süden.

Weiterreise

BAHN

Der Bahnhof **(3)** liegt am nördlichen Rand der Innenstadt.

◎ Die private **LOLLANDSBANEN** verkehrt von Nakskov in Westlolland via Maribo bis Nykøbing auf Falster. Das Ticket ist vor dem Zusteigen am Automaten zu ziehen. Siehe auch Seite 34, Fahrplan (Køreplan): lokaltog.dk.

BUS

Der Busbahnhof befindet seitlich vor dem Bahnhof **(3)**. – Fahrpläne und Haltestellen im Voraus abfragen: dinoffentligetransport.dk, dort »Trafikinfo« und »Køreplaner for bus«, Liniennummer eingeben, Download.

◎ **REISEZIELE AUF LOLLAND**: nach Langø via Kappel, Vesternæs, Albuen Camping, Ydø (Linie 718). – Nach Kramnitze via Rudbjerg (Linie 778). – Nach Rødby via Søllested (Linie 717). – Nach Tårs (Linie 780). – Nach Kragenæs Hafen via Horslunde (Linie 719). – Nach Maribo via Vesterborg/Stokkemarke (Linie 780) oder Südroute (Linie 716).

AUTO

◎ **NACH KRAGENÆS**: in umgekehrter Reihenfolge siehe Seite 223 ff.

◎ **NACH MARIBO**: Str. 291 sowie 9.

◎ **NACH RØDBY**: Str. 291 und 275, mit Zeit alternativ siehe Seite 239 ff.

◎ **NACH NYSTED**: Ohne Umwege/Abstecher Str. 291, 275, 297 und 283.

◎ **NACH FALSTER**: Str. 9, ab Maribo siehe Seite 199.

Die Zahlen in Blau beziehen sich auf den Nakskov-Stadtplan auf Seite 233.

NATURPARK **NAKSKOV FJORD**

◎ Im Nakskov Fjord (= Förde) liegen ein paar **INSELN**, die teils bewohnt sind und teils dank ihrer abgeschiedenen Lage über eine seltene Tier- und Pflanzenwelt verfügen. Auf ENEHØJE, die der landesweiten Forst- und Naturverwaltung gehört, ist fast der ganze Norden als Schutzgebiet u.a. für (brütende) Watvögel ausgewiesen; es gibt hier sogar einen simplen Zeltplatz. ROMMERHOLM ist eine Heimat für Kormorane geworden und steht komplett unter Naturschutz. SLOTØ wiederum ist eher kulturhistorisch erwähnenswert, da hier im 16. Jh. eine Burg stand und später sogar eine Werft beheimatet war.

◎ Die herausragende Attraktion aber ist die LANDZUNGE **ALBUEN**, die die Südwestspitze von Lolland bildet. Auch hier haben lange Zeit Menschen gelebt, primär vom Heringsfang, bis in die 1960er Jahre. Im Sommer sind einige der Häuser ZEITWEISE BEWOHNT und werden vom sog. Postboot bedient:

◎ Das **POSTBOOT** verkehrt von Mitte Juni bis Anfang September zwischen Nakskov, den bewohnten Inseln und Albuen. Ohne Ausflügler wäre der Bootsverkehr freilich nicht rentabel. Der Trip ist ein Erlebnis, auch dank des unterhaltsamen Skippers, und kann mit Bus sowie Wanderung prima zu einem Ganztagesausflug erweitert werden. Weiter auf Seite 242 f.

◎ Das Fjordgebiet ist inzwischen als **NATURPARK** deklariert.

Der Südwesten

Lollands Südwesten ist besonders für Natur-Liebhaber interessant. Die mehr als 7 km lange Landzunge Albuen ist zu Fuß und mit dem Boot zu erreichen. Auf dem Deich entlang der Küste verläuft ein Radweg. Und im Binnenland verzücken eine kleine Windmühle sowie ein weiteres Gartenparadies. Übrigens weht hier oft eine steife Brise, die Kitesurfer sowie Segler schätzen und die vor der Südküste die Flügel einiger Windmühlenparks antreibt.

INFORMATION

◎ **NAKSKOV TURISTBUREAU**: siehe Seite 231. Nakskov Fjord mit Albuen: naturparknakskov.dk, Karten- sowie Folder-Download, Text auf Englisch. naturlandet.dk auch auf Deutsch, jedoch nicht gerade ergiebig.

Albuen

Früher war Albuen – der Ellenbogen – eine Insel draußen im Langelandsbelt. Doch die Meeresströmung bildete eine schmale Landbrücke, indem sie an Lollands Südküste entlang über Jahrtausende Sand mit sich schleifte und hier ablegte. Bei außerordentlich rabiaten Winterstürmen kann der Sandstreifen namens Dragene bzw. Albuetangen auch mal unterbrochen und Albuen für kurze Zeit wieder zur Insel werden; aber das kommt eher selten vor, vielleicht ein Mal in zehn Jahren. Die Natur ist winderprobt und ziemlich robust. Es ist ein ERLEBNIS, über Dragene (L10) hinaus nach Albuen zu laufen. Der BODDEN zwischen Festland und Albuen heißt SØNDERNOR.

Dragene beginnt am südwestlichsten Punkt des Deiches, der Lolland vor den Kapriolen des Meeres schützt. Ein paar hundert Meter landeinwärts liegt der Weiler YDØ und zwischen Ydø und Dragene noch ein Campingplatz, der sich als Ausgangspunkt eignet.

UNTERKUNFT

◎ **CAMPING ALBUEN STRAND**, Ydø, Vesternæsvej 70, Tel. 2910 4751, albuencamping.dk auch auf Deutsch. Ende März bis ca. 20.10. Camping 85/45 DKK. Campinghütten mit Mini-Küche (2/4–5 Personen) 350/500 DKK. (L11)

Schönes Areal hinter dem Deich im Südwesten, von Hecken und Bäumen windgeschützt. Mit tollem Programm an Aktivitäten. Baden, Paddeln, (Kite-) Surfen in der nahen Bucht. Fahrradvermietung.

◎ Dank der Verkehrsverbindungen mit Bus und (nur im Sommer) Postboot ist ebenso eine Unterkunft in **NAKSKOV** denkbar (siehe Seite 232). Bus 718 hält bei Bedarf an der Kurve der Landstraße beim Campingplatz. Wer ein- oder aussteigen will, sollte dies rechtzeitig zu erkennen geben.

AUF ALBUEN UNTERWEGS

◎ Im 15. Jh. dürfte Albuen zumindest vorübergehend als Flottenstützpunkt und als Fischereibasis bewohnt gewesen sein. Ab etwa 1530 ist eine richtige **BESIEDLUNG** dokumentiert, die primär dem HERINGSFISCHFANG zu verdanken war, die ab 1890 von Familienmitgliedern der stationierten Lotsen intensiviert und erst in den 1960er Jahren aufgegeben wurde; den GESALZENEN HERING EXPORTIERTE man mitunter nach halb Europa. Die fünf NAKKEHUSE an der zum Bodden gewandten Seite markieren den Privatbesitz der Fischerfamilien und sind im Sommer zeitweise bewohnt; alle fünf Häuser entstanden zu Beginn des 20. Jhs. Die frühere Inselkirche auf einem der höchsten Punkte steht nicht mehr. An der inneren Bucht, wo sich auch der Hafen Albue Havn befindet, stehen jene Gebäude, die früher von staatlichen Institutionen genutzt wurden: Mini-Schule (1939), Lotsenhaus (1873), Küstenwacht (1968); erst 1957 kam der neue Leuchtturm hinzu, nachdem das Meer dem alten zu nahe gekommen war. In Schule und Lotsenhaus können Übernachtungen arrangiert werden; wobei zu berücksichtigen ist, dass sämtliches TRINKWASSER MITZUBRINGEN oder teuer zu bezahlen ist, da es auf Albuen keinen Süßwasserzugang gibt.

◎ **FLORA UND FAUNA**: Obwohl die flache Halbinsel von Wind und rauer See bzw. salz(wasserhalt)iger Umgebung geprägt ist, haben sich erstaunlich viele verschiedene Pflanzen ange-

Auf dem Deichweg von Albuen nach Langø, ein formidabler Radweg, abgesehen vom eventuellen Gegenwind. – Unten das Postboot »Vesta« im winzigen, geschützten Hafen auf Albuen (siehe Seite 242 f.). – Weitere Fotos zu Bucht und Albuen auf Seite 249. ▶

VESTA

siedelt: Allein auf Dragene gedeihen u.a. über 25 Gräser, leuchtet es je nach Jahres- und Blütezeit weiß, gelb, rot, lilafarben, ob Wiesen-Alant, Meerbinse, Strand-Wermut oder Strand-Männertreu. Auch die in Dänemarks Dünen- und Strandgebieten eingewanderte Kartoffel-Rose mit ihren lilafarbenen, stark duftenden Blüten sowie roten Hagebutten breitet sich auf Albuen aus. Ausgerechnet rund um den Leuchtturm haben sich sogar Bäume etabliert und wachsen Büsche höher als andernorts auf der Landzunge. In einigen Sektionen halten SCHAFE die Vegetation niedrig. Außer Kriechtieren sowie Schmetterlingen sind es vor allem die Seevögel, die dem Besucher auf Albuen begegnen. Vom 15.3. bis 15.7. ist allerdings die ganze landeinwärts gewandte Spitze »des Ellenbogens« als Schutzgebiet für Brutvögel ausgewiesen. Neben den an Lollands Küsten allgegenwärtigen Möwen, Enten, Schwänen und Kormoranen sind – als Watvögel – die auffälligen ROTSCHENKEL zu nennen.

DIE POSTBOOT-ROUTE

Vom kleinen Hafen auf Albuen, wo ein Wegweiser die Entfernungen zu namhafteren Hafenstädten in Erinnerung ruft, hat man ein schönen Rundblick: bis nach Langeland und auf die pendelnden Fähren zwischen Lolland und seiner Nachbarinsel.

Von Mitte Mai bis Anfang September macht hier das sog. POSTBOOT VESTA Mittagspause, das im Sommer Waren und Passagiere nach Albuen und auf einige Fjordinseln befördert. SKIPPER *Otto Paludan* spricht prima Deutsch – und verstünde mit seinen Geschichten eine mehrtägige Ostsee-Kreuzfahrt kurzweilig zu gestalten; er wechselt sich aber mit Kollegen ab.

◎ EMPFEHLUNG: **POSTBOOT** Vesta ab Havnegade, Nakskov (**17** im Stadtplan auf Seite 233). Mo–Sa 9 Uhr, Rückkehr ca. 13.30 Uhr. Reservieren: online unter postbaaden.dk, als Ausnahme Tel. 2588 8236. Ticket Nakskov Fjord 250/125 DKK. Zusätzlich zur üblichen Albuen-Tour enthält der Fahrplan das sog. INSEL-HÜPFEN (Slotø, Vejlø, Enehøje, Di+Do 14–18 Uhr, 250/125 DKK), sowie einen Slotø-Ausflug (Mi 14–16 Uhr, 160/80 DKK).

◎ **SLOTØ**: Die Schloss-Insel verdankt ihren Namen der Festung Engelsborg (um 1508), die Nakskov vor Eindringlingen auf dem Seeweg beschützen sollte; dass potenzielle Angreifer eine andere Fahrrinne entdecken könnten – wie 1523 geschehen –, »entwertete« die Bedeutung der Engelsborg erheblich. Im 17. Jh. vermutlich von Schweden niedergebrannt, erinnern Ruinen von Turm und Mauern an bessere Tage. Während der Regentschaft Christian IV. befand sich auf Slotø zudem eine Werft; der letzte Stapellauf soll 1633 erfolgt sein. Seit den 1960er Jahren ist Slotø (19,1 ha) unbewohnt.

◎ **VEJLØ**: Bis Mitte der 2000er Jahre war die 37,1 ha große Insel bewohnt, fast die komplette Fläche ist Privatbesitz. (Seit 1971) immer noch in Funktion ist das Sommercamp für Familien nach Pfadfindermanier. – Für Boots-

Unterwegs auf Albuen: Die Häuser im Vogelschutzgebiet, nahe Mini-Hafen samt Postboot-Aanleger, sind wieder in Privatbesitz. Das gelbe, markante Albuehus gehört heute einem Naturschutzverein.

passagiere ist die Insel aber weniger interessant als die anderen rundum.

◎ **ROMMERHOLM** wird nicht angelaufen, denn die 4 ha große Insel steht komplett unter Naturschutz. – Unverwechselbar die (durch Guano) abgestorbenen Bäume, auf denen die lokale KORMORANKOLONIE residiert.

◎ EMPFEHLUNG: **ENEHØJE** ist mit 97 ha die größte Insel im Fjord und neben Albuen sicher die ergiebigste Station der Postboot-Route. Seit 1999 in staatlichem Besitz, wird Enehøje konsequent als Naturschutz- und Naherholungsgebiet gepflegt: Während der Inselnorden vom 15.3. bis 15.7. zum Schutz der Vogelwelt unzugänglich ist, wurden in der Südhälfte Spazierpfade sowie ein primitiver Lagerplatz angelegt und der schöne STRAND im Westen bewahrt.

Der Wald auf Enehøje geht vorwiegend auf Polarforscher *Peter Freuchen* zurück, der die Insel 1920 gekauft hatte und auf dem höchsten Punkt (16 m) auch die beiden WALKIEFER als Portal aufstellen ließ. Freuchen (1886–1947) galt als bunter Hund sowie geselliger Zeitgenosse, der Bücher auf Enehøje verfasste und andere Kulturschaffende und Forscher hierher einlud, ebenso wie Flüchtlinge aus Nazi-Deutschland; kein Wunder, dass er 1940 außer Landes musste.

Von 1940 bis 1995 wurde noch mal Landwirtschaft auf Enehøje betrieben; seitdem ist die Insel verlassen. 1925 hatten immerhin 25 Menschen auf dem Eiland gelebt. Heute wird das grüne Paradies »gelenkt renaturiert«.

Langø

EINGEDEICHTES LAND

Der Buchstabe ø ist auch ein Wort und bezeichnet die Insel. Zwischen Albuen und Nakskov gibt es mehrere Orte, die mit dem ø enden – und die verraten, dass es sich einst um kleine Inseln handelte: Ydø, Vejlø, Bogø und vor allem Langø. 1878, sechs Jahre nach jener verheerenden STURMFLUT, wurde der neue Deich gezogen sowie Überschwemmungsland eingedeicht. Aus der Insel Langø wurde das Dorf Langø – eine der wenigen malerischen Hafenidyllen auf Lolland.

◎ EMPFEHLUNG: **LANGØS HAFEN** ist nicht nur hübsch anzuschauen, er ist auch in Betrieb. Hier laufen noch FISCHKUTTER aus, wird angelandet, sogar an Privatpersonen verkauft. Der mehrfach erweiterte Hafen entstand 1909 nach der Eindeichung, die moderne MARINA 1991. Im Sommer ist hier gut etwas los, wenn viele Segelgäste da sind sowie Feste und Angelwettbewerbe stattfinden. Im Norden hebt sich Enehøje aus dem Meer.

◎ Bis das Dorf seine eigene Kirche bekam, musste kräftig gespart werden. Als die **LANGØ KIRKE** 1901 endlich stand, hatte man kein Geld mehr für Inventar, so dass der Altar zum Beispiel erst drei Jahre später angeschafft werden konnte. Als Wahrzeichen gilt der frei stehende GLOCKENTURM, der 1999 von lokalen Handwerkern gebaut worden ist.

Kirche und Friedhof sind nicht zen-

Neues von Vejlø: Die 36 ha Privateigentum (inklusive Wohnhaus und 23 ha EU-subventionierter landwirtschaftlicher Nutzflächen) standen bei Redaktionsschluss dieses Buches zum Verkauf: für 14 Mio. DKK.

tral platziert, sondern liegen erhöht an Langøs Westkante, wo sich ein feiner Blick auf Albuen und Søndernor eröffnet. Wer mit dem Rad aus Süden über den Deichweg kommt, passiert unweigerlich die Kirche.

Nahe des Hafens ist ein primitiver, gemütlicher Rastplatz für Outdoorer mit Zelt eingerichtet (siehe Seite 47). Wasser ist am Hafen im Bereich der Marina zu entnehmen. – Via Facebook ist ein B & B im Ort anzusteuern: Langø overnatning.

ESSEN UND TRINKEN

◎ **LANGØ HAVNEGRILL OG CAFÉ**, Langø Havn (Hafen) 3, Tel. 4026 1161, Ostern bis Mitte Oktober, Hochsaison täglich 11– 19/20 Uhr, in der Nebensaison Mi/Fr–So 11/12/14/16–19 Uhr.

AM HAFEN Dreh- und Angelpunkt des gesellschaftlichen Lebens im Dorf. 2020 von einem nach 49 Jahren in den USA heimgekehrten Dänen wieder eröffnet, nun betrieben von einer ehemaligen Schiffsköchin: Entsprechend gut schmecken die Burger, Pommes und anderen Speisen.

◎ **FRISCHFISCH** AM HAFEN: Langø Fiskevogn, ein Verkaufswagen: Mitte April bis Mitte September, bevorzugt Mi 11–15 Uhr, Sa 10 –14 Uhr. Aktuelles via Facebook.

WEITERREISE

◎ **BUS**: Bus 718 verkehrt ab Nakskov u.a. über Vestenskov, Næsby, Kappel Schule, Vesternås, Ydø, Langø und zurück nach Nakskov.

Hinter dem Deich

Wer von Nakskov gen Rødby und Nysted fährt, tut sich mit den schnellsten Routen keinen Gefallen. Auf den Abstecher Albuen zeichnet sich die Route für die Weiterreise wie von selbst:

VESTERNÆS

◎ **PETER HANSENS HAVE**, Vesternæsvej 56, Tel. 5494 8583, peterhansens-have.dk. 1.4.–1.11. Di–So 10 –18 Uhr. Eintritt 50/10 DKK. (L12)

Einen wunderschönen Kontrast zu Lollands weiten Feldern bildet auch dieser Botanische GARTEN. Akribisch schufen *Peter Hansen* und seine Frau ein Paradies. Zum Teil verschlungene Pfade führen durch Arboretum und Rhododendrongarten, Hecken sowie einen Bambushain (bücken), umrunden einen Seerosenteich mit Fischen und Fröschen, überqueren einen Steg – eine prachtvolle Welt ohne Symmetrie, dafür vielen, auch seltenen Bäumen, Stauden, Sumpf- und Wasserpflanzen. Die Rhododendren blühen in der Regel in der zweiten Maihälfte.

Erweitert durch eine HÜGEL-Landschaft mit Teich und grünen Fröschen sowie ein neues Arboretum, misst das Areal nun 55.000 m^2. In der neuesten Sektion sind fast 190 verschiedene MAGNOLIEN (blühen ebenfalls im/ab Mai) mit vielen anderen Bäumen, Büschen, Rosen und Stauden vereint.

Anfahrt: ab Albuen Vesternæsvej in Richtung Kappel, rechter Hand, ausgeschildert als »Botanisk Have«.

Kappel Stubmølle (siehe Seite 246) und Peter Hansens Have im Juni ▶

KAPPEL

◎ Die WINDMÜHLE **KAPPEL STUBMØLLE** erstrahlt in jenem Rot, das an die typischen schwedischen Ferienhäuschen erinnert. Sie steht vor dem lokalen Sportfeld, anbei ein Festplatz für besondere Anlässe. Diese Kappel-Mühle soll eine von sechs verbliebenen dieser Bauart in Dänemark sein und dazu die einzige, die an ihrem ursprünglichen Platz steht. (L13)

Die Stubmølle ist die älteste Windmühlenkonstruktion in Europa, auf Deutsch Bockwindmühle. Ihre Eigenart besteht darin, dass sie im Ganzen nach dem Wind ausgerichtet und gedreht werden kann.

Beim *Stubben* handelt es sich um einen massiven Eichenpfahl, an dem das Mühlhaus aufgehängt ist und der selbst von einer Balkenkonstruktion gleich einem Sockel fixiert wird. Dieser Mühlentyp ist eher klein, sonst ließe er sich nicht im Ganzen bewegen; die bekannten Holländermühlen mit größerer Kapazität sind jüngeren Datums. Auch die Kappel Mølle musste von 1880 bis ca. 1935 frühzeitig statt Mehl Korn und Tierfutter produzieren. Die vermutlich um 1730 erbaute Mühle ist so weit in Schuss, dass sie wieder Mehl herstellen kann. Sie wurde mehrfach grundlegend restauriert, zuletzt 2003/04. 2022 erhielt sie neue Flügel.

Kappelvej 6, Tel. 6056 5728, kappelstubml.dk mit Foto-»Galleri«. Geöffnet in den Sommerferien (etwa 25.6. bis Mitte August) Di 13–17 Uhr. Eintritt frei, Spende erbeten.

NÆSBY STRAND

Ab Kappel ostwärts unterwegs, biegt man in Næsby rechts Richtung Küste in den NÆSBY STRANDVEJ ein. Die Nebenstraße erreicht ein Ferienhausgebiet, an dessen Ostrand sich im umgebauten Hof Rolandsgården ein NATURCENTER befindet. In dessen Garten ist ein Lagerplatz für Outdoorer hergerichtet und 400 m südlich (vor dem Deich) ein PARKPLATZ angelegt, der auch als Aussichtspunkt (zum nahen Feld hin) fungiert:

◎ Die Gegend ist im September und im Oktober als **ZUGVÖGEL**-Rastplatz bekannt, besonders vormittags sowie bei Westwind. (L14)

Rund um den Næsby Strand treten auch viele **GREIFVÖGEL** auf: Seeadler und Fischadler, mehrere Falkenarten, Mäusebussard, Roter Milan, Sperber.

◎ Wer ab Parkplatz über den Deich 2 km nach Westen läuft, steht oberhalb des Tümpelgebiets **HØKKE SØ**. Einstmals Überschwemmungsgebiet und in den 1870er Jahren eingedeicht, hat sich in dem feuchtem Areal ein ideales Rückzugsgebiet für **LURCHE** etabliert. Vertreten sind mehrere Kröten- und Froscharten, darunter der grüne Frosch (der auch Peter Hansens Have in Vesternæs bereichert) ebenso wie die Waldeidechse.

VINDEHOLME STRAND

Ab Parkplatz Næsby Strand Richtung Osten erstrecken sich die Wälder Vesterskov, Vindeholme Skov und Lindelse Skov, die auch über einen eigenen Zufahrtsweg verfügen: Zwischen

Die Bezeichnungen L13/L14 etc. beziehen sich auf die Lolland-Übersichtskarte auf Seite 181.

Næsby und Tillitse ist die Abzweigung ausgeschildert. Sie tauchen zuerst in einen dunklen Wald ein und befinden sich plötzlich unmittelbar an der Ostsee, am Vindeholme Strand!

◎ EMPFEHLUNG: Die drei ineinander übergehenden Forste sind bestes Terrain für ausgedehnte **WALDSPAZIERGÄNGE**. Hier sind so gut wie immer ein paar Jogger und Walker unterwegs. Für ein PICKNICK gibt es an Lollands Südwestküste wohl kaum einen lauschigeren Ort. (L15)

Die 548 ha Wälder, wo – auf einzelne Sektionen begrenzt – auch Forstwirtschaft betrieben wird, gehören zu dem Gut RUDBJERGGAARD. Der Großteil ist Laubwald: u.a. Buchen, Eichen, nach Osten hin Linden (Lindelse Skov). Mitunter sind am Parkplatz Vorschläge für Rundtouren montiert; sich zu verlaufen ist unmöglich, da der Forst im Süden immer am Deich endet...

Ferien aktiv

RAD FAHREN

◎ EMPFEHLUNG: Früher durchquerte die **NATIONALRUTE 8** zwischen Nakskov und Maribo Lollands Norden, heute verläuft sie bis Rødbyhavn auf dem Deich. Dank der Topografie des Südwestens bieten sich einige Rundfahrten auf Deich und Nebenstraßen an. Der entscheidende Faktor für die tatsächliche Distanz wird der WIND sein – gegen einen stramm blasenden Wind anzuradeln reduziert das Vorwärtskommen flugs auf < 10 km/h.

Gut 14 km hat vor sich, wer ab Parkplatz Albuen den Deich nach Norden via Langø nimmt; nördlich von Langø wendet sich der Deich im rechten Winkel landeinwärts; dort wo er sich, wieder im rechten Winkel, nach links wendet (nach knapp 8 km inklusive Langø-Besichtigung), wechsele man auf den Fahrweg zur nahen Landstraße, über die es zurück nach Albuen geht.

Wer ein Dreieck zwischen Albuen, Nakskov und Vindeholme Strand auswählt, kommt je nach Routenwahl auf bis zu 40 km und samt Strand- und anderen Abstechern auf eine Tagestour. 10 km misst die Strecke auf dem Deich zwischen Albuen und Vindeholme, die südlich von Kappel einen der ersten Windmühlenparks Lollands passiert.

◎ Ähnlich lang ist die **ERLEBNISROUTE** AN DER FÖRDE ENTLANG alias »Langs Fjorden«. Rundtour über Nakskov, Langø, Albuen, Peter Hansens Have und Kappel. Distanz 37 km. Als Markierung fungieren blaue Schilder mit Windmühlensymbol. Quellen-Download siehe Seite 66.

WANDERN, WALKEN, JOGGEN

◎ EMPFEHLUNG: **ALBUEN**. Als Intro siehe Seite 240 f. Ab Parkplatz sind es etwa 45 Minuten bis zu Schafspferch und betagter Hütte Vogterhuset, die von der wuchernden Kartoffel-Rose bedrängt wird. Hier beginnt das private Areal auf Albuen; die Grenze zum staatlichen markiert eine Info-Tafel mit KARTE (10 Minuten ab Vogterhuset).

Das Schlösschen Vindeholme Slot, das im gleichnamigen Forst (linker Hand vom Fahrweg zum Strand) steht, ist für Feste mit kulinarischem Erlebnis zu buchen.

Wer alle Pfade begeht, hat inklusive Rückmarsch mehr als 15 km vor sich.

Halten Sie die Augen offen, denn oft verläuft neben dem versandeten Weg eine schmalere Spur mit festerem Untergrund. Genießen Sie die Ruhe: keine Geräusche, nur Vogelstimmen und, je nach Jahreszeit, Bienengesumme!

◎ Ein herrlicher Waldspaziergang direkt an der Küste ermöglicht der **VINDEHOLME SKOV** zusammen mit den angrenzenden Vestenskov / Lindelse Skov, beliebig zu verlängern auf dem Deich nach Westen bis Næsby Strand oder Høkke Sø (siehe Seite 246 f.).

BADEN, SCHWIMMEN

◎ Die Blaue Flagge weht am **ALBUEN STRAND**, nördlich des Parkplatzes an Lollands Südwestspitze. Es handelt sich um einen breiten Sandstrand; zur Sommersaison gibt es hier Toiletten.

Auf Albuen selbst gibt es einen weiteren Strand auf der Westseite, nördlich des Vogterhuset (Karte vor Ort).

◎ **NÆSBY STRAND**: siehe Seite 246. Der Strand vor dem Deich ist ca. 1 km lang und besteht aus Sand, Kiesel- und größeren Steinen.

KITESURFEN

◎ Sieht man ab Campingplatz Albuen Strand bei Starkwind die Lenkdrachen hinter bzw. vor dem Deich, sind die Kitesurfer auf dem **SØNDERNOR**.

PADDELN

◎ Bei Windstille kann das **SØNDERNOR** bis Albuen mit dem Seekajak erkundert werden. Als Basis und aktuelle Info-Quelle dient das Camping »Albuen Strand« (siehe Seite 240).

VOGELBEOBACHTUNG

◎ **ALBUEN UND SØNDERNOR**: Vogelschutzgebiet an der Spitze Albuens, 15.3.–15.7. gesperrt. Brutvögel sind u.a. Rotschenkel, Austernfischer, Kiebitze, Sandregenpfeifer, Möwen, Seeschwalben. Siehe auch Seite 240 f.

◎ **ENEHØJE**: Vogelschutzgebiet im Inselnorden, 15.3.–15.7. gesperrt. Als Protagonisten Austernfischer, Brandgans und Uferschwalben.

◎ **NÆSBY STRAND**: Greifvögel und im Herbst Zugvögel, darunter Scharen Sperlinge. Siehe auch Seite 246.

Weiterreise

BUS

◎ **REISEZIELE AUF LOLLAND**: nach Nakskov via Kappel, Vesternæs, Ydø, Langø (Linie 718). – Nach Kramnitze aus Nakskov über Vestenskov skole, Næsby, Rudbjerg, Dannemare (Linie 778). – Nach Maribo via Rudbjerg und Dannemare (Linie 716).

AUTO

◎ Für eine küstennahe Route **NACH OSTEN** benötigen Sie eine detaillierte Karte, um nicht auf einer Stichstraße am Deich zu enden oder landeinwärts fehlzufahren. Die Orte im folgenden Kapitel dienen als Orientierung.

Kitesurfer auf dem Bodden Søndernor, im Hintergrund die Häuser auf Albuens Spitze. – Unten auf dem Pfad über Albuen, hier an dem Punkt, wo die Landzunge breiter wird, im Hintergrund die Nakkehuse; die Schafe halten die Strandvegetation niedrig. Oft sind nur Wind, Vogelstimmen (und Bienensummen) zu vernehmen – welch wohltuende Ruhe. ▶

Südschleife nach Nysted

Östlich von Vindeholme beginnt ein bis zur Südspitze Lollands reichendes Band an populären STRÄNDEN, zu denen sich auch stets eine Ferienhaussiedlung gesellt hat: Maglehøj, Hummingen, Kramnitze, Bredfjed und, östlich von Rødby, Hyldtofte.

Strände des Südens

MAGLEHØJ

Die 14 m »aufragende« Anhöhe Maglehøj soll früher ein Ort für wichtige Zusammenkünfte und Feste gewesen sein. Sie liegt am Ostrand des Lindelse Skov bei Vindeholme (s. Seite 246 f.). Die Maglehøj ist auf jeder halbwegs detaillierten Karte verzeichnet, als Sehenswürdigkeit jedoch bescheiden. Der Abstecher lohnt eher, fährt man die Stichstraße bis zum Ende:

◎ Die BLAUE FLAGGE weht am schönen **MAGLEHØJ STRAND** mit seinem feinen Sand: ein Tipp unter den Insulanern und nicht so stark frequentiert wie die Nachbarstrände im Osten. Badesteg, moderne Infrastruktur. (L16)

TILLITSE

◎ Landeinwärts lohnt sich ein Stopp an der KIRCHE von Tillitse. Denn hier überstand Lollands einziger bewahrter **RUNENSTEIN** das Schicksal seiner Zunft, indem er unbehauen als Fundament unter dem früheren Waffenhaus hatte dienen dürfen. Beim Neubau 1856 kam er in einer Zeit zu Tage, als seine Entdeckung einen Wert darstellte. Anstatt als Baumaterial erneut und vielleicht auf Nimmerwiedersehen zu verschwinden, ziert der Stein heute den Kirchhof. Die Inschrift wird auf rund 1.000 Jahre geschätzt, als die Gegend schon christianisiert war. Der Text ist eher belanglos und berichtet, dass die Nachwelt den Stein einem *Eskil Sulkesøn* verdanke.

HUMMINGEN

◎ Auch am **HUMMINGEN STRAND** weht die BLAUE FLAGGE. Das angrenzende Ferienhausgebiet ist so groß, dass es hier vom Minigolf bis zum Supermarkt eine touristische Infrastruktur gibt, sonst aber nicht allzu viel.

◎ Gut 1 km landeinwärts, hinter dem Ferienhausareal, erstreckt sich **HUMMINGEN CAMPING** mit Pool. Ostern bis etwa 20.10. hummingencamping.dk auch auf Deutsch.

◎ **STRANDGÅRDEN**, Diget 7, Tel. 54 96 6107, ck-strandgaarden.dk. Ab Mitte Februar Mo/Do–Fr 17–21, Sa 12–21, So 10–21 Uhr, im Sommer verlängert.

Zur Wahl stehen mehrere Bereiche drinnen wie draußen: Restaurant mit Meerblick, Terrasse, Sandwichbar, Eisverkauf, geöffnet je nach Saison.

Das freundliche Wirtspaar im »Strandgården«, Kristina und Claus, betrieb zuvor ähnlich erfolgreich ein Café in Nakskov. Das Lokal hinter dem Deich ist übrigens nicht zu verwechseln mit dem nahen »Den gamle Digegaard« (mit Räucherei).

KRAMNITZE

Der eigenwillige Ortsname weist (wie im Fall von Tillitse) darauf hin, dass die Siedlung wendischen Ursprungs ist. Die Wenden waren Westslawen, die über die Elbe in den Ostseeraum gelangten, dort einigen Schrecken verbreiteten und im 11. Jahrhundert ein paar Orte an Lollands Südküste besiedelten. Die eigentlichen Namen Tillitze und Kramnitze wurden zeitweilig danisiert, so dass das »s« an die Stelle des »z« trat. Bis heute sind aber beide Schreibweisen in Gebrauch, vor allem im Fall von Kramnitze.

◎ **KRAMNITZE HAVN** war vor dem Deichbau der Haupthafen an Lollands Südküste, bevor ihn Rødbyhavn ablöste. Heute liegt der unscheinbare Kleinhafen an einem Kanal hinter dem Deich. Den Übergang in den Fehmarnbelt regelt die Schleuse KRAMNITSE SLUSE.

◎ Der KANAL führt Wasser aus dem Hinterland namens RØDBY FJORD ab, das ebenfalls in den 1870er Jahren als Schutzmaßnahme eingedeicht wurde. Eine kapazitätsstarke **PUMPSTATION** entwässert das tief liegende Gebiet, ein Kanalnetz leitet dieses Wasser via Kramnitse Sluse in die Ostsee.

◎ Auch am **KRAMNITZE STRAND** weht eine Blaue Flagge. Der flach auslaufende Strand ist kindertauglich.

◎ Der Spaziergang auf dem **DEICH** empfiehlt sich vor allem westlich der Schleuse, Richtung Hummingen.

◎ Ein UNIKAT unter den Campingplätzen ist das **WESTERN CAMP** in Kramnitze, Noret 2, Tel. 5494 6100, westerncamp.dk. Geöffnet 1.5. bis etwa 10.8. Camping 90/55 DKK, Ferienhütten und -häuser ab 835 DKK.

Die Rezeption heißt Sheriff's Office, der Kiosk Saloon. Feste Unterkünfte sind Prärie- und Westernhütten, und gegessen wird beim Banditen. Viel Action und Programm im Wildweststil, das alles ist MIT VERVE gemacht.

BREDFJED STRAND

◎ Der **BREDFJED STRAND** ist der nächste mit BLAUER FLAGGE. Er ist gut 600 m lang und mit bis 25 m relativ breit, flach und damit gut für Kinder geeignet. Der breite Dünengürtel bietet seltenen Pflanzen Raum, wobei die Wege nicht zu verlassen sind. (L17)

◎ Südwestlich von Strand und Ferienhauszone entwässert sich über die **DRAGSMINDE SLUSE** ein weiterer, schmaler Kanal in den Fehmarn Belt. In dieser Gegend gedeihen ebenfalls seltene Pflanzen wie Besenheide, Engelsüß alias Gewöhnlicher Tüpfelfarn und Klebriges Leimkraut.

LALANDIA

◎ Das FERIENZENTRUM **LALANDIA** umfasst das Spaßbad Aquadome und eine Vielzahl an weiteren Aktivitäten, von Bowling, Kletterwand und Fitnesscenter bis zu Eislaufen und Hallenski. Zum Übernachten sind Ferienhäuser zu buchen, was richtig ins Geld geht, bei tausenden Gästen aber offenbar gut ankommt. Dynamische Tarife je nach Buchungslage: lalandia.dk ausgiebig auf Deutsch. (L18)

◎ Zu LALANDIA gehört ein **STRAND** mit Badesteg.

Die Bezeichnungen L17/L18 etc. beziehen sich auf die Lolland-Übersichtskarte auf Seite 181.

RØDBYHAVN

Im Hafen Rødbyhavn (1.540 Einwohner) legen (noch) die Fährschiffe von und nach Fehmarn an und ab.

◎ Bis der **FEHMARNBELT-TUNNEL** dem Verkehr übergeben wird, können Neugierige von einem Aussichtspunkt den Stand der Bauarbeiten inspizieren. Der Blick reicht u.a. auf Belt, Arbeitshafen, Betonteilefabrik (für die Tunnelelemente), den Portalbereich, wo Eisenbahn und Straßenverkehr im Untergrund verschwinden (und auftauchen) werden. Am Aufgang ist anschaulich illustriertes Info-Material zu entnehmen, auch in deutscher Sprache. Die Anfahrt ist ausgeschildert, via Færgevej über die derzeitigen Gleise.

HYLDTOFTE ØSTERSØBAD

Der vielversprechende Name Ostseebad weckt Assoziationen an ein Seebad auf Stelzen, gleich dem bekannten Helgoland bei Kopenhagen. Ganz so schillernd ist die Realität nicht. Zurzeit ist die Fabrikation für den Tunnel ganz nah, aber deren Gebiet wird später zeitgemäß renaturiert.

◎ Das große Plus des nicht mal 500 m langen **ØSTERSØBAD** ist der feine Sand, der sich auch auf dem Meeresgrund fortsetzt. Der Strand ist kinderfreundlich und die gute Infrastruktur der BLAUEN FLAGGE würdig. (L19)

BRUNDDRAGENE/HYLLEKROG

Lollands südlichster Punkt endet mit der 5 km langen NEHRUNG Hyllekrog, wobei die ganze Landzunge als Naturreservat ausgewiesen ist. Das Festland vor Hyllekrog ist bereits so abgeschieden, dass der nächste Bauernhof einige Kilometer landeinwärts liegt. Ein verlassener Hof dient als Info-Ort:

◎ Im **LYTTESHOLM NATURCENTER** informiert eine kleine Ausstellung zu Tieren und Pflanzen der Region. Hier starten auch Naturexkursionen. 1.5.–30.9. 11–16 Uhr, April nur Sa+So. (L20)

◎ Zwischen den Dünen bei **BRUNDDRAGENE** verlieren sich ein paar Dutzend Ferienhäuschen, bar anspruchsvollen Komforts. Die Natur weiß sich sozusagen zu schützen, denn wer hier draußen Trinkwasser benötigt, muss dies zuvor mitbringen. Auch Elektrizität gibt es nicht vor Ort, nur Telefon. Bis zum Bau des Deichs erstreckte sich hier so etwas wie ein Delta zwischen Halbinseln und Inselchen.

TIERBEOBACHTUNG

◎ Die empfindlichen Dünen sind geschützt; man kann sich vor und hinter, aber nur streckenweise auf dem Deich bewegen. Im Osten zieht sich **HYLLEKROG** in den Belt hinaus, bestanden mit LEUCHTTURM (1905, ansehnlich restauriert 2011) und Windkraftturbinen. Vom 1.3. bis 15.7. darf die Landzunge als Vogelbrutgebiet nicht betreten werden. Insgesamt sind 163 ha als NATURRESERVAT ausgewiesen, die landeinwärts auch das eingedeichte Feuchtgebiet **SAKSFJED** einbeziehen. Dort weiden im Bereich des Deiches inzwischen Wildpferde, um die Vegetation niedrig zu halten. Über markierte Wege (auch ab der Straße zwischen Lyttesholm und Brunddragene, Dis-

Schnappschuss: das verschneite, platte Lolland an einem Dezembertag 2022; rechts der Arbeitshafen, z.B. für den Antransport von Material und Abtransport fertiger Tunnelelemente, halblinks das Portal, wo der Verkehr den Tunnel erreichen oder verlassen wird. ▶

tanz 750 m) ist ein VOGELBEOBACHTUNGSTURM zugänglich.

Im Frühjahr und im Herbst rasten Legionen von Schwänen, Gänsen und Enten in dem Gebiet – daher der eingängige Name VOGELFLUGLINIE, den früher auch die Reederei für die Fähren zwischen Fehmarn und Lolland einsetzte. Gut zu beobachten sind einige Greifvögel wie Roter Milan, Wespenbussard und neuerdings SEEADLER, wegen deren Brutzeit der Deichweg bei Saksfjed von Februar bis Juli teilweise gesperrt ist. Das Milieu auf Hyllekrog schätzen zur BRUTZEIT einige Entenarten, Uferschwalben sowie Watvögel wie Regenpfeifer, Austernfischer und Rotschenkel. Auch Lurche, Schmetterlinge sowie Laubheuschrecken stehen für die hiesige Artenvielfalt. Das SOMMERLICHE GEZIRPE von »Roesels Beißschrecke« preisen Biologen als sehr stimmungsvoll an.

WEITERREISE

Brunddragene und Hyllekrog sind nur mit Fahrrad oder eigenem motorisierten Gefährt zu erreichen. Wer weiter Richtung Nysted will, muss in dem Gewirr schmaler Straßen aufpassen: Die günstigste Route verläuft ab Lyttesholm über Husby, Bjernæs, Errindlev und am vornehmen Hofgut BREMERVOLD vorbei zur Straße 297.

◎ Beim Abstecher nach TÅGERUP ist die **POLAKKASERNEN** zu besichtigen, die an polnische Saisonarbeiter auf Lollands Rübenfeldern (von 1893 bis 1929) erinnert. 1.7.–30.9. Di–So 14 bis 16 Uhr. Eintritt 50/0 DKK. (L21)

Nysted

EIN SCHMUCKER KÜSTENORT

Mit nicht einmal 1.300 Einwohnern ist Nysted kein Städtchen, sondern bestenfalls ein größeres Dorf – aber dank seiner Lage ein sehr attraktives. Zwar gibt es keine klassischen Sehenswürdigkeiten, dafür ist Nysted selbst eine: Der historisch geprägte Ortskern mit einigen verwinkelten Gassen reicht bis an die kleine Hafenbucht, von wo aus man am Ufer entlang zur grünen Landspitze SKANSEN mit Strand samt Beachvolleyballfeld, Camping und Ferienhausanlage spazieren kann. Als Verlängerung der Ortsumgehung in Richtung Küste führt auch der Skansevej dorthin. Das Umland eignet sich prima zum Radfahren, Wandern, stellenweise auch zum Baden und Surfen. Das frische Lüftchen vor der Küste betreibt einen Windmühlenpark.

Auf der anderen Seite der Bucht erhebt sich das Schloss AALHOLM SLOT, das aus einer wehrhaften mittelalterlichen Burg (Mitte 13. Jh.) hervorging, wo schon Margrethe I. nächtigte. Der heute so beschauliche Hafen Nysteds war einst ein geschäftiger Umschlagplatz, der an der wichtigsten Handelsroute der Ostsee lag – weshalb er den Schutz durch Burg / Schloss Aalholm gut gebrauchen konnte. Aalhom ist heute Sitz eines Hofguts mit großem Land- und Waldbesitz. Der Weg zum renaturierten See RØRSØEN mit seiner fulminanten KORMORANKOLONIE streift den Schlosspark.

Die Bezeichnung L21 bezieht sich auf die Lolland-Übersichtskarte auf Seite 181.

NYSTED HAVMØLLEPARK

Die 72 auf Zementplattformen im Meer stehenden Windmühlen vor Lollands Küste bei Nysted erzeugen so viel Strom, dass 145.000 Haushalte damit versorgt werden können. 41 m misst ein Rotorblatt, 69 m ragen die Windgeneratoren über der Wasseroberfläche auf.

PERSPEKTIVE TOURISMUS

2009 wurde Nysted 600 Jahre alt. Damit die abgelegene Region nicht den Anschluss verliert, bleibt nur der Tourismus: Wegen begrenzter Mittel helfen motivierte Ehrenamtliche im Touristenbüro aus. Teile des Hafens wurden modernisiert, neue Festivals und eine Robben-Fotosafari etabliert.

INFORMATION

◎ **NYSTED INFOCAFEEN**, Strandvejen, DK–4880 Nysted, info-cafe@nysted.dk, nysted.dk mit Text und Info-Download auf Deutsch. Ca. 20.6.–1.10. täglich 11–19 Uhr. Am Hafen, Kombi aus Info-Büro, Galerie und Lokal. **(1)**

ORIENTIERUNG

Durchgangsstraße mit Supermärkten und Busbahnhof **(2)** ist der Wichmandsvej. Außerhalb der Hochsaison findet sich auch in der Alstatdt oder am Hafen meistens ein Parkplatz.

UNTERKUNFT

◎ **THE COTTAGE**, Skansevej 19, Tel. 5487 1887, cottage.dk. 1.4. bis Oktober. EZ ab 975 DKK, DZ ab 1.095 DKK, alle mit Mini-Küche. Diverse Angebo-

te für Mini-Ferien, auch mit Halbpension. Hauseigenes Restaurant. (4)

Etwas abseits des Zentrums in ruhiger Lage, schöne Gegend für Abendspaziergänge. Wer Hotelservice möchte, steigt hier ab. Restaurant, je nach Saison, mindestens Mi–Sa ab 18 Uhr.

◎ **HOTEL NYSTED HAVN**, Strandvejen 73, Tel. 4041 2013, hotelnystedhavn.dk auch auf Deutsch. EZ ab 750, DZ ab 925 DKK. (5)

Zurzeit eine solide Adresse, die DZ verschieden groß und z.T. mit Balkon. Nette Aussicht direkt am Hafen. Kein Restaurant, nur Frühstück.

◎ **NYSTED STRAND CAMPING**, Skansevej 38, Tel. 5487 0917, nystedcamping.dk auch auf Deutsch. Mitte März bis etwa 20.10. Camping je nach Saison 84–92/47–57 DKK. Hütten (2–6 Personen) saisonabhängig 295–795 DKK, Ferienhütten für 4–6 Personen ab 895 DKK (ab 2 Nächten, Hauptsaison nur wochenweise). (6)

Abgeschiedene Lage auf der Landspitze im Süden, wo sich ein Freizeitareal erstreckt, viel Grün. Vermittlung von Kajaktouren, Di+Do Ponyreiten, gut für Familien mit Kindern. Unkonventionelle, schicke Ferienhütten, Kiosk sowie Lokal mit Biergarten.

ESSEN UND TRINKEN

◎ **RESTAURANT Ö**, Strandvejen 10, Tel. 2834 0144, restaurantoe.com. Mi–So 18–21 Uhr, Frokost 1.4.–31.8. So 12.30–15 Uhr, Hochsaison Mi–So. (7)

Viele Feinschmeckerlokale hat Lolland nicht aufzuweisen: Hier hat sich eins etabliert, auch wenn die schwedische Fischerhütten-Optik mit antikrustikalem Mobiliar (und einem grässlichen Fliesenboden drinnen) andere kulinarische Akzente nahelegen. Sofern es das Wetter zulässt, ist die Terrasse mit ungehindertem Hafenblick vorzuziehen – in der Abenddämmerung ein Erlebnis für sich. Mindestens genauso EINDRUCKSVOLL sind die servierten Menüs, selbstredend mit lokalen Zutaten und einem zuverlässigen Anteil an Fisch und Meeresfrüchten. Vier Gänge 475, mit Wein 900 DKK, zur Frokostzeit auch Tellergerichte. Reservierung für den Abend unerlässlich.

◎ Anders, aber mindestens genauso schön sitzt es sich im Garten von **DET GAMLE PAKHUS**, Adelgade 40–42, Tel. 5618 0200, detgamlepakhus.dk. Ab März Sa+So 12.30–15 Uhr, Fr+Sa 18–22 Uhr. Im Sommer um verlängerte Öffnungszeiten bemüht. (8)

Als die Recherche 2022 in diesem Lokal begann, war es schon verwunderlich, dass es im Juni nur Fr–So geöffnet hatte: Die jüngere Geschichte dieses angestammten Restaurants ist beispielhaft für die dramatische Suche nach (geeigneten) Servicekräften. Wer es jedoch auf die Gartenterrasse schafft, darf sich freuen: über das Ambiente, Plätze mit SEEBLICK und die schmackhaften Speisen. Am Abend gibt's vier Menüs/Gerichte zur Wahl, zur Frokostzeit einen größeren Querschnitt an dänischer Küche.

◎ Zur Altstadtbäckerei **NYSTED BAGERI** gehört ein CAFÉ, das Süßes und Mittagssnacks serviert. Adelgade 19. Mi–Fr 6.30–16.30, Sa+So bis 13 Uhr.

Oben Fachwerkidylle in Nysteds Adelgade, unten viel Betrieb auf dem Rørsøen: eine kleine Delegation der Kormorankolonie auf den abgestorbenen Ulmen. ▶

BIBLIOTEK
11

STADTRUNDGANG

◎ EMPFEHLUNG: Das Touristenbüro hat Faltblätter auf Deutsch für Rundgänge in Nysted und Umgebung.

◎ Die **ALTSTADT** von Nysted in ein Kleinod. Rund um Gammel Torv und Adelgade prägen fast zierliche, bunte Häuschen das Straßenbild, teilweise von Rosen, Kräutern und anderen farbig blühenden Pflanzen an der Fassade dekoriert. Das repräsentative, aber nicht protzige Rathaus (1839, umgebaut 1920) zieren eine Uhr mit Stadtwappen und ein Glockenspiel. Trotz Supermarkt-Zeitalter behaupten sich in der Adelgade ein Bäckerladen (No. 19, mit Café) und am Gammel Torv ein Metzger (No. 6). Viele Gebäude stammen aus dem 18. und 19. Jh. Historisch bedeutsam ist auch die Verlängerung der Adelgade ab Gl. Torv: Fiskergade und Skansevej.

◎ **NYSTED ORGELMUSEUM**, Adelgade 30, Tel. 2928 8630. Geöffnet nur nach Absprache, Führung ab mindestens 4 Personen. Ticket 75/0 DKK. **(9)**

◎ Auch die KIRCHE **NYSTED KIRKE** steht an der Adelgade. Um 1300 gebaut, wurde sie1643 erweitert sowie 1650 mit einer barocken Turmspitze versehen. Im relativ nüchternen Inneren fallen der barocke Altar (1693), die Kanzel (1603) und vier Epitaphien ins Auge. Geöffnet 1.5.–30.9. täglich 8–18 Uhr, sonst 10–15 Uhr. **(10)**

◎ Von der Adelgade sind es nur wenige Schritte hinunter zum adrett herausgeputzten **HAFEN** mit seinen im Schweden-Rot gestrichenen Holzgebäuden. Der Blick auf die NATURGESCHÜTZTE BUCHT NYSTED NOR und das Aalholm Slot ist formidabel. Während der SKANSESTIEN nach Süden zur grünen Landzunge mit Camping, Strand und Freizeiteinrichtungen aufbricht, kann man der Bucht auch Richtung Schloss folgen, vorbei am Denkmal für den Arzt und Dichter *Emil Aarestrup*, der von 1827–38 in der Adelgade 80 wohnte. – Ein Propeller erinnert an die Toten beim Absturz eines alliierten Flugzeugs im Jahr 1944. **(11)**

◎ Erst 2007 wurde der seit 1890 entwässerte Schilfsee **RØRSØEN** wieder als See renaturiert. Hier haben KORMORANE die Regentschaft übernommen. Von den Bäumen im See sind sie inzwischen auf welche am Ufer umgezogen. Es ist ein optisches und akustisches Schauspiel – und das im Frühjahr zur Brutzeit umso mehr –, läuft man ALVERDENS GANG zwischen Rørsø und Schloss mit seinem Wassergraben und dann die Kastanienallee im Schlossareal, um den Tieren nahezukommen. Zwischen der Futtersuche im Nysted Nor und ihren Ruheplätzen pendeln Vögel über den Alverdens Gang. **(12)**

WAS FEHLT NOCH?

◎ ROBBEN FOTO-SAFARI **NYSTED SÆLSAFARI**, Strandvejen 18, Tel. 2165 6535, nystedsealsafari.com. 1.6.–31.8. Di–Sa um 9 und 13 Uhr, Dauer 3 Stunden. Die Robben halten sich gerne auf Rødsand auf, vor dem Windmühlenpark. Buchung online erbeten.

◎ NYSTED **MIDDELALDERMARKED**: Anfang August Fr–So mit Musik und

Die Zahlen in Blau beziehen sich auf den Nysted-Stadtplan auf Seite 255.

AUSFLUG NACH FUGLSANG (VOGELSANG, L22)

Der Herrensitz Fuglsang geht auf das 14. Jh. zurück. Das von einem Wassergraben umgebene Hauptgebäude mit Stilelementen aus Gotik und Renaissance entstand 1868–69 im Auftrag der Eignerfamilie Neergaard, die arrivierte Künstler wie die Komponisten *Carl Nielsen* und *Edvard Grieg* öfter auf Fuglsang begrüßte. Seit 1947 ist die Stiftung DET CLASSENSKE FIDEICOMMIS für das Hofgut zuständig, der auch Wälder und Ländereien auf Lolland und Corselitze drüben in Falster (siehe Seite 173) gehören und deren – durch die Bewirtschaftung erzielter – Gewinn gemeinnützigen Zwecken zufließt.

◎ EMPFEHLUNG: **FUGLSANG KUNSTMUSEUM**, Nystedvej 71 (Str. 297), Tel. 5478 1414, fuglsangkunstmuseum.dk auch auf Englisch. Juli und August täglich 10–17, 1.4.–30.6. sowie 1.9.–31.10. Di–So 11–16, sonst Mi–So 11–16 Uhr. Eintritt 100/0 DKK. Königin Margrethe II. weihte das Museum 2008 ein.

Das Prachtmuseum widmet sich der dänischen Kunst seit 1780. Das flache Gebäude *(Tony Fretton)* fügt sich in die Landschaft ein und ist dennoch künstlerisch unkonventionell. Die Ausstellungsfläche ist weder bescheiden klein noch ermüdend groß, die Innenarchitektur abwechslungsreich; sie dient der Präsentation der Kunst, anstatt sich selbst zu inszenieren. Vor einer Glasfront zum GULDBORGSUND lassen die Besucher (sitzend) den Blick schweifen.

ZUR KUNST: Besonders gut repräsentiert ist der Zeitraum 1850 bis 1950. Der Museumsfundus umfasst vor allem Malerei, Zeichnungen, Skulpturen; alle einheimischen MalerInnen von Rang sind vertreten: von Vertretern des Goldenen Zeitalters wie *Skovgaard* bis zu Modernisten wie *Vilhelm Lundstrøm*. Aber auch Werke lokaler Größen sind präsent: *Olaf Hartmann*, der persönlich mit Fuglsang und Skejten verbunden war, oder *Olaf Rohde* aus Frejlev. In höchsten Tönen zu loben ist, dass die Texte (auch auf Deutsch) Kunststile und historische Zusammenhänge erläutern und damit Laien das Verständnis erleichtern. Es werden regelmäßig SONDERAUSSTELLUNGEN arrangiert, und das MUSEUMSCAFÉ gilt als ambitioniert.

◎ In ehemaligen Pächterhaus, neben dem Museum, wurde der Konzertsaal KUMUS (KUnst- og MUSikhus) 2015 eingeweiht. Hier finden 1–2 x im Monat **KLASSISCHE KONZERTE** statt. Programm: fuglsangmusikforening.dk.

◎ Eine nette Wanderung empfiehlt sich hinaus zur LANDZUNGE **SKEJTEN** und in den PARK von Fuglsang, Picknick inbegriffen (siehe Seite 262).

Tanz, (Ritter-)Spielen, Handelsbuden, Essen, Trinken und mehr. Eintritt frei. Aktuelle Information via Facebook.

◎ **HAJKUTTER FESTIVAL & REGATTA**: Nach dem Mittelalter dreht sich 5 Tage lang alles um stolze Holzsegler, Törns auf dem Meer; Beiprogramm als Volksfest an Land. hajkutter.dk.

◎ **ÄRZTLICHE BEREITSCHAFT**: Tel. 1818. Siehe Seite 55.

◎ **POLIZEI**: Service-Tel. 114. Dienststellen »in der Nähe« sind Sakskøbing und Nykøbing auf Falster.

◎ **POST**: im Supermarkt »Dagli' Brugsen«, Wichmandsvej 14 (Durchgangsstraße). Täglich 8–19 Uhr. **(4)**

Die Bezeichnung L22 bezieht sich auf die Lolland-Übersichtskarte auf Seite 181. Fotos von Herrenhof Fuglsang und Skejten-Wanderung folgen auf Seite 261.

Ferien aktiv

RAD FAHREN

Zu den sog. Erlebnisrouten alias Panoramaradwegen gibt's im Touristenbüro Faltblätter mit Karte auf Deutsch (15 DKK). Online/App via »Naturlandet Lolland-Falster« (siehe Seite 66).

◎ EMPFEHLUNG: **ERLEBNISROUTE** VORZEITROUTE, im Original »Oldtidsruten«. Startpunkt am Hafen Nysted. Distanz rund 25 km; die hier beschriebene Tour misst 23 km: Anfangs folgt sie statt der Erlebnisroute dem küstennahen Radweg 38/88. Später vereint, übernehmen blaue Schilder mit Dolmensymbol die Markierung bis zum Ziel. Die Tour hieß früher Paradisruten und erschließt Lollands Südosten.

Ab Hafen hält der RADWEG 38/88 ufernah auf die Landspitze im Süden zu, durchquert das Freizeitareal, passiert den Campingplatz und darauf eine Ferienhaussiedlung. Draußen drehen sich die Flügel des Windmühlenparks, am Ufer gastieren Kormorane.

Kurz nachdem der Radweg das Ufer verlassen hat, kommt von links die Erlebnisroute hinzu. Bei km 6 biegt die Route links auf den Holtevej ab, während es rechts zum **HOLTEN STRAND** mit primitivem Lagerplatz (mit Toilettenwagen) geht. Der Blick zurück gen Nysted findet die Kirchturmspitze.

Zunächst weiter über offenes Land, erreicht die Route den Wald **RODEN SKOV** (Gatter schließen), einst Jagdrevier. Der Hauptweg durch den Wald hat einen steinigen, festen Belag, da hier früher Kutschen benutzt wurden. Der Hauptweg darf verlassen und der Wald auf Seitenwegen erkundet werden, die Wildfütterungsstellen jedoch sind tabu. Unterwegs sind alte Dämme und Entwässerungsgräben auszumachen. Gatter schließen, weiter auf holprigem Untergrund.

1,7 km hinter dem Wald knickt die Route links auf dem ENGHAVEVEJ ab. Im Wald **FREJLEV SKOV** sind Hünengräber aufzuspüren (siehe Seite 262 f.). Wer rechts statt links abzweigt, fährt auf den Guldborgsund zu und erreicht nach 1 km einen Parkplatz – 400 m zu Fuß an einem Hof vorbei, geht es zwischen Pferdeweiden zum KNÆKKERYGSTEN – der Name beruht auf einer angeblichen Begebenheit aus dem 16. Jh., als Bauern aus der Umgebung einen despotischen Aalholm-Vogt in einer gemeinschaftlichen Tat getötet haben sollen, indem sie ihm auf besagtem Stein den Rücken brachen.

Zurück zur Kreuzung auf schnurgerader Strecke, rechts der Wald, links ein paar anheimelnde Grundstücke.

Dann verlassen die Radwege 38/88 unsere Route in Richtung Fuglsang. In Frejlev wird der Enghavevej mit dem leichten Linksknick zum Kettingevej. 3 km bis Kettinge, vorbei an der Grabanlage Barnehøj und an der Kirche.

Der Kettingevej knickt links ab (geradeaus die WINDMÜHLE nicht übersehen) und führt nach Süden, vorbei an Pferdeweiden. Kurz vor Nysted überquert die Route die Str. 283 nach Maribo. In Nysted über die Adelgade und hinunter zum Hafen.

Oben im Park des Herrenhofs Fuglsang, unten auf dem Rückweg von Skejten: unterwegs auf Holzstegen sowie zwischen Schilf und vielen anderen Pflanzen. ▶

◎ Weitere **ERLEBNISROUTE** ab Nysted Hafen: MOORE, MÜHLE UND BEWEGUNG, im Original »Moser, mølle og motion«. 20 km, blaue Schilder mit Mühlensymbol als Markierung.

◎ **FAHRRADVERMIETUNG**: nur über Donkey Republic via App, im Hafen.

WANDERN, WALKEN, JOGGEN

◎ Spaziergänge in **NYSTED** mit den Stationen Bucht, Hafen, Skansestien und Rørsø: Relativ neu ist das Faltblatt auf den Spuren des Nysteder Dichters Aarestrup (siehe Seite 258), »Danske Digterruter«; die Runde misst 5,2 km. – Angeblich etwa 5 km, aber eher länger ist die Tour »Rund um Nysted«, gedruckt als Faltblatt, online via nysted.dk in der deutschsprachigen Version.

◎ **HESTEHAVEN** ist der größte Wald bei SCHLOSS AALHOLM. Eine 9,5-km-Tour beschreibt das Faltblatt »Radeln im Hestehaven«, es geht auch zu Fuß! Hin über Alverdens Gang am Rørsøen. Quelle gedruckt als Faltblatt oder online via nysted.dk auf Deutsch.

◎ EMPFEHLUNG: **SKEJTEN** ist ein malerischer Ort an der Ostküste Lollands, am GULDBORGSUND, auf dem Fuglsang-Anwesen (s. Seite 259, L22).

Vor dem Kunstmuseum halte man sich rechts und dann links Richtung Sund, vorbei an dem Wirtschaftsgebäude mit Parkplätzen der auf Fuglsang Angestellten. Es geht in gerader Linie hinaus zur LANDZUNGE Skejten, die schon 1919 unter Schutz gestellt wurde. Auf grasigem Terrain, das im Sommer beweidet wird, geben eine Reihe 300-jähriger Eichen diesem Ort einen romantischen Reiz, der zu Sonnenaufgang noch intensiver wirken soll. Kein Wunder, dass hier schon viele Maler ihre Staffeleien platziert haben, um sich inspirieren zu lassen.

Die mit Holzpfosten markierte Route führt nahe der Küsten wieder landeinwärts. Das Gebiet liegt nur einen Meter höher als der Sundspiegel, wird öfter überflutet und ist von Entwässerungskanälen durchzogen, die Bohlenstege überbrücken. Streckenweise geht es durch mannshohes Schilf, Sie sollten den Blick – wegen besonderer Strand- und Wiesenpflanzen – jedoch auch nach unten richten.

Schließlich geht es durch ein Gatter und in ein Wäldchen hinein, das an den Park des Herrenhofs grenzt. Auf dem letzten Teilstück läuft man durch den Park am Hauptgebäude Fuglsang vorbei und auf das Wirtschaftsgebäude zu, hinter dem der Startpunkt liegt.

Dieser Rundweg misst 4,5 km. Es gibt auch eine kürzere Variante, die jedoch die Schilfpassage ausspart. Alle Routen sind auf einem Faltblatt/Karte abgebildet, das im Touristenbüro und vor Ort erhältlich ist. Einige Texttafeln geben in Kurzform auch auf Deutsch Auskunft. Hat es an den Vortagen länger geregnet, ist mit aufgeweichten Passagen zu rechnen, wo nur wasserfeste Schuhe oder Gummistiefel helfen; ansonsten kehren Sie besser um. 60–75 Minuten sind für den Rundkurs zu veranschlagen – plus Zeit für eine Rast bei Skejten.

◎ Das Wäldchen **FREJLEV SKOV** an Lollands Ostküste soll es schon seit gut

Den Auftakt der Wanderung hinaus nach Skejten markiert auch ein Info-Punkt von »Naturlandet« über die Natur auf Lolland und auf Falster. Die Tür zu der ganzjährig zugänglichen Ausstellung öffnet sich auf Knopfdruck.

2.000 Jahren geben. Gesichert nachzuweisen sind mehr als 100 Hügelgräber, Dolmen, Bautasteine, Steinsetzungen und andere altertümliche Hinterlassenschaften, die teilweise deutlich zu erkennen sind. Ein besonders anschauliches Exemplar ist das Ganggrab KONG GRØNS HØJ.

Ein guter Ausgangspunkt liegt an unserer empfohlenen Radroute (siehe Seite 260), am Linksknick des Enghavevej (Mini-Parkplatz für zwei Fahrzeuge im Wald, sonst neben der Straße), markiert mit dem Schild »Oldtidsmindene«; weitere enthalten das Faltblatt »Fahrradtouren im Frejlev Wald« und das zweisprachige Heft »Frejlev Wald – Eine Wanderung durch Dänemarks Vorzeit«; die darin enthaltene Karte zeigt die Gräber, Hügel, Dolmen und den Verlauf zweier Routen. Kong Grøns Høj liegt an der Route ab Enghavevej. Quellen gedruckt oder online via nysted.dk auf Deutsch. (L23)

BADEN, SCHWIMMEN

◎ **6 STRÄNDE AN DER SÜDKÜSTE**: siehe Seite 250–252.

◎ Nysted: Der Strand der Landspitze **SKANSEN** ist auch ohne Blaue Flagge populär. Am HOLTEN STRAND weiter östlich sind Wind und Wellen rauer.

◎ Freibad **KETTINGEBADET**, in Kettinge bei Nysted. Geöffnet etwa 25.5.–5.8. Eintritt 50/30 DKK. (L24)

KITESURFEN, WINDSURFEN

◎ Am **HOLTEN STRAND** (siehe Seite 260), östlich von Nysted, exponiert nahe der Südostspitze von Lolland.

VOGELBEOBACHTUNG

◎ Naturschutzgebiet **HYLLEKROG** und **SAKSFJED**: siehe Seite 252 f.

Die flache BUCHT nördlich von Hyllekrog ist zudem Sommerquartier für tausende HÖCKERSCHWÄNE.

◎ **NYSTED – RØRSØEN**: siehe Seite 258. Außer den Kormoranen sind hier u.a. Blässhuhn, Lappentaucher, Graugans, einige Entenarten sowie (gelegentlich) Fisch- und Seeadler präsent.

Weiterreise

BUS

◎ Mit Linie 730 entweder via Kettinge, Frejlev, Fuglsang und Øster Toreby **NACH NYKØBING** AUF FALSTER; oder westwärts über Herritslev **NACH HOLEBY**, dort möglicher Umstieg zur Linie 723 nach Maribo oder Rødby.

AUTO

◎ **NACH FALSTER**: Die südlichste Verbindung ist die ZUGBRÜCKE nach Nykøbing F. (Str. 9), die nördlichste die Brücke bei GULDBORG (Str. 123). Wer zur Autobahn E 47 wechseln möchte – die schnellste Verbindung nach Møn – nimmt ab Nysted entweder die Str. 283 nach Sakskøbing oder die Str. 297 und 9 nach Nykøbing F. und von dort die E 55 zur E 47. Da die Sundbrücke vor Nykøbing werktags ein Nadelöhr sein kann, mag die Str. 283 die schnellere Variante sein; wer aber FUGLSANG erleben will, muss gen Nykøbing F.

Wer im Südosten Lollands auf küstennahen Wegen unterwegs ist, wird es unweigerlich bemerken: Steigt der Meeresspiegel nur um einen Meter, werden hier aufwändige Maßnahmen zum Schutz des Landes erforderlich sein.

Südseeland

IM ÜBERBLICK

Die folgenden Ziele eignen sich prima für Ausflüge ab Møn, Falster, Lolland. Kulturhistorisches und städtische Atmosphäre bietet VORDINGBORG, ein besonderes Stück Natur die Landzunge KNUDSHOVED und die Halbinsel AVNØ sowie eine Kombination aus allem inklusive schöner Radtouren der PRÆSTØ FJORD mit der gleichnamigen Ortschaft, wo bei Bedarf auch gut Unterkunft bezogen werden kann.

BRÜCKEN NACH SEELAND

◎ Es gibt drei Brücken zwischen Falster/Møn und Seeland. Die westlichste ist die **STORSTRØMSBROEN** nach Vordingborg, 1937 als 3.199 m lange kombinierte Eisenbahn- und Straßenbrücke eingeweiht und in den 2010er Jahren noch mal fit gewerkelt für ihre Restlaufzeit: Ab 2024 / 2025 soll die im Bau befindliche NEUE BRÜCKE den Straßenverkehr übernehmen und ein Jahr später den Eisenbahnverkehr: also rechtzeitig, bis der neue Fehmarnbelt-Tunnel für höheres Verkehrsaufkommen sorgen dürfte. Die alte Brücke soll anschließend abgerissen werden, die neue etwa 550 Mio. € kosten.

◎ Die Hauptlast des Straßenverkehrs trägt die Autobahn E 47/E 55 mit den **FARØBROERNE** (1984), benannt nach der Insel zwischen den Brücken: Die südliche von Falster nach Farø misst 1.726 m, die nördliche von Farø nach Seeland 1.596 m.

◎ Den Ulvsund zwischen Koster/Møn und Kalvehave/Seeland überspannt seit 1943 **DRONNING ALEXANDRINES BRO**, auch Mønbroen, Ulvsundbroen oder Kalvehave Bro. Die 745 m lange, markante BOGENBRÜCKE wurde zuletzt 2016 saniert. In Kalvehave angekommen, führt die Str. 59 westwärts nach Vordingborg und die Str. 265 nordwärts nach Præstø.

◎ An der Str. 265 liegt der **KALVEHAVE LABYRINTPARK**, wo mehrere Irrgärten angelegt sowie weitere Rätsel zu lösen sind. Bestens für Familien mit Kindern (bis etwa 12 Jahren) geeignet. Hovvejen 12, Tel. 5534 4771, kalvehave-labyrintpark.dk u.a. auf Deutsch. Ca. 25.6. bis 10.8. täglich 10–18, Rest August 10–17, ab ca. 1.5. Mi–Fr 11–16, Sa+So 10–17 Uhr. Eintritt 100/70 DKK.

◎ SCHNORCHELPFAD **SNORKELSTI** im Hafen von Kalvehave, in Ufernähe: siehe Seite 142.

Præstø Fjord

Auch den Præstø Fjord hat die letzte Eiszeit maßgeblich gestaltet, indem der glaziale Panzer hier mehr Bodenmaterial weghobelte als im Westen, Norden und Süden. Nach dem Rückzug des Eises aus Ostdänemark war

◄ Oben Wandern auf der Landzunge Knudshoved Odde (siehe Seite 276 f.), unten der spektakuläre Waldturm mit 650 m langer Rampe in Spiralform (siehe Seite 280).

die Fläche trocken, bis sie sich durch Schmelzwasser aus Nordskandinavien füllte. Vor gut 6.000 Jahren lag der Wasserspiegel übrigens 2 m höher als heute. Vor rund 2.000 Jahren begann sich die Landzunge FEDDET zu bilden, die von Norden weit in den Fjord ragt; sie entstand aus Sand und Gestein – von der Dünenküste weiter nördlich abgetragen und mit der Meeresströmung hierher transportiert. Das flache Wasser im Præstø Fjord und die zum Teil geschützte Strandvegetation bilden zusammen mit ein paar Waldzonen günstige Lebensbedingungen für mehrere Tierarten, besonders für die Vogelwelt, auch als Brutgebiet.

PRÆSTØ (3.850 Bürger) am Südufer des Fjords war eine wichtige Handelsstadt – solange die Segelschiffe noch vorherrschend waren. Im frühen 20. Jh. stark industrialisiert, hat sie sich im Zentrum viel HISTORISCHEN CHARME bewahrt. Das dünn besiedelte Hinterland eignet sich bestens zum Radfahren und der flache Fjord zum Paddeln. Der Ortsname, Insel der Priester, bezieht sich auf einen kirchlichen Orden, der von 1470 bis zur Reformation hier ein Kloster unterhielt.

INFORMATION/ORIENTIERUNG

Im Hafen ist ein Info-Punkt eingerichtet. Zurzeit der Recherche hatte auch der örtliche Buchladen Info-Material zum Mitnehmen (Adelgade 40). – Ca. 100 m vor dem Hafen (links) befinden sich rechter Hand der Busbahnhof sowie Parkplätze. Der Hafen ist der Sommer-Treffpunkt der Kleinstadt.

UNTERKUNFT

◎ **HOTEL FREDERIKSMINDE**, Præstø, Klosternakken 8, Tel. 5590 9030, frederiksminde.com auch auf Englisch. EZ 1.450 DKK, DZ ab 2.000 DKK.

In RUHIGER, grüner LAGE auf dem früheren Kloster-Standort, strandnah. Das Hotel gleicht einem Antiquitäten-Tempel. Exquisites RESTAURANT und einladende Gartenterrasse.

◎ B & B **KIRSEBÆRKROEN**, Præstø, Kirsebærvej 1, Tel. 5195 0559, kirsebaerkroen.dk. EZ/DZ 1.000 DKK, Familienzimmer 1.200, Frühstück 95 DKK.

In ruhiger Lage im Osten Præstøs, nur 5 Fahrradminuten zum Zentrum. Stramme EZ-/DZ-Preise, dafür groß, renoviert, sauber, behaglich; die sog. Küchenecke ist aber ohne Kochstelle.

◎ **JUNGSHOVED PRÆSTEGAARD**, Stavreby Strandvej 4, Tel. 5599 9417, jungshovedpraestegaard.dk auch auf Englisch. Geöffnet März bis Oktober. Zimmer ab 999 DKK, teils mit Bad, teils Bad auf dem Flur. Frühstück.

Idylle zum Abschalten auf der Halbinsel Jungshoved, mit VERVE restaurierter früherer Pfarrhof samt großem Garten und eigenem Badesteg. Familiäre Atmosphäre dank fürsorglicher Gastgeber. 10 km ab Præstø-Hafen.

◎ **CAMPING**: PRÆSTØ CAMPING, Spangen 2, Tel. 5599 1148, praesto-camping.dk. 1.4.–1.10. Nahe der Ortsmitte im Grünen. – FEDDET STRAND RESORT, Feddet 12, Tel. 5672 5206, feddet.dk auch auf Deutsch. Ganzjährig geöffnet. Gigantische »Aktivbasis« auf Feddet, Camping mit Zeltvermietung, sieben Kategorien von Hütten.

Præstø ist ein kleines Städtchen, das besonders im Sommer rund um den Hafen auflebt: oben Boote am Fjord, an der Ostseite der Landzunge, mittig hafennah am Havnevej der Wasserpavillon (der zu betreten ist, Info vor Ort), unten Altstadtszene in der Grønnegade. ▶

ESSEN UND TRINKEN

Feinschmecker nehmen Platz im HOTEL FREDERIKSMINDE (s. Seite 266). Die größte Dichte an Lokalen findet sich am HAFEN; die meisten verfügen über eine große Terrasse, zum Teil sogar überdacht. Im Sommer ist hier oft Betrieb, LIVE-MUSIK inbegriffen. Eine altgediente Adresse ist CAFÉ MOCCA, Havnepladsen 4. Täglich ab 10 Uhr. – Im Sommer umlagert ist der Eiskutter, ISKUTTEREN (nur Name, kein Schiff).

◎ **DET GAMLE TOLDHUUS**, Havnepladsen 10. Mi–Sa ab 11, So ab 12 Uhr.

Im historischen Lagerhaus für Hafenutensilien lässt es sich vorzüglich speisen, egal ob Frokostplatten, eine süße Zwischenmahlzeit oder abends. Appetitlich zubereitet, in freundlicher Atmosphäre. Nebenan das »Eishaus«, ISHUUSET (normalerweise: Ishuset).

◎ **RYOI RANG**, Havnevej (beim Supermarkt »Netto«). Do+So 16–20 Uhr, aktuelle Standzeiten via Facebook.

Dem Straßenküchen-Trend folgt der Food Truck mit solider asiatischer Kost, die Hauptgerichte um 100 DKK.

◎ **SWEET & COFFEE**, Adelgade 48, Tel. 5594 5010, sweetcoffee.dk. Di–Fr 10 – 17.30 Uhr, Sa 10 –14/16 Uhr.

Gelungene Kombination aus Café mit Wohnzimmer-Flair bei den Großeltern (wo außer Kuchen, Zimtschnecken, Croissants und einer im Sommer opulenten Eisauswahl Mi–Sa Sandwiches zu genießen sind) und Laden mit ambitionierten Produkten (Süßwaren, Kaffee, Tee, Wein u.a.), die sich gut als Mitbringsel eignen. An der Haupt-Einkaufsstraße im Ort.

STADTRUNDGANG

An den Info-Orten gibt's den »Præstø By Guide«, ein Faltblatt mit Karte und gepunktetem Routenvorschlag. Die Route führt am HAFEN ENTLANG mit Lokalen, Marina, Wasserpavillon, der Pfad FJORDSTIEN vorbei am STRAND, um die Kloster-Landzunge herum, an einem hinter Bäumen versteckten Kai (siehe Seite 267) sowie an der Kirche vorbei und über die (zunächst) kopfsteingeplasterte ADELGADE zurück.

◎ Auf der **LANDZUNGE** dominieren das »Hotel Frederiksminde«, der unübersehbare WASSERTURM aus Backstein (1904) und die **PRÆSTØ KIRKE** (um 1350), eine besonders repräsentative, feierliche Kirche, die ab 1470 vom König dem ortsansässigen Antonitter-Orden geschenkt worden war. Eine unter vielen Kostbarkeiten im Inneren des Backsteinbaus ist der Altaraufsatz (1657, *Abel Schrøder d.J.)*, den ein reicher Kaufmann stiftete. Die BAROCK inspirierte Holzschnitzkunst ist phänomenal. Das gute Stück prangt im südlichen Kirchenschiff, wo zudem Kalkmalereien ins Auge fallen. Bei den Mündern der Portraits handelt es sich um Löcher im Mauerwerk, durch die vermutlich über Seile Glocken bedient werden konnten. Adelgade 129.

NYSØ

Westlich von Præstø liegt der Herrenhof Nysø, 1673 der erste dänische im Barockstil erbaute. Im 19. Jh. war das Anwesen auch Treffpunkt für einige Künstler wie H.C. Andersen oder den international tätigen *Bertel Thorvald-*

sen, dem in Kopenhagen ein großes Museum gewidmet ist. Eine bescheidenere Ausstellung blieb in Nysø erhalten, wo der Maestro ein Atelier besaß. Diese klassische Kunst wird heute eher Fachpublikum ansprechen.

◎ **THORVALDSEN SAMLING**, Nysøvej 1. April bis ca. 20.10. Do+So 11–16 Uhr. Eintritt 50/0 DKK. Parken / Entré ab Straße markiert. GARTEN geöffnet.

◎ Ab Nysø ist es nicht weit zum Wald **FAKSINGE SKOV** (siehe Seite 272).

FEDDET

Die sandige, bewachsene Halbinsel ist für Natur-Liebhaber ein prädestiniertes Ausflugsziel und wegen ihrer Längenausdehnung mit dem Rad zu erleben. Wer ein Auto abstellen will, muss auf dem Campingareal parken (Tageskarte 50 DKK, siehe Seite 266). Übrigens ist der SONNENUNTERGANG auf Feddet ein Ereignis für sich.

◎ **INFORMATION**: feddet.dk inklusive Karte und ausführlich auf Deutsch.

◎ EMPFEHLUNG: Auf Feddet sind **3 ROUTEN** ausgewiesen: blau zum Radeln (8,1 km), gelb und rot zum Wandern (6,7/4,7 km). Ganz im Süden steht ein Vogelbeobachtungsturm. Anzuraten sind die HEIDE im Südosten, wo Meister Lampe und Rehe unterwegs sind, Offerlunden und der WALD zum Wandern im Westen und der idyllisch gelegene Kleinboothafen FED HAVN im Nordwesten – nahebei ankert das BETONBOOT, das als schlichter Übernachtungsplatz für Outdoorer hergerichtet ist. Draußen auf dem Fjord halten sich oft viele Höckerschwäne auf.

FERIEN AKTIV

◎ EMPFEHLUNG: **PANORAMARUTE 424** – ABENTEUERLICHE IDYLLE alias Radrundfahrt **JUNGSHOVED**. Distanz (ohne einige Abstecher) ca. 34 km, mit der Möglichkeit auf 16 km abzukürzen. Routenbeschreibung/Karte als Folder in den Touristenbüros der Region, via Download: danischeostseeinseln.de/downloads. Die geschilderte Richtung übernehmen, denn andersherum ist die Beschilderung lückenhaft.

In Præstø beginnt die Route zentral in der Adelgade und führt entlang an Hafen, Landzunge und der Bucht landeinwärts zum Næbvej, für etwa 500 m über den Radweg an der Landstraße, dann links nach Jungshoved und nach 300 m in Lundegaard wieder links in den Skovhusevej (hier fehlte 2022 die Beschilderung an der Abzweigung).

Bald eröffnen sich die ersten schönen Aussichten nach Norden. Im Dorf Roneklint an der Kreuzung rechts und gleich links zum LEUCHTTÜRMCHEN **RONEKLINT** samt kleiner Ausstellung zu Geschichte und Natur (nur auf Dänisch). Die Höhe anbei ist der Rest einer Schanze aus dem 18./19. Jahrhundert. Eventuell können Sie Paddler beobachten (siehe Seite 79). Zurück und über Fuglsangvej sowie Dyremarken Richtung Jungshoved-Ostküste. Immer wieder sind Bänke und Tische unterwegs platziert. Im BØNSVIG-Wald möglicher Abstecher zum Ganggrab KONG SVENDS HULE. Info-Tafeln zu Wald und Grab auch mit deutschem Text; es fehlen aber einige Steine der ursprünglichen Anlage.

Ende Mai / Anfang Juni blühen die Rhododendren und viele andere Blumen auf Jungshoved und entwickeln stellenweise eine stimmungsvolle Farbenpracht.

Via Bønsevigvej, Søparkvej, Bøged Strandvej vorbei an einer Ferienhaussiedlung in den Südosten der Halbinsel, wo die landschaftlich attraktivste Etappe beginnt. Unterwegs sind grasende Pferde und jede Menge Vogelstimmen zu sehen und zu hören. In **STAVREBY** mit pittoresk reetgedeckten Häusern Abstecher zur Küste und dem schmalen, rechteckigen Hafenbecken Stavreby Havn, anbei ein paar Hütten und eine kleine Fischräucherei. Nach Südosten blickt man AUF NYORD vor Møn. Ein Rastplatz ist vorhanden. – Oder Sie fahren, zurück auf dem Stavreby Strandvej, noch 1,2 km bis zum »Jungshoved Præstegaard« (siehe Seite 266), wo hinter dem Weiher linker Hand ein Wiesen-Rastplatz mit Info-Kasten eingerichtet ist.

Weiter geht es westwärts mit Abstecher zur JUNGSHOVED KIRKE, errichtet um 1225–1250 und von mehreren Stilepochen geprägt. Ungewöhnlich Taufbecken und Gipsrelief, beide von Berthel Thorvaldsen (siehe Seite 268 f.). Draußen gibt es Rastplätze, einen Mini-Hafen für Freizeitboote zwischen Schilf und das erhöhte Areal einer verschwundenen mittelalterlichen Burg mit Wallgraben.

Die Rückfahrt nach Præstø beginnt. Anders als es die Karte nahelegt, verläuft das Überqueren des Jungshovedvej nicht in gerader Linie, sondern ist um etwa 30 Meter nach links versetzt. Für das kurze Wegstück entlang der Str. 265 ist wieder der separate Radweg zur Stelle. In Præstø links auf den Rosagervej zum Ausgangspunkt.

◎ Eine landschaftlich ansprechende Radroute erschließt ab Præstø **REGIONALRADWEG 54** (nach Næstved) im Westen, um auf dem Strandvejen (Str. 209) den Fjord zu begleiten. Vorbei an einem erhöhten RASTPLATZ mit Ausguck und der Skt. Peders Kapel, geht es am »Fjordkroen« links in den Wald **BÆKKESKOV** und anschließend über eine ALLEE am Gut Bækkeskov Gods zur Rechten sowie an einer Villa mit Neidfaktor zur Linken vorbei; hier sind Rotwild, Fasan und Rebhuhn unterwegs. Die Bækkeskov Stræde knickt links ab und quert vor Engelstrup die Str. 151, unterquert hinter dem Dorf die Autobahn. In Everdrup links halten, womit man den Regionalradweg 54 verlässt, und den Snesere Torpvej bis SNESERE samt Holzskulptur *(Allan Bo Jensen)* über der Außenmauer. Ab Snesere radeln Sie auf Nebenstraßen via Bårse zurück. – Gesamtdistanz je nach Rückfahrtroute um 25–30 km.

◎ Der **FJORD TIL FJORD** NATURSTIEN durchquert als markierter **WANDERWEG** Südseeland ab Præstø nach Westen zur Halbinsel Avnø (siehe Seite 278). Alternativ zur 29 km langen Hauptroute sind sechs KURZROUTEN markiert (3–10 km), fünf davon sogar als Rundwanderung. Gratis-Karte an den Info-Punkten oder über danischeostseeinseln.de unter »Præstø Fjord«, »Naturplätze« u. »Aktiv in der Natur«.

◎ Ausgiebig **WANDERN** können Sie auf **FEDDET**, wobei es sich empfiehlt, zwischendurch Teilstrecken mit dem FAHRRAD zurückzulegen. Genaueres steht bereits auf Seite 269.

Sonnenuntergang auf Feddet im Fed Havn, rechts der Bug des Betonboots, das als einfacher Lagerplatz für Outdoorer hergerichtet und inzwischen 250 m nach Norden umgezogen ist. – Unten ein beschaulicher Moment auf dem Præstø Fjord. ▶

◎ **WANDERN**: Westlich von Præstø liegt der WALD **FAKSINGE SKOV** am verschilften See EVEN SØ – einem eiszeitlichen Tunneltal, wo unterirdisch Schmelzwasser abfloss. Hier sind u.a. SEEADLER beheimatet und Waldspaziergänge zu unternehmen, auch auf einer früheren Bahntrasse. Vom Seeuferweg und an der Sporthochschule vorbei, nimmt die Route noch eine Schleife durch einen Wald mit Lagerplatz und Fitness-Stationen.

Anfahrt mit Fahrrad links vorbei an Nysø, ab Str. 209 (Bushalt 102 A) in den Evensølundvej, Rechtsknick und Start hinter der Sporthochschule (bis dort 1,1 km ab Str. 209). Am Waldrand stehen Parkplätze zur Verfügung. Sofern das Info-Faltblatt »Faksinge Skov« mit Karte vor Ort nicht hinterlegt ist, möglicher Download via sydkystdanmark.dk, dort »Faksinge Skov« im Suchfeld eingeben; in der deutschsprachigen Version der Website ist der Link nicht zu erreichen.

◎ **BADEN**: Die Blaue Flagge weht am PRÆSTØ STRAND an der Fjordbucht, hafennah. Kinderfreundlich, breite Infrastruktur, im Sommer belebt.

◎ **PADDELN**: Als beste Paddelreviere gelten die südlichen Uferzonen des Fjords und die Küste von Jungshoved. Das Roneklint Kajakcenter (Roneklintvej 12, Tel. 6151 9229, roneklint-kajakcenter.dk) hat zwar seine Corona-bedingt ausgesetzten Kurse noch nicht wiederaufgenommen, vermietet aber weiterhin Boote, Tagestarif 450 DKK / Person. Kontakt am besten im Voraus aufnehmen.

◎ **TIERBEOBACHTUNG**: Zwischen Præstø und Roneklint erstrecken sich die gerundete Landzunge Egehoved, gegenüber die Insel MADERNE und gen Osten das Haff NORET. Hier ist das Hoheits- und SCHUTZGEBIET für Wasser- und Greifvögel, Fische und Fjordkrabben, Wasserpflanzen wie Seegras. Ein VOGELBEOBACHTUNGSTURM steht auf FEDDET, am Ufer hinter Maderne. Von Enten und Watvögeln als Brutgebiet geschätzt, u.a. von der seltenen Zwergseeschwalbe, überwintern hier Legionen von Gänsen und Schwänen, werden in manchen Jahren bis 15.000 Blässhühner registriert.

FESTE / UNTERHALTUNG

An den Info-Punkten (siehe Seite 266) sollte der opulente Veranstaltungskalender Præsto-Hafen vorrätig sein.

◎ **FRANSK FORÅR**: am (vor)letzten Maiwochenende als Volksfest mit Kultur der FRANZÖSISCHE FRÜHLING.

◎ **GYLDNE DAGE I PRÆSTØ**: an einem Septemberwochenende. Die Goldenen Tage wollen an das sog. Goldene Zeitalter (siehe Seite 84) erinnern.

◎ **PAKHUS 8**: Speicher 8 am Hafen ist Sitz eines Kulturvereins, der vor Ort Live-Musik auf die Bühne bringt. pakhus8.dk (Kalender) und via Facebook.

TRANSPORT/WEITERREISE

Bus 661 R verkehrt zwischen den Busbahnhöfen Præstø und Vordingborg. Die anderen folgenden Ausflugsziele sind per Bus gar nicht oder umständlich zu erreichen und eher mit Fahrrad und/oder Auto anzusteuern.

Wie auf Seite 265 bereits einleitend erwähnt, eignet sich Præstø im Rahmen der in diesem Buch vertretenen Ausflugsziele am besten, um spontan oder geplant Unterkunft in Südseeland zu beziehen: malerische Lage und viel Abwechslung.

Vordingborg

Die 1353 gegründete Stadt Vordingborg (gut 11.900 Einwohner) liegt an Masnedsund und der Meerenge Storstrømmen zwischen Südseeland und Falster. Sie ist der Verwaltungssitz der gleichnamigen Gemeinde, der auch Møn angehört. Touristisch interessant macht sie DANMARKS BORGCENTER (Dänemarks Burgzentrum) auf dem Areal einer ehemals gewaltigen Burg.

ORIENTIERUNG/INFORMATION

In den Touristenbüros der Region sollte der »City Guide« mit Stadtplan ausliegen; auch ohne gelingt die Anreise: Borgcenter und Parkplätze in der Nähe sind ausgeschildert (ab Autobahn E 47). Von den PARKPLÄTZEN an der VOLDGADE führt die Gasse Baisstræde zur Fußgängerzone ALGADE.

Dank des Ziegelsteinturms nicht zu übersehen, erstreckt sich das Areal der Ruine samt Danmarks Borgcenter nach Süden. Der sorgfältig geplättete Platz SLOTSTORVET davor wurde zum Bürgertreff (u.a. für Markttage) sowie optischen Entré zum Borgcenter umgestaltet, das Touristenbüro dort inzwischen integriert.

◎ **VORDINGBORG TURISTBUREAU**, Slotsruinen 1, DK–4760 Vordingborg. Öffnungszeiten wie Borgcenter, dessen Rezeption als Info-Punkt fungiert.

UNTERKUNFT

Wir empfehlen das charmante Præstø als Basis eines eventuell mehrtägigen Südseeland-Trips. Was Præstø jedoch nicht hat, ist ein Danhostel:

◎ **DANHOSTEL VORDINGBORG**, Præstegårdsvej 16–18, Tel. 5185 2455, danhostel-vordingborg.dk. 2.1.– 20.12. 12 Zimmer mit Bad, als EZ ab 385 DKK, als DZ 470, als 3–6-Bett-Zimmer 520–720 DKK. Frühstück und Tagesgericht. Wird von einem Ausbildungszentrum betrieben, daher mit Kantine. Im Norden der Stadt (Str. 22 nach Næstved).

ESSEN UND TRINKEN

Die Fußgängerzone Algade bietet eine gute Auswahl: Cafés, das geschätzte »Restaurant Atterdag« (Nr. 82) und

◎ **OTHELLO KONDITORIET**, Algade 77. Mo–Fr 6.30–17.30, Sa+So bis 16 Uhr. Meister des (süßen) Fachs, mit Plätzen drinnen wie draußen. Für den Verzehr vor Ort bestellen Sie an der Theke.

◎ **FRISCHFISCH** (MIT BEWIRTUNG): MARINA FISK, Nordhavnsvej 12. Sommers Di–So 9.30–20, sonst Di–Do 9.30 –17, Fr bis 18, Sa 9–16, So 12–15 Uhr. – Sommerkarte mit feiner Auswahl.

NORDHAVN

Der Fischladen befindet sich im Nordhafen, nahe der Burgruine. Wer maritime Luft in Vordingborg schnuppern will, geht hier ufernah spazieren.

AREAL DER BURGRUINE

◎ **DANMARKS BORGCENTER**, Slotsruinen 1, Tel. 7070 1236, museerne.dk auch auf Englisch. 1.6.–31.8. täglich 10–17 Uhr; ab 1.4. sowie bis etwa 20.10. Di–So 10 –16 Uhr. Eintritt 150/0 DKK (iPad-Guide nur für Zahlende).

Frank und frei: Ohne den Besuch des Danmark Borgcenter ist Vordingborg (außer zur Festwoche, siehe Seite 274) nicht unbedingt einen Besuch wert – es sei denn, Sie wünschen nach einigen Tagen in der Natur ein urbanes Intermezzo.

Gleich vorneweg: Ohne iPad-Guide gibt das Gelände wenig her, denn es handelt sich um eine Burgruine, wo einzig und allein der Gänseturm (um 1360) die Jahrhunderte überstand, da er zeitweise als Gefängnis in Verwendung blieb. Die Burg selbst war mit dem Ende der Schwedenkriege im 17. Jh. dermaßen zerstört, dass sie aufgegeben, abgerissen und als Baumaterial andernorts verwendet wurde. Die enorme Fläche lässt erahnen, welcher Aufwand mit dem Errichten der Burg (bis 1175) verbunden war.

Farblich abgestimmt mit dem Rotbraun von Turm und Restmauern, wurden auf dem weitläufigen Areal ein Hauptgebäude und Container als Ausstellungsflächen platziert. Aber auch draußen und im Gänseturm sind Stationen für das iPad sowie zusätzliche Texttafeln eingerichtet. Mit dem Digitalreservoir des iPads wird die in Teilen kostbare, aber übersichtliche permanente Ausstellung stark aufgewertet. Historisch Interessierte können ausgiebig ihren Wissensbedarf mit Texten, Grafiken, Animationen stillen. ARCHÄOLOGISCHE FUNDE veranschaulichen die iPad-Führung, seien es Kettenhemden, Waffen, Aquamanile – ein kunstvolles Gefäß –, Handwerksgerät, Mode, Schmuck. Die zusätzlichen WECHSELAUSSTELLUNGEN erläutern historische Zusammenhänge, Konflikte im Land und mit den Nachbarvölkern, das Leben im Krieg und in Friedenszeiten usw.

◎ Der Name des **GÄNSETURMS** ist angeblich in Valdemar Atterdags Humor begründet, der die Turmspitze mit einer vergoldeten Gans verzieren ließ, um die konkurrierende Hanse »als Schar schnatternder Gänse« zu verspotten. Fakt ist, dass der »Frieden von Vordingborg« (eben mit der Hanse) 1365 geschlossen worden war, bevor die Gans in luftiger Höhe ausgesetzt wurde. Jedenfalls haben Sie von dem 26 m hohen Turm eine tolle AUSSICHT. Die heutige GANS stammt aus dem Jahr 1871, wiegt über 28 kg, davon 2,5 KG AUS PUREM GOLD.

◎ Die Tür im 1. Stock des Gänseturms war einst der Zugang von der bis zu 800 m langen **RINGMAUER** aus. Von der Mauer blieb zwar nur wenig übrig, jedoch zum Teil das sogenannte Täuschungstor für Hinterhalte. Nach Süden ist ein weiterer Aussichtspunkt eingerichtet. Erhalten – oder wieder hergestellt – sind ferner ein paar Abschnitte des Wassergrabens.

◎ Unterhalb der Rückseite des Hauptgebäudes erstreckt sich ein akkurat GEPFLEGTER **HISTORISCHER BOTANISCHER GARTEN**, inspiriert von der Renaissance – gut geeignet als Station auf dem Rückweg zur City. Der Garten umfasst außer Blumen jede Menge zeittypischer Elemente wie Achsen, Rabatte und Formschnitt.

FESTE / UNTERHALTUNG

◎ **VORDINGBORG FESTUGE**: Mitte Juli steigt an sechs Tagen die Festwoche, mit Spiel und Spaß und LIVE-MUSIK auf zwei Bühnen. In der Algade, auf Slotstorvet und auf dem Burggelände (siehe Seite 273). Eintritt frei.

Danmarks Borgcenter: oben Spiele auch für Erwachsene (hier: Kubb), im Hintergrund das gut angepasste Borgcenter-Hauptgebäude, unten der historische, vom Renaissancestil inspirierte Botanische Garten. ▶

Knudshoved Odde

Gut 14 km weit ragt die LANDZUNGE Knudshoved Odde nordwestlich von Vordingborg ins Smålandshavet (siehe Seite 205) hinaus. Das Land mit der Eiszeitmoräne, die sich westwärts unter der Wasseroberfläche fortsetzt, gehört zum Hofgut »Rosenfeldt Gods«. Das »gelenkt renaturierte« Areal steht weitgehend unter Naturschutz. Nach Norden erstreckt sich der Avnø Fjord zwischen Knudshoved und der Halbinsel Svinø. Anders als Hyllekrog auf Lolland, darf Knudshoved Odde bis zu ihrer Spitze erwandert werden.

ORIENTIERUNG

Von Vordingborgs Umgehungsstraße (Str. 22/153) führt die Straße 22 stadtauswärts. Gleich hinter dem Doppelkreisel zweigt links eine Nebenstraße ab, die Rosenfeldt Gods (s.o.) umfährt und sich über Oreby nach Westen fortsetzt. Am Waldrand des Knudsskov angekommen, zahlen Autochaffeure an einem simplen Stand per Selbstbedienung eine Maut (20 DKK) und können links auf einer Schleife parken (Nachweis unter die Windschutzscheibe legen, ein Abschnitt des Geldkuverts).

WANDERN BIS ZUM ENDPUNKT

Am Parkplatz befindet sich ein zugängliches GANGGRAB und eine Texttafel informiert über die frühe steinzeitliche Besiedlung der Gegend, wo ausreichend Nahrungsquellen dank Wald und Meer gegeben waren.

◎ EMPFEHLUNG: Schilder informieren über mögliche Routen, die 2,7, 4,3 und 18,7 km messen; bald hinter dem Parkplatz kann man sogar links zu einem KÜSTENPFAD abzweigen.

Wer Reserven aufsparen und erst mal ganz hinaus will, bleibt auf dem Forstweg durch den KNUDSSKOV, der schonend bewirtschaftet wird, ebenso wie die folgenden Getreidefelder.

Aus dem Wald heraus, wechselt die Szenerie, geht's über versandete Teilstrecken (bis hierhin wäre die Strecke auch per Fahrrad zu machen), werden die STRANDWIESEN mehr, die je nach Jahreszeit in kräftigen Farben leuchten. Zwar soll die Natur hier draußen ungestört sein, doch halten Rinder die Wiesen niedrig, um den Charakter der Landschaft zu bewahren. Bäume und Abwechslung gibt es genug, ein einzigartiges **NATUR-ERLEBEN**.

Nach gut der Hälfte der Distanz leitet ein sichelförmiger steiniger Strand (Draget), wo sich die Rinder gern niederlassen, zum Finale über. Die LANDSPITZE prägen kleine Waldabschnitte mit knorrigen, vom Wind bearbeiteten Bäumen, Wiesen, SAND und noch mal Sand, spannende Ufervegetation, Vogelstimmen und viele BUCHTEN, unablässig vom Meer geformt. Während nach Norden zum Fjord hin steinige, eher sanfte Übergänge überwiegen, nagt das Meer an der Südseite beharrlich am Uferverlauf und formt die vorhandenen ABBRECHENDEN KLIFFS, so wie an der Spitze selbst. Das Panorama ist famos, ob Knudshoved, Küsten oder die Brücken nach Seeland.

Unterwegs auf Knudshoved Odde: oben Dünenabbruch an der Landspitze, unten rastende Rinder am Strand der Engstelle Draget, wo ein schmales Steinband die Verbindung zur Landspitze erhält. ▶

Avnø

Die 226 ha große Halbinsel Avnø liegt nördlich von Knudshoved Odde, von der sie durch den Avnø Fjord getrennt ist. Die flache Insel bedecken vorwiegend Wiesen und ein wenig Wald. In der Zeit vom 15.3. bis 15.7. dürfen die markierten Pfade nicht verlassen werden, um die Vogelwelt zu schützen.

ORIENTIERUNG

Abzweigung von der Str. 22 (von Vordingborg nach Næstved) in Sallerup, wo auch der Bus 640 ab Vordingborg hält. Rund 5 km bleiben hinaus zum AVNØ NATURCENTER (geöffnet 7–22 Uhr) mit dem markanten Turm. Im Naturcenter liegt Info-Material aus, die meisten Info-Tafeln draußen sind nur auf Dänisch. Online gelangen Sie so an eine Karte: naturstyrelsen.dk, »Avnø« ins Suchfeld, dann Links »Avnø Naturcenter«, »Besøg Avnø«, »Hent kort«.

UNTERWEGS AUF AVNØ

Teile des Naturcenters gehörten einst zu den Gebäuden eines militärisch genutzten Flugfelds (1926–1993). Vom Tower haben Sie eine weite Sicht und können mit einem Fernglas und Glück die SEEHUNDE beobachten, die sich gerne im Avnø Fjord aufhalten.

◎ Es weht hier draußen häufig ein frisches Lüftchen; die besondere Erfahrung ist, dass die Geräusche nur vom **WIND** und von der **NATUR** stammen, ähnlich wie auf Knudshoved Odde ab Draget (siehe Seite 276 f.).

◎ EMPFEHLUNG: Es gibt drei markierte **WANDERROUTEN**, wobei die gelbe Avnø in Richtung Norden verlässt. Die rote Route (2,5 km) erkundet den Nordwesten, die blaue (3,5 km) den Südosten, wobei beide miteinander zu einer großen Schleife zu verbinden sind (Dauer: 1:15–1:30 Std. ohne Pausen). Mit der blauen beginnend, passieren Sie am Waldrand im Südosten eine Plattform zur Vogelbeobachtung, mit dem ersten Küstenkontakt einen komfortablen Lagerplatz, einige Bänke am Ufer, wo mit Glück auch die Seehunde im flachen Fjord zu beobachten sind. Vogelkonzerte, Froschteich und je nach Jahreszeit bunt blühende Wiesen lassen die Zivilisation zeitweise vergessen. Weidende Rinder erinnern daran, dass der Naturschutz gelenkt wird, um die Vegetation niedrig zu halten. Nahe der Westspitze ist ein weiterer Beobachtungsposten eingerichtet, der die Vogelwelt auf der benachbarten Insel Hytteholme ins Visier nimmt. Fast 200 Vogelarten wurden bisher auf und um Avnø gezählt, zahlreiche Gänse, Enten und Watvögel und mitunter auch Seeadler.

◎ **GESCHICHTE**: Avnø ist Abbild einer Moränenlandschaft, die die letzte Eiszeit vor mehr als 15.000 Jahren hinterließ. Wobei einige Landflächen erst ab 1850 entstanden, seit der Bau von Dämmen eine gezielte Entwässerung erwirkt hatte. 1926 pachtete das Militär die ersten 40 ha (s.o.). Obwohl die Anlage gerade erst teilerneuert worden war, gab man das Flugfeld nach dem Ende des Kalten Krieges auf.

Der ehemalige Tower eines militärisch genutzten Kleinflughafens markiert das Avnø Naturcenter, unten am Rand des Wäldchens Nøkkeskov unterwegs. ▶

Weitere Ausflugziele

GAVNØ – SCHLOSS UND PARK

◎ **GAVNØ**, Gavnø 2, Tel. 5570 0200, gavnoe.dk auch auf Deutsch. Ende Juni bis Mitte August sowie etwa 25.4.–21.5. täglich 10–17, sonst ab 1.4. und bis etwa 20.10. 10–16 Uhr. Eintritt 160/85–0 DKK.

1401 als Nonnenkloster errichtet, ließ Geheimrat Thott das Anwesen im 18. Jh. zum mondänen Herrensitz umbauen, im Mittelpunkt das ROKOKO-SCHLÖSSCHEN Gavnø auf der gleichnamigen Insel. Das Schloss mit Kapelle, Ausstellung sowie Gemäldesammlung ist heute zu besichtigen. Wesentlich mehr Zuspruch gilt allerdings dem bildhübschen SCHLOSSPARK, wo sich ständig Festivals aus Anlass der Blütezeiten von Tulpen, Rosen, Lilien u.a. abwechseln und weitere Attraktionen aufwarten: Schmetterlings- und Seeräuberland, Streichelgehege, der Garten der Sinne und der Hochseilgarten »Gavnø Go Fly«. Ohne Sinn fürs Grüne ist der Besuch jedoch ein wenig teuer. Auf dem Gelände gibt es ein Café und Plätze zum Picknicken.

KARREBÆKSMINDE

Südlich von Næstved hat die Natur ein seltenes Werk geschaffen: Vor dem einst zerfurchten Küstenverlauf bildete sich ein Band aus Nehrungen. Die bewohnte Insel Enø und das benachbarte Karrebæksminde auf Seeland sind im Sommer Ziel tausender Badefreunde. Der Strand, der sich scheinbar endlos gen Westen zieht, gleicht an heißen Sonnentagen auf einigen Abschnitten einem Badeplatz an der Adria. Es sollen weit über 2.000 Ferienhäuser sein, die um Karrebæksminde auf Urlaubsgäste warten. Der Ort ist durch eine markante Klappbrücke (1936/1988) mit Enø verbunden.

◎ **STRÄNDE**: auf Enø ENØ STRAND (mit Blauer Flagge), ferner Karrebœksminde Strand und auf dem Festland Vesterhave Strand, weiter westlich.

SKOVTÅRNET, DER WALDTURM

◎ **CAMP ADVENTURE** bei Rønnede, Skovtårnsvej 1, Tel. 3815 0030, campadventure.dk auch auf Deutsch. Waldturm ganzjährig geöffnet, 1.4.–31.10. täglich 10–18, sonst 10–16 Uhr. Eintritt 175/85–0 DKK, Kombi-Ticket mit Kletterpark 475/375–225 DKK. Anreise über Autobahn E 47, Abfahrt 37, ab Vordingborg 33 km, ab Præstø 25 km.

Der 45 m hohe, über die Baumwipfel ragende Waldturm alias Waldtower (siehe Seite 264) ist dermaßen spektakulär, dass er hier noch Platz findet, obwohl er eigentlich nördlich unseres »Zielgebiets« steht. 650 m lang ist die RAMPE, die IN FORM EINER SPIRALE auf 140 m ü.d.M. führt und auch mit Kinderagen und Rollstuhl zu bewältigen ist. Bei klarer Sicht sind Kopenhagen, die Øresundbrücke und Malmös Hochhaus Turning Torso zu erkennen. Unten im Wald sind über 3 km holzbeplankter Wege mit Rastbänken, Brücken, Ausguck gelegt. Insgesamt ein eindrucksvoller, aber auch kostspieliger Ausflug (plus Parkticket 65 DKK).

Register

Die drei nordischen Sonderbuchstaben Æ (æ), Ø (ø) und Å (å) stehen am Ende des dänischen Alphabets und sind dementsprechend eingereiht.

ORTS-/SACHREGISTER

Für fast alle Attraktionen verwenden wir im Buch die dänischen Namen, da deren Übersetzung Ihnen vor Ort (etwa bei Nachfragen) kaum weiterhelfen würde.

Die drei nordischen Sonderbuchstaben Æ (æ), Ø (ø) und Å (å) stehen am Ende des dänischen Alphabets und sind dementsprechend eingereiht.

Alexander Geh
Dänische Inseln 1:
Fünen
Langeland
Ærø
Edition Elch
SG 215

Alexander Geh
Fjordruta –
Wandern in Norwegen
Edition Elch

Für fast alle Attraktionen verwenden wir im Buch die dänischen Namen, da deren Übersetzung Ihnen vor Ort (etwa bei Nachfragen) kaum weiterhelfen würde.

PERSONENREGISTER

Die drei nordischen Sonderbuchstaben Æ (æ), Ø (ø) und Å (å) stehen am Ende des dänischen Alphabets und sind dementsprechend eingereiht.